실무에서 매일 쓰는
비즈니스 영어 문서 작성법

비즈니스 영어 문서 작성법
실무에서 매일 쓰는

초판 인쇄일 2019년 12월 17일
초판 발행일 2019년 12월 24일

지은이 Charles Yang
감수 Stephen Black
번역 이슬
발행인 박정모
등록번호 제9-295호
발행처 도서출판 혜지원
주소 (10881) 경기도 파주시 회동길 445-4(문발동 638) 302호
전화 031)955-9221~5 **팩스** 031)955-9220
홈페이지 www.hyejiwon.co.kr

기획 박혜지
진행 박혜지
디자인 김보리
영업마케팅 황대일, 서지영
ISBN 978-89-8379-993-7
정가 20,000원

全世界都在用的英文書信分類大全 Copyright © 2016 by I'm Publishing Group Ltd.
All right reserved. Originally published in Chinese by I'm Publishing Group Ltd.
Korean language translation rights arranged with HYEJIWON Publishing Co.
Through M.J. Agency, in Taipei.

이 책의 한국어판 저작권은 엠제이 에이전시를 통한 저작권사와의 독점 계약으로 도서출판 혜지원에 있습니다.
저작권법에 의해 한국 내에서 보호를 받는 저작물이므로 무단전재와 복제를 금합니다.

이 도서의 국립중앙도서관 출판시도서목록(CIP)은 서지정보유통지원시스템 홈페이지(http://seoji.nl.go.kr)와
국가자료공동목록시스템(http://www.nl.go.kr/kolisnet)에서 이용하실 수 있습니다.
(CIP제어번호 : CIP2019049435)

실무에서 매일 쓰는
비즈니스 영어 문서 작성법

찰스 양(Charles Yang) 지음 | 스테판 블랙(Stephen Black) 감수

혜지원

이용 가이드
User's Guide

전 세계에서 통용되는 영어 문서 작성법, 한 권으로 끝내자!

① 세 파트로 메일을 익히자

본 교재는 비즈니스 편지·문서 작성 요령, 비즈니스 편지·문서 작성 예시, 비즈니스 편지·문서 필수 지식 총 3파트로 구성되어 있습니다. 우선 각 문서의 작문 요점 및 차이를 익히고, 이어서 작문 요령과 필수 지식을 익히도록 합시다. 순서대로 학습하면 보다 빠르고 효율적일 것입니다.

② 비즈니스 관련 편지 완벽 수록

이 책은 비즈니스 편지를 크게 대내 문서 및 대외 문서로 분류하고, 세부적으로 부서 공지, 인사 관련 공지, 업무보고, 업무 연락, 회사 통지, 구직 면접, 사교 활동, 고객 불만 처리 등 103개의 주제로 분류하였습니다. 자주 쓰이고, 배우고 싶고, 꼭 써야 하는 모든 내용들을 이 책에서 모두 찾아볼 수 있을 것입니다.

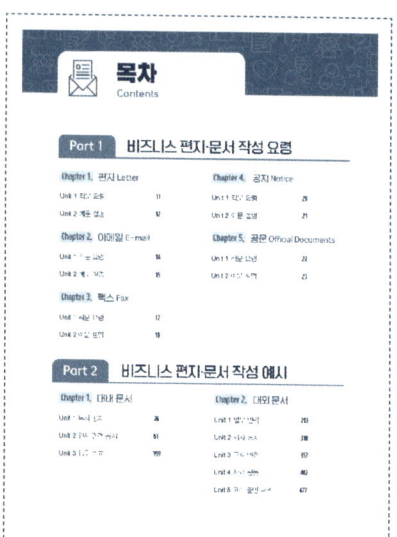

③ 상세한 내용, 완벽한 분류

학습의 시스템화는 이해와 흡수에 도움이 됩니다. 무엇을 배워야 하는지, 무엇을 배우고 있는지, 무엇을 배우고자 하는지가 한눈에 들어와야 합니다. 이 책은 넓은 비즈니스 영어 문서의 범위를 체계적으로 정리하여 단기간에 독자들의 영어 작문 능력을 향상시켜 줄 것입니다.

영어 강사와 비즈니스인들의 강력 추천!
세계인들과 비즈니스를 도모할 때는 본 교재 한 권으로 끝!

4 상황에 필요한 바로 그 문장

주제마다 20개의 '만능 활용 영어 작문 패턴'을 가지고 있어 당신이 순식간에 완벽한 영어 메일을 작성할 수 있도록 도와줄 것입니다.

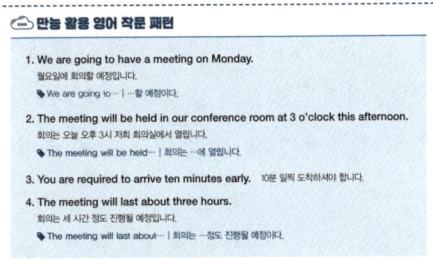

5 다양한 예문

본 교재는 대기업에서 가장 자주 쓰이는 비즈니스 문서의 주제를 선별했으며, 주제에 관한 다양하고 실용적인 예문을 독자들에게 제공합니다. 각 예문마다 우리말로 번역되어 대조가 가능하니 학습에 참고하길 바랍니다.

6 자주 쓰이는 줄임말 및 비즈니스 용어

비즈니스 문서를 작성할 때는 영어를 잘하는 것만으로는 부족합니다. 이외에도 영어 줄임말, 영어 비즈니스 용어 및 편지 및 문서에서 가장 많이 쓰이는 줄임말 등 많은 특수 용어를 알아야 합니다. 이 책에 모두 수록되어 있으니 잘 익혀 완벽한 영어 메일을 작성할 수 있도록 합시다.

7 베끼기만 하면 바로 메일로!

책에 나온 비즈니스 영어 문서 파일을 다운로드받을 수 있습니다. 파일 내에는 각종 상황에 따른 영어 메일 예문이 담겨 있으니 언제든 베껴 쓰거나 학습에 참고를 할 수 있도록 합시다. 오직 몇 초의 시간만 들여서도 당신은 완벽한 영어 메일을 쓸 수 있습니다.

머리말
Preface

많은 분들께서 비즈니스 영어 문서를 작성하는 데 어려움을 겪고 계실 것이라 생각합니다. 한 편의 완벽한 문서를 작성하기 위해서는 단지 단어의 철자가 올바르고 문법에 오류가 없는 것으로는 부족하지요. 마음속의 말을 어떻게 영어로 표현해야 하는지, 어떻게 써야 결례를 범하지 않는지, 이런 것들이 사실 영어를 배우는 사람들이 많이들 어려워하는 부분입니다. 사실 유창한 비즈니스 영어 편지·문서를 작성하는 데는 사실 그렇게 어려운 단어를 사용할 필요가 없습니다. 어려운 문법은 더더욱 필요가 없지요. 정확하고 확실한 내용 그리고 빠르게 주제를 짚어 내는 것이 영어 문서를 잘 쓸 수 있는 포인트입니다.

『비즈니스 영어 문서 작성법』은 비즈니스 편지·문서 작성 요령, 비즈니스 편지·문서 작성 예시, 비즈니스 편지·문서 필수 지식 이렇게 총 3파트로 구성되어 있습니다.

첫 번째 파트는 우선 비즈니스 편지·문서 작성에 필요한 요령들로 시작되며 각 서신별 차이를 소개해 드립니다. 예를 들어 편지, 이메일, 팩스, 공지, 공문 등의 작문 요점을 소개해 드립니다. 각종 문서의 차이를 이해하는 것이야말로 좋은 비즈니스 영어 문서를 작성하는 첫 걸음입니다.

두 번째 파트의 비즈니스 편지·문서 작성 예시는 또 회사 대내 문서 및 회사 대외 문서 두 챕터로 나눠집니다. 부서 공지, 인사 관련 공지, 업무 보고, 업무 연락, 회사 통지, 구직 면접, 사교 활동, 고객 불만 처리 등 103개의 주제로 모든 비즈니스 실무에서 발생할 수 있는 상황에 맞는 예문들이 수록되어 있습니다. 여러분께서 원하시는 모든 상황들이 정확하게 분류되어 있어 쉽게 본 교재에서 찾아보실 수 있으실 것입니다.

마지막으로 비즈니스 편지·문서 필수 지식 파트로 정리하였습니다. 완벽한 영어 문서는 단지 영어 기교만으로는 부족합니다. 모든 독자들께서 관련 전공 출신이 아니실 것임을 알기에 이 책에서는 특별히 전문적인 업무 관련 용어 및 비용 지급 방법, 화물 운송 방법 등을 수록하여 여러분들이 한 번에 완벽한 영어 서신 작성법을 배울 수 있도록 도와드릴 것입니다.

특히 매 주제마다 20개의 '만능 활용 영어 작문 패턴'을 나열하여 여러분들이 쉽게 골라 사용하고 첨가하여 손쉽게 한 통의 완벽한 영어 서신을 작성할 수 있도록 도와드릴 것입니다. 그뿐만 아니라 교재와 함께 다운로드받아서 쓸 수 있는 학습 자료에는 각종 실용적인 영어 문서 예문이 저장되어 있으니 필요에 따라 응용하시고 학습하셔서 영어 문서 작문 능력을 향상시키고 영어 문서의 고수가 되길 바랍니다.

직장에서 생존하는 관건은 영어 능력에 있습니다. 업무를 확장하기 위해서 영어는 필수 조건이지요. 이 책은 자주 쓰이는 영문 비즈니스 문서 주제들을 수록했으니 한 번에 배워야 하는, 자주 쓰이는, 알아야 하는 모든 문장들을 한 번에 배우실 수 있을 것입니다. 배울 때는 사용 빈도수가 제일 높은 것을 배워야 합니다. 이 책에는 불필요한 문장이 없습니다. 오로지 여러분들에게 실용적인 문장들만 제공합니다. 순차적으로 학습을 진행할 수 있도록 하여 학습하는 데에 부담이 덜할 것이며 금방 영어 문서 작성법을 익힐 수 있으실 것입니다.

부디 본 『비즈니스 영어 문서 작성법』이 여러분들이 보다 효율적으로, 또 간편하게 학습하실 수 있도록 도울 수 있기를 바랍니다.

목차
Contents

Part 1 비즈니스 편지·문서 작성 요령

Chapter 1. 편지 Letter

Unit 1 작문 요령   11
Unit 2 예문 설명   12

Chapter 2. 이메일 E-mail

Unit 1 작문 요령   14
Unit 2 예문 설명   15

Chapter 3. 팩스 Fax

Unit 1 작문 요령   17
Unit 2 예문 설명   18

Chapter 4. 공지 Notice

Unit 1 작문 요령   20
Unit 2 예문 설명   21

Chapter 5. 공문 Official Documents

Unit 1 작문 요령   22
Unit 2 예문 설명   23

Part 2 비즈니스 편지·문서 작성 예시

Chapter 1. 대내 문서

Unit 1 부서 공지   26
Unit 2 인사 관련 공지   61
Unit 3 업무 보고   159

Chapter 2. 대외 문서

Unit 1 업무 연락   213
Unit 2 회사 통지   318
Unit 3 구직 면접   357
Unit 4 사교 활동   402
Unit 5 고객 불만 처리   477

Part 3   비즈니스 편지·문서 필수 지식

Chapter 1. 비즈니스 영어 줄임말

Unit 1 비즈니스 영어 상용 줄임말   550

Unit 2 각 기구의 축약형   552

Unit 3 직무 상용 줄임말   553

Unit 4 무역 상용 줄임말   555

Chapter 2. 업무 관련 용어

Unit 1 제품 관련 용어   559

Unit 2 협상 관련 용어   559

Unit 3 자본 관련 용어   560

Unit 4 회사 관련 용어   561

Unit 5 화물 운송 관련 용어   562

Chapter 3. 비용 지급 방법, 화물 운송 방법

Unit 1 비용 지급 방법   563

Unit 2 화물 운송 방법   565

Chapter 4. 수출입 필요 문서

Unit 1 수입 필요 문서   568

Unit 2 수출 필요 문서   569

Chapter 5. 영어 편지 축약형

Unit 1 편지 본문 상용 축약형   571

Unit 2 기타 상용 축약형   572

Part 1
비즈니스 편지·문서 작성 요령

Chapter 1. 편지 Letter
Unit 1 작문 요령 | Unit 2 예문 설명

Chapter 2. 이메일 E-mail
Unit 1 작문 요령 | Unit 2 예문 설명

Chapter 3. 팩스 Fax
Unit 1 작문 요령 | Unit 2 예문 설명

Chapter 4. 공지 Notice
Unit 1 작문 요령 | Unit 2 예문 설명

Chapter 5. 공문 Official Documents
Unit 1 작문 요령 | Unit 2 예문 설명

Chapter 1
편지

 **Unit 1**   작문 요령

비즈니스 편지의 형식은 보통 **수신자, 주소, 호칭, 본문, 맺음말** 등의 요소로 구성된다. 구체적인 작문 요령은 아래와 같다.

❶ 비즈니스 편지 윗부분에는 통상 **회사명, 주소** 등을 기재한다. 만약 없다면 편지 봉투 오른쪽 위에 기재하며, 날짜는 그 아래에 쓴다. 주소는 반드시 **작은 곳부터 큰 구역** 순으로 작성한다: Rm(호), Unit(동), Building(건물명), St.(거리), Rd.(길), Dist.(구), City(도시), Postcode(우편번호)와 Country(국가)

❷ 비즈니스 편지에는 대개 주소를 기재하고 일반 편지에서는 생략할 수 있다. 주소에는 **수신자의 성명, 직위** 등을 포함해야 하고 보통 날짜 두 줄 아래 왼쪽 정렬로 작성하며, 작성 방법은 수신인 작성법과 같다. 수신자의 성명 앞에는 호칭이나 직함 등을 붙여야 한다. 예로 **Mr., Mrs., Dr.** 등이 있다.

❸ 비즈니스 편지에서 가장 자주 쓰이는 호칭으로는 Dear에 수신자의 성명을 적는 방법이 있다. 만약 담당자의 성명이나 성별을 모를 시에는 **Dear Sir or Dear Madam** 또는 **To Whom It May Concern** 이 두 가지 작성법을 사용해도 좋다.

❹ 비즈니스 편지에서는 **Subject** 또는 **Re**로 주제를 나타낸다. 주제는 보통 본문 위, 호칭 아래에 위치한다.

❺ 본문 작성 시 반드시 사용 어휘에 주의해야 한다. 비즈니스 편지는 오해 없이 확실하게 정보를 전달하는 것이 목적이므로 어휘나 문장이 지나치게 화려할 필요는 없다. 본문 내용은 반드시 **간단명료하며 중점 위주로** 작성해야 하고, 주제와 관련 없는 내용은 삼간다.

❻ 맺음말은 본문 마지막 줄의 바로 아래 또는 한 줄 띄고 아래에 적는다. 비즈니스 편지에서는 비교적 예의와 격식을 차려야 하기에 보통 **Truly yours** 또는 **Yours truly, Faithfully yours** 혹은 **Yours faithfully, Sincerely yours, Yours sincerely** 등을 사용한다.

❼ 비즈니스 편지에 서명할 때 첫 줄에는 회사명을 쓰는데 모든 문자를 대문자로 작성한다. 두 번째 줄에는 **친필 서명**, 세 번째 줄에 **인쇄자로** 한다. 네 번째 줄에는 **서명인의 성명과 직함** 그리고 **소속 부서를** 작성한다. 비즈니스 편지 작성 시에는 어조도 유의해야 한다. 과도하게 격식을 차리면 도리어 서로 간의 거리를 벌어지게 할 수 있으며, 너무 무례하면 상대방이 거부감을 느낄 수 있다. 편지 주제에 따라 어조를 달리해야만 편지에서 전하고자 하는 생각을 확실하게 전달할 수 있다.

≡ Unit 2　예문 설명

Sample

THE AMERICAN MACHINERY COMPANY
Connecticut Ave, Washington
U.S.A.

May 11, 2019

Messrs. Linda & Co.
Marunouchi, Tokyo
Japan

Subject: American Machinery

Dear Sir or Madam,

Our market survey informs us that you are interested in our machines and want to import some. So we are writing to offer you more information about our products.

We are one of America's largest exporters of office equipment and machines. Our products mainly include equipment such as copy machines, fax machines, and telephones. The quality of our products is superior, and the prices are reasonable. Our products are in great demand in local markets.

We have enclosed our latest catalogue and price list for your reference. If you have any other questions, please contact us any time.

Yours truly,

John Smith

THE AMERICAN MACHINERY COMPANY

미국 워싱턴 코네티컷 거리
아메리칸 사무기기

2019년 5월 11일

일본, 도쿄
마루노우치구
린다 사

제목: 사무기기 관련 사항

담당자.

우리 회사는 시장 조사 중에 귀사에서 우리 회사 제품에 관심과 수입 의향이 있다는 것을 알게 되었습니다. 그래서 귀하께 저희 제품에 관한 더 많은 정보를 드리기 위해 편지를 씁니다.

우리는 미국에서 규모가 가장 큰 사무기기 수출 회사입니다. 주로 생산하는 제품으로는 복사기, 팩스, 전화기 등이 있습니다. 우리 회사 제품은 품질도 좋고 가격도 저렴해 현지 시장에서도 인기가 좋습니다.

최신 제품 안내서와 가격표를 참고용으로 첨부했습니다. 다른 문의 사항이 있으시면 언제든지 문의하시기 바랍니다.

아메리칸 사무기기

John Smith

Chapter 2
이메일

≡ Unit 1 작문 요령

이메일과 편지 양식은 대체로 비슷하다. 이메일에도 **두괄식, 중괄식, 미괄식이 있는데,** 메일 내용에는 발신인과 수신인의 E-mail 주소, 날짜, 제목, 호칭, 본문, 맺음말, 서명 등의 요소를 포함한다.

❶ 발신인 주소는 컴퓨터가 자동으로 완성하기에 따로 기재할 필요가 없다. 수신인 입력란에 수신인 E-mail 주소만 입력하면 된다. 여기서 다음 사항을 구분해야 한다. **To**는 **수신인**으로, 메일에서 다루는 내용을 접수하고 회신할 담당자이다. **CC**란 **참조**를 나타내며, 메일 내용을 인지는 하나 회신할 의무가 없는 사람이다. **BCC**는 **숨은 참조**로, 수신인은 발신인이 숨은 참조를 한 것을 알 수 없다. 수신인 또는 참조인이 다수일 경우, 반드시 부서나 직급의 높은 순에서 낮은 순, 또는 낮은 순에서 높은 순으로 정렬해야 한다.

❷ 날짜는 자동으로 생성된다. 이 또한 편지와 차별점 중 하나이다.

❸ 메일 한 편에는 하나의 주제만 담는 것이 좋으며 **제목을 비워 두면 안 된다.** 'XXX 회사로부터' 내지는 구체적인 내용을 포함하는 '직원 교육 사항'과 같은 제목이 좋다. 또한 '안녕하세요'를 제목으로 하는 것은 삼가야 한다. **이메일 제목은 간결하면서도** 개괄적인 본문 내용을 나타내는 것이 좋다. 한 단어일 수도, 짧은 문장일 수도 있으나 제목의 길이는 가능한 한 35개 영문자를 넘지 않는 편이 좋다.

❹ 호칭, 본문, 맺음말, 서명 등은 편지 작성법과 같다. 수신인이 다수일 때는, 'All'이라 칭해도 좋다.

❺ 이메일 역시 편지와 마찬가지로 마지막에 발신인의 서명이 있어야 하는데, 서명은 **성명, 직함, 회사명, 연락처**(발신인의 주소, 전화번호, 팩스, 이메일) 등의 정보를 포함한다.

메일의 양식은 아래와 같다:

```
From: (발신인의 이메일 주소)
Date: (날짜)
To: (수신인의 이메일 주소)
CC: (참조의 메일 주소)
Subject: (제목)
Dear Mr. Simpson (호칭)
본문
Yours sincerely (맺음말)
John Brown (서명)
```

비즈니스 이메일은 **완곡한 표현**을 사용하고, **예의**를 지켜야 한다. 메일을 작성할 때에는 최대한 **겸허하고 부드러운 어투**로 완곡하게 자신의 뜻을 밝히고 제안한다. 되도록 상대방이 반감을 살 수 있는 진부한 글귀나 비즈니스 용어 사용은 삼가며, **부정적이거나 피동적인 표현** 역시 삼가야 한다. 부정적인 표현이나 어구는 보통 수신인에 대한 불만이나 질책 등을 내포하며, 피동적인 표현은 명령하는 듯한 어감이 있기에 업무 소통에 불리하다.

Unit 2 예문 설명

Sample

From: JerryLee@gmail.com
To: cruise@yahoo.com
Date: Mon., June 21, 2019 11:21
Subject: Request for payment

Dear Mr. Cruise,

Thank you very much for importing our products, and I am glad to hear that you are very satisfied with them.

According to the terms of the contract, payment should be made within three days of the products being received by you. However, one week has passed since you received our products, and we haven't received your payment yet. I know you enjoy a good commercial reputation in your area, so I am wondering whether there is any special reason why we have not received your payment.

We would appreciate it if you could send us the payment upon receipt of this letter. Also, please notify us when you make the remittance.

Yours sincerely,

Jerry Lee
Sales Manager
THE AMERICAN TOY COMPANY
Tel: 64 487431
Fax: 64 412311
Mobile: 64 546798

발신인: JerryLee@gmail.com
수신인: cruise@yahoo.com
날짜: 2019년 6월 21일 월요일 11:21
제목: 대금 지급 요청

Cruise 씨,

저희 제품을 수입해 주셔서 대단히 감사하며, 당신이 이 제품에 상당히 만족하신다는 소식을 듣게 되어 기쁩니다.

계약 조건에 따라, 제품을 수령한 사흘 내에 대금을 지급해 주셔야 합니다. 하지만 제품을 수령한 지 일주일이 지났음에도 저희는 아직 대금을 받지 못했습니다. 당신이 상업적으로 좋은 평판을 얻고 있음을 잘 알기에 혹여 대금을 지급하지 못한 특수한 이유가 있는지 궁금합니다.

이 편지를 받는 대로 대금을 보내주시면 감사하겠습니다. 또한 송금하실 때 알려 주시기 바랍니다.

영업부장 Jerry Lee
아메리칸 완구 회사
전화: 64 487431
팩스: 64 412311
휴대폰: 64 546798

Chapter 3
팩스

≡ Unit 1　작문 요령

팩스는 매우 현대적인 통신 방식으로 회사 간에 광범위하게 사용한다. 팩스 양식의 구성은 **회사명(Company name), 주소(Company address), 쪽 번호(Page), 날짜(Date), 참조(CC), 제목(Re/Subject), 수신인 팩스 번호(Fax), 수신인 전화번호(Phone), 발신인(From), 발신인 팩스 번호(Fax), 발신인 전화번호(Phone)** 등의 요소를 포함한다.

보통 팩스 문서 상단부에는 회사명, 주소, 전화번호, 팩스 번호, E-mail 등을 기재한다. 만약 팩스 문서가 여러 장이라면 페이지 누락 방지를 위해 쪽 번호를 기재한다. 팩스는 발송 시간의 길이에 따라 발송 비용이 달라지기 때문에 가급적 간략하게 작성하는 것이 좋다. 가능한 한 많은 정보를 한 장에 요약해 페이지 수를 줄여 비용을 절약한다. 그다음에 **팩스 수신인과 발신인의 상세 정보를** 기재한다. 수신인, 수신인의 팩스 번호, 수신인의 전화번호, 발신인, 발신인의 팩스 번호, 발신인의 전화번호 다음에 이어지는 호칭, 본문, 맺음말과 서명 등은 편지 작성 요령과 같다.

팩스는 내용이 **간단명료**해야 한다. 깔끔하고 가독성이 좋은 서체를 선택하고, 팩스를 주고받는 과정에서 확실한 판별을 위해 본문에서 굵은 서체, 혹은 너무 짙거나 연한 색상의 그림 사용은 삼간다. 이 외에, 팩스는 다른 문서 전송 방식보다 기밀성이 떨어지는 편이라 오로지 수신자만 팩스 내용을 본다는 보장이 없다는 것을 유념하자. 이러한 이유로 **기밀한 내용이라면 팩스를 사용하지 않는 것이 좋다.**

팩스는 따로 특수한 언어 기준을 요구하지 않아 상대적으로 자유로운 편이지만 너무 허물없는 말투나 개인적으로 친숙한 호칭으로 수신인을 칭하는 것은 삼가야 한다.

Unit 2   예문 설명

Sample

ABC TRAVEL AGENCY
No. 284 Lincoln Rd., New York, America
Telephone: 456123658 Fax: 65 78998
E-mail: ABCTravel@yahoo.com

No. of Pages:1

To: Four Seasons Hotel
Date: May 5th, 2019
Attn: Mr. Brown
Fax: 212-454-6892
From: Mandy Lin
Subject: Room Reservation

Dear Mr. Brown,

Our travel agency would like to make a reservation of thirty single rooms for five nights, from May 10th to 14th inclusive.

I would appreciate it if you could give me an offer on the price and let me know as soon as possible if there are enough rooms available for the above time period.

Yours sincerely,

Mandy Lin
ABC Travel Agency

ABC 여행사
미국 뉴욕 링컨로 284번
전화번호: 456123658 팩스: 65 78998
이메일: ABCTravel@yahoo.com

No. of Pages:1

수신처: 포시즌 호텔
날짜: 2019년 5월 5일
수신인: Brown 씨
팩스: 212-454-6892
발신인: Mandy Lin
제목: 객실 예약

Brown 씨,

저희 여행사는 5월 10일부터 14일까지 5박, 싱글룸 30실 예약을 원합니다.

가격 제안을 주실 수 있다면 감사하겠습니다. 그리고 상기 기간 중 이용 가능한 객실이 충분한지 가능한 한 빨리 알려 주시기 바랍니다.

ABC 여행사
Mandy Lin

Chapter 4
공지

≡ Unit 1   작문 요령

사내 공지는 상부에서 하부로 조직 구성원 또는 부서 간의 근무 배치, 전달 사항을 알릴 때나 회의 개최 등에 자주 쓰는 양식이다. 양식은 제목, 호칭, 내용, 직인 등의 요소를 포함한다.

❶ 사내 공지는 본문이 시작할 때 주로 가운데에 'ANNOUNCEMENT', 'NOTICE' 또는 'Announcement', 'Notice' 등으로 명시한다. 만약 중요하거나 긴급한 상황일 때는 'IMPORTANT NOTICE' 또는 'URGENT NOTICE'로 주의를 환기할 수 있다.

❷ 사내 공지는 보통 전 직원 대상이라 따로 호칭을 적지 않는다. 그러나 만약 특정한 주제이거나 강조가 목적이라면 제목 아래에 공지하는 대상 호칭을 적을 수도 있다. To all board members(모든 이사진), To all employees(임직원 여러분) 등 상황에 따라 구체적인 호칭을 정해 쓴다.

❸ 공지 내용에는 반드시 시간, 장소, 사건, 활동 및 관련 요구 사항 등을 포함해야 한다. 또 작성 시 어조가 간결해야 하며, 내용에 적합한 어휘를 사용하고 간단명료해야 한다.

❹ 공지문에는 공지한 부서와 공지 날짜를 명시하고 직인을 날인해야 한다.

공지문은 반드시 어휘를 간결하고 간단명료하게 사용하도록 주의해야 한다. 명령도 부탁도 아닌 적절한 어조를 사용해야 한다. 사내 공지에서 자주 보이는 단어로는 request(요청)가 있는데, 이는 ask(부탁)보다는 공식적이며 demand(요구)보다는 정중하다.

≡ Unit 2 예문 설명

Sample

Notice

I am very pleased to announce that Kenny Shiels, the manager of our Sales Department, has been awarded $3,000.

In the last year, Kenny sold $100,000 worth of children's toys, breaking all previous records. More importantly, he also won a contract worth $30 million, which benefited the entire company greatly. Besides the cash, Kenny will also be rewarded with a round-trip vacation to Europe.

Please join us in congratulating Mr. Shiels on his excellent performance.

Personnel Department
May 10, 2019

공지

우리 영업부 관리자 Kenny Shiels 씨가 상여금 3,000달러를 받게 됨을 알리게 되어 매우 기쁩니다.

Kenny 씨는 작년에 약 100,000달러의 어린이 장난감을 판매해 기존 기록을 모두 경신했습니다.
더욱이 중요한 것은 그가 3,000만 달러의 계약을 성사시키셨고, 이것이 회사에 큰 이익을 가져다주었다는 것입니다. 이에 Kenny 씨는 상여금 외에도 유럽 휴가도 보상받을 것입니다.

Shiels 씨의 우수한 성과를 함께 축하해 주시기 바랍니다.

인사부
2019년 5월 10일

Chapter 5
공문

≡ Unit 1 작문 요령

공문은 목적에 따라 명령, 결정, 공지, 통고, 통보, 통지, 의안, 청훈, 의견, 서한, 회의 개요 등으로 분류할 수 있다. 기본 요소는 보통 아래 사항들을 포함한다.

❶ 보통 문서 번호, 보안 등급 및 보안 유지 기간, 긴급 수준, 발행 기관 표식, 서체 크기, 발행인 등을 명시한다.

❷ 보통 발행 기관이 정하며, 공문의 주제와 종류에 따라 정한다. 제목은 전체 내용을 요약한 것으로 문장은 정확하고, 간결하며, 개괄적이어야 한다.

❸ 공문을 받아 처리하는 기관명은 정식 명칭으로 쓴다. 상부에 올리는 공문은 일반적으로 하나의 수신 기관만 쓰는 것이 원칙이다. 동시에 여러 수신 기관에 발송해야 할 때는 참조를 사용한다. 하부로 전하는 공문은 수신 기관을 두 곳 이상 쓸 수 있지만 수신 기관이 너무 많으면 통칭을 사용한다. 예로 '행정 부서, 시ㆍ자치구, 부서' 등이 있다.

❹ **본문:** 본문은 수신 기관 명칭 아래 행부터 작성한다. 매 단락은 시작 전에 네 칸을 들여 쓰고, 줄을 바꿀 때는 들여 쓰지 않는다. 년도와 날짜는 한 줄에 쓴다.

❺ **부록:** 필요에 따라 부록을 작성할 수도 있다. 본문 아래에 한 줄을 띄고 왼쪽에 네 칸을 띈 후 콜론과 문서 명칭을 작성한다. 부록에 문서 번호가 있는 경우 '부록1. xxxx'와 같이 아라비아 숫자로 기재한다. 부록 뒤에는 문장 부호를 쓰지 않는다.

❻ **직인:** 공문에는 전보 형식으로 발행해 직인 전보 공문 외에는 모두 발행 기관의 직인을 찍는 것을 원칙으로 한다.

❼ **각주:** 설명이 필요한 사항을 나타낸다. 각주를 사용할 때는 각주를 단 곳에 담당자의 이름과 연락처를 명시해야 한다.

공문 종류에 따라 어조 역시 달라진다. 명령문에는 청유형 어휘를 삼가고, 통지문에는 명령조를 사용하지 말아야 한다. 적절한 어조를 사용하지 않으면 공문의 목적을 달성하지 못할 뿐만 아니라 심각한 결과를 초래할 수도 있다.

≡ Unit 2 예문 설명

Sample 1

Government Circular For X State on Prohibiting
Production and Usage of Phosphate Detergent.

In order to protect and improve the water environmental quality and ensure the public's health, the municipal government has prohibited production and usage of phosphate detergent within the city according to the relevant laws and regulations. These regulations are as follows:

1. It will be illegal to sell phosphate detergent in this municipality from June 1, 2019. All companies and individuals are prohibited from using phosphate detergent.

2. All non-phosphate detergent is required to be marked with the phrase "non-phosphate" in a conspicuous place on their packaging.

3. Advertising agents are not allowed to post any advertisement for phosphate detergent in the city. News media is prohibited from undertaking any advertisement work about phosphate detergent.

4. The Industry and Commerce Administrative Departments and the Quality of Technical Supervision Departments should supervise and manage the detergent market.

5. Any acts in violation of the provisions of this Circular will be punished in strict accordance with the law.

The Government of X State

May 25, 2019

X 주 인산 세제 생산 및 사용 금지에 관한
정부 협의 체결

주 당국은 지역 수질 환경 보호 및 개선과 국민 건강을 보장하기 위해 관련 법령과 규정에 따라 도시 내 인산염 세제 생산 및 사용을 금지했습니다. 관련 규정은 다음과 같습니다:

1. 2019년 6월 1일부터 우리 주 내 인산염 세제 사용은 불법이다. 모든 회사와 개인은 인산염 세제를 사용할 수 없다.

2. 모든 무인산 세제는 포장에서 눈에 잘 띄는 곳에 '무인산'이라는 문구를 표시하게 되어 있다.

3. 광고 대행사는 도시 내에서 인산염 세제 광고를 게시할 수 없다. 언론 매체는 인산염 세제 관련 광고 작업을 수행할 수 없다.

4. 상업 통상 행정부와 품질 기술 감독부는 세제 시장 관리 감독을 시행한다.

5. 이 시행 규칙의 규정을 위반할 시에는 그에 상응하는 법적 처벌을 받는다.

X 주

2019년 5월 25일

Sample 1

Notice

We are very pleased to announce the appointment of Mr. Huang as our new sales manager. Mr. Huang possesses 15 years of experience in the trading field and extensive knowledge. He will certainly be an invaluable asset to our company.

Please join us in welcoming Mr. Huang to our company!

Personnel Department

July 25, 2019

공지

황 선생님께서 새로운 영업부장으로 임명되었음을 알리게 되어 매우 기쁩니다. 황 선생님께서는 무역 분야에서 15년의 경력과 폭넓은 지식을 가지고 계십니다. 그는 분명 우리 회사에 귀중한 자산이 될 것입니다.

황 선생님이 우리 회사에 오시는 것을 환영해 주시기 바랍니다.

인사부

2019년 7월 25일

Part 2
비즈니스 편지·문서 작성 예시

Chapter 1. 대내 문서
Unit 1 부서 공지
Unit 2 인사 관련 공지
Unit 3 업무 보고

Chapter 2. 대외 문서
Unit 1 업무 연락
Unit 2 회사 통지
Unit 3 구직 면접
Unit 4 사교 활동
Unit 5 고객 불만 처리

Chapter 1
대내 문서

☰ Unit 1 부서 공지

1▶ 회의 공지

주요 목적:
회의 **시간, 장소, 내용** 등을 알린다.

작문 요점:
회의 공지문 주요 내용은 회의 **내용, 장소, 시간** 등이다. 특별히 강조할 부분이 있다면 공지의 왼쪽 상단에 알리고자 하는 주제를 명시해도 좋다. 직인은 공지하는 기관의 것으로 한다. 필요에 따라 회의 참석자의 필기구 지참 여부 내지는 복장 요구 등을 명시할 수도 있다.

회의 공지문 본문의 어조는 규격화, 간단명료, 논리 정연, 명확한 요구 등을 원칙으로 한다. 본문에서 의미가 모호한 단어는 반드시 피하는 동시에 회의 알림은 가능한 신속하게 발부해 회의 참석자들에게 충분한 준비 시간을 보장해 주어야 한다.

☁ 만능 활용 영어 작문 패턴

1. **We are going to have a meeting on Monday.**
   월요일에 회의할 예정입니다.
   🔖 We are going to… | …할 예정이다.

2. **The meeting will be held in our conference room at 3 o'clock this afternoon.**
   회의는 오늘 오후 3시 저희 회의실에서 열립니다.
   🔖 The meeting will be held… | 회의는 …에 열립니다.

3. **You are required to arrive ten minutes early.** 10분 일찍 도착하셔야 합니다.

4. **The meeting will last about three hours.**
   회의는 세 시간 정도 진행될 예정입니다.
   🔖 The meeting will last about… | 회의는 …정도 진행될 예정이다.

5. **The meeting is scheduled for ten o'clock.**
   회의는 10시로 예정되어 있습니다.
   ◆ The meeting is scheduled for… | 회의는 …예정되어 있다.

6. **Our main discussion will be about how to spur intensive cooperation with our partners.** 주된 논의는 어떻게 하면 파트너사와 긴밀한 협력을 촉진할 것인가에 관한 것입니다.
   ◆ Our main discussion will be about… | 주된 논의는 …에 관한 것이다.

7. **The purpose of this meeting is to solve the pending issues.**
   이번 회의 목적은 현안 해결입니다.
   ◆ The purpose of… is… | …의 목적은 …이다.

8. **We will talk about whether Nick should continue as our sales manager.**
   Nick이 계속해서 영업부장으로 근무해야 하는지에 대해 이야기하겠습니다.

9. **The main topic will be whether we should invest more money in marketing.**
   마케팅에 더 많은 돈을 투자해야 하는지 여부가 주요 화제가 될 것입니다.
   ◆ The main topic will be… | 주요 화제는 …이다.

10. **The main topic of this meeting is about our wage structure.**
    이번 회의 주요 의제는 우리의 임금 구조에 관한 것입니다.
    ◆ The main topic of… is… | …의 주요 의제는 …이다.

11. **We will discuss the new project in the meeting.**
    회의에서 새로운 프로젝트에 대해 논의할 것입니다.

12. **The meeting is about how to improve our product quality.**
    이번 회의는 어떻게 하면 제품 품질을 향상할 수 있는지에 관한 것입니다.

13. **All the necessary documents and information relevant to the meeting should be available.** 회의와 관련해 필요한 모든 문서와 정보를 지참하시기 바랍니다.

14. **Everyone should attend the meeting on time.**
    모두 시간 맞춰 회의에 참석해야 합니다.
    ◆ Everyone should attend… | 모두 …에 참석해야 한다.

15. **Sales promotion is the dominant theme of the conference.**
    판매 촉진 활동이 이번 회의의 주요 의제입니다.
    ◆ …is the dominant theme of… | …의 주요 의제는 …이다.

16. **The meeting is at 2:30 p.m. tomorrow, on the sixth floor.**
회의는 내일 오후 2시 반, 6층에서 합니다.

17. **The meeting will be held in the manager's office.** 회의는 부장실에서 열릴 것입니다.

18. **All branch managers should attend the meeting.**
모든 부서장이 회의에 참석해야 합니다.

19. **No one is allowed to be late.** 아무도 지각해서는 안 됩니다.
   ❥ No one is allowed… | 아무도 …해서는 안 된다.

20. **The exact place of the meeting is as yet undetermined.**
정확한 회의 장소는 아직 정해지지 않았습니다.

Sample 1

Notice

All board members are required to attend the meeting at 3 p.m. on Monday, May 15, in Meeting Room B. The meeting is about annual plans and will last about two hours. Come with your notebook and pen to make notes. Please arrive on time, or give as much notice as possible if you will be late or cannot attend.

Personnel Department
May 10, 2019

공지

모든 이사진께서는 5월 15일 월요일 오후 3시에 B 회의실 회의에 참석하셔야 합니다. 이번 회의는 회사의 연간 계획에 관한 것으로 약 두 시간 동안 진행될 것입니다. 메모에 필요한 노트와 펜을 가지고 오십시오. 시간 맞춰 참석 바라며 늦거나 참석이 불가능할 경우 미리 통지해 주시기 바랍니다.

인사부
2019년 5월 10일

Sample 2

Notice

To: All Employees

The meeting will be held from 10:00 a.m. to 11:00 a.m. on Thursday, May 14, in the square. It is to finalize the preparations for our important customers' visit and sightseeing activities. Please attend on time.

William Watters
May 10, 2019

공지

임직원 여러분,

회의는 5월 14일 목요일 오전 10시부터 11시까지 광장에서 열립니다. 모든 임직원께서는 회의에 참석하시기 바랍니다. 이번 회의는 우리 회사 주요 고객들의 회사 방문 및 관광 활동에 대한 마무리 준비를 위한 것입니다. 시간 맞춰 참석 바랍니다.

William Watters
2019년 5월 10일

Sample 3

Notice

To: All Board Members

The meeting about our annual plans, previously scheduled for Saturday, has been rescheduled to 9 a.m. next Monday. The venue is unchanged, apologies for any inconvenience.

Personnel Department
May 14, 2019

공지

이사진 여러분,

본래 토요일로 예정된 연간 계획 관련 회의가 다음 주 월요일 오전 9시로 일정이 변경되었습니다. 행사 장소는 변동 없습니다. 불편을 끼쳐 죄송합니다.

인사부
2019년 5월 14일

Sample 4

Notice

All staff are requested to meet in the lecture hall on Friday, September 12, at 3:00 p.m. to discuss safety in production. Please attend on time.

The Administrative Department
September 10, 2019

공지

모든 직원은 생산 안전성 관련 논의차 9월 12일 금요일 오후 3시에 강당에 모여야 합니다. 시간 맞춰 참석 바랍니다.

행정부
2019년 9월 10일

2 사내 활동 관련 공지

주요 목적:
개최하는 활동의 **일시, 장소, 활동 내용** 등 구체적인 정보를 공지한다.

작문 요점:
주요 내용은 **활동이 개최되는 시간, 장소, 내용, 참가 대상, 활동 준비 내용** 등이다. 또한 활동 개최 목적을 명시해야 한다. 이 활동에 참가해 달성할 수 있는 효과, 즉 활동의 장점 등을 명시하는 것이다. 예를 들어 사우 간 교류, 인적 인프라 구축, 사교성 향상 등이 있다. 이는 활동에 참여하고자 하는 사람에게 동기 부여가 된다. 활동 내용은 간결하고 명확하게 작성하며, 받아들이는 사람이 일목요연하게 느낄 수 있게끔 한다. 마지막에는 공지하는 날짜와 시간을 명시한다.

만능 활용 영어 작문 패턴

1. In order to enrich the spare time of our associates, the department will organize some activities.
동료들의 여가 시간의 질을 높이기 위해 우리 부서는 몇 가지 활동을 준비할 것입니다.
🍀 In order to enrich | 질을 높이기 위해

2. Our activities are rich and varied.
우리의 활동은 풍부하고 다양합니다.
🍀 are / is rich and varied. | …는 풍부하고 다양하다.

3. Anyone is welcome to attend the activity.
누구든지 이 활동에 참가하는 것을 환영합니다.
🍀 …welcome to attend… | …참석을 환영한다.

4. It's expected that all colleagues will actively participate in this activity.
모든 동료가 이 활동에 적극적으로 참여할 것으로 예상합니다.
🍀 It's expected that… | …할 것으로 예상한다.

5. Everyone is welcome to join in the activity.
누구든지 이 활동에 참가하는 것을 환영합니다.
🍀 Everyone is welcome to… | 누구든지 환영한다.

6. Everyone is welcome to participate in the activities.
누구든지 이 활동에 참가하는 것을 환영합니다.

7. **The event is scheduled for Sunday.**
   그 행사는 일요일로 예정되어 있습니다.
   🔖 ⋯is / are scheduled for⋯ | ⋯는 ⋯(시간)에 예정되어 있다.

8. **The main contents include the following three parts.**
   주요 활동 내용은 다음과 같이 세 부분으로 구성됩니다.

9. **Activity contents are as follows.**
   활동 내용은 다음과 같습니다.
   🔖 ⋯are as follows. | ⋯는 다음과 같다.

10. **Activity contents are related to our future development.**
    활동의 내용은 앞으로 우리의 발전과 관련이 있습니다.
    🔖 ⋯are / is related to⋯ | ⋯는 ⋯와 관련이 있다.

11. **The activity is cancelled due to the absence of the chairman.**
    회장님의 부재로 활동을 취소합니다.

12. **The activity will help to enhance your understanding of each other.**
    이번 활동은 서로에 대한 이해를 향상시키는 데 도움이 될 것입니다.
    🔖 ⋯will help to enhance⋯ | ⋯는 ⋯를 향상시키는 데 도움이 될 것이다.

13. **This activity provides a stage for you to show your talent.**
    이 활동에는 여러분의 재능을 보여 줄 무대를 제공합니다.

14. **Its aim is to create and strengthen friendship.**
    그것의 목적은 교우 관계 형성 및 강화입니다.
    🔖 Its aim is to⋯ | ⋯그것의 목적은 ⋯다.

15. **This activity is to celebrate the 10th anniversary of our company.**
    이번 활동은 우리 회사 10주년 창립을 기념하기 위한 것입니다.

16. **We've decided to hold an activity to celebrate the achievements accomplished by everyone in this past year.**
    우리는 이번 활동을 통해 지난 한 해 모두의 성과를 축하하고자 합니다.

17. **The activity aims to celebrate our company achieving a place in the world's top 500 enterprises.**
    이 활동은 우리 회사가 세계 500대 기업에 진입한 것을 기념하기 위한 것입니다.

18. **The specific location needs further discussion.**
    구체적인 장소는 추가 논의가 필요합니다.
    - …needs / need further discussion. | …는 추가 논의가 필요하다.

19. **The location of the activity has not yet been decided.**
    활동 장소는 아직 정해지지 않았습니다.
    - …has not yet been dedecided. | …는 아직 정해지지 않았다.

20. **The activity is organized by the Athletics Department. For more details, please contact its manager.**
    이 활동은 체육부가 준비합니다. 자세한 내용은 관리자에게 문의하시기 바랍니다.
    - For more details, please… | 자세한 정보는 …하길 바란다.

Sample 1

Notice

This weekend we will have our annual company dinner. Everyone that would like to, can attend. Dinner will be held at 19:00 on Saturday, May 16, in the Wolong Hotel.

We'll meet at the company gate at 18:00 and then go to the venue in company cars.

Hopefully we can learn more about each other and promote friendship through this social occasion. All people attending the dinner will receive a surprise gift.

Thank you.

Personnel Department
May 14, 2019

공지

우리 회사는 이번 주말 연례 만찬을 가질 것입니다. 누구라도 원한다면 참석하실 수 있습니다. 만찬은 5월 16일 토요일 19시에 와룡 호텔에서 열립니다.

우리는 18시에 회사 정문에서 만나 회사 차를 타고 행사장으로 갑니다.

바라건대, 이 사교적 행사를 통해 서로에 대해 더 많이 알고 교우 관계를 도모할 수 있길 바랍니다. 만찬에 참석하는 모든 분은 깜짝 선물을 받게 됩니다.

감사합니다.

인사부
2019년 5월 14일

Sample 2

Notice

The annual dinner, originally scheduled for Saturday, May 16, has been postponed until next Thursday, May 21, due to unforeseen circumstances. We are sorry for any inconvenience.

Personnel Department
May 15, 2019

공지

당초 5월 16일 토요일로 예정된 회사 연례 만찬은 예기치 못한 상황으로 다음 주 목요일인 5월 21일로 연기되었습니다. 불편을 끼쳐 죄송합니다.

인사부
2019년 5월 15일

Sample 3

> Notice
>
> In order to enrich your cultural life and satisfy the English lovers learning needs, we have decided to hold a regular English Corner. Specific arrangements are as follows:
>
> 1. Time: 14:00 ~ 16:00 on Saturdays
> 2. Place: Conference Room
> 3. Content: Discuss one chosen theme and share your comments and ideas in English.
>
> Personnel Department
> May 20, 2019
>
> ---
>
> 공지
>
> 여러분의 문화생활을 풍요롭게 하고 영어 애호가들의 학습 욕구를 충족시키기 위해, 우리 회사는 정기적인 영어 코너를 개설하기로 했습니다. 세부 사항은 아래와 같습니다:
>
> 1. 시간: 매주 토요일 14:00 ~ 16:00
> 2. 장소: 회의실
> 3. 내용: 선택한 주제에 관해 토론하고 영어로 당신의 의견과 아이디어를 공유한다.
>
> 인사부
> 2019년 5월 20일

Sample 4

Notice

All staff are welcome to take part in the 3rd anniversary ceremony of the company on Saturday, August 18, at 9:00 a.m. The location is the company stadium. Please attend the ceremony on time.

The Administrative Department
August 15, 2019

공지

모든 직원은 8월 18일 토요일 오전 9시에 회사의 3주년 기념식에 참석할 수 있습니다. 장소는 회사 체육관입니다. 기념식에 시간 맞춰 참석 바랍니다.

행정부
2019년 8월 15일

3 부서 조정 공지

주요 목적:
각 부서에 사내 조정 사항을 통지한다.

작문 요점:
부서 조정 공지에는 먼저 **부서 조정 사유와 목적**을 설명해야 한다. 그다음으로 **새로 설립할 부서, 폐지할 부서**와 **새 부서의 기능** 등 부서 조정 사항을 설명한다. 마지막으로는 **회사의 부서 조정에 적극적인 협조**를 당부한다.

만능 활용 영어 작문 패턴

1. **There are some adjustments happening in our company.**
   우리 회사에 약간의 부서 조정이 있습니다.

2. **The financial department is adding resources to our company.**
   우리 회사는 재무부를 신설하기로 했습니다.

3. **After discussion, we have decided to merge the advertising department and the public relations department.**
   논의를 거쳐 광고부와 홍보부를 합병하기로 했습니다.
   ▶ After discussion, we have decided to… 논의 끝에 …하기로 했다.

4. **The personnel of the two departments will work together after the merger.**
   합병 후 두 부서의 직원들은 함께 일할 것입니다.

5. **The former workers will be transferred to other departments.**
   이전 직원들은 다른 부서로 이동할 것입니다.

6. **The branch in Shanghai will expand with the addition of a planning department.**
   상하이 지사는 기획부가 추가되면서 확장될 것입니다.

7. **There will be a reorganization in our company due to the current situation.**
   현재 상황으로 인해 우리 회사에 조직 개편이 있을 것입니다.

8. **There will be no layoffs due to this reorganization.**
   이번 조직 개편으로 인한 해고는 없을 것입니다.

9. It's a pity that some of the workforce will have to leave the company.
   유감스럽게도 인력 일부가 회사를 떠나야 할 것입니다.
   🏷 It's a pity that… | 유감스럽게도…

10. Our company is facing some adjustments.
    우리 회사는 조정이 필요한 상황에 직면했습니다.

11. The reorganization is a milestone for our company.
    조직 개편은 우리 회사의 획기적인 사건입니다.

12. The current organizational structure is not wholly suitable for dealing with the rapid development of our company.
    현재 조직 구조는 우리 회사의 빠른 발전을 도모하기에 전혀 적합하지 않습니다.

13. The addition of the new departments will make our company run more efficiently.
    새로운 부서가 추가되면서 우리 회사는 보다 효율적으로 운영될 것입니다.

14. We hope all staff will effectively coordinate with the new departments.
    부디 모든 직원이 신설 부서와 협력해 주기 바랍니다.

15. We will set up a personnel department for our company.
    우리 회사는 인사 부서를 개설할 것입니다.

16. The manager of the new department will be selected from the current staff.
    새로운 부서장은 현 직원 중에서 선발할 것입니다.

17. It's a turning point for our company.
    이는 우리 회사의 전환점입니다.
    🏷 It's a turning point… | 이는 …의 전환점이다.

18. The extension of our business requires the establishment of a personnel department.
    우리 사업을 확장하려면 인사부를 설립해야 합니다.

19. We decided to set up an engineering department for our company.
    우리 회사를 위해 기술 부서를 설립하기로 했습니다.

20. The personnel department will be closed in order to reduce costs.
    비용을 낮추기 위해 인사 부서는 폐지할 것입니다.

Sample 1

Notice

To all employees,

Along with the continuous development of our company's business, we need to reorganize some departments. After study, the directorate decided to adjust the following departments.

The functional departments will be divided: integrated office, accounting and technology development departments. Allen Jones will be responsible for the integrated office, Alex Brown for the accounting department and Dave Coles for the technology development. The export department and import department will be merged into the purchasing and order department. Samuel Brown will remain in charge of it.

General Manager
November 15, 2019

공지

임직원 여러분,

우리 회사 사업의 지속적인 발전에 따라 일부 부서를 재편성하고자 합니다. 연구 끝에 이사회에서는 아래와 같이 조직을 개편하기로 했습니다;

운영되는 부서는 통합 사무 부서, 회계 부서와 기술 개발 부서로 나뉠 것입니다. Allen Jones 씨가 통합 사무 부서를, Alex Brown 씨가 회계 부서를, 그리고 Dave Coles 씨가 기술 개발 부서를 담당할 것입니다. 수출 부서와 수입 부서는 구매 부서로 통합되며 Samuel Brown 씨가 계속해서 담당할 것입니다.

본부장
2019년 11월 15일

Sample 2

Notice

To all members,

Due to the hard work of all the staff, our company has made great progress in the past year. In order to ensure the continued efficient operation of the company, we have decided to set up an administrative department for the company. A departmental manager will be chosen after interview, and we hope an internal applicant can fill the position.

공지

임직원 여러분,

임직원 여러분의 노고에 힘입어 우리 회사는 지난해 큰 성과를 이뤄 냈습니다. 회사의 지속적인 효율 경영을 위해 행정 부서를 설립하기로 했습니다. 부서장은 추후 면접을 통해 선발할 것이며 내부 지원자로 그 자리가 채워지길 바랍니다.

Sample 3

 File 03

Notice

To all members,

With the rapid development of the company, there's a need to make some adjustments. In order to ensure the efficiency of our company, we have decided to set up a logistics department. Anyone who has constructive or creative suggestions to ensure the success of this process is encouraged to reply to this e-mail.

General Manager
July 21, 2019

공지

임직원 여러분.

회사의 빠른 발전에 힘입어 우리는 일부 부서의 조정이 필요합니다. 회사의 효율적인 경영을 위해 물류 부서를 신설하기로 했습니다. 이 계획에 대해 건설적이고 창의적인 제안을 가진 분께서는 누구든지 이 메일에 회신해 주시기 바랍니다.

본부장
2019년 7월 21일

---

4 회의실 사용 주의사항

주요 목적:
회의실의 청결과 회의실 내 각종 시설의 원활한 사용을 유지한다.

작문 요점:
회의실 사용 주의사항을 작성할 때는 먼저 **사용자가 무엇을 해야 하는지**, 무엇이 허용되는지, **무엇을 금하는지**를 작성해야 한다. 필요에 따라 **그에 상응하는 처벌 규정** 역시 명시할 수 있다. 마지막으로 모두가 협조해 주길 바란다는 바람을 적으며 감사를 표한다.

만능 활용 영어 작문 패턴

1. **Please don't smoke in the meeting room.** 회의실 내 흡연을 금지합니다.

2. **You should book the conference room in advance.**
   회의실 사용은 사전에 예약해야 합니다.
   ▶ You should book…in advance. | …는 사전에 예약해야 한다.

3. **It's our duty to keep the meeting room tidy.**
   회의실의 청결을 유지하는 것은 우리 모두의 의무입니다.
   ▶ It's our duty to… | …는 모두의 책임이다.

4. **Before you insert a USB into the computer, remember to scan it for viruses.**
   컴퓨터에 USB를 삽입하기 전에 바이러스 검사를 해야 합니다.

5. Remember to clean the meeting room after the conference.
회의 후 회의실을 청소하는 것을 기억하십시오.

🔖 Remember to… | …를 기억하라.

6. Put your chair back after the meeting is over.
회의가 끝나면 의자를 제자리에 놓아 주세요.

7. Don't forget to turn the computer off after use.
컴퓨터 사용 후 전원 끄는 것을 잊지 마세요.

🔖 Don't forget to… | …를 잊지 마라.

8. Turn off the power after shutting down the computer.
컴퓨터를 종료한 뒤 전원을 끄세요.

🔖 Turn off…after… | …뒤에 …를 꺼라.

9. Please take away any rubbish when when you leave.
쓰레기는 퇴실 시 함께 가져가시기 바랍니다.

🔖 Please take away… | 가져가기 바란다.

10. It's forbidden to leave litter lying around.
쓰레기를 방치하는 것을 금합니다.

🔖 It's forbidden to… | …하는 것을 금지한다.

11. If you want to use the conference room, you must book it in advance.
회의실을 이용하려면 예약해야 합니다.

12. Please take care of the keys.
열쇠를 잘 보관하기 바랍니다.

🔖 Please take care of… | …를 잘 보관하기 바란다.

13. Make sure that all power switches are off before leaving the room.
퇴실 전에 모든 전원 스위치가 꺼져 있는지 꼭 확인하십시오.

🔖 Make sure that… | …를 확인한다.

14. Please make sure that the conference room is clean before leaving.
퇴실 전 회의실이 깨끗한지 확인하시기 바랍니다.

🔖 You need to make sure that… | …를 확인할 필요가 있다.

15. **Be sure to shut all windows before locking the door.**
문을 잠그기 전에 반드시 모든 창문을 닫아야 합니다.
🏷 Be sure to… | 반드시…

16. **Please take care of the equipment in the conference room.**
회의실의 장비를 조심히 다루기 바랍니다.

17. **The main purpose is to make sure that we can use the conference room more efficiently.**
회의실을 보다 효율적으로 사용할 수 있게 하는 것이 주된 목적입니다.

18. **All staff should obey the rules.**
모든 직원은 규칙을 따라야 합니다.

19. **Please take all personal belongings when leaving.**
퇴실 시 개인 소지품을 잘 챙기길 바랍니다.

20. **If you have any more questions, you can contact the logistics department directly.**
문의 사항이 있으시면 물류 부서에 직접 문의하시면 됩니다.

Sample 1

ANNOUNCEMENT

In order to keep the conference room clean, please adhere to the following rules:

1. Keep the conference room orderly.
2. Do not eat, drink or smoke in the room.
3. Remember to take your personal belongings with you after the meeting.
4. Clean the conference room after use.

Thanks in advance for your cooperation.

공지

회의실을 깨끗하게 유지하기 위해 아래 규칙들을 준수해 주시기 바랍니다:

1. 회의실의 정돈된 상태를 유지한다.
2. 회의실에서는 음식물 섭취와 흡연을 하지 않는다.
3. 회의 후 개인 소지품을 챙겨 간다.
4. 회의실 사용 후에는 청소를 한다.

당신의 협조에 감사의 말을 드립니다.

Sample 2

ANNOUNCEMENT

Dear Members,

The rules you all need to follow are listed below concerning the usage of the meeting room:

1. In order to keep the meeting room in order, please don't move the desk.
2. Put the chairs back to where they were when you are done.
3. Remember to close all windows and lock the door after the meeting.
4. If you use the projector, please don't forget to turn it off.

Your cooperation is most appreciated.

Sincerely yours,
Personnel Department

공지

회의실 이용과 관련해 준수해야 할 규칙은 아래와 같습니다:

1. 회의실의 정돈된 상태 유지를 위해 책상은 이동하지 말아 주시기 바랍니다.
2. 의자 사용 후 제자리에 놓아 주시기 바랍니다.
3. 회의 후 모든 창문을 닫고 문을 잠그는 것을 기억하십시오.
4. 프로젝터를 사용할 경우, 전원을 끄는 것을 잊지 마시기 바랍니다.

협조해 주셔서 대단히 감사합니다.

인사부

Sample 3

Dear Colleagues,

In order to manage the use of the conference room more efficiently, we have hereby formulated an internal policy for the firm, effective tomorrow.

The details of the policy are as follows:

1. Please apply for use of the conference room two days prior to the required time slot.
2. Make sure that all electronic devices are turned off before leaving the room.
3. Remember to clean up the room and put everything in order after the meeting.
4. Return the keys of the conference room immediately after you are finished using it.

If you have any questions or suggestions on this policy, please contact us immediately.

Best Regards,

Alice Davis

동료 여러분,

회의실을 보다 효율적으로 관리하기 위해 우리는 내부 규정을 만들었으며, 이 방침은 내일부터 시행합니다.

구체적인 방침은 아래와 같습니다:

1. 회의실은 사용하기 이틀 전에 미리 신청해 주시기 바랍니다.
2. 퇴실 전에 반드시 모든 전자기기가 꺼져 있는지 확인해 주시기 바랍니다.
3. 회의실 사용 후에는 깨끗이 치우고 모든 물품을 제자리에 두어 주시기 바랍니다.
4. 회의실 사용 후 열쇠를 즉시 반납해 주시기 바랍니다.

규정과 관련해 궁금한 점이나 제안 사항이 있을 경우 바로 연락 부탁드리겠습니다.

안부 전합니다.

Alice Davis

5 사내 공사 공지

주요 목적:
임직원들에게 사내 공사가 진행될 것을 공지한다.

작문 요점:
사내 공사 공지문에는 먼저 **공사 장소**와 **원인** 및 **공사 기간**을 명시해야 한다. 말미에 공사가 초래하는 불편에 관한 사과의 뜻도 표현하는 것이 좋다.

만능 활용 영어 작문 패턴

1. **The office of the Planning Department needs refurbishing.**
   기획부 사무실은 재정비가 필요합니다.

2. **You need to move your office to the top floor.**
   당신은 사무실을 꼭대기 층으로 옮겨야 합니다.

3. **We are planning to turn the big meeting room into an office.**

우리는 대회의실을 사무실로 만들 계획입니다.
- We are planning to… | …할 계획이다.

4. Please move all things in the conference room to the room next to it.
   회의실의 모든 물건을 옆방으로 옮겨 주시기 바랍니다.

5. We are sorry to inform you that our conference room is not yet complete.
   회의실이 아직 완공되지 못했음을 알리게 되어 유감입니다.
   - We are sorry to inform you… | …를 알리게 되어 유감이다.

6. Our lobby is currently under construction, so please enter through the left entrance.
   우리 회사 로비는 공사 중이오니 왼쪽 출입구로 들어가시길 바랍니다.
   - …is / are under construction. | …는 공사 중이다.

7. Please enter and exit through the back door.
   뒷문으로 출입해 주시기 바랍니다.
   - Please enter and exit through… | …로 출입해 주세요.

8. First, please climb the stairs to the third floor, and then you can take the elevator up to your office.
   먼저 계단을 이용해 3층으로 올라가서 엘리베이터를 타고 사무실로 올라가십시오.

9. Because the elevator has been breaking down so often, we have decided to replace it with a new one.
   엘리베이터 고장이 너무 잦아 새것으로 교체하기로 했습니다.

10. You are requested to climb the stairs to your office during the construction work.
    공사 중에는 사무실까지 계단으로 올라가야 합니다.
    - You are requested to… | …해야 한다.

11. The underground parking lot of the company is scheduled for construction.
    회사 지하 주차장이 공사 예정입니다.

12. Please park your cars in the ground parking lot.
    차량은 지상 주차장에 주차하시기 바랍니다.

13. **Construction is expected to take about three months.**
    공사는 3개월 정도 걸릴 것으로 예상됩니다.

14. **Construction work is scheduled to start tomorrow.**
    공사는 내일부터 진행될 예정입니다.

15. **The second storey is under construction. Please keep out.**
    2층은 공사 중이니 진입을 삼가십시오.

16. **This corridor is blocked, please take an alternate route.**
    이 통로는 통제 중이니 다른 길을 이용하시기 바랍니다.

17. **Please don't go near the construction site.**
    공사장 근처 접근을 금지합니다.
    ❥ Please don't go near… | …에 접근을 금지한다.

18. **For your personal safety, please keep away from it.**
    안전을 위해 접근을 금지합니다.   ❥ For your safety… | 안전을 위해…

19. **Please forgive us for the inconvenience this is causing you.**
    불편을 끼쳐드린 점 양해 부탁드립니다.
    ❥ Please forgive us for… | …에 대한 양해 부탁드립니다.

20. **We are sorry for the inconvenience this has caused.**
    이로 인해 불편을 끼쳐 죄송합니다.

Sample 1

File 05

Notice

We are sorry to inform you that our elevator has broken down and needs repairing. The repair will take about a week, please take the stairs in the meantime. Please forgive the inconvenience caused by this.

Logistics Department
May 10, 2019

공지

사내 엘리베이터 고장으로 수리가 필요한 상황임을 알리게 되어 유감입니다. 수리는 일주일 정도 진행되오니 이 기간 동안에는 계단을 이용해 주시기 바랍니다. 이로 인해 불편을 끼쳐드린 점 양해 부탁드립니다.

지원부
2019년 5월 10일

Sample 2

Notice

Most of the pipes in the women's toilet on this floor are broken and need repaired, so ladies are requested to use the toilet upstairs.

Logistics Department
May 11, 2019

공지

이 층의 여자 화장실 수도 대부분이 파손되어 수리가 필요한 상황이니 여성분들은 위층 화장실을 이용하시길 바랍니다.

지원부
2019년 5월 11일

Sample 3

Notice

This notice is to inform everyone that our meeting room needs redecorating and the construction crew will start working tomorrow. For your own safety, please keep away from the conference room.

Logistics Department
May 11, 2019

- -

공지

회의실 재정비가 필요해 내일부터 시공사에서 수리를 시작할 예정입니다. 안전을 위해 회의실 근처 접근을 삼가시기 바랍니다.

지원부
2019년 5월 11일

Sample 4

Notice

In order to build up a better image of our company to the public, we have decided to build a new gate with a more modern style. Thus there will be no access through the front gate from July 3 to July 28. Please use the side entrance to go in and out of the building. Please forgive us for any inconvenience this may cause you.

Logistics Department
May 11, 2019

공지

대중에게 우리 회사의 더 나은 이미지를 심어 주기 위해 우리는 더 현대적인 스타일로 새로운 정문을 만들기로 했습니다. 따라서 7월 3일부터 7월 28일까지 정문 출입이 제한될 예정입니다. 측문을 이용해 출입해 주시기 바랍니다. 이로 인해 불편을 끼쳐드린 점 양해 부탁드립니다.

지원부
2019년 5월 11일

Sample 5

Notice

In order to create a better working environment for all colleagues, the company will be adding some greenery on the premises. Some areas will be blocked during the construction work. Your understanding and support will be appreciated.

Logistics Department
May 11, 2019

공지

직원들에게 보다 나은 근무 환경을 제공하기 위해 우리 회사는 구내 몇 곳에 녹지 추가 공사를 시행합니다. 일부 구역은 공사 기간 동안 폐쇄될 예정입니다. 직원 여러분의 이해와 협조 감사합니다.

지원부
2019년 5월 11일

6 회사 복지 소개

주요 목적:
회사의 복지 혜택을 직원들에게 소개한다.

작문 요점:
먼저 **복지 혜택을 구체적이고 명료하게 설명**한다. 내용은 상세하고 사실적이어야 하며, **제한 조건이 있을 시 충분한 설명**을 추가한다.

만능 활용 영어 작문 패턴

1. **To express our appreciation for your hard work, the company will award fringe benefits to everyone.**
   당신의 노고에 감사를 표현하고자 회사는 직원들께 복지 혜택을 제공할 것입니다.
   🏷 To express our appreciation for… | …에 감사를 표현하고자

2. **In order to fully mobilize everyone to work hard to complete the project early, the company will make welfare available for everyone.**
   여러분의 조기 프로젝트 완성을 장려하기 위해 회사는 모든 직원에게 복지 혜택을 제공할 것입니다.

3. **There will be a tour for all staff next week.**
   다음 주에 전 직원이 가는 여행이 있을 예정입니다.

4. **When it is someone's birthday, they will receive a cash gift on that date.**
   우리 회사는 생일을 맞이한 직원에게 축하금을 지급할 것입니다.

5. **We hope every staff member can work happily in the company.**
   우리는 모든 직원이 회사에서 행복하게 일할 수 있길 바랍니다.

6. **We will provide all staff with accidental death or dismemberment insurance.**
   우리는 모든 직원에게 상해 사망 보험을 제공할 것입니다.

7. **You will get employee compensation if you are laid off by the company.**
   당신이 해고되면 회사로부터 보상금을 받게 될 것입니다.

8. **Those who have worked here for at least one year are entitled to full-pay sick leave. Written certification from the doctor must be provided.**
   1년 이상 근무한 직원은 의사의 서면 증명서 제출 시 유급 병가를 낼 자격이 주어집니다.

9. **Everyone is entitled to thirty days of paid annual leave, but it can not be taken all at one time.**
누구나 30일의 유급 연차를 사용할 수 있으나, 한 번에 모든 연차를 사용할 수는 없습니다.

10. **The permanent employees retired from our company are eligible for retirement benefits.**
우리 회사에서 퇴직한 정규 직원은 퇴직금을 받을 수 있습니다.

11. **Non-local employees will receive some subsidized housing.**
지역 외 거주 직원은 주택 보조금 일부를 지원받습니다.

12. **We will buy life insurance for everyone free of charge.**
우리 회사는 모든 직원에게 생명 보험 무료 가입을 지원할 것입니다.
   - …buy life insurance for… | …를 위해 생명 보험에 가입하다.

13. **We can also buy any other insurance required, but the company will only subsidize up to 50% of the cost.**
우리 개인이 원하는 어떠한 보험이라도 가입을 지원할 수 있지만, 최대 50%의 비용까지만 보조합니다.

14. **Employees who have worked here for longer than three months will be eligible to receive health insurance.**
이곳에서 3개월 이상 근무한 직원은 건강보험을 받을 수 있습니다.

15. **All regular staff will enjoy medical and unemployment insurance provided by the company.**
모든 정규 직원은 회사가 제공하는 의료 및 실업 보험 혜택을 누릴 것입니다.
   - …enjoy medical and unemployment insurance… | 의료 및 실업 보험 혜택을 누리다.

16. **The company will provide pension insurance, hospitalization insurance, unemployment insurance, working injury insurance, and maternity insurance to workers after the successful completion of their probationary period.**
회사는 수습 기간을 마친 직원에게 연금보험, 의료보험, 실업보험, 산재보험, 산모보험 등을 지원합니다.

17. **Employees will enjoy all the benefits provided by the company after signing the labor contract.**
근로 계약에 서명한 뒤 회사가 제공하는 모든 복지 혜택을 누릴 수 있습니다.

18. **The company will increase the benefits to all employees because our profits have soared in the past months.**

    지난 몇 달간 우리의 이윤이 많이 증가했기에 회사는 모든 직원의 복지 혜택을 늘릴 것입니다.

19. **The benefits will be included in the salaries.**

    혜택은 급여에 포함될 것입니다.

20. **Housing allowance is not available at present.**

    지금 주택 수당은 이용할 수 없습니다.

Sample 1

Notice

Anyone who wishes to apply to join the company's health plan may complete and return the attached application form.

Contributions will be deducted automatically from your salary each month.

공지

회사의 건강 플랜에 가입하길 원하는 분께서는 첨부된 신청서를 작성해서 제출해 주시기 바랍니다.

비용은 매월 급여에서 자동 공제될 예정입니다.

Sample 2

> File 06

Notice

In order to enrich the life of the employees, the company will sponsor a tour on April 17, 2019. Every person should take part in the tour unless there are special circumstances which preclude attendance.

As to the expenses, for those who have worked at the company for less than one year, the company will pay half of the touring fees. For those who have worked here for more than one year, the tour will be free. We hope you will have a good time on the tour.

공지

직원들의 삶의 질을 높이기 위해 회사는 2019년 4월 17일에 직원들을 위한 여행을 지원할 예정입니다. 특별한 사정이 없다면 모든 직원이 여행에 참여해야 합니다.

그 비용으로, 우리 회사에서 1년 이하로 근속한 직원은 여행비의 절반을 낼 것입니다. 이곳에서 1년 이상 근무한 분의 여행비는 무료입니다. 여행에서 좋은 시간 보내시기 바랍니다.

Sample 3

Notice

In order to ensure the health of the staff, the company will have a physical examination for all employees this Saturday. The examination will be free of charge. The company will offer compensation of $10 for every employee. We will keep you notified if there are any changes.

공지

직원들의 건강 증진을 위해 회사는 오는 토요일에 전 직원 건강 검진을 할 것입니다. 검진은 무상으로 진행될 예정입니다. 그뿐만 아니라 회사는 직원 한 사람당 10달러의 보상을 제공할 것입니다. 변경 사항이 있으면 공지하겠습니다.

7 연회 공지

주요 목적:

연회 시간, 장소, 내용 등을 공지한다.

작문 요점:

주요 내용은 **연회 목적, 주제, 내용, 장소, 시간** 등을 포함한다. 필요에 따라서 **참석자의 드레스코드**도 명시한다. 연회 공지문의 어조는 **공식적이고, 간단명료하며, 조리 정연하고, 요구가 명확**해야 한다. 문장에 뜻이 모호한 단어 사용을 삼간다. 또 연회 공지는 참석자들이 충분한 준비 시간을 가질 수 있도록 **최대한 빨리 전달**하는 것이 좋다.

만능 활용 영어 작문 패턴

1. **We are going to hold a year-end dinner party to celebrate New Year.**
   새해를 맞이해 송년 연회를 열 예정입니다.
   ▶ We are going to hold… | …를 할 예정이다.

2. **Our aim is to reward you for your hard work this year.**
   우리의 목적은 올해 여러분의 노고에 보답하는 것입니다.
   ▶ Our aim is to reward you for… | 목적은 …에 보답하는 것이다.

3. **In order to thank you for your contribution to our company, we have decided to hold a party.**
   회사에 공헌해 주신 여러분에게 감사를 표현하기 위해 연회를 열기로 했습니다.
   ▶ In order to thank you for… | …에 감사를 표현하기 위해

4. **We are pleased to inform you that our annual year-end dinner party will be held this Sunday.**
   이번 주 일요일, 우리의 연말 연회가 열린다는 것을 알리게 되어 기쁩니다.
   ▶ We are pleased to inform you that… | …하게 되어 기쁘다.

5. **Let's celebrate every success of the company and of individuals for this past year.**
   지난 한 해 회사와 여러분의 성취에 대해 함께 축하합시다.
   ▶ Let's celebrate… | …에 대해 함께 축하하자.

6. **There is no restriction on the type of performance you may do at the end of year show.**
   연말 쇼에서 할 공연 종류에는 특별한 제한이 없습니다.
   ❥ There is no restriction on… | …에 대한 제한이 없다.

7. **The content and the forms of the activity are not limited.**
   프로그램의 내용과 형식에는 제한을 두지 않습니다.

8. **Each department should give at least two performances.**
   각 부서는 최소한 두 개의 공연을 준비해야 합니다.

9. **You are free to use your creativity and make preparations for it.**
   자유롭게 본인의 창의력을 발휘해 준비해도 좋습니다.
   ❥ You are free to… | 자유롭게 …할 수 있다.

10. **We hope you can recommend two hosts.**
    두 분의 진행자를 추천해 주시기 바랍니다.

11. **The content of the activity is rich and varied.**
    행사 내용은 매우 풍부하고 다채롭습니다.
    ❥ The content of…is rich and varied. | …의 내용은 매우 풍부하고 다채롭다.

12. **We will select one member from each department to serve as judge.**
    각 부서에서 한 분씩 위원을 선발하여 심판을 겸임할 것입니다.

13. **First place in this activity will win a prize.**
    이 활동에서 1등은 상을 받을 것입니다.

14. **The chairman will serve as our judge.**
    회장님께서 심판 역할을 하게 됩니다.

15. **Please discuss the programs you will show with our principal.**
    여러분이 준비한 프로그램에 대해 진행자와 논의하시기 바랍니다.

16. **If you can't attend the party for some reason, please call the principal ahead of time.**
    개인 사유로 참석이 불가능하신 분은 사전에 책임자에게 연락해 주시기 바랍니다.

17. **We hope every department will make proper preparations for the party.**
    각 부서는 연회를 위해 충분히 준비하시기 바랍니다.
    ❥ …make proper preparations for… | …가 …를 위해 충분히 준비하다.

18. We hope that you all enjoy yourselves at the party.
여러분 모두 연회에서 즐거운 시간 되시길 바랍니다.

19. I believe our party will be a success.
성공적인 연회가 될 것이라 믿습니다.

20. We hope everyone can attend the party on time.
모든 사람이 시간에 맞춰 연회에 참석할 수 있길 바랍니다.

Sample 1

File 07

To All Employees,

To celebrate the arrival of the new year, we are going to hold a large year-end dinner party at the ABC Hotel. It will begin at 18:00 on Sunday, please attend on time.

We hope you will enjoy the party as we bid farewell to the past year and welcome in the new year.

Sincerely yours,

Administrative Department

임직원 여러분,

새해를 맞이해 회사는 이번 주 일요일 ABC 호텔에서 성대한 연말 연회를 개최할 예정입니다. 연회는 오후 6시부터 시작되오니 시간에 맞춰 참석해 주시기 바랍니다.

여러분 모두 지난 한 해를 보내고 새로운 한 해를 맞이하며 함께 즐길 수 있는 연회에 참석해 주시기 바랍니다.

행정부

Sample 2

To All Employees,

In order to celebrate the coming of the new year as well as our individual and business achievements, we are planning to hold a year-end dinner party at the ABC Hotel located at No 60 Green Street. The time is from 7:00 p.m. to 11:00 p.m.

Our program is rich and varied, and we are sure it won't disappoint you. If you can't attend for some reason, please call the manager ahead of time. Otherwise we look forward to seeing you all there.

Sincerely yours,

Administrative Department

임직원 여러분,

새해를 맞이하는 동시에 회사와 개인 사업 성과를 축하하기 위해 회사는 그린대로 60번 길에 위치한 ABC 호텔에서 연말 연회를 개최하고자 합니다. 연회는 저녁 7시부터 11시까지 진행될 예정입니다.

다채롭고 풍부한 프로그램이 준비되어 있어 여러분을 절대로 실망케 하지 않으리라 믿습니다. 개인 사정으로 연회에 참석하지 못한다면 담당자에게 미리 전화로 말씀해 주시기 바랍니다. 모든 임직원을 연회에서 만나길 바랍니다.

행정부

Sample 3

To All Employees,

We are pleased to inform you that our annual year-end dinner party will be held at 7:00 p.m. on Sunday, at the ABC Hotel. The party will last about three hours.

Colleagues interested in attending are requested to call the manager ahead of time so that we can prepare for the party. We hope everyone will participate in it.

Sincerely yours,

Administrative Department

임직원 여러분,

우리의 연례 송년 연회가 이번 주 일요일 오후 7시 ABC 호텔에서 열린다는 것을 알리게 되어 기쁩니다. 연회는 세 시간 정도 진행될 것입니다.

참석을 희망하는 동료께서는 우리가 연회를 준비할 수 있도록 관리자에게 미리 전화하셔야 합니다. 여러분 모두가 이 행사에 참여하시기 바랍니다.

행정부

Sample 4

To All Colleagues,

To celebrate the coming of the new year, the company will host a year-end dinner at the Star Hotel at 5:00 p.m., December 31, 2019. All staff should meet at the front gate where there will be a bus to take you to the hotel. There will be a sumptuous dinner and excellent performances waiting for you. We want to thank you for your hard work throughout the whole year and hope you enjoy the night.

Sincerely yours,

Administrative Department

동료 여러분,

새해가 밝는 것을 축하하기 위해 우리는 2019년 12월 31일 오후 5시에 스타 호텔에서 연말 연회를 개최합니다. 임직원 모두 회사 정문에서 만나 버스를 타고 호텔로 이동할 것입니다. 호화로운 만찬과 훌륭한 공연이 여러분을 기다리고 있을 것입니다. 1년 내내 여러분의 노고에 감사드리며, 즐거운 저녁 보내시길 바랍니다.

행정부

Unit 2 인사 관련

1 인사 변동 공지

주요 목적:
각 부서 구성원들에게 사내 인사 변동을 공지한다.

작문 요점:
인사 변동 공지는 반드시 누가 어떤 직책을 맡게 될 것인지와 같은 **변동 사항을 확실하게 설명**해야 한다. 필요에 따라 그 **직책의 주요 업무도 설명**할 수 있다. 상황에 따라 변동의 원인 및 선출 이유, 선출된 사람의 업무 태도, 실적 등을 설명하는 것도 좋다.
어조는 **간단명료**해야 하며, 모호한 표현 사용을 삼가야 한다.

만능 활용 영어 작문 패턴

1. **This is to announce the list of the personnel changes among senior executives.**
   이는 고위 인사 변동 목록 발표입니다.
   ▶ This is to announce… | 이는 …발표다.

2. **It is a great pleasure for me to announce an appointment.**
   임명 공지를 하게 되어 매우 영광입니다.
   ▶ It's a great pleasure for me to… | …를 공지하게 되어 매우 영광이다.

3. **We are pleased to announce the appointment of Mr. Keller as our new general manager.**
Keller 씨가 새로운 본부장으로 임명되었음을 알리게 되어 매우 기쁩니다.
🔖 We are pleased to announce… | …를 알리게 되어 매우 기쁘다.

4. **This is to announce that Rob Hunter has been appointed as our new manager.**
Rob Hunter 씨가 우리의 새로운 매니저로 임명되었음을 알리는 바입니다.

5. **Mr. Hunter has worked in this field for 12 years.**
Hunter 씨는 이 분야에 12년간 종사했습니다.

6. **She left the job for personal reasons.**
그녀는 개인적인 사유로 회사를 떠났습니다.

7. **The former sales manager was sacked for undisclosed reasons.**
이전 영업부장은 비공개 사유로 해고되었습니다.

8. **The former manager of the Planning Division will be transferred to the company headquarters.**
기획부장이 회사 본사로 전근하게 되었습니다.

9. **From now on, everything related to this department is under his jurisdiction.**
지금부터 이 부서와 관련된 모든 일은 그의 소관입니다.

10. **He was reassigned to the board of directors**
그는 이사회에 재신임되었습니다.

11. **The transfer will take effect one month from today.**
조정은 오늘부터 한 달 후부터 시행됩니다.

12. **The current position of Mr. Jackson will be filled by his assistant.**
현재 Jackson 씨의 직책은 그의 보조원이 맡게 될 것입니다.

13. **We've decided to reshuffle the board.**
우리는 이사진을 개편하기로 했습니다.

14. **Some colleagues will be relocated to our branch.**
일부 직원은 우리 지사로 이동할 것입니다.

15. **Rob Mason will be the successor to our general manager Mr. Dom Wells.**
    Rob Mason 씨가 Dom Wells 본부장의 후임자가 될 것입니다.

16. **We are going to make a change at the Personnel Department.**
    인사부에서 변화를 꾀하고자 합니다.

17. **There will be some radical personnel changes in our company.**
    우리 회사에 몇 가지 파격적인 인사가 있을 예정입니다.

18. **If you have any questions about the results of the changes, please contact us post-haste.**
    인사 변동 결과에 대해 궁금한 점이 있을 경우 최대한 빨리 연락하시기 바랍니다.

19. **This is to notify everyone of the results of the change.**
    이에 모두에게 변동 결과를 알리는 바입니다.

20. **The results of the change are as follows:**
    인사 변동 결과는 다음과 같습니다:

Sample 1

File 08

To All Employees,

We regret to announce that Mr. John Dixon, who has been our marketing director for the past five years, has left due to personal reasons.

We have appointed Tom Mauborgne, the original manager of our Planning Division, as our new marketing director. He has sharp market insights and extensive experience. We believe that he is more than qualified to competently carry out this role.

Sincerely yours,

Bob Smith

임직원 여러분,

지난 5년간 우리 회사의 마케팅 담당 이사로 근무한 John Dixon 씨가 개인적인 사유로 회사를 떠나는 것을 알리게 되어 매우 유감입니다.

회사는 전략 계획부서 매니저로 계셨던 Tom Mauborgne 씨를 새로운 마케팅 담당 이사로 임명하기로 했습니다. 이사님은 날카로운 시장 통찰력과 풍부한 경험이 있습니다. 새로운 이사님께서 직책을 훌륭히 맡아 주시리라 믿습니다.

Bob Smith

Sample 2

To All Employees,

According to the requirements of the company's operational and management needs, the decisions made by the board of members are as follows:

John Smith is to resign as manager, and Bob Hoyle will replace him. He will also have overall responsibility for company accounting.

Sincerely yours,

Personnel Department

임직원 여러분,

회사의 경영과 관리의 필요에 따라 이사회는 아래와 같은 결정을 내렸습니다:

John Smith 씨가 매니저 직을 사임하시고 Bob Holye 씨가 그 직책을 맡게 될 것입니다. 그뿐만 아니라 그는 회사 회계 업무 전반을 책임지게 될 것입니다.

인사부

Sample 3

Dear Colleagues,

The former sales manager, Jim Geary, has left the company for personal reasons. From now on, all of his business is unrelated to our company.

John Smith, the former manager of the Planning Division, will be transferred to this position. We hope everyone can cooperate effectively with him.

Sincerely yours,

Personnel Department

동료 여러분,

영업부장 Jim Geary 씨가 개인적인 사유로 회사를 떠나게 되었습니다. 지금부터 그의 모든 업무 행위는 회사와 무관함을 알립니다.

기획부장 John Smith 씨가 이 직책을 맡게 될 것입니다. 부디 여러분이 협조해 주시기 바랍니다.

인사부

Sample 4

Dear All,

I'm happy to inform you that Mr. Flanders will be the new Operations Director of the company. The former director Mr. Peal will act as the Deputy Manager of the company.

The promotion is due to their continual excellent performance in work. It demonstrates that anyone who works hard will have the chance to get promoted.

Sincerely yours,

Charles Burns

여러분,

Flanders 씨가 회사의 새로운 운영 이사가 될 것을 알리게 되어 진심으로 기쁩니다. 전 이사 Peal 씨는 회사의 차장을 맡을 것입니다.

이번 승진은 그들의 업무 성과에 따라 결정된 것이며, 다른 직원 역시 업무 성과에 따라 승진의 기회를 갖게 될 것입니다.

Charles Burns

Sample 5

Dear All,

This is to inform you that the former marketing manager Mr. James has resigned from his position and has left the company. We thank him for his service to the company.

Meanwhile, the former sales supervisor Mr. David Rixon will be promoted to Mr. James' former position.

Yours sincerely,

HR Dept.

여러분,

이는 마케팅 매니저 James 씨가 사직하고 회사를 떠나게 되었다는 공지입니다. 우리는 그가 회사에 공헌한 것에 대해 감사합니다.

한편, 영업부장이신 David Rixon 씨가 James 씨의 이전 직위로 승진할 것입니다.

인사부

2 업무 인수인계

주요 목적:
고객 또는 실무자에게 조정 상황을 알린다.

작문 요점:
업무 인수인계 공지는 **업무의 인수인계 사항**과 앞으로 누가 업무를 처리할지 설명하는 글이다. 인수인계는 하던 일을 마친다는 의미를 담고 있기에 글의 말미에 적절한 **감사와 작별 인사**를 전하는 것이 좋다.

만능 활용 영어 작문 패턴

1. I thank you for your support during my time here.
제가 이곳에서 근무하는 동안 지지해 주셔서 감사합니다.

2. It was a good time for me when working with you.
당신과 함께 일할 때는 저에게 좋은 시간이었습니다.
🏷 It was a good time… | …는 좋은 시간이었다.

3. The new colleague will take over my job from next Monday.
다음 주 월요일부터 새로운 동료가 제 업무를 인계받을 것입니다.
🏷 …take over my job. | …가 나의 업무를 인계받는다.

4. I'd like to express my gratitude to you all for your support.
여러분의 지지에 감사의 뜻을 표현하고 싶습니다.
🏷 I'd like to express my gratitude for… | …에 감사의 뜻을 표현하고 싶다.

5. I'm sure that you'll get along well with your new colleague.
새로운 동료와도 원활한 호흡을 맞추실 것이라 확신합니다.

6. My replacement will be Ms. Chen.
제 후임자는 Chen 양입니다.

7. We are expecting your successful cooperation.
당신의 성공적인 협력을 기대합니다.

8. I hope you can continue to support our work.
앞으로도 우리 일을 지원해 주시기 바랍니다.

9. I appreciate your kind support and assistance.
당신의 친절한 지원과 도움에 감사합니다.

10. I hope that you will extend the same support to Ms. Wang.
Wang 씨에게도 이와 같은 지원 부탁드립니다.

11. Your continuing support will be appreciated.
계속해서 지원해 주시면 감사하겠습니다.

12. I will be transferred next Monday.
저는 다음 주 월요일에 전직할 것입니다.

13. I want to tell you all that I really enjoyed working with you.
   당신과 함께 일할 수 있어 즐거웠다는 것을 말씀드리고 싶습니다.
   ◆ I want to say that… | …를 말하고 싶다.

14. I'd like to introduce our new colleague to you.
   우리의 새로운 동료를 당신에게 소개하려고 합니다.
   ◆ I'd like to introduce… to… | …를 …에게 소개한다.

15. He will be in charge of the market of your region.
   그가 당신의 지역 시장을 담당하게 될 것입니다.
   ◆ …be in charge of… | …가 …를 담당한다.

16. Your support and assistance have impressed me a lot.
   당신의 지원과 도움은 제게 많은 감동을 주었습니다.
   ◆ …have impressed me a lot. | 내게 많은 감동을 주었다.

17. Working with you has been a pleasure.
   당신과 함께 일하는 것이 즐거웠습니다.

18. Please keep supporting our work.
   계속해서 저희 일을 도와주세요.

19. This is to inform you that I will be transferred to another department.
   제가 다른 부서로 이동하게 되었음을 알려 드립니다.
   ◆ This is to tell you that… | …를 알린다.

20. This is to show my gratitude for your support in my job.
   이는 제 업무에 있어서 당신의 지원에 대한 감사 표시입니다.
   ◆ Show my gratitude for… | …에 있어서 감사를 표현하다.

Sample 1

Dear Mr. Jackman,

I'm writing to let you know that I'll be transferred to our Shanghai office to be the regional manager there.

I thank you for your support and help over the past years. My former role will be taken by Mr. Stuart Byers, who is an enthusiastic young man. He admires you very much and I'm sure you will like him. Please give him your kind support and assistance.

Best regards,

James Fowler

Jackman 씨,

제가 상하이 지사로 옮겨 그곳의 관리자로 일하게 되었음을 알리고자 씁니다.

지난 몇 년간 여러분의 성원과 도움 감사합니다. 제 이전 역할은 열정적인 청년, Stuart Byers 씨가 맡게 될 것입니다. 그가 당신을 매우 존경하고 당신도 그를 좋아하게 될 것이라 확신합니다. 그에게도 친절한 지지와 도움 주시기 바랍니다.

안부 전합니다.

James Fowler

Sample 2

Dear Mr. Chen,

I'd like to tell you that I will be leaving our company due to various personal reasons. My former assistant Miss Heather Tracey will take over my position. I have explained the details about this job to her.

It was a wonderful period of time in my life to work with you. Please accept my deep thanks for your support.

Attached is my contact info. Please keep in touch, and I wish you all the best in the future.

Yours sincerely,

Ken Tucky

Chen 씨,

여러 가지 개인적인 이유로 회사를 그만둔다는 말씀을 드리고자 합니다. 제 전 조수 Heather Tracey 씨가 제 자리를 대신할 것입니다. 그녀에게 이 일에 대한 세부 사항을 모두 설명했습니다.

당신과 함께 일한 것은 제 삶에서 멋진 시간이었습니다. 당신의 지원에 깊은 감사를 표합니다.

첨부된 것은 제 연락처입니다. 계속 연락 주시고 잘 지내시길 바랍니다.

Ken Tucky

Sample 3

Dear Mr. Pan,

I hope this letter finds you well.

I just want to tell you that because of the business reorganization in our company, I will no longer be in charge of the businesses in your region. My new colleague Mr. Floyd will take over from me. He is an easy-going man, and I'm sure you will get along well with each other.

I'd like to thank you for your support in my work during the past years. I hope we can keep in touch with each other.

Best regards,

Andy Peters

Pan 씨,

이 편지가 당신께 잘 도착하길 바랍니다.

우리 회사의 사업 조직 개편으로 제가 더는 당신 지역 사업을 담당하지 않게 되었음을 알리고자 합니다. 저희의 새로운 동료 Floyd 씨가 제 업무를 맡아 줄 것입니다. 그는 매우 털털한 사람이라 틀림없이 서로 잘 지낼 수 있을 것입니다.

지난 몇 년 동안 제 일을 도와주신 것에 감사를 표하고자 합니다. 앞으로도 계속 서로 연락하며 지낼 수 있길 바랍니다.

안부 전합니다.

Andy Peters

3 입사 통지

주요 목적:
사내 구성원들에게 새로운 직원의 입사를 알린다.

작문 요점:
먼저 새로운 직원의 **담당 부서, 직위** 등 관련 정보를 명시한다. 그다음 새로운 직원의 경력, 업무 능력 등 회사가 이 사람을 채용한 이유를 설명해서 다른 직원들로부터 신임을 얻게 한다. 마지막으로 직원들이 환영해 줄 것과 같이 호흡을 맞춰 원활하게 업무를 진행해 줄 것을 당부한다.

만능 활용 영어 작문 패턴

1. **I will introduce a new colleague to you.**
   새로운 동료를 소개하겠습니다.

2. **You will be pleased to learn that, effective July 1, Mr. Healy has been appointed President of the company.**
   7월 1일 자로 Healy 씨가 회사 회장으로 임명되었다는 사실을 알게 되어 기뻐하실 것입니다.
   ▶ You will be pleased to learn that… | …라는 것을 알게 되면 기뻐할 것이다.

3. **The new colleague will serve as assistant to the general manager.**
   새로운 동료는 부 본부장으로 근무하게 될 것입니다.
   ▶ …will serve as… | …는 …될 것이다.

4. **I hope every member will get along well with each other.**
   모든 구성원이 서로 잘 지내길 바랍니다.
   ▶ I hope… get along well with… | …와 잘 지내길 바란다.

5. **He is a top student of Cambridge University.**
   그는 케임브리지 대학의 최고 학생입니다.
   ▶ …a top student of… | …의 최고 학생

6. **He has extensive experience.**
   그는 광범위한 경험을 가졌습니다.

7. **He is familiar with the local market.**
   그는 지역 시장에 익숙합니다.
   ▶ He is familiar with… | 그는 …에 익숙하다.

8. **He has broad knowledge and rich experience.**
그는 폭넓은 지식과 풍부한 경험을 가졌습니다.

9. **His past experience is closely related to this position.**
그의 이력은 이 직무와 밀접한 관련이 있습니다.

10. **Paul Campbell is very mature and stable.**
Paul Campbell 씨는 매우 성숙하고 차분하십니다.

11. **We know he is a person of strong opinions from the interview.**
우리는 인터뷰를 통해 그가 주관이 뚜렷한 사람이라는 것을 알았습니다.

12. **His mind is very sharp.**
그는 매우 날카로운 사고 능력을 갖췄습니다.

13. **He has a sharp insight into the market.**
그는 시장에 대한 날카로운 통찰력을 가졌습니다.

14. **He will certainly be an invaluable asset to our company.**
그는 우리 회사에 귀중한 자산이 될 것이라 확신합니다.

15. **He will be of unlimited value to our company.**
그는 우리 회사에 무한한 가치를 창출해 낼 것입니다.
🏷 …be of unlimited value to… | …에 무한한 가치를 창출하다.

16. **We hope that you can help each other in your jobs.**
업무적으로 서로 도움을 주시기 바랍니다.

17. **Boris Brown will be responsible for his daily work.**
Boris Brown 씨가 그의 일상 업무를 담당할 것입니다.

18. **We hope you can help him become familiar with the trade procedures as soon as possible.**
여러분이 그가 무역 유통 과정에 대해 최대한 빨리 익숙해질 수 있도록 도와주시기 바랍니다.

19. **We hope you will be like a family.**
여러분 모두가 한 가족같이 지내길 바랍니다.

20. **We hope you can work more closely for the future of the company.**
당신이 회사의 장래를 위해 더욱 긴밀하게 일할 수 있길 바랍니다.

Sample 1

▣ File 10

To All Staff,

We are pleased to announce, effective today, the appointment of Hannes Elfeld as our new director of advertising.

Mr. Elfeld possesses 10 years of experience in the advertising field and is thoroughly familiar with the needs of our customers. He will create unlimited value for our company.

Please join us in welcoming Mr. Elfeld to our family!

Sincerely yours,

Joshua Ramos

임직원 여러분,

오늘부터 Hannes Elfeld 씨를 새로운 광고 감독으로 임명한 것을 발표하게 되어 기쁩니다.

Elfeld 씨는 광고 분야에서 10년의 경력을 가지고 있으며, 우리 고객들의 요구를 충분히 파악하고 있습니다. 그는 우리 회사를 위해 무한한 가치를 창출해 낼 것입니다.

Elfeld 씨가 우리 가족이 된 것을 환영해 주시기 바랍니다.

Joshua Ramos

Sample 2

Dear Members,

I hereby announce that there will be a new colleague, Colin McKee, in our department. He will serve in the Planning Division from tomorrow, May 20, 2019.

We hope everyone can get on well with our new colleague and work effectively together to improve our company's future!

Sincerely yours,

Personnel Department

구성원 여러분,

우리 부서에 새로운 동료 Colin Mckee 씨가 오게 된 것을 알려 드립니다. 그는 내일인 2019년 5월 20일부터 기획부에서 일하게 될 것입니다.

우리 모두 새로운 동료와 잘 지내고 회사의 미래 발전을 위해 효율적으로 함께 일하길 바랍니다.

인사부

Sample 3

To All Staff,

I'm very pleased to announce that a new colleague, named Cammy Bell, will begin working in the R&D department as of tomorrow. Mr. Bell, from Hong Kong, is a tech specialist. Although he is a recent graduate, he has rich experience in this field.

We hope you can support his work in the future.

Sincerely yours,

Personnel Department

임직원 여러분,

내일부터 새로운 동료 Cammy Bell 씨가 연구개발 부서에서 일하기 시작한다는 소식을 알리게 되어 매우 기쁩니다. 홍콩 출신의 Bell 씨는 전문 기술자입니다. 그는 최근에 졸업했지만 이 분야에서 풍부한 경험을 가지고 있습니다.

앞으로 여러분이 그의 업무를 지원해 줄 수 있길 바랍니다.

인사부

Sample 4

Dear All,

I'd like to introduce two new colleagues to you. They are Gary Caldwell and Kenny Miller. They will serve as sales assistants in our department.

They graduated from university this year. I trust that all of you will give them help and support if needed. I also hope all office staff will continue to get along well with each other to complete our work efficiently.

Thank you for your cooperation.

Yours sincerely,

Michael Lee

여러분,

새로운 동료 두 분을 소개하고자 합니다. Gary Caldwell 씨와 Kenny Miller 씨입니다. 그들은 우리 부서의 판매 보조원으로 일하게 되었습니다.

그들은 올해 대학을 졸업했습니다. 여러분 모두 필요할 경우 그들에게 도움과 지원을 해 주시리라 믿습니다. 또한 사무실 직원들이 계속해서 서로 잘 지내서 우리 업무를 효율적으로 완수하길 바랍니다.

협조해 주셔서 감사합니다.

Michael Lee

4 퇴직 통지

주요 목적:
수신자에게 해고를 통보하거나 임직원들에게 퇴직자 발생을 알린다.

작문 요점:
퇴직 통지문에는 먼저 **퇴직자의 신분과 구체적인 퇴직 날짜를 명시**한다. 글의 말미에 퇴직자의 그간 회사에 대한 공헌에 **감사를 표현**한다.

만능 활용 영어 작문 패턴

1. **We have accepted Boris Brown's application for early retirement.**
   회사는 Boris Brown 씨의 조기 퇴직 신청을 승인했습니다.

2. **Boris Brown will be retiring on the 15th of next month.**
   Boris Brown 씨는 다음 달 15일에 퇴사합니다.

3. **We would like to thank him for the contributions he made to the company.**
   우리는 그가 회사에 기여한 것에 대해 감사하고자 합니다.

4. **We will remember this hard-working employee.**
   우리는 이 성실한 직원을 기억할 것입니다.
   ▶ We will remember… | …를 기억할 것이다.

5. **He will retire from our company after more than thirty years of service.**
   그는 30년 이상 우리 회사에서 근무했고 곧 퇴직할 예정입니다.
   ▶ He will retire from… | 그는 …에서 곧 퇴직한다.

6. **We hope his post-retirement life is full of rich experiences.**
   우리는 그의 은퇴 후 삶이 풍부한 경험으로 가득하길 바랍니다.

7. **We hope he will get well soon.**
   우리는 그가 빨리 좋아지길 바랍니다.

8. **Let's congratulate him on his retirement.**
   그의 은퇴를 함께 축하합시다.

9. **You have reached the retirement age.**
   당신은 정년이 되었습니다.

10. According to the retirement system of our country, you are now able to retire.
    우리나라 퇴직 제도에 따라 당신은 이제 은퇴하셔도 됩니다.

11. Your retirement will take effect from August 16, 2019.
    당신의 퇴직일은 2019년 8월 16일입니다.

12. Please go through the retirement procedures carefully.
    퇴직 절차를 신중하게 밟아 주시기 바랍니다.

13. You have to handle it according to State regulations.
    국가 규정에 따라 처리해야 합니다.

14. We can handle all the related formalities for you if you are not able to.
    불편하시다면 회사에서 모든 관련 절차를 처리할 수 있습니다.

15. Many thanks for everything you did to aid our company's development.
    회사의 발전에 도움을 주신 당신의 모든 노고에 진심으로 감사합니다.

16. We will assist you in the retirement procedures.
    회사는 당신의 퇴직 절차에 협조하겠습니다.

17. Please contact us at any time if you have any questions.
    문의 사항이 있으면 언제든 연락 주시기 바랍니다.

18. We hope you continue to live a long and happy life after your retirement.
    은퇴 후에도 늘 행복한 삶을 살아가길 바랍니다.

19. We will send your monthly pension to your bank account.
    우리는 당신의 계좌로 매달 퇴직 연금을 보낼 것입니다.

20. Again, I want to say thank you for all of your hard work over the years.
    다시 한번 지난 세월 당신의 모든 노고에 감사의 말씀 전합니다.

Sample 1

File 11

Notice

After careful consideration, the board of directors has signed Allan Kerr's application for early retirement, effective as of June 13, 2019.

We thank him for the contributions he made during the period he worked for our company.

Personnel Department,
June 10, 2019

공지

이사회는 신중한 검토 끝에 Allen Kerr 씨의 조기 퇴직 신청서에 서명했습니다. 이는 2019년 6월 13일 자로 효력이 발생합니다.

그가 우리 회사를 위해 일한 기간 동안의 기여에 감사합니다.

인사부
2019년 6월 10일

Sample 2

To All Employees,

We regret to inform you that our long-serving employee Kenny Bell has decided to retire due to ill-health. It will be effective as of June 13, 2019.

We thank him for his contribution to our company and we sincerely hope he will recover soon.

Personnel Department
May 15, 2019

임직원 여러분,

오랜 기간 근무해 온 Kenny Bell 씨가 건강이 좋지 않아 퇴직을 결정했음을 알리게 되어 유감입니다. 이는 2019년 6월 13일부로 시행됩니다.

그가 우리 회사에 기여한 것에 감사하며, 그가 빨리 회복하기를 진심으로 바랍니다.

인사부
2019년 5월 15일

Sample 3

Dear Claire,

According to the company's rules, you have reached the age of retirement. We will handle your retirement procedures before June 13, 2019. Therefore, please keep yourself available until then because, if necessary, we may call on you for your expertise at any time.

We thank you for your contribution and hope that you will live a happy and interesting life after your retirement.

Yours sincerely,

Personnel Department
May 20, 2019

Claire 씨,

사규에 따라 당신은 은퇴할 나이가 되었습니다. 회사는 2019년 6월 13일 전에 당신의 퇴직 절차를 진행할 예정입니다. 그러므로 그때까지 당신의 전문 지식을 잘 가지고 있고, 필요하면 요청할 수 있으니 연락 가능한 상태를 유지하시기 바랍니다.

그간 당신의 공헌에 감사드리며, 은퇴 후 행복하고 흥미로운 삶을 사시길 바랍니다.

인사부
2019년 5월 20일

Sample 4

Dear All,

I hereby announce that Mr. Johnson will retire from his position due to having reached retirement age. Mr. Johnson has served in our company for 16 years and has made great contributions to the development of the company. We thank him for his service and loyalty to the company. We hope that he will enjoy his life after retirement.

Best regards,

Sam Chen

임직원 여러분,

Johnson 씨가 정년이 되어 퇴직하게 될 것을 알립니다. Johnson 씨는 우리 회사에서 16년 동안 근무했으며 회사 발전에 많은 공헌을 했습니다. 회사에 대한 그의 공헌과 충성심에 감사드립니다. 그가 은퇴 후 인생을 즐기시길 바랍니다.

안부 전합니다.

Sam Chen

5 승진 공지

주요 목적:
직원의 승진 소식을 알린다.

작문 요점:
승진 공지에는 먼저 회사의 승진 결정을 알리고, 그다음 업무 태도 우수, 회사 대내외 공헌 등 승진자의 승진 사유를 설명한다. 마지막으로 새로운 직책에 임하는 직원에 대한 기대와 축하의 뜻을 전한다. 필요하다면 승진 전 인수인계 등 관련 사항도 명시해야 한다.

만능 활용 영어 작문 패턴

1. **We've decided to promote him to general manager.**
   우리는 그를 본부장으로 승진시키기로 했습니다.

2. **He is suitable for working at the managerial level.**
   그는 경영진으로 일하기에 적합합니다.
   ● He is suitable for… | 그는 …에 적합하다.

3. **We believe that he has the experience to do the job successfully.**
   우리는 그가 경험이 풍부해 업무를 성공적으로 처리하리라 믿습니다.

4. **He deserves the promotion.**
   그는 승진해야 마땅합니다.
   ● He deserves… | 그는 …해야 마땅하다.

5. **He has strong communication skills.**
   그는 탁월한 의사소통 능력을 갖추었습니다.

6. **He has much experience in office administration.**
   그는 행정관리 부문에 풍부한 경험이 있습니다.

7. **I think he is the right person for this position.**
   나는 그가 이 자리에 적임자라고 생각합니다.
   ● I think he is the right person for… | 나는 그가 …에 적임자라고 생각한다.

8. **He has the ability to work well with others.**
   그는 다른 사람들과 협력을 잘하는 능력이 있습니다.
   ● He has the ability to… | 그는 …하는 능력이 있다.

9. **Mr. Pascali has good analytical capability.**
   Pascali 씨는 뛰어난 분석 능력이 있습니다.

10. **One reason for his promotion is that he is an efficient worker.**
    그가 승진하게 된 이유 중 하나는 그가 유능한 직원이기 때문입니다.

11. **The reason he got the promotion is that he can work well under extreme pressure.**
    그가 승진하는 이유는 극심한 압박 속에서도 일을 잘할 수 있기 때문입니다.
    ❧ The reason…is that… | …의 이유는 …이다.

12. **He is a detail-oriented person, which is a quality needed by employees of our company.**
    그는 우리 회사 직원으로 필요한 자질인 세밀함을 갖춘 사람입니다.

13. **He will be promoted to the position of Executive Vice President.**
    그는 부사장으로 승진할 것입니다.
    ❧ He will be promoted to… | 그는 …로 승진할 것이다.

14. **He will be promoted to Director of Marketing because his suggestion brought multi-million dollar benefits to our company.**
    그의 제안이 우리 회사에 수백만 달러의 이윤을 가져다주었기에 마케팅 관리자로 승진할 것입니다.

15. **Based on the annual evaluation, we have decided to promote Gordon Forbes to the position of Program Manager.**
    연간 평가에 근거해, 우리는 Gordon Forbes 씨를 프로그램 매니저로 승진시키기로 했습니다.
    ❧ Based on…, we've decided to… | …에 근거해, 우리는 …하기로 하다.

16. **Though he is not a leader, he always takes the lead in work.**
    그는 리더가 아니었음에도 항상 업무를 주도합니다.

17. **All board members have agreed to appoint him as manager.**
    모든 이사진이 그를 매니저로 임명하는 데 동의했습니다.

18. **We hope you can support his work.**
    당신이 그의 업무를 지원해 줄 수 있길 바랍니다.

19. **We hope you can cooperate with him.**
    당신이 그와 협력할 수 있길 바랍니다.

20. **We hope you can get along well with each other!**
    여러분이 서로 잘 지낼 수 있길 바랍니다.

Sample 1

Dear Colleagues,

This is to announce that Kevin Kyle, one of our original supervisors, has been promoted to the position of manager.

When he worked as a supervisor, efficiency in the department increased by 20 percent. Therefore, we are sure he is suitable for a more challenging position.

Before appointing a new person for the post of supervisor, the position will be temporarily vacant.

Sincerely yours,

Robert Watson

동료 여러분,

감독관이던 Kevin Kyle 씨가 관리자로 승진했음을 알리고자 합니다.

그가 감독관으로 일할 때, 그 부서의 업무 효율은 20%나 높아졌습니다. 따라서 우리는 그가 보다 도전적인 자리에 적합하다고 판단했습니다.

감독관 자리에 새로운 사람을 임명하기 전까지 자리는 잠시 공석일 예정입니다.

Robert Watson

Sample 2

File 12

To All Employees,

Ben Gordon, since his arrival in our company in 2008, has worked hard and has shown willingness to help colleagues progress. After discussion, the board of directors has decided to promote him to the position of assistant to the manager as of today.

I hope you can cooperate fully with him.

Sincerely yours,

Personnel Department

임직원 여러분,

Ben Gordon 씨가 2008년 우리 회사에 입사한 이래 늘 열심히 업무에 임했고, 동료들의 발전을 위해 흔쾌히 도우려는 의지를 보여 왔습니다. 이사회는 논의를 거쳐 오늘부로 그를 보조 관리자로 승진시키기로 했습니다.

여러분이 그에게 충분히 협조할 수 있길 바랍니다.

인사부

Sample 3

To all employees,

Danny Weir has been appointed general manager of the corporation, effective June 21, 2019.

Mr. Weir will be responsible for ensuring all departments are working competently and efficiently to meet their goals. We are sure that Danny can achieve his goals in this position and that you will all support his work.

Sincerely yours,

Personnel Department

임직원 여러분,

Danny Weir 씨는 2019년 6월 21일부로 회사의 본부장으로 임명되었습니다.

Weir 씨는 각 부서가 그들의 목표를 달성하기 위해 능숙하고 효율적으로 일하는지를 확인하는 책무를 맡게 될 것입니다. Danny 씨가 이 자리에서 그의 목표를 달성하고 여러분이 그의 모든 일에 협조할 것이라 확신합니다.

인사부

Sample 4

Dear Colleagues,

On behalf of the company, I hereby announce that Scott Wilson has been appointed General Manager of ABC Corporation.

He has worked here for more than three years. During these years he has worked hard and his enthusiasm and abilities have greatly inspired other team members. The Planning Department has achieved great success under his leadership. All these qualities show that he has the capability to meet the requirement of the new position. He fully deserves this promotion.

We are positive that he can make further contributions to our corporation. Please join us in congratulating Scott Wilson on his promotion!

Sincerely yours,

Personnel Department

동료 여러분,

회사를 대표해 Scott Wilson 씨가 ABC 사의 본부장으로 임명되었음을 알리는 바입니다.

그는 3년 넘게 여기에서 근무했습니다. 그동안 그는 열심히 업무를 수행했으며 그의 열정과 능력은 다른 직원들에게 큰 영감을 주었습니다. 기획부는 그의 지도 아래 큰 성과를 얻었습니다. 이 모든 업적은 그가 승진에 필요한 요건을 충족할 능력을 갖췄음을 보여 줍니다. 그는 마땅히 승진할 자격이 있습니다.

우리는 그가 회사에 더 많이 기여할 수 있다고 확신합니다. 모두 함께 Scott Wilson 씨의 승진을 축하해 주시기 바랍니다.

인사부

Sample 5

Dear Colleagues,

I hereby announce that Mr. Ian Edwards has been promoted to the position of manager of the Personnel Department.

Mr. Edwards has worked in the Personnel Department for four years. He is very experienced in dealing with a wide range of human resources related issues, and has an insightful view on personnel management. I'm sure that he will competently fill this position.

You can contact him or his department if you have any questions regarding personnel management.

Best regards,

Steven Gormil
General Manager

동료 여러분,

여기서 Ian Edwards 씨의 인사부장 승진을 알리는 바입니다.

Edwards 씨는 인사부에서 4년간 근무했습니다. 그는 다양한 인사 관련 문제를 다루는 경험이 많으며, 인사에 대한 통찰력이 뛰어납니다. 저는 그가 이 직책을 완벽히 수행할 수 있다고 확신합니다.

인사와 관련해 궁금한 점이 있을 경우, 그 또는 그의 부서로 연락하시길 바랍니다.

안부 전합니다.

본부장
Steven Gormil

6 성과 장려 공지

주요 목적:
직원의 성과를 알리는 동시에 다른 직원들을 격려한다.

작문 요점:
먼저 소속 부서와 직무 등 **장려할 직원을 소개**하고 실적, 능력, 회사에 기여한 점 등 **장려 이유**를 설명한다. 말미에 **장려 방식**을 설명하고 회사에 대한 기여와 동료의 모범이 됨에 감사를 표한다.

만능 활용 영어 작문 패턴

1. **We are pleased to take this opportunity to announce some good news.**
   이번 기회에 좋은 소식을 알리게 되어 기쁩니다.
   ▶ We are pleased to take this opportunity to… | 이번 기회에 …하게 되어 기쁘다.

2. **We are very proud to announce that Frank Chalmers has been named as "Employee of the Month".**
   Frank Chalmers 씨의 "이번 달의 직원" 선정을 알리게 되어 자랑스럽습니다.
   ▶ We are very proud to announce that… | …를 알리게 되어 자랑스럽다.

3. **On behalf of the company, I am pleased to announce that Colin Moore will receive a bonus payment of US $10,000.**
   회사를 대표해, Colin Moore 씨가 상여금 1만 달러를 받게 될 것을 알리게 되어 기쁩니다.
   ▶ On behalf of… I am pleased to announce that… | …를 대표해, …를 알리게 되어 기쁘다.

4. **His performance has been evaluated as 'excellent' by the company.**
   그의 실적은 회사에서 '우수'한 것으로 평가되었습니다.

5. **He has been named 'Employee of the Year' for the past four years.**
   그는 지난 4년 내내 '올해의 직원'으로 선정되었습니다.

6. **He will be rewarded for his contributions to our company.**
   그는 회사에 기여한 데에 대한 상여금을 받게 될 것입니다.

7. **He will receive a bonus of £1000 from ABC Corporation.**
   그는 ABC 사로부터 1,000파운드의 상여금을 받게 될 것입니다.

8. **We have given him a bonus payment for his dedication to our company.**
   우리는 그가 우리 회사에 공헌한 데에 대한 상여금을 지급했습니다.

9. He will be rewarded for his outstanding performance.
그는 그의 뛰어난 성과에 대한 보상을 받을 것입니다.
🔖 He will be rewarded for… | 그는 …에 대한 보상을 받을 것이다.

10. Our corporation has accomplished many great achievements under his leadership.
우리 회사는 그의 지도하에 많은 대단한 성과를 이루었습니다.

11. His decisions have brought huge benefits to our company.
그의 판단은 우리 회사에 막대한 이익을 가져다주었습니다.
🔖 …bring huge benefits to… | …에게 막대한 이익을 가져다준다.

12. Our total sales increased by 10%. 우리의 총매출이 10% 증가했습니다.

13. It is far beyond our expectations.
이는 우리의 기대를 크게 뛰어넘었습니다.
🔖 It is far beyond… | …를 크게 뛰어넘었다.

14. His decision cut the damage caused by the economic crisis to the minimum level.
그의 판단은 경제 위기로 인한 피해를 최소한으로 줄였습니다.

15. The bonus is to show our appreciation for his contributions to our company.
이번 상여금은 우리 회사에 대한 그의 공헌에 감사를 표하는 것입니다.

16. He deserves the bonus. 그는 포상을 받아 마땅합니다.

17. We hope he can continue to work hard.
그가 계속해서 열심히 일할 수 있길 바랍니다.

18. Please join us in congratulating him on receiving a bonus payment.
그가 상여금을 받게 된 것을 함께 축하해 주시기 바랍니다.
🔖 Please join us in… | 함께 …해 주세요.

19. John Dixon sets a good example to us all.
John Dixon 씨는 우리 모두에게 귀감이 됩니다.
🔖 …set a good example to… | …는 …에게 귀감이 된다.

20. We hope you can learn from John Dixon.
John Dixon 씨로부터 많은 배움을 받으시길 바랍니다.

Sample 1

_{File 13}

To All Employees,

Robert Mason, a member of staff in the Planning Division, exceeded his sales goal for this month. We have decided to award him $500 as an incentive payment. We hope others can follow his excellent example and make unceasing progress.

Sincerely yours,

Personnel Department

임직원 여러분.

기획부 직원 Robert Mason 씨가 이번 달 판매 목표를 초과 달성했습니다. 우리는 그에게 성과금으로 500달러를 지급하기로 했습니다. 회사는 다른 직원 여러분도 그의 모범을 따라 끊임없이 발전할 수 있길 바랍니다.

인사부

Sample 2

To All Employees,

We are pleased to announce that Dave Roberts, the manager of the Planning Department, has been named the "Employee of the Quarter" after the Quarterly Assessment. He will be rewarded with a 7-day trip to Europe for his excellent performance.

We congratulate Dave and hope that others can learn from him.

Sincerely yours,

Personnel Department

임직원 여러분,

우리는 분기별 평가에서 Dave Roberts 기획부장이 '1/4분기 우수 직원'으로 선정됨을 알리게 되어 기쁩니다. 그는 훌륭한 성과에 대해 7일간의 유럽 여행을 보상받게 될 것입니다.

회사는 Dave 씨를 축하하며 다른 분들 역시 Dave 씨에게 배울 수 있길 바랍니다.

인사부

Sample 3

To All Employees,

We are delighted to announce that Mark Riley, an executive in the Personnel Department, has been named as an "excellent leader" in the Quarterly Assessment.

The Personnel Department has hired many talented people in the last year and properly handled the relationship between each department, creating a good atmosphere for the development of our company.

He will be awarded US $100,000 for his hard work and excellent performance.

Please join us in congratulating Mark on this wonderful performance.

Sincerely yours,

Personnel Department

임직원 여러분,

우리는 인사부 경영진 Mark Riley 씨가 이번 분기별 평가에서 '우수 경영자'로 지명되었음을 알리게 되어 정말 기쁩니다.

인사부는 최근 1년간 인재를 많이 고용했으며 각 부서 간의 관계를 적절하게 처리해 우리 회사의 발전을 위한 좋은 분위기를 조성했습니다.

그는 열심히 일한 대가와 뛰어난 성과로 10만 달러를 받게 될 것입니다.

Mark 씨의 멋진 성과를 모두가 축하해 줄 수 있길 바랍니다.

인사부

Sample 4

To All Employees,

We are pleased to inform everyone that Gary Holt will get a bonus payment of £1,000 from ABC Corporation, to show our appreciation and affirmation of his contributions to the company over this past last year.

In the past year, the market was affected by the global economic crisis, but despite this our sales increased by 15%. We thank him again for his excellent work.
We hope you can all make persistent efforts to deliver yet another fantastic result next year.

Sincerely yours,

Personnel Department

임직원 여러분,

우리는 Gary Holt 씨가 ABC 사로부터 1,000파운드의 상여금을 지급받게 된 것을 알리게 되어 진심으로 기쁩니다. 이는 지난 한 해 동안 보여 준 회사에 대한 그의 공헌에 감사와 인정을 표하고자 위함입니다.

지난 한 해 동안 시장은 세계 경제 위기의 영향을 받았지만, 회사 매출은 15%나 증가했습니다. 우리는 그의 훌륭한 성과에 다시 한번 감사합니다.
여러분 모두가 내년에도 또 다른 환상적인 결실을 얻기 위해 끈질긴 노력을 기울여 주시기 바랍니다.

인사부

7 환송 공지

주요 목적:
임직원들에게 퇴직 또는 퇴직자를 위한 환송회 개최를 알린다.

작문 요점:
먼저 **환송회 개최 이유**를 설명하고, 환송회 **개최 일시와 장소, 참석 대상**을 명시한다.
환송회 공지는 간결하고 명확하게 작성해 보는 사람이 일목요연함을 느끼게 해야 한다.

만능 활용 영어 작문 패턴

1. **We are going to hold a party to celebrate his retirement.**
   우리는 그의 은퇴를 축하하고자 환송회를 개최할 예정입니다.

2. **We are planning to hold a farewell party before he leaves for America.**
   우리는 그가 미국으로 떠나기 전에 송별회를 개최할 계획입니다.
   ❥ We are planning to… | …할 계획이다.

3. **Our department will have a retirement party for Alice Davis.**
   우리 부서는 Alice Davis 씨를 위한 은퇴 환송회를 개최할 것입니다.

4. **We will organize a farewell party for Alex Eremenko before he leaves to go to New York.**
   Alex Eremenko 씨가 뉴욕으로 떠나기 전에 송별회를 준비하고자 합니다.

5. **This send-off is intended for Graham Duncan.**
   이 환송회는 Graham Duncan 씨를 위한 것입니다.

6. **We need to hold some sort of celebration for him when he leaves.**
   그가 떠날 때 우리는 그를 위해 일종의 기념식을 열 필요가 있습니다.

7. **We will hold a retirement party for him.**
   우리는 그의 은퇴 환송회를 열 것입니다.

8. **Everyone is welcome to attend the farewell party we are holding for our former manager.**
   우리의 전 매니저를 위한 송별회에 참석하는 여러분 모두를 환영합니다.

9. **Our farewell party will be held this Saturday.**
   우리의 송별회는 이번 주 토요일에 열립니다.

10. **We will have a send-off meeting on Monday as our former manager is going to leave for America.**
    우리의 전 매니저가 미국으로 떠날 예정이기 때문에 월요일에 환송회를 가질 예정입니다.

11. **Our company is organizing a farewell party for him on Sunday.**
    우리 회사는 일요일에 그를 위한 송별회를 준비하려고 합니다.

12. **The send-off party will take place at the Novotel Hotel.**
    환송회는 노보텔 호텔에서 열립니다.
    - ···take place at··· | ···는 ···(장소)에서 진행될 것이다.

13. **The farewell party will be held at the Finesse Hotel in the local area.**
    송별회는 현지 Finesse 호텔에서 열립니다.

14. **I think it is a good idea to hold a farewell party to celebrate his retirement.**
    그의 은퇴를 축하하고자 송별회를 여는 것은 좋은 아이디어라고 생각합니다.
    - I think it is a good idea to··· | ···가 좋은 아이디어라고 생각한다.

15. **In order to show our thanks to him, the company is going to arrange a farewell party for him.**
    그에 대한 감사를 표하고자 회사는 그를 위한 송별회를 마련하고자 합니다.

16. **We want to show our appreciation to him by holding this send-off party.**
    우리는 이번 송별회를 개최함으로써 그에 대한 감사를 표하고자 합니다.

17. **I want to take this opportunity to express our thanks for his support.**
    이번 기회를 통해 그의 지원에 대해 감사의 뜻을 전하고자 합니다.
    - I want to take this opportunity to··· | 이번 기회를 통해 ···하고자 한다.

18. **I hope everyone can come to our farewell party this Sunday.**
    이번 주 일요일에 있을 송별회에 모두 참석해 주실 수 있길 바랍니다.

19. **All staff are cordially invited to attend this farewell party.**
    부디 모든 임직원이 이번 송별회에 참석해 주시기 바랍니다.

20. **Please attend the farewell party on time.**
    송별회에 시간 맞춰 참석해 주시기 바랍니다.

Sample 1

To All Staff,

We will hold a farewell ceremony for Bobby Geddes, vice manager of the Personnel Department, who will retire on July 21, 2019. It will be held on Monday, July 19, 2019 from 14:00 to 16:00 at the ABC Hotel.

Everyone is asked to attend on time.

Yours faithfully,

Mark Roberts

임직원 여러분께

우리는 2019년 7월 21일에 퇴사하는 인사부 차장 Bobby Geddes 씨의 송별회를 개최하고자 합니다. 송별회는 2019년 7월 19일 월요일에 ABC 호텔에서 오후 2시부터 4시까지 진행될 예정입니다.

모두 시간 맞춰 참석해 주시기 바랍니다.

Mark Roberts

Sample 2

> File 14

To All Staff,

Mr. Mo Sylla has retired from the Planning Department. In order to thank him for his contributions to our company, a farewell program has been arranged that will be held on July 12, 2019 at the ABC Hotel at 14:00. All board members will be present.

You are required to attend on time.

Yours faithfully,

Albert Kidd

임직원 여러분,

Mo Sylla 씨가 기획부에서 은퇴합니다. 회사에 대한 그의 공헌에 감사를 표현하고자 2019년 7월 12일 오후 2시에 ABC 호텔에서 송별회를 진행하고자 합니다. 모든 이사진이 참석할 예정입니다.

모두 시간 맞춰 참석하시기 바랍니다.

Albert Kidd

Sample 3

To All Staff,

We all know that Erik Skora has applied to continue his further education in America and we will keep his post open for him.

We are planning to hold a farewell party before he leaves for America. The ceremony is scheduled on August 15, 2019 at our dining hall. It will begin at 16:00.

Please diarize the time and don't be late.

Faithfully yours,

Tommy Burns

임직원 여러분,

여러분 모두 아시다시피 Erik Skora 씨가 미국으로 가 그의 연구를 계속하길 희망했으며, 회사는 그를 위해 그의 자리를 비워둘 것입니다.

우리는 그가 미국으로 떠나기 전에 송별회를 열 계획입니다. 행사는 2019년 8월 15일 우리 식당에서 열릴 예정이며 오후 4시부터 시작될 것입니다.

시간을 숙지하시어 늦지 마세요.

Tommy Burns

Sample 4

Dear Team,

Gary Harkins has expressed his wish to leave the company for personal reasons. Mr. Harkins has worked for our company for four years. During this time he showed great intelligence and made great contributions to our company. In order to show our thanks to him, we are planning to hold a farewell party.

Everyone is welcome to attend the party, which will be held at 19:00 on August 24, at the ABC Hotel. Please attend on time.

Yours faithfully,

Conor Sammon

팀원 여러분,

Gary Harkins 씨가 개인적인 사유로 퇴직 의사를 밝혔습니다. Harkins 씨는 4년 동안 우리 회사에서 일해 왔습니다. 이 기간 동안 그는 뛰어난 재능을 보여 주었고 우리 회사에 큰 공헌을 했습니다. 그에게 감사를 표하고자 송별회를 계획하고자 합니다.

여러분 모두 8월 24일 저녁 7시에 ABC 호텔에서 열리는 연회에 참석하시길 바라며, 부디 시간 맞춰 참석해 주시기 바랍니다.

Conor Sammon

Sample 5

Dear All,

It's my honor to announce that Mr. King will go to America to study for his post-graduate degree. Mr. King is one of the best technical staff members in our company. He has played a part in the development of almost every product our company has released.

A farewell party will be held for him at the MAX Hotel tomorrow evening at 7.00 p.m. Please attend on time.

Best regards,

Tom Miller

여러분,

King 씨가 박사 학위를 받기 위해 미국으로 유학을 가게 되었음을 알리게 되어 영광입니다. King 씨는 우리 회사 최고의 기술직 직원 중 한 분입니다. 그는 우리 회사가 출시한 거의 모든 제품 개발에 힘써 주셨습니다.

내일 저녁 7시에 MAX 호텔에서 그를 위한 송별회가 열릴 것입니다. 시간 맞춰 참석하시기 바랍니다.

안부 전합니다.

Tom Miller

8 업무 부진 통지

주요 목적:
직원의 업무 부진을 지적하며 업무에 더욱 몰입할 수 있도록 독려하고 일깨워 준다.

작문 요점:
직원에게 업무 부진을 통지할 때는 먼저 직원의 **미흡한 행동을 지적**한 뒤, 이에 대한 회사의 실망감을 드러낸다. 그다음으로 **그에 대한 경고** 및 필요한 경우 처벌에 관해 명시한 뒤 마지막으로 **태도 개선에 대한 바람**을 표현한다. 업무 부진에 관한 통지문을 작성할 때는 말투가 엄숙하고 결단력 있어야 하며 동시에 중용을 지키고 설득력을 갖춰야 한다.

만능 활용 영어 작문 패턴

1. **This is a warning letter due to your unexpected absence.**
   이는 지난번 당신의 무단결근에 대한 경고문입니다.
   ◆ This is a warning letter due to… | 이는 …에 대한 경고문이다.

2. **We are disappointed with your unsatisfactory performance.**
   우리는 당신의 만족스럽지 못한 성과에 실망했습니다.
   ◆ We are disappointed with… | 우리는 …에 실망했다.

3. **There are many grammatical errors in your report.**
   당신의 보고서에는 많은 문법적인 오류가 있습니다.

4. **Your report digressed from the main subject.**
   당신의 보고서는 주요 논제에서 벗어났습니다.

5. **You haven't achieved the sales targets we set for you three months ago.**
   당신은 3개월 전 우리가 정한 판매 목표를 달성하지 못했습니다.

6. **You were unable to finish the tasks on schedule.**
   당신은 그 일을 일정에 맞춰 끝내지 못했습니다.

7. **Your productivity is lower than average.**
   당신의 생산성은 평균 이하입니다.

8. **Your productivity is too low and does not meet our requirements.**
   당신의 생산성이 너무 낮아 우리의 요구를 충족하지 못합니다.

9. **No-one is allowed to be late in our company.**

우리 회사에서는 그 누구의 지각도 허용되지 않습니다.
- 🏷️ No-one is allowed to… | 그 누구도 …가 허용되지 않다.

10. **Absence without notice is not allowed.** 무단결근은 허용되지 않습니다.

11. **There are still many errors in the report despite it having been revised three times.**
    세 번의 수정을 거쳤음에도 불구하고 이 보고서는 여전히 오류가 많습니다.

12. **How could you make the same mistakes?**
    당신은 어떻게 똑같은 실수를 할 수 있습니까?
    - 🏷️ How could you… | 당신은 어떻게…할 수가 있는가?

13. **This letter is a warning to you.** 이 편지는 당신에 대한 경고입니다.

14. **We expect you to write a letter of apology immediately after receipt of this letter.** 이 편지를 받는 즉시 사과문을 작성하시길 바랍니다.

15. **Please submit a letter explaining your actions as soon as you receive this letter.** 이 편지를 받는 즉시 당신의 행동에 대한 해명을 작성해 제출키 바랍니다.

16. **If such a mistake is repeated in the future, then we will unhesitatingly take further action.**
    만일 앞으로도 이러한 실수가 반복된다면, 우리는 망설임 없이 다음 조처를 할 것입니다.

17. **If you don't improve your behavior at work, the company will be forced to terminate the contract with you.**
    회사에서의 당신 태도를 개선하지 않을 경우 회사는 당신과의 계약을 해지할 수밖에 없습니다.

18. **I hope this letter can serve as a warning.**
    부디 이 편지가 경고의 역할을 할 수 있길 바랍니다.

19. **The company has huge expectations of you.**
    회사는 당신에 대한 기대가 큽니다.
    - 🏷️ …has / have huge expectations of… | …가 …에 대한 기대가 크다.

20. **We hope your performance can improve in the following months.**
    다음 달에는 당신의 실적이 좋아지길 바랍니다.

Sample 1

File 15

Dear Mr. Lennon,

I have reviewed the monthly evaluation report, which highlighted to us that you have failed to achieve the sales targets set for you. I must let you know that I am disappointed.

According to your contract, we have the right to terminate the contract if you consistently fail to achieve set targets for three months. This letter is to make you aware that your performance will be under review in the coming two months.

An overall satisfactory performance is expected from you by the company.

Sincerely yours,

Dermot Desmond

Lennon 씨,

월간 평가 보고서를 검토한 결과, 보고서에는 당신이 당신에게 정해진 판매 목표를 달성하지 못했다는 것이 명시되어 있습니다. 이에 제가 당신에게 실망했다는 점을 알리는 바입니다.

계약에 따르면 당신이 석 달 동안 일정한 목표를 달성하지 못한다면, 우리는 당신과의 계약을 종료할 권리가 있습니다. 이 편지는 앞으로 두 달간 당신의 성과를 엄격하게 검토할 것에 대한 경고입니다.

회사에서는 당신이 전반적으로 만족스러운 성과를 낼 수 있길 기대합니다.

Dermot Desmond

Sample 2

Dear Mr. Jeffries,

The company assessed your performance last month, which unfortunately revealed that you didn't achieve the sales targets which were set for you. You know that the achievement of sales targets by each employee is of huge significance to our company's growth.

As a junior employee, we recommend you communicate with co-workers and learn marketing strategies. The company has huge expectations of you and hopes your performance can improve in the following months.

Yours sincerely,

Colin Gough

Jeffries 씨,

회사는 지난달 당신의 실적 평가를 진행했습니다. 유감스럽게도 당신은 당신에게 정해진 판매 목표를 달성하지 못했다는 결과가 나왔습니다. 아시다시피 개개인이 달성하는 판매 목표는 회사의 성장에 큰 영향을 줍니다.

신입 직원으로서, 우리는 당신이 동료들과 소통하며 마케팅 전략을 배우길 권유합니다. 회사는 당신에게 큰 기대를 걸고 있으며, 부디 다음 달에는 당신의 실적이 개선될 수 있길 바랍니다.

Colin Gough

Sample 3

Dear Martin,

I have reviewed your report you submitted yesterday. I am a little disappointed with it.

There are many grammatical errors and misspelled words. Although you included all the necessary information, the analysis is too superficial and your arguments are not clear. Please modify it and hand it to me tomorrow.

I hope you will be more diligent when writing reports after receiving this letter.

Yours sincerely,

Bill Burr

Martin 씨,

당신이 어제 제출한 보고서를 검토했습니다. 저는 그것에 대해 약간 실망했습니다.

보고서에는 문법 오류와 틀린 철자가 많습니다. 당신은 필요한 모든 정보를 담았지만, 분석이 너무 피상적이고 당신의 주장이 명확하지 않습니다. 수정 후 내일 다시 제출해 주시기 바랍니다.

당신이 이 편지를 받은 뒤에는 보고서를 좀 더 성의 있게 작성해 주시기 바랍니다.

Bill Burr

9 무급 휴직 통지

주요 목적:
대상자에게 무급 휴직을 받게 될 것을 알린다.

작문 요점:
먼저 통지 대상에게 무급 휴직을 통지하게 되어 유감임을 표현해야 한다. 이때 반드시 **휴직 기간을 명시**하고 회사의 재정 상황, 경제 위기의 영향 등 **원인을 설명**한다. 마지막에 다시 한번 **유감을 표하며** 빠른 복귀를 희망하며 글을 마무리한다.

만능 활용 영어 작문 패턴

1. **The economic crisis forced many people to take unpaid leave.**
   경제 위기로 많은 사람이 무급 휴직을 받게 되었습니다.

2. **He was given one-month unpaid leave.**
   그는 한 달 동안 무급 휴직을 받게 되었습니다.

3. **The poor performance of the company led to many people being given unpaid leave.**
   회사의 성과가 저조해 많은 사람이 무급 휴직을 받게 되었습니다.

4. **We have to give you one month unpaid leave.**
   우리는 부득이하게 당신에게 한 달간 무급 휴직을 드리게 되었습니다.
   🏷 We have to give you…unpaid leave. | 우리는 부득이하게 …무급 휴직을 주게 되었다.

5. **Due to financial difficulties, we have had to give most of the staff unpaid leave.**
   재정난으로 인해 우리는 대부분의 직원에게 무급 휴직을 주어야 할 것 같습니다.
   🏷 Due to financial difficulties… | 재정난으로 인해…

6. **Most blue-collar workers were asked to take unpaid leave.**
   대부분의 생산직 근로자는 무급 휴직을 권고받았습니다.
   🏷 …are / is asked to take unpaid leave. | …는 무급 휴직을 권고받았다.

7. **You will be given unpaid leave like the other employees.**
   당신은 다른 분들과 마찬가지로 무급 휴직을 받게 될 것입니다.

8. A quarter of the staff will take unpaid leave.
전체 직원의 1/4이 무급 휴직을 받게 될 것입니다.

9. The economic crisis has forced us to give you unpaid leave.
경제 위기 때문에 부득이하게 무급 휴직을 드리는 바입니다.

10. I hope you can understand our situation.
우리 상황을 이해해 주시기 바랍니다.

11. Our company is in a difficult situation.
우리 회사는 어려운 상황에 놓였습니다.
- …in a difficult situation. | …는 어려운 상황에 놓였다.

12. We have no choice but to do so.
이 외에 우리는 별다른 선택지가 없었습니다.
- We have no choice but to… | 우리는 어쩔 수 없이 …한다.

13. Your unpaid leave ended last month.
당신의 무급 휴직은 지난달 종료되었습니다.

14. Unpaid vacation will last for three months.
무급 휴직은 세 달간 지속될 것입니다.

15. Your unpaid leave will last for six months at most.
당신의 무급 휴직은 최대 6개월 동안 지속될 것입니다.

16. We are not sure when the period of unpaid leave will end.
당신의 무급 휴직이 언제 종료될 것인지 회사도 확신할 수 없습니다.
- We are not sure when… | 언제…될지 확실하지 않다.

17. If the situation improves, I will tell you to come back to work immediately.
상황이 좋아지면 즉시 회사로 복귀하시라고 말씀드리겠습니다.

18. You are permitted to find a part-time job during this period.
당신은 이 기간 임시직을 구해도 좋습니다.

19. Our company will give you some further training during your unpaid leave.
무급 휴직 기간에 우리 회사에서 추가 직무 교육을 해 줄 것입니다.

20. We also hope the unpaid leave will end quickly.
우리 역시 무급 휴직이 빨리 끝나길 바랍니다.

Sample 1

File 16

Dear Mr Stevenson,

Due to the economic crisis, business at our company is not as healthy as anticipated. Unfortunately we have no choice but to put you on unpaid leave. I hope you can understand our situation.

I hope you can come back to work after no more than three months, and during this period you may find a part-time job to make up for the losses caused by this.

Yours sincerely,

Liberty Co., Ltd.

Stevenson 씨,

경제 위기로 우리 회사 사업 실적이 기대만큼 건전하지 못합니다. 불행히도 우리는 당신에게 무급 휴직을 통지하는 것 외에는 선택의 여지가 없습니다. 당신이 우리 상황을 이해해 주시기 바랍니다.

석 달 이내에 다시 출근하시길 바라며, 이 기간에 당신은 이번 일로 인한 손실을 만회할 파트 타임을 구해도 좋습니다.

Liberty 주식회사

Sample 2

Dear Mr. Negri,

I am sorry to inform you that we've decided to give you one month unpaid leave. Our company lost almost $400 million in the first half of this year, so we have to reduce costs where possible throughout the company. Some staff will unfortunately have to be laid off, but as you are such an excellent employee with a strong sense of responsibility, team work and positivity, we will offer you one month unpaid leave instead of laying you off.

We sincerely hope you can come back in one month's time.

Sincerely yours,

David Murray

Negri 씨,

당신에게 한 달간의 무급 휴직을 드리기로 결정했음을 알리게 되어 유감입니다. 우리 회사는 올해 상반기에 근 40억 달러의 손실을 보았고 때문에 회사는 가능한 한 회사 전체에서 비용을 절감해야 합니다. 불행히도 정리 해고를 해야 하는 상황이지만, 당신은 책임감과 팀워크, 적극적인 업무 태도를 가진 훌륭한 직원이기 때문에 당신을 해고하는 대신 한 달간의 휴직을 드리고자 합니다.

부디 한 달 안에 당신이 돌아올 수 있길 진심으로 바랍니다.

David Murray

Sample 3

Dear Ms. Templeton,

We regret to inform you that you will be put on unpaid leave for two months. Due to the economic crisis, the sales of our company have declined greatly in the past months. This has directly led to a shortage of funds. Therefore we have to lower costs and reduce expenses. We sincerely hope that you can understand the difficulties that our company is facing. Due to your undoubted good performance, we do hope that you can come back and continue to serve the company after the period of leave.

Yours sincerely,

Ali McCoist
General Manager

Templeton 씨,

유감스럽게도 당신이 두 달간의 무급 휴직을 받게 되었음을 알려 드리게 되었습니다. 경제 위기로 지난 몇 달간 우리 회사 매출이 크게 줄었습니다. 이는 직접적인 자금난을 초래했습니다. 그 때문에 우리는 비용과 지출을 줄일 수밖에 없습니다. 부디 회사가 처한 어려움을 이해해 주시기 바랍니다. 당신의 출중한 업무 수행 능력을 높이 사는 바이며 회사는 당신이 휴직 후 다시 돌아와 계속해서 함께해 주시길 진심으로 바라는 바입니다.

본부장
Ali McCoist

Sample 4

Dear Mr. Sutton,

I'm sorry to inform you that we will have to put you on unpaid leave for a period of three months from April 20, 2019 to July 20, 2019. Because of the decline in overseas orders in recent months, we have had to take these difficult measures to cut expenses in order to keep the company running.

We hope these measures will enable us to get through these current difficulties. We hope you can come back to work once the three month period is up.

Yours sincerely,

John Boyle
General Manager

Sutton 씨,

당신이 2019년 4월 20일부터 7월 20일까지 석 달간 무급 휴직을 받게 됐음을 알리게 되어 정말 유감입니다. 최근 몇 달간 해외 수주가 대폭 하락했기 때문에, 우리는 회사를 계속 운영하기 위해 부득이하게 비용 절감이라는 어려운 조처를 해야 했습니다.

우리는 부디 이러한 조치가 지금의 어려움을 극복할 수 있게 해 주길 바랍니다. 우리는 당신이 3개월 휴직 기간이 끝나면 복귀해서 함께 일할 수 있길 바랍니다.

본부장
John Boyle

Sample 5

Dear Mr. Hamill,

I regret to tell you that you will be put on unpaid leave for a period of two months, from July 2, 2019 to September 2, 2019. The main reason is the recent economic recession, which has adversely affected the sales of our products greatly.

We thank you for your hard work during your service thus far, and hope that you can live a meaningful life during the leave period and come back to work at the end of the period.

Yours faithfully,

Roman Romanov

Hamill 씨,

당신이 2019년 7월 2일부터 9월 2일까지 두 달간 무급 휴직을 받게 됨을 알리게 되어 정말 유감입니다. 최근 경기 침체가 우리 제품의 판매에 심각하게 영향을 미친 것이 주된 원인입니다.

재직 기간 당신의 노고에 감사드리며 휴직 기간에 의미 있는 삶을 살 수 있길, 그 기간이 끝난 뒤에 돌아와 일할 수 있길 바랍니다.

Roman Romanov

10 감원 통지

주요 목적:

회사가 어려움에 처해 조직을 축소해야 할 경우에는 감원을 진행하게 된다. 감원 통지는 감원의 구체적인 상황을 임직원에게 알리는 것이다.

작문 요점:

먼저 **감원 사유**와 이에 대한 **유감의 뜻**을 전해야 한다. 그다음 **재직 중 회사를 위한 직원의 기여에 감사**를 표한다. 마지막으로 **직원에게 축복의 표현**을 담는다.

감원 통지서의 표현은 완곡해야 하며, 상대방이 상처받지 않게 적절한 어휘를 선택해야 한다.

만능 활용 영어 작문 패턴

1. **In order to reduce costs, some employees must be laid off.**
   비용을 줄이기 위해 일부 직원을 해고해야 합니다.
   🏷 In order to reduce costs… | 비용을 줄이기 위해…

2. **Most of you will receive redundancy notices.**
   여러분 대부분이 감원 통지를 받게 될 것입니다.

3. **30 percent of employees will receive layoff notices.**
   직원의 30%는 해고 통지를 받게 될 것입니다.
   🏷 …receive layoff notices. | …가 해고 통지를 받는다.

4. **This is to announce notice of layoffs from our company.**
   이는 우리 회사의 정리 해고 통지를 발표하는 것입니다.
   🏷 This is to announce… | 이는 …를 발표하는 것이다.

5. **Due to the economic crisis, our company has consolidated with a foreign company recently.**
   경제 위기로 인해 최근 우리 회사는 외국 회사와 합병하게 되었습니다.

6. **After the reorganization of departments, the original Planning Division will no longer exist.**
   부서 개편 후, 본래 기획부서는 없어질 것입니다.
   🏷 After the reorganization of… | 개편 후…

7. **During the period of reorganization, the Personnel Department will be closed down.**
   회사의 조직 개편 기간에 인사부가 폐지될 것입니다.
   🏷 During the period of··· | ···의 기간에

8. **Unfortunately there will be some compulsory redundancies in the Personnel Department.**
   유감스럽게도 인사부의 일부 직원 정리 해고가 있을 것입니다.

9. **We regret that this department will be closed and its employees will not be transferred to other departments.**
   우리는 이 부서가 폐지되고 직원들이 다른 부서로 옮겨지지 않을 것을 유감으로 생각합니다.

10. **Affected by the economic crisis, our company's efficiency dropped sharply.**
    경제 위기의 영향으로 우리 회사의 수익이 급격히 하락했습니다.
    🏷 Affected by the economic crisis, our company··· | 경제 위기의 영향을 받아 회사는···

11. **The economic crisis made things difficult for our company.**
    경제 위기로 회사는 어려움을 겪게 되었습니다.

12. **This economic crisis has almost put us out of business.**
    이번 경제 위기가 우리를 거의 파산 위기로 내몰았습니다.
    🏷 ···put us out of business. | ···로 거의 파산 위기로 내몰다.

13. **The economic crisis forced us to make a difficult decision.**
    경제 위기로 곤란한 결정을 내릴 수밖에 없었습니다.

14. **We have no choice but to layoff some workers.**
    우리는 감원 말고는 선택의 여지가 없습니다.

15. **We can't retain all employees during this difficult period.**
    이 어려운 시기에 회사는 모든 직원의 고용을 유지할 수 없습니다.

16. **We hoped we could keep all of our employees with the company, but this is not possible due to economic circumstances.**
    우리는 회사에서 모든 직원의 고용을 유지하길 바랐지만, 경제적 상황으로 인해 불가능합니다.

17. **We have to reduce the number of staff during this difficult period of reorganization.**
    우리는 조직 개편이라는 어려운 시기 동안 인원을 감축해야 합니다.

18. **The layoff notice of our company will affect 20 employees.**
    우리 회사의 해고 통지는 20명의 직원에게 영향을 미칠 것입니다.
    ❥ The layoff notice will affect… | 해고 통지는 …까지 영향을 미칠 것이다.

19. **The layoff focuses on the middle and senior level.**
    해고는 중·고위급에 집중되어 있습니다.
    ❥ The layoff focuses on… | 해고는 …에 집중되어 있다.

20. **We will offer some compensation to try and offset some of your losses.**
    회사는 당신의 손실 일부를 상쇄하기 위해 약간의 보상을 제공할 것입니다.

Sample 1

To All Employees,

Due to the economic crisis, our company has merged with a foreign company recently. Therefore the original Planning Division will no longer exist.

We regret to inform you that some employees in the Planning Division will be leaving the company. The lists are as follows: Tom Smith, David Green, Mike Rotch and Claire Kerr.

We thank them all for the contributions they made to the development of the company and wish them well in the future.

Sincerely yours,

Chaoyang Company

임직원 여러분,

재무 위기로 우리 회사는 최근에 외국계 회사와 합병하게 되었습니다. 이에 따라 기존의 기획부를 폐지하게 되었습니다.

유감스럽게도 기획부의 일부 직원들이 회사를 떠나게 되었습니다. 명단은 다음과 같습니다: Tom Smith, David Green, Mike Rotch 그리고 Claire Kerr 입니다.

그간 회사의 발전을 위해 그들이 만든 성과에 진심으로 감사의 말씀 전하며 그들에게 더 좋은 미래가 있길 기원합니다.

Chaoyang 그룹

Sample 2

File 17

To All Employees,

Due to the recent economic crisis, our company's productivity dropped sharply. We have been left with no choice but to come to the following difficult decision: there will be 1,000 redundancies throughout the company. Employees who have worked here for less than one year will unfortunately have to be laid off.

We had hoped to keep all of our employees with the company during this difficult period, but finance dictated that it wasn't possible.

We deeply regret for this, and we will pay compensation to the amount of 1,000 dollars for each employee who is leaving.

Sincerely yours,

ABC Company

임직원 여러분,

최근 경제 위기로 우리 회사의 생산력이 급격히 떨어졌습니다. 이에 우리는 다음과 같은 어려운 결정을 내릴 수밖에 없게 되었습니다: 회사 전체에 1,000명의 정리 해고가 있을 것입니다. 여기서 근무한 지 1년이 되지 않은 직원들은 안타깝게도 해고 통지를 받게 될 것입니다.

우리는 이 힘든 시기 동안 모든 임직원의 고용을 유지하길 바랐지만, 재정상 불가능하다고 판단했습니다.

이에 유감을 표하는 바이며, 퇴사하는 직원에게 각 1,000달러의 보상금을 지급하고자 합니다.

ABC 그룹

Sample 3

To All Staff,

As part of our reorganization, we will no longer require a dedicated Personnel Department. We regret to inform you that it is not possible to transfer any members of the department to alternative departments.

Thank you for your contributions, and we hope you are able to find good jobs elsewhere. We will provide a letter of recommendation if requested.

Sincerely yours,

ABC Company

임직원 여러분,

회사 조직 개편의 일환으로, 인사부가 폐지될 것입니다. 해당 부서의 어떤 직원도 대체 부서로 전직되지 않을 것을 알리게 되어 유감입니다.

여러분의 기여에 감사드리며 우리는 여러분이 다른 좋은 직장을 찾을 수 있길 바랍니다. 요청 시 추천서를 제공하겠습니다.

ABC 그룹

Sample 4

Dear all,

In order to grow and make our company stronger, we have decided to merge the company with The Rising Sun Company. During the merger, we will have to reorganize the company.

I regret to inform everyone that the former Planning Department and Personnel Department will be wound up. Unfortunately, all employees in non-management positions will be leaving us as we are unable to relocate them to other departments. We thank you for your service to the company, and every one leaving will get a pension. We wish you all a promising future.

Best regards,

Barrry Bethel
General Manager

여러분,

회사를 성장시키고 더 튼튼하게 만들기 위해, 우리는 The Rising Sun 사와 회사를 합병하기로 했습니다. 합병 중에 우리는 조직 개편을 진행할 것입니다.

유감스럽게도 기존 기획부와 인사부가 정리될 것을 모두에게 알립니다. 불행히도 그들을 다른 부서로 재배치할 수 없기 때문에, 관리직이 아닌 직원들은 회사를 떠나게 될 것입니다. 회사에 대한 여러분의 노고에 감사드리며, 떠나는 모든 분은 연금을 받게 될 것입니다. 여러분의 장래가 유망하길 바랍니다.

본부장
Barrry Bethel

11 해외 파견 신청

주요 목적:
상사에게 해외 파견을 신청한다.

작문 요점:
먼저 **해외 파견 신청** 내용을 명시한다. 그다음 가족 문제나 새로운 업무 진행 희망을 비롯한 개인 사유, 회사 업무 발전과 같은 공적 사유 등 구체적인 **신청 사유를 기술한다.** 이어 **자신의 능력과 강점을 설명**해야 해외 파견 신청 사유에 설득력을 갖출 수 있다. 마지막으로 자신의 해외 파견 **승인을 간청**하며 마무리 짓는다.

만능 활용 영어 작문 패턴

1. **This is my application for transfer overseas.**
   이는 저의 해외 파견 신청서입니다.

2. **I want to transfer overseas as my family has emigrated.**
   제 가족이 해외로 이주하게 되어 저도 해외로 파견 가고자 합니다.
   ◆ I want to transfer… | …로 파견 가고 싶다.

3. **I want to be transferred to an overseas branch.**
   저는 해외 지사로 파견 가고자 합니다.
   ◆ I want to be transferred to… | …로 파견되고 싶다.

4. **I want to transfer overseas to reunite with my family.**
   가족과 재회를 위해 해외로 파견 가고자 합니다.

5. **I want to go abroad to be with my family.**
   가족과 함께하기 위해 해외로 가고자 합니다.
   ◆ I want to go abroad to… | …하기 위해 해외로 가고자 한다.

6. **I would like to work overseas.** 해외에서 근무하고 싶습니다.

7. **I want to know whether it's possible for me to transfer to the overseas branch.**
   제가 해외 지사로 전직 가는 것의 가능 여부를 알고자 합니다.
   ◆ I want to know whether… | …인지 아닌지 알고 싶다.

8. **I heard that our overseas market is in urgent need of expansion.**
   해외 시장 확장이 시급하다고 들었습니다.

9. Market planning is my strength.
시장 기획이 제 강점입니다.

🏷 …is my strength. | …는 내 강점이다.

10. My major is market planning.
제 전공이 시장 기획입니다.

🏷 My major is… | 나의 전공은 …이다.

11. I have accumulated rich experience about market planning over the past 8 years. 저는 지난 8년간 시장 계획에 관한 풍부한 경험을 쌓아왔습니다.

12. I am a person who likes challenges. 저는 도전을 좋아하는 사람입니다.

13. I think the overseas market will be more challenging to me.
해외 시장이 제게 도전 의식을 더 북돋으리라 생각합니다.

14. I grew up in America, so I am familiar with the market.
저는 미국에서 자라 그곳의 시장이 매우 친숙합니다.

15. I am quite familiar with this overseas market.
저는 해외 시장에 대해 아주 잘 압니다.

16. I have a keen interest in living and working overseas.
저는 해외에서 생활하고 일하는 것에 관심이 많습니다.

🏷 I have a keen interest in… | …에 대한 관심이 많다.

17. I am keen to experience all the different things life overseas would offer me.
저는 해외 생활이 제게 줄 수 있는 다른 모든 것을 경험할 수 있길 간절히 원합니다.

🏷 I am keen to experience… | 나는 …경험을 간절히 원한다.

18. I believe I can adapt easily to working overseas.
저는 제가 해외에서 일하는 것에 쉽게 적응하리라 믿습니다.

19. I have confidence that I can comfortably deal with living and working overseas.
저는 해외에서의 삶과 업무에 적절하게 대처할 자신이 있습니다.

🏷 I have confidence that… | …할 자신이 있다.

20. I hope you can approve my application for an overseas transfer.
저의 해외 파견 신청을 승인해 주시기 바랍니다.

Sample 1

Dear Sir or Madam,

I am Liam Kelly, the manager of the Planning Department. I am writing this letter to apply for an overseas transfer.

I've worked here for more than eight years and am familiar with our trade process. I heard recently that we are planning to expand our overseas market, so I am writing to recommend myself as a suitable candidate for a position overseas.

The reason I recommend myself is that I grew up in America, so I am familiar with the market there, which gives me advantages over those without experience of the country. Furthermore, market planning was my major at college, therefore I believe that I have the academic foundation to successfully apply what I have studied to the real world.

I hope you will carefully consider my application.

Sincerely yours,

Liam Kelly

관계자분께,

저는 기획부장 Liam Kelly입니다. 해외 파견을 신청하고자 편지를 씁니다.

저는 이곳에서 일한 지 8년이 넘었고, 우리의 무역 프로세스에 대해 잘 압니다. 최근 회사가 해외 시장 확장에 나선다는 소식을 듣고 그 해외 파견직에 적격이라 판단되어 저 자신을 추천하고자 씁니다.

제가 저 자신을 추천하는 이유는 제가 미국에서 자라 그곳의 시장에 친숙하기 때문에 그 나라 경험이 없는 사람들보다 유리한 점이 있기 때문입니다. 그뿐만 아니라 대학에서 제 전공은 시장 기획이었기 때문에 저는 저의 학문적 기반을 실제 현장에 성공적으로 적용할 수 있을 것이라 믿습니다.

부디 저의 신청을 신중히 숙고해 주시기 바랍니다.

Liam Kelly

Sample 2

Dear Sir or Madam,

I am writing to apply for transfer overseas.

The reason is very simply that my family has emigrated to America. It has been difficult for me to give full efforts to my work with my family so far away.

If I could transfer to America, I will be able to fully concentrate on my work. Having graduated from an American university, I have an understanding of the American market. In my current department, I was described as an 'excellent worker' during last month's performance review. I promise I will work as hard as I have done in my present location.

I sincerely hope you can give serious consideration to and approve my application.

Sincerely yours,

John Smith

관계자분께,

해외 파견을 신청하고자 씁니다.

파견을 신청하는 이유는 우리 가족이 미국으로 이주했기 때문입니다. 저는 지금까지 가족과 떨어져 지내야 해서 업무에 집중하기가 어려웠습니다.

만약 제가 미국으로 파견될 수 있다면, 저는 제 업무에 전념할 수 있을 것입니다. 저는 미국에서 대학을 졸업해 미국 시장에 대한 이해가 있습니다. 현재 부서의 지난달 업무 평가에서 저는 '우수 직원'으로 선정되기도 했습니다. 저는 파견되어서도 여기에서 일하던 것만큼 열심히 근무할 것을 약속합니다.

당신이 제 신청을 진지하게 숙고하시어 승인해 주시기 바랍니다.

John Smith

Sample 3

Dear Mr. Dalglish,

After careful consideration, I have decided to write this letter of application for transfer overseas.

I have worked in the headquarters for over ten years, so I am extremely knowledgable about all aspects of our business. I would now like to offer my expertise and apply this knowledge in another location. Recently, I learned that our overseas branch is in the phase of development with the aim of expanding its market share. As a person and employee who has proven his ability to rise to challenges and solve difficult problems over more than a decade, I believe that I am suitably qualified to work in the overseas branch in this exciting stage of its development.

During these years at our company headquarters, I have accumulated much experience in a wide range of areas, from market planning to sales consolidation I have confidence that I can do everything well overseas.

I would be most grateful if you could seriously consider my application and give me the chance to continue to aid our company's development.

Sincerely yours,

Martin Baker

Dalglish 씨,

고심 끝에 해외 파견 신청서를 쓰기로 했습니다.

저는 우리 회사 본사에서 10년 넘게 일했기 때문에 우리 사업의 다양한 측면을 매우 잘 이해하고 있습니다. 저는 제 전문지식을 다른 곳에도 적용해 보고 싶습니다. 최근 우리 해외 지사가 시장 점유율 확대를 목표로 개발 단계에 있다는 것을 알게 되었습니다. 10년간 저의 능력을 증명하고자 저는 계속해서 도전하고 문제를 해결해 왔습니다. 저는 제가 이 발전 단계에 놓인 해외 지사의 적합한 인재라고 생각합니다.

우리 회사 본사에서 근무한 몇 년 동안 저는 시장 기획부터 마케팅까지 다양한 분야에서 많은 경험을 쌓아 왔습니다. 그 때문에 저는 해외에서도 잘 해낼 자신이 있습니다.

제 신청을 진지하게 숙고하시어 제가 계속해서 회사 발전에 기여할 기회를 주신다면 더할 나위 없이 감사할 것입니다.

Martin Baker

12 해외 파견 승인

주요 목적:
해외 파견 신청 승인을 알린다.

작문 요점:
먼저 **회사의 해외 파견 신청 허가 의사**를 밝힌다. 그다음 개인적인 사유인지, 회사 차원의 사유인지 **신청 승인 사유를 설명**한다. 마지막으로 **그에 대한 회사의 기대를 표현**하고 축하의 메시지를 담는다.

만능 활용 영어 작문 패턴

1. **I am pleased to inform you that the Nomination Committee has approved your request for transfer.**
   추천 위원회가 당신의 전근 요청을 승인했다는 것을 알리게 되어 기쁩니다.

2. **Congratulations on your transfer overseas!**
   당신의 해외 파견을 축하합니다!
   🏷 Congratulations on… | …를 축하하다.

3. **After careful consideration, the board of directors has approved your request for an overseas transfer.**
   심사숙고 끝에, 이사회는 당신의 해외 파견 신청을 승인했습니다.
   🏷 After careful consideration… | 심사숙고 끝에…

4. **I am happy to inform you that your application for a transfer overseas has been accepted.**
   당신의 해외 파견 신청이 승인되었음을 알리게 되어 기쁩니다.

5. **We approve your application for transfer.**
   당신의 전근 신청을 승인합니다.
   🏷 We approve your application for… | …에 대한 당신의 신청을 승인하다.

6. **Your recent performance at work makes you eligible for transfer.**
   당신의 최근 업무 실적이 당신을 전근가기에 적합하게 했습니다.
   🏷 …make you eligible for… | …가 당신을 …에 적합하게 하다.

7. **Your work performance is very good.**
   당신의 업무 성과가 정말 훌륭합니다.

8. You have strong problem solving skills.
당신은 문제 해결 능력이 매우 강합니다.

9. Your rich experience meets our requirements.
당신의 풍부한 경험이 우리의 자격 요건에 충족합니다.
- …meet our requirement. | …가 우리의 자격 요건에 충족하다.

10. You have shown leadership potential.
당신은 지도자의 잠재력을 보여 주었습니다.

11. According to our people-oriented philosophy, we have accepted your application to transfer overseas.
사람을 중심으로 하는 회사의 철학에 따라, 당신의 해외 파견을 승인하기로 했습니다.

12. You have strong ability to plan a new project.
당신은 새 프로젝트를 기획하는 훌륭한 능력을 갖추고 계십니다.
- You have strong ability to… | 당신은 …에 강한 능력을 갖추고 있다.

13. Our overseas department is in urgent need of talent like yours.
우리의 해외 부서는 당신과 같은 인재가 절실히 필요합니다.

14. From now on, you will be responsible for everything overseas.
앞으로 당신은 해외의 모든 업무를 책임지게 될 것입니다.
- From now on, you will… | 오늘부로 당신은…하게 될 것이다.

15. You have been appointed as the head of our overseas branch, effective as of next month.
당신은 우리 회사의 해외 지사장으로 임명되었으며, 이는 다음 달부터 효력을 갖게 됩니다.
- We appoint you as… | 당신은 …로 임명되었다.

16. Your annual salary will be increased to $100,000.
당신의 연봉은 10만 달러로 오르게 될 것입니다.
- Your annual salary will be… | 당신의 연봉은 …하게 될 것이다.

17. We will give you an allowance if you work overseas.
당신이 해외에서 근무하게 될 경우 회사는 당신에게 보조금을 지원해 드릴 것입니다.

18. We hope you can continue to work as hard as you have worked here.
회사는 당신이 여기서 일한 만큼 그곳에서도 계속해서 열심히 일하길 바랍니다.

19. We hope you can make further contributions to our overseas branch.
회사는 당신이 우리 해외 지사에 더 많은 기여를 할 수 있길 바랍니다.

20. We hope our overseas branch can achieve great success under your leadership.
회사는 당신의 지도 아래 우리 해외 지사가 큰 성공을 거두길 바랍니다.

Sample 1

File 19

Dear Mr. Totten,

We were unsure about whom we should transfer to our overseas branch, so your application helped us solve our problem.

You really are the best person to be transferred overseas because of your previous experience. We would like to officially offer you the position of manager of our overseas branch, effective as of next week. You would have ultimate responsibility for everything about the branch. We would strive to meet all of your reasonable demands.

We hope you can take up this position in one week. Please confirm your acceptance of this position in writing as soon as possible.

Sincerely yours,

Robert Connor

Totten 씨,

우리는 어떤 분을 우리 해외 지사로 파견해야 할지 고민이었는데, 당신의 신청서가 회사의 고민을 해결하는 데 도움을 주었습니다.

당신의 경험들로 미루어 보아 당신은 해외 파견자로 최적의 인재입니다. 회사는 공식적으로 다음 주부터 당신이 우리의 해외 지사 매니저 자리를 맡아 주길 제안하고 싶습니다. 당신은 지사의 모든 업무를 책임지게 될 것이며 회사는 당신의 합당한 요구를 충족시키기 위해 노력할 것입니다.

부디 당신이 일주일 이내에 이 직책에 임할 수 있길 바라며, 가능한 한 빨리 이에 관한 수락 여부 입장을 확인해 주시기 바랍니다.

Robert Connor

Sample 2

Dear Mr. Richard,

According to our people-oriented philosophy, we accept your application to transfer to our overseas branch to be nearer to your family. You will be expected to take over your duties at the overseas branch on July 1, 2019.

Please ensure a smooth transfer of your responsibility in the Planning Department before you leave. You will be expected to assist in the training of your replacement.

We hope everything goes well overseas.

Sincerely yours,

Adam Ant

Richard 씨,

사람을 중심으로 하는 회사의 철학에 따라, 우리는 당신이 가족과 더 가까이하고자 신청하신 해외 파견을 승인하려고 합니다. 2019년 7월 1일부터 해외 지사에서 업무를 인계받을 수 있을 것입니다.

떠나기 전에 기획부에서의 당신의 업무를 매끄럽게 인수인계해 주시기 바랍니다. 당신은 당신의 후임자 교육을 돕게 될 것입니다.

해외에서 하는 모든 일이 수월하시길 바랍니다.

Adam Ant

Sample 3

Dear Mr. Russell,

We learned from your current department that you are really an excellent worker. You are reported to be clever, competent, and with an especially strong planning ability. Our overseas branch is in urgent need of this kind of talent. After careful study, we have decided to approve your application.

Please make preparations to report to the branch as soon as possible. You should liaise with the overseas branch and your current branch to ensure a smooth hand over of duties and responsibilities.

Sincerely yours,

Stewart Gilmour

Russell 씨,

우리는 당신이 현재 소속되어 있는 부서로부터 당신이 정말 훌륭한 직원이라는 것을 알게 되었습니다. 당신은 현명하고, 유능하며, 특히 강한 기획 능력을 갖췄다고 들었습니다. 우리의 해외 지사는 이런 인재가 절실히 필요합니다. 세심한 검토 끝에 회사는 당신의 신청을 승인하기로 했습니다.

부디 가능한 한 빨리 해외 지사 발령 보고서를 준비해 주시기 바랍니다. 당신은 원활한 업무 인수인계를 위해 해외 지사와 현재 소속된 부서에 연락해야 합니다.

Stewart Gilmour

Sample 4

Dear Karl,

Thank you for your interest in transferring to our overseas branch. I am very pleased to inform you that the board of directors has decided to approve your application for an overseas transfer.

We believe you are the best person for the role after having reviewed your work performance. Your records and references indicate that you are a hard worker with a strong sense of responsibility. This is borne out by your grading of 'Excellent' for four consecutive annual performance reviews. We are sure you will demonstrate that we have made the right decision.

Your salary will be increased by 10% and you will have two week paid vacation each summer. Please ensure a smooth transfer of your responsibilities before the end of this month.

We hope you can maintain and exceed your level of performance and achievement overseas.

Sincerely yours,

Martin Hardie

Karl 씨,

해외 지사 파견에 관심 가져 주셔서 감사합니다. 이사회가 당신의 해외 파견 신청을 승인하기로 한 것을 알리게 되어 매우 기쁩니다.

우리는 당신의 업무 성과를 검토한 후 그 역할에 가장 적합한 인재가 될 것을 믿게 되었습니다. 당신의 기록과 추천서는 당신이 강한 책임감을 가진 성실한 직원이라는 것을 보여 줍니다. 그뿐만 아니라 당신은 4년 연속 연간 성과 보고에서 '우수 직원'으로 평가되기도 했습니다. 회사의 결정이 옳았음을 당신이 증명해 줄 것이라 확신합니다.

당신의 연봉은 10% 인상될 것이며 당신은 매해 여름마다 2주간의 유급 휴가를 갖게 될 것입니다. 이번 달 말 전까지 당신의 직무 인수인계를 매끄럽게 해 주시기 바랍니다.

우리는 당신이 해외에서 실적 및 성취 수준을 이어 가고 넘어설 수 있길 바랍니다.

Martin Hardie

13 사직서

주요 목적:

상사에게 사직 의사를 알린다.

작문 요점:

먼저 **공식적인 사직 의사**를 밝힌다. 그 후에 **사직 원인과 목적**을 설명하고, 이어 **회사와 동료들의 긍정적인 평가**를 언급하며 **감사의 마음**을 전한다. 때에 따라 **인수인계서**를 작성해 인수인계를 대신할 수도 있다.

만능 활용 영어 작문 패턴

1. **I want to resign my position as executive of the Planning Department.**
   기획부 간부직을 사임하고자 합니다.
   🏷 I want to resign my position as… | …의 직무를 사임하고자 한다.

2. **I'm really sorry to bring up my resignation during this tough period for company.**
   회사가 힘든 이 시기에 사직서를 내게 되어 정말 죄송합니다.

3. **This decision has not been easy to make.**
   이 결정을 내리기까지 매우 힘들었습니다.

4. **I have made the tough decision to resign from my current position as an executive in the Planning Department.**
   기획부 간부로 있는 제 직책을 사임하고자 하는 힘든 결정을 내렸습니다.
   🏷 I have made the tough decision to… | …하는 힘든 결정을 내렸다.

5. **After much thought, I have decided to resign from my current position.**
   깊은 숙고 끝에 제 현재 직책을 사임하기로 했습니다.
   🏷 After much thought, I have decided to… | 깊은 고심 끝에 …하기로 했다.

6. **The reason for my resignation is that I wish to take on a more challenging role.**
   제가 사직하는 이유는 보다 도전적인 역할을 맡고 싶기 때문입니다.
   🏷 The only reason…is that… | …의 유일한 이유는 …이다.

7. **I have to resign for personal reasons.**
   개인 사유로 인해 사직할 수밖에 없습니다.
   🏷 I have to resign for… | …의 이유로 사직할 수밖에 없다.

8. I've accepted a job with a higher salary.
저는 연봉이 더 높은 직장에 합격했습니다.

9. I am leaving to go abroad to continue my further education.
저는 추가 교육을 계속하기 위해 해외로 떠납니다.

10. I have to leave for reasons I would rather not share.
공유하고 싶지 않은 이유로 떠나야 합니다.

🔖 I have to leave for… | …의 이유로 떠나야 한다.

11. I am sorry that I do not feel I am suitable for this position
죄송하지만 제가 이 직책에 적합하지 않은 것 같습니다.

🔖 I am not suitable… | 나는 …에 적합하지 않다.

12. I am sorry to submit my resignation at this time.
이 시기에 사직서를 제출하게 되어 죄송합니다.

13. Opportunities for me to gain promotion from my current role are limited.
제 현재 직무로는 승진할 기회가 제한적입니다.

🔖 There are few opportunities for me to… | 나는 …할 기회가 거의 없다.

14. I want to find a job that will offer me more opportunity for promotion.
저는 승진의 기회가 더 많은 직업을 찾고자 합니다.

15. This work is too tiring, so I plan to find a less stressful job.
이 일은 너무 피곤해서 스트레스가 덜한 직업을 찾을 계획입니다.

16. I think this job is no longer challenging me.
저는 이 일이 제게 더는 도전적이지 않다고 생각합니다.

17. I have found an ideal job.
저는 이상적인 직업을 찾았습니다.

18. I really enjoyed working with you.
저는 당신과 함께 일하는 것이 정말 즐거웠습니다.

19. I have accumulated much experience here over the past five years.
저는 지난 5년간 이곳에서 많은 경험을 쌓았습니다.

20. Thank you for your guidance and support throughout my time here.
이곳에서 제가 근무하는 동안 지도해 주시고 지원해 주셔서 감사합니다.

🔖 Thank you for… | …에 감사하다.

Sample 1

Dear Mr. Maskrey,

I'm sorry to hand in my resignation at this moment, but I have decided to resign from my current position.

I've worked here for six years, so I want to try something different. I am looking for a more challenging job to enhance my problem solving ability.

Sincere thanks to all of you that have shown me your guidance and assistance throughout my time here.

Yours sincerely,

Jerren Nixon

Maskrey 씨,

이런 시기에 사직서를 제출하게 되어 죄송하지만, 저는 현재 직책에서 물러나기로 했습니다.

저는 이곳에서 6년간 일했기 때문에 무언가 새로운 것을 시도해 보고 싶습니다. 저는 제 문제 해결 능력을 향상하기 위해 보다 도전적인 일을 찾고 있습니다.

제가 이곳에서 일하는 동안 저를 지도해 주시고 지지해 주신 모두에게 감사합니다.

Jerren Nixon

Sample 2

Dear Joly,

After much thought, I have decided to resign from my current position. The decision is very difficult for me because I have really enjoyed working with you.

Due to the recent change in my family's circumstances with the birth of my daughter, I am looking for a job that will offer a higher salary. I am really proud of having been an employee of this company, and I value the experience I have gained in the role. I'd like to take this opportunity to thank the company for giving me the opportunity to carry out this role.

I would be much obliged if you could provide a reference letter for me. Thanks again for your trust and care.

Yours sincerely,

Ken Brannigan

Joly 씨,

고심 끝에, 저는 현직에서 물러나기로 했습니다. 당신과 일하는 동안 정말 즐거웠기에 그 결정은 제게 아주 어려웠습니다.

최근에 제 딸이 태어나면서 집안 사정이 달라져 저는 더 높은 연봉을 줄 일자리를 찾고 있습니다. 저는 이 회사의 직원이 된 것이 정말 자랑스러웠고 제 역할에서 얻은 경험을 매우 소중하게 생각합니다. 이번 기회에 제가 이 역할을 수행할 기회를 주신 회사에 감사를 전하고 싶습니다.

제게 추천서를 써 주실 수 있다면 더할 나위 없이 감사할 것입니다. 당신의 신뢰와 관심에 다시 한번 감사합니다.

Ken Brannigan

Sample 3

📄 File 20

Dear Fotakis,

I regret to tell you that I have decided to resign from my present position.

I have learned much from working here. I would like to thank you for your trust and support throughout my time here. I hope that my resignation will not cause any inconvenience.

I sincerely hope that you will accept my resignation.

Yours sincerely,

Gerry Adams

Fotakis 씨,

현직을 사임하기로 결심했음을 말하게 되어 유감스럽게 생각합니다.

저는 여기서 일하면서 많은 것을 배웠습니다. 제가 이곳에서 일하는 동안 제게 주신 신뢰와 지원에 감사드리고 싶습니다. 부디 저의 사임으로 인한 어떠한 불편도 없길 바랍니다.

제 사직서를 받아 주시길 간청드립니다.

Gerry Adams

Sample 4

Dear Mr. Pizzo,

As required according to the terms of my employment contract, I hereby submit to you my resignation as executive of the Planning Department one month in advance.

I am sorry to inform you of this during this tough period for our company, but I have been accepted by the University of Chicago to further my education. I feel I must expand my professional knowledge if I wish to further advance in the finance industry. I hope you can understand my decision.

I have really enjoyed working with you and my colleagues here and would like to thank you for your support and encouragement to me during these years. I will take all necessary steps to ensure a smooth transfer before I leave.

I wish you and ABC Corporation a bright future.

Sincerely yours,

James Savile

Pizzo 씨,

제 고용 계약 조건에 요구된 대로, 저는 한 달 전에 저의 기획부 임원직으로서의 사직서를 제출합니다.

회사가 이렇게 힘든 시기에 이 사실을 알리게 되어 유감스럽지만, 저는 시카고 대학에 합격하여 학업을 계속 이어 가려고 합니다. 금융 산업에서 더 발전하려면 제 전문 지식을 늘려야겠다고 느꼈습니다. 제 결정을 이해해 주시기 바랍니다.

저는 이곳에서 당신과 동료들이 함께 일하는 것이 진심으로 즐거웠으며, 그간 당신의 지지와 격려에 감사드리고 싶습니다. 제가 떠나기 전에 업무를 순조로이 진행할 수 있도록 필요한 모든 조처를 하겠습니다.

당신과 ABC 사의 밝은 미래를 기원합니다.

James Savile

14 사직 승인

주요 목적:
직원의 사직을 승인한다.

작문 요점:
먼저 사직자의 **사직에 대한 유감을 표**해야 한다. 그다음 **사직자의 회사 근무 실적에 대한 긍정적인 평가**와 **회사에 대한 공헌에 감사**를 나타낸다. 필요에 따라 회사가 제공할 도움 등을 적은 뒤 **축복의 메시지**로 마무리한다.

만능 활용 영어 작문 패턴

1. **I am sorry to hear that you will be leaving soon.**
   당신이 곧 떠난다는 말씀을 전해 들어 애석합니다.

2. **There is nothing we can do but accept your resignation.**
   우리는 당신의 사임을 받아들이는 것밖에는 선택의 여지가 없습니다.
   ◆ There is nothing we can do but… | …외에 다른 선택의 여지가 없다.

3. **It is with great regret that we accept your resignation.**
   당신의 사임을 받아들이게 되어 매우 유감스럽습니다.
   ◆ It is with great regret that… | …는 매우 유감스럽다.

4. **After careful consideration, we have decided to accept your resignation as manger of the Purchase and Order Department.**
   심사숙고 끝에 구매팀 매니저로서의 당신 사임을 받아들이기로 했습니다.
   ◆ After careful consideration, we have decided to… | 고심 끝에 우리는 …하기로 했다.

5. **Your departure will be a great loss to our company.**
   당신이 떠나는 것은 우리 회사에 큰 손실이 될 것입니다.

6. **We have decided to accept your resignation, in respect for your current family situation.**
   우리는 당신의 현재 가족 상황을 고려해 당신의 사임을 승인하기로 했습니다.

7. **As you have made up your mind to resign, we have decided to accept your resignation.**
   기왕 당신이 사직하기로 마음먹었으니, 우리는 당신의 사임을 승인하기로 했습니다.
   ◆ You've made up your mind to… | 당신은 …하기로 마음을 먹었다.

8. **We are sorry that we could not provide further development opportunities to you.**
   우리는 당신에게 더 성장할 기회를 제공하지 못해 유감입니다.

9. **We regret that you feel your salary is not commensurate to the duties you undertake in your current role.**
   당신의 급여가 당신이 맡은 현직에 맞지 않는다고 느낀 것에 대해 유감으로 생각합니다.

10. **We hope you can find a job that offers you the chance to further progress your career.**
    당신이 당신의 경력을 더 발전시킬 기회를 제공하는 직업을 찾을 수 있길 바랍니다.

11. **We sincerely hope you can find a job which provides a salary which matches your own expectations.**
    당신의 기대에 맞는 급여를 제공하는 직업을 찾을 수 있길 진심으로 바랍니다.

12. **We really appreciate your contributions to our corporation.**
    우리는 우리 회사에 대한 당신의 공헌에 정말 감사합니다.

13. **I am impressed by your excellent work performance.**
    당신의 훌륭한 업무 수행 능력에 감명받았습니다.
    ❥ I am impressed by… | 나는 …에 감명받았다.

14. **You are really an excellent worker.**
    당신은 정말 훌륭한 직원입니다.

15. **We will write a letter of recommendation for you.**
    우리는 당신에게 추천서를 써 줄 것입니다.

16. **If necessary, we can provide a letter of recommendation.**
    필요하다면 우리는 당신에게 추천서를 제공할 수 있습니다.
    ❥ If necessary, we can… | 필요하다면, …할 수 있다.

17. **We hope you can find a job related to your major.**
    당신의 전공과 관련 있는 직업을 찾길 바랍니다.

18. **If there is anything I can do, please contact me at any time.**
    제가 도울 일이 있다면, 언제든 제게 연락 주시기 바랍니다.

19. We hope you can find alternative employment that will allow you to improve your family situation as soon as possible.
우리는 당신이 가능한 한 빨리 당신 가족의 상황을 개선할 다른 직장을 찾을 수 있길 바랍니다.

20. We wish you every success in your future endeavors!
당신의 미래의 시도에 대한 모든 성공을 기원합니다.

🏷 Wish every success in… | …모든 성공을 바란다.

Sample 1

 File 21

Dear Tom,

We really don't want to lose good employees like you. However, as per your request, we have decided to accept your resignation.

Thank you for the contributions you made as the general manager and we wish you every success in the future.

Yours sincerely,

Pat Nevin
Manager of Personnel Department

- -

Tom 씨,

우리는 정말로 당신처럼 훌륭한 직원을 잃고 싶지 않습니다. 그러나 당신의 요청에 따라, 우리는 당신의 사임을 받아들이기로 했습니다.

본부장으로서의 기여에 감사드리며 앞으로 당신 미래에 대한 모든 성공을 기원합니다.

Pat Nevin
인사부 매니저

Sample 2

Dear John,

After careful consideration, the board members decided to accept your resignation.

We're sorry that you feel there is no further room for you to develop your own abilities in our company. We hope you can find a role that offers you the development opportunities that you are looking for.

Sincerely yours,

Richard Gordon

John 씨,

심사숙고 끝에 이사진은 당신의 사임을 받아들이기로 했습니다.

우리는 당신이 우리 회사에서 자신의 능력을 더 발전시킬 여지가 없다고 느끼는 데 대해 유감스럽게 생각합니다. 우리는 당신이 찾는 발전의 기회가 더 많은 직업을 찾을 수 있길 바랍니다.

Richard Gordon

Sample 3

Dear Chris,

It's with reluctance that we accept your resignation as our marketing executive. Your decisions and achievements in this role helped increase the company's revenue greatly. We regret your resignation.

I would like to take this opportunity to wish you every success in the future.

Sincerely yours,

Teresa Lin

Chris 씨,

우리는 당신의 마케팅 임원직 사임을 받아들이기가 썩 내키지 않습니다. 이 직책에서 당신의 결정과 성과는 회사의 수익을 크게 향상했습니다. 우리는 당신의 사임을 유감으로 생각합니다.

저는 이번 기회를 빌려 앞으로의 모든 성공을 기원하고 싶습니다.

Teresa Lin

Sample 4

Dear John,

I am happy to hear that you have been accepted by a university in America to continue your studies even though we of course do not want to lose a valued employee like you. With deep sadness we have accepted your resignation as executive of the Personnel Department.

We appreciate your contributions to our company over the past five years. Your team spirit and hard work have left a great impression on us.

I would like to take this opportunity to wish you every success in the future.

Sincerely yours,

Nathan Barley

John 씨,

비록 당신처럼 훌륭한 인재를 잃고 싶지 않지만, 당신이 학업을 이어 가고자 미국의 한 대학에 입학하게 되었다는 소식을 듣게 되어 기쁩니다. 인사부 임원으로 당신의 사임을 깊은 슬픔으로 승인합니다.

지난 5년간 회사에 대한 당신의 공헌에 감사합니다. 당신의 단체 정신과 노고는 우리에게 깊은 인상을 남겼습니다.

저는 이번 기회를 빌려 앞으로의 모든 성공을 기원하고 싶습니다.

Nathan Barley

15 해고 통지서

주요 목적:
직원에게 해고되었음을 알린다.

작문 요점:
먼저 **직원이 해고된 사실을 명시**하고 **이에 대해 안타까움**을 나타낸다. 그다음 합리적이고 설득력을 갖춘 **해고 사유를 설명**한다. 마지막으로 떠나기 전에 **인수인계 업무를 완수**해 달라고 당부하고 **축복이나 격려의 메시지**를 적어도 좋다. 해고는 해당 직원이나 회사 모두에게 좋은 일이 아니므로 글을 작성할 때 어조는 최대한 **예의와 격식을 차리고** 상대방의 기분이 상하지 않게 주의해야 한다. 사유는 **공정하고 객관적**으로 서술하되, 상대방이 질책받는 느낌이 들지 않게 유의해야 한다.

만능 활용 영어 작문 패턴

1. **With regret I have to inform you that your employment with ABC Corporation has been terminated.**
   유감스럽게도 당신에게 ABC 사에서의 당신의 고용이 종료되었음을 알려 드리는 바입니다.
   ▶ With regret I have to inform you that… | 유감스럽게 당신에게 …를 알리는 바이다.

2. **Your employment has been terminated, effective July 12, 2019.**
   당신의 고용은 종료되었으며, 이는 2019년 7월 12일부터 효력을 갖습니다.

3. **I am sorry to inform you that you are being relieved of your duties for failing to meet agreed performance targets.**
   당신이 업무 목표를 달성하지 못해 해고되었음을 알리게 되어 유감입니다.

4. **Your contract will be terminated, effective July 21, 2019.**
   당신의 고용은 종료될 것이며, 이는 2019년 7월 21일부터 효력을 갖습니다.

5. **Your action has violated the terms of your contract.**
   당신의 행동은 당신의 계약 조건에 위배됩니다.

6. **We have been left with no choice but to terminate your employment.**
   당신과의 고용을 끝내는 선택밖에 할 수 없었습니다.

7. **According to the terms of your contract, we have been left with no option but to dismiss you.**
   계약에 따라, 회사는 당신을 해고하는 것 외에는 선택의 여지가 없었습니다.
   ▶ According to the terms of your contract… | 계약에 따라…

8. **You have been dismissed for failing to fulfil your duties.**
   당신은 당신의 의무를 다하지 못해 해고되었습니다.

   🏷 You have been dismissed for⋯ | 당신은 ⋯의 이유로 해고되었다.

9. **Due to your difficulties cooperating with other members of staff, we have been left with no option but to dismiss you.**
   당신이 사내의 다른 직원들과 협력하시는 데 곤란함을 겪으시기에, 회사는 당신을 해고하는 것 외에는 선택의 여지가 없었습니다.

10. **You disclosed confidential information to our competitors.**
    당신은 경쟁사에 우리 회사의 기밀 자료를 유출했습니다.

11. **Your action violated our confidential agreement.**
    당신의 행동은 회사 비밀 협정을 위반했습니다.

12. **You have been unable to meet key performance benchmarks to fulfil this role competently.** 당신은 이 직책을 성공적으로 임할 능력이 부족합니다.

13. **Your major is not related to this job.** 당신의 전공은 이 업무와 무관합니다.

    🏷 ⋯is not related to⋯ | ⋯는 ⋯와 무관하다.

14. **You haven't met your sales target every month.**
    당신은 매월 판매 목표를 달성하지 못했습니다.

15. **The quality of your work has failed to meet our standards.**
    당신의 업무 수행 능력은 우리의 기준에 충족하지 못했습니다.

    🏷 ⋯ has failed to meet our standards. | ⋯는 우리의 기준에 충족하지 못했다.

16. **Your action has caused great losses to our company.**
    당신의 행동이 우리 회사에 큰 손실을 입혔습니다.

17. **We hope you can find a new job.** 당신이 새 직장을 찾을 수 있길 빕니다.

18. **We hope you have a bright future!** 당신에게 밝은 미래가 있길 바랍니다!

19. **You must reform aspects of your performance such as habitual lateness to continue working for this company.**
    이 회사에서 계속 일하고 싶다면 당신은 습관적인 지각 등 업무 수행 측면을 고쳐야 합니다.

    🏷 You must⋯ | 당신은 ⋯해야 한다.

20. **We hope you can find a suitable job.** 당신에게 적합한 직장을 찾을 수 있길 바랍니다.

Sample 1

Dear Charles Dung,

Due to your inability to meet key performance targets which measure your competency for this role, I am sorry to tell you that your employment with the firm will be terminated as of June 15, 2019, after which you will receive your last check from Chaoyang Company. Unfortunately your skill set does not fit with our company's needs.

We wish you luck in finding another job.

Sincerely yours,

Joe Quitongo
Personnel Department
Chaoyang Company

Charles Dung,

당신은 이 역할에 대한 당신의 역량을 측정하는 주요 성과 목표를 달성하지 못했기 때문에, 유감스럽게도 당신과 회사와의 계약은 최종 확인 후 2019년 6월 15일 자로 해지됨을 알려 드립니다. 그후 당신은 회사로부터 마지막 급여를 받게 될 것입니다. 안타깝게도 당신의 업무 능력은 우리 회사의 요구에 맞지 않습니다.

다른 직업을 찾는 데 행운이 있길 빕니다.

Chaoyang 사
인사부
Joe Quitongo

Sample 2

File 22

Dear Allan Preston,

As you have failed to meet your sales target every month, we are sorry to inform you that your contract will be terminated as of next month.

We sincerely hope that you will find alternative employment elsewhere. We wish you a prosperous future.

Sincerely yours,

Bill Car
Personnel Department
Chaoyang Company

Allen Preston 씨,

당신이 매월 당신의 판매 목표를 달성하지 못했기에, 다음 달에 계약이 해지될 예정임을 알려 드리게 되어 유감입니다.

당신이 다른 곳에서 대체 일자리를 구하길 진심으로 바랍니다. 당신에게 번영한 미래가 있길 바랍니다.

Chaoyang 사
인사부
Bill Car

Sample 3

Dear Stewart,

We are sorry to tell you that your contract with the firm will be terminated, effective August 15, 2019.

The company suffered great financial losses due to your recent actions. After deep discussions, the board of directors has been left with no option but to arrive at this difficult conclusion. We hope you can respect our decision.

We wish you all the best in the future.

Sincerely yours,

Harry Hill
Personnel Department
Chaoyang Company

Stewart 씨,

회사와의 계약이 종료됨을 알려 드리게 되어 유감입니다. 이는 2019년 8월 15일부로 유효합니다.

당신의 최근 행동으로 회사는 큰 재정적 손실을 보았습니다. 깊은 논의를 거쳐 이사회는 이런 어려운 결정을 내리는 수밖에 없었습니다. 부디 당신이 회사의 결정을 존중할 수 있길 바랍니다.

우리는 당신이 앞으로도 최선을 다하길 바랍니다.

Chaoyang 사
인사부
Harry Hill

Sample 4

Dear Mr. Levein,

It's with regret that I have to inform you that your employment with ABC Corporation is terminated, effective today.

After internal investigation we have been left with no other option because of your recent physical altercation with a colleague on work premises. Your actions damaged our company's reputation. We have no choice but to dismiss you according to the terms of your contract. Please return your office items to the Purchase and Order Department. Your salary will be deposited straight into your appointed account.

We wish you well in your future endeavors.

Sincerely yours,

Graeme Hogg

Levein 씨,

유감스럽게도 당신과 ABC 사와의 계약이 오늘부로 종료되었음을 알려 드립니다.

내부 조사 후에 당신이 최근에 근무시간에 동료와의 물리적인 싸움을 벌였기에 다른 선택의 여지가 없었습니다. 당신의 행동은 회사 평판을 훼손했습니다. 당신과의 계약에 따라 회사는 당신을 해고할 수밖에 없습니다. 당신의 사무용품을 구매팀으로 반납해 주길 바라며, 급여는 당신의 지정 계좌로 바로 입금될 것입니다.

당신에게 더 밝고 좋은 미래가 있길 바랍니다.

Graeme Hogg

16 무급 휴직 신청

주요 목적:
회사에 무급 휴직을 신청한다.

작문 요점:
무급 휴직 신청서에는 반드시 다음 세 가지 내용을 포함해야 한다. ① **무급 휴직 신청 사유** ② **회사에 계속 남고자 하는 의사 표현** ③ **회사의 승인 희망**

무급 휴직 신청 사유를 설명할 때는 반드시 회사가 당신을 위해 승인할 가치를 느끼게 해야 하며, 원인은 함부로 지어내지 않고 진실하게 써야 한다.

어조는 **진지하고 간절**해야 하며, 당신이 진심으로 계속해서 회사에 머물고 싶으며 회사에 공헌할 것이라고 수신인이 느끼도록 해야 한다.

만능 활용 영어 작문 패턴

1. **I would like to know if I could take unpaid leave.**
   제가 무급 휴직을 받을 수 있는지를 알고 싶습니다.
   🏷 I would like to know | …를 알고 싶다.

2. **I want to apply for unpaid leave for personal reasons.**
   개인적인 사유로 무급 휴직을 신청하고 싶습니다.

3. **I want to know whether you will maintain my position while I am studying abroad.**
   제가 해외에서 공부하는 동안 회사가 제 직책을 유지해 줄 수 있는지 알고 싶습니다.

4. **May I take unpaid leave for three months?**
   석 달 동안 무급 휴직을 신청해도 되겠습니까?

5. **I want to know if I can take leave without pay.**
   제가 무급 휴직을 신청할 수 있는지 알고 싶습니다.

6. **I hope you can maintain my position.**
   회사가 제 직책을 유지해 주기를 바랍니다.
   🏷 I hope you can maintain… | 당신이 …를 유지해 주길 바란다.

7. **I hope you can keep my position open during this time that I would not be receiving a salary.**
   무급 휴직 기간에 제 자리를 비워 주시기 바랍니다.

8. **I really don't want to lose my chance to work for you.**
   저는 정말로 회사를 위해 일할 기회를 잃고 싶지 않습니다.

   🏷 I really don't want to lose… | 정말로 …를 잃고 싶지 않다.

9. **I would like to apply for unpaid leave to go abroad to continue my studies.**
   저는 무급 휴직을 신청해 해외에서 학업을 계속 이어 가고 싶습니다.

10. **I need some time to deal with the recent loss in my family.**
    최근에 가족을 잃은 것에 대해 마음을 정리할 시간이 필요합니다.

11. **I want to gain more expertise in this field.**
    저는 이 분야에 대한 전문 지식을 좀더 쌓고 싶습니다.

12. **I hope I will have a chance to make further contributions to our company when my study in America is finished.**
    미국에서의 학업을 마친 뒤 우리 회사에 더 많이 기여할 기회가 있으면 좋겠습니다.

13. **I hope I can continue to work for our company after my mother recovers from her illness.**
    제 어머니의 질병이 호전된 뒤에도 우리 회사에서 계속 일할 수 있길 바랍니다.

    🏷 I hope I can continue to… | 계속해서 …할 수 있길 바란다.

14. **It would be my pleasure if I could return to my role when I come back from America.**
    제가 미국에서 돌아온 뒤 제 역할로 복귀할 수 있다면 더할 나위 없이 기쁠 것입니다.

15. **It will be indeed a great honor for me to return to work for such a reputable firm as yours after I complete my further education two years from now.**
    제가 학업을 마친 2년 뒤에 이토록 평판 좋은 회사로 돌아온다는 것이 매우 영광스럽습니다.

16. **I promise I will contribute to our company after I come back.**
    제가 돌아온 후에 우리 회사에 기여할 것을 약속합니다.

17. **I hope you can seriously consider my application for unpaid leave.**
    제 무급 휴직 신청을 신중히 고려해 주시기 바랍니다.

18. **I await your approval.**
    당신의 승인을 기다리겠습니다.

19. **I hope you can accept my application.**
    제 지원을 받아들일 수 있길 바랍니다.

20. I sincerely hope my application can be approved.
제 신청이 승인될 수 있길 진심으로 바랍니다.

🏷️ I sincerely hope… | …를 진심으로 바란다.

Sample 1

📄 File 23

Dear Mr. Conlon,

I am writing to inform you that I have been accepted by New York University in America to continue my studies. I hope to enhance my skills and abilities through further education. By doing so I am sure I can make further contributions to our company.

You know I really love this job and am deeply attracted by the enterprise culture here. It is my wish to continue to work here on completion of my studies. Therefore I want to know if it is possible for me to take a sabbatical.

I sincerely hope you can approve my application.

Yours sincerely,

Alice Davis

Conlon 씨,

제가 학업을 이어 가기 위해 미국 뉴욕 대학에 입학하게 되었음을 알리고자 씁니다. 저는 더 많은 교육을 통해 제 기술과 능력을 향상하고 싶습니다. 그렇게 함으로써 저는 우리 회사에 더 많은 기여를 할 수 있다고 확신합니다.

아시다시피 저는 진심으로 제 일을 사랑하고 이곳의 기업문화에 깊은 매력을 느끼고 있습니다. 제가 학업을 마친 뒤 계속해서 이곳에서 일하고 싶습니다. 따라서 제게도 안식년이 가능한지 알고 싶습니다.

진심으로 저의 신청을 승인할 수 있길 바랍니다.

Alice Davis

Sample 2

Dear Mr. Angus,

I regret to inform you that I have to leave the company for a time because my mother is seriously ill. The doctors have informed me that she requires round the clock care. The doctors estimate that my mother will require this help for approximately 6 months.

I understand that my personal situation puts you and your company in a difficult position. I would like to say that it is really an honor to work for such a nationally renowned company, and I don't want to lose the opportunity to continue to work here. I am hereby asking for unpaid leave and to be able to resume my duties after no more than 6 months.

Thank you for your consideration, and I hope my request can meet with your approval.

Yours sincerely,

Vicky Black

Angus 씨,

제 어머니께서 병이 심각해 제가 회사를 당분간 떠나야 함을 알리게 되어 유감입니다. 의사는 제게 어머니가 상시적인 보살핌이 필요하다고 했습니다. 의사는 우리 어머니가 약 6개월 동안 이 도움이 필요할 거라고도 했습니다.

제 개인적인 사정이 당신과 회사를 난처한 입장에 처하게 한다는 것을 잘 압니다. 이렇게 전국적으로 유명한 회사에서 일할 수 있는 것은 제게 큰 영광이며, 저는 앞으로도 이곳에서 일할 기회를 잃고 싶지 않습니다. 이에 저는 무급 휴직을 신청하는 바이머 무급 휴직은 6개월이 넘지 않을 것을 약속합니다.

배려해 주셔서 감사드리며, 제 요청을 승인해 주시기 바랍니다.

Vicky Black

Sample 3

Dear Mr. Robin,

Further to our phone conversation, I would like to request unpaid leave for a period of two months. Yesterday, I was involved in a car accident and I got badly injured. The doctors have estimated that I will have to stay in hospital for at least two months in order to be treated and fully recover. Of course I can't go to work during this period. I hope you can agree to keep my position open for me to return to once I have fully recovered.

Yours sincerely,

Adam West

Robin 씨,

전화 통화에서 말씀드렸듯이, 두 달간의 무급 휴직을 요청하고자 합니다. 어제 저는 교통사고로 크게 다쳤습니다. 의사는 제가 완전히 회복되기까지 적어도 두 달간은 병원에 있어야 할 거라고 했습니다. 물론 이 기간에 저는 출근이 불가합니다. 제가 완전히 회복되어 돌아갈 수 있도록 제자리를 비워 주는 데 동의해 줄 수 있길 바랍니다.

Adam West

17 무급 휴직 승인

주요 목적:
신청자의 무급 휴직을 승인한다.

작문 요점:
먼저 **무급 휴직 신청이 승인되었음을 명시**해야 한다. 그다음 **승인 사유를 설명**하고, 필요에 따라 **무급 휴직 조건이나 기간** 등 주의사항 역시 설명할 수 있다. 마지막으로 축원과 빠른 복귀를 기원한다.

만능 활용 영어 작문 패턴

1. **Your application for unpaid leave has been accepted.**
   당신의 무급 휴직 신청이 승인되었습니다.
   🏷 Your application for…has been accepted. | 당신의 …에 대한 신청이 승인되었다.

2. **We approve your application for leave without pay.**
   우리는 당신의 무급 휴직 신청을 승인합니다.

3. **We agree to accept your application for unpaid leave, which will last for half a year.** 우리는 반년간 지속될 당신의 무급 휴직 신청을 받아들이는 데 동의합니다.

4. **We agree to keep your post open when you go abroad to study further.**
   우리는 당신의 해외 유학 기간에 당신의 자리를 비워 두기로 동의했습니다.
   🏷 We agree to keep your post open… | 우리는 당신의 자리를 비워 두는 것을 동의하다.

5. **We will keep your position, but during this period you will not receive a salary.**
   우리는 당신의 직위를 유지할 것이나, 이 기간에 급여는 지급하지 않습니다.

6. **We will retain your position but suspend payment of your salary for the duration.**
   우리는 당신의 직위는 유지할 것이나 급여는 당분간 보류할 것입니다.

7. **The company will keep your post open for you but stop paying your salary when you are studying abroad.**
   회사에서 당신의 자리를 비워 둘 것이지만 유학 기간에 급여는 지급하지 않을 것입니다.

8. **I think unpaid leave will be an acceptable choice for all parties.**

무급 휴직은 당신과 회사 양측 모두가 용인할 선택이라고 생각합니다.

9. **When you go on leave to look after your sick mother, the company will maintain your position.**
당신이 편찮으신 어머니를 돌보기 위해 떠나도 회사는 당신의 직위를 유지할 것입니다.

10. **Your position in our company will be maintained, but without salary.**
우리 회사에서의 당신 직위는 유지될 것이지만, 급여는 받지 못할 것입니다.

11. **You can take an unpaid leave of absence to further your study.**
당신이 공부를 더 하려면 무급 휴직을 낼 수 있습니다.

12. **We will keep the post open for you for two years.**
우리는 당신을 위해 2년 동안 그 자리를 비워 둘 것입니다.

13. **If you do not return to our company after two years, we will advertise for someone to fill the position.**
당신이 2년 뒤에도 우리 회사로 돌아오지 않으면, 그 자리를 채울 사람을 모집하는 공지를 낼 것입니다.

14. **I hope you will contribute to our company after you have completed your studies in America.**
미국에서 학업을 마친 뒤 우리 회사에 기여하길 바랍니다.

15. **I hope you can gain more experience during this period.**
이 기간에 당신이 보다 많은 경험을 쌓을 수 있길 바랍니다.

16. **I hope you can take this chance to learn more expertise.**
이번 기회에 보다 많은 전문 지식을 얻게 되길 바랍니다.

17. **I hope you can return to work soon.**
당신이 빨리 업무에 복귀할 수 있길 바랍니다.

18. **I hope you can make more contributions to our company after your return.**
귀국 후 우리 회사에 더 많이 기여할 수 있길 바랍니다.

19. **Have a nice journey during this period.**
이 기간에 즐거운 여행되십시오.

20. **If you don't return to work for our company after you return to the country, we will terminate your contract.**
귀국 후 회사에 복귀하지 않으면 우리는 당신과의 계약을 해지할 것입니다.

Sample 1

Dear Peter,

First, we congratulate you on your being accepted on to your chosen course by the university that you applied to. We hope you can grasp this opportunity to learn more useful knowledge.

The company agrees to keep your post open for you during your period of study in the U.S. and hopes you can make even greater contributions to our company on your return.

Sincerely yours,

Jim Duffy

Peter 씨,

먼저, 우리는 당신이 지원한 대학에 입학하게 된 것을 축하합니다. 우리는 당신이 이번 기회를 통해 더 유용한 지식을 얻는 기회를 잡을 수 있길 바랍니다.

회사는 당신이 미국에서 공부하는 동안 당신의 자리를 계속 비워 두는 것에 동의했으며, 돌아오는 대로 우리 회사에 더 큰 공헌을 할 수 있길 바랍니다.

Jim Duffy

Sample 2

Dear Ringo,

We're sorry to hear about your mother's illness. We agree to accept your request for unpaid leave for six months so that you can take care of her.

We hope she will get well soon, and you can return to work at the earliest opportunity.

Sincerely yours,

Alistair Willis

Ringo 씨,

어머니의 병환 소식을 듣게 되어 안타깝습니다. 회사는 당신이 어머니를 돌볼 수 있도록 요청한 6개월간의 무급 휴직을 받아들이는 데 동의했습니다.

어머니께서 빨리 쾌유하시길 바라며, 당신이 가능한 한 빨리 업무에 복귀할 수 있길 바랍니다.

Alistair Willis

Sample 3

Dear Samassi,

You recently requested three months of unpaid leave in order to travel around the world. We acknowledge that you have been put under great pressure due to the amount of work you have put in on recent projects. Therefore we are happy to accept your application. We hope you can relax yourself and enjoy life during your travels, and return to your role refreshed and invigorated.

Sincerely yours,

Fab Ravanelli

Samassi 씨,

당신은 최근 세계 여행을 위한 3개월간의 무급 휴직을 신청했습니다. 회사는 당신이 최근 프로젝트에 투입되어 엄청난 양의 일로 압박에 시달렸음을 알고 있습니다. 그러므로 우리는 당신의 신청을 기꺼이 받아들입니다. 당신이 여행하는 동안 편히 쉬고 즐겨서, 당신의 역할에 다시 활기를 불어넣어 줄 수 있길 바랍니다.

Fab Ravanelli

Sample 4

Dear Gary,

We have accepted your application for leave without pay, effective August 17, 2019. We hope you can grasp this opportunity to learn more practical knowledge.

Before you go on leave, please confirm that you have completed all as yet unfinished work tasks and return your office items such as handbooks, keys, laptops and so on to the relevant people. If you have any questions, please call me.

Sincerely yours,

Alex Salmond

Gary 씨,

회사는 당신의 무급 휴직을 승인하는 바이며 이는 2019년 8월 17일부터 효력을 갖게 됩니다. 부디 이번 기회에 당신이 실용적인 지식을 보다 많이 습득하시길 바랍니다.

떠나시기 전에 아직 진행 중인 업무를 완성해 주시고 노트북과 열쇠, 수첩 등 당신의 사무용품을 담당자에게 반납해 주시기 바랍니다. 궁금하신 점 있으시면 제게 전화 주시기 바랍니다.

Alex Salmond

≡ Unit 3   업무 보고

1 감사 준비 보고

주요 목적:
세무 기관의 감사에 앞서 각종 자료와 접대 준비를 진행한다.

작문 요점:
감사 준비 보고의 주요 내용은 **감사에 필요한 서류 준비**에 관한 것이다. 이는 회사의 연간 수입 보고서, 세무 등기표 등 각종 **세무 기관이 요구하는 증서 및 문서** 준비를 포함하며 접대 등 각 항목의 준비 상황에 대해 투명한 진술을 필요하다.

만능 활용 영어 작문 패턴

1. **Everything has been prepared for the tax authority audit.**
   세무 당국의 감사를 위한 모든 것이 준비되었습니다.
   ▶ Everything has been prepared for… | …를 위한 모든 것이 준비되었다.

2. **The payroll department has prepared the relevant materials for the tax audit.** 경리과에서 세무 조사를 위해 관련 자료를 준비했습니다.

3. **This file includes the tax records of the company.**
   이 파일은 회사의 세무 기록을 담고 있습니다.

4. **Mr. Smith is the most suitable person to undertake the role of receiving the visitors.** Smith 씨는 손님들을 접대하는 역할을 맡기기 가장 적합한 사람입니다.
   ▶ …is the most suitable person to… | …는 …에 가장 적합한 사람이다.

5. **All the relative materials are complete.**
   모든 관련 자료가 갖춰졌습니다.

6. **We can assure you that our tax records are fully up-to-date.**
   우리의 세무 기록이 완전 최신임을 보장할 수 있습니다.
   ▶ We can assure… | …임을 보장할 수 있다.

7. **I'm sure the return of income will be verified by the tax inspector.**
   소득 반환은 세금 감사원이 확인할 것입니다.

8. **I found something incorrect in the account book of 2018.**
   2018년의 회계 장부에 조금 부정확한 부분을 발견했습니다.

9. **I myself will be in charge of receiving the visitors.**
   제가 접대 업무를 맡게 될 것입니다.

10. **This file is mainly about the production and management situation of our company.**
    이 파일은 주로 우리 회사의 생산 관리 상황에 관한 것입니다.

11. **The purchase and sales contract is necessary for the tax audit.**
    세무 조사를 위해 매입 매출 계약서가 필요합니다.

12. **I believe that, as the manager, you are the most suitable person to receive the tax inspectors.**
    저는 당신이 매니저로서 세무 감사원들을 접대하기 최적의 인재라고 믿습니다.

13. **Everything has been arranged for the inspection.**
    감사에 필요한 모든 것이 마련되었습니다.

14. **We can guarantee that all of our files are in good order.**
    우리의 모든 파일이 잘 정돈되어 있다고 보장할 수 있습니다.
    ❥ We can guarantee… | …를 보장할 수 있다.

15. **We are going to be inspected by auditors from the National Tax Bureau.**
    우리는 국세청 감사원의 조사를 받게 됩니다.

16. **It is unlikely that the inspectors from the Local Tax Bureau will need access to these files.**
    지역 세무국 조사관들에게 이런 파일들은 필요 없을 것입니다.
    ❥ It is unlikely that… | …것 같지 않다.

17. **We are treating the inspection seriously.**   우리는 감사에 있어 매우 신중합니다.

18. **Some necessary information has been omitted from the report.**
    일부 필수 정보가 누락되었습니다.
    ❥ Some necessary information… | 일부 필수 정보가 …

19. **Those who will receive the visitors have been confirmed.**
    손님을 누가 접대할지 정해졌습니다.

20. **You can count on me with this.**   제게 맡겨 주시면 됩니다.

Sample 1

Dear Mr. Daniel,

This is to report to you about the preparation work undertaken in advance of the scheduled tax audit.

The materials I have prepared are as follows:

1. The original copy of our business license and production permits.
2. The past three years of our written financial records, from 2017 to 2019.
3. The purchase and sale contracts.
4. A copy of our tax forms.
5. All tax records from our company's founding to date.

I have chosen Stuart Beedie as the person to receive the tax auditors. Stuart has strong communication and inter-personal skills, and has dealt with the auditors in previous years, so I believe he is the most competent person to undertake this task.

Yours sincerely,

James Dayton

Daniel 씨,

세무 조사에 앞서 준비 작업에 대한 보고입니다.

준비한 자료는 다음과 같습니다.

1. 사업자등록증과 생산허가증 원본
2. 2017년부터 2019년까지 지난 3년간의 금융 거래 내역
3. 매입, 매출 계약서
4. 세액 신고서 사본
5. 회사 설립일부터 현재까지의 모든 납세 기록

저는 Stuart Beedie 씨께 세무 감사관들 접대를 부탁했습니다. Stuart 씨는 대인관계와 소통 능력이 좋으며, 무엇보다 예년에도 세무 감사관들과 상대해 왔기 때문에 저는 그가 이 일을 맡을 가장 유능한 사람이라 믿습니다.

James Dayton

Sample 2

☒ File 25

Dear Manager,

I'd like to report to you about the preparations for the tax audit. According to the requirements, I have prepared the following materials:

1. The annual income sheet of our company.
2. The audit report and the tax forms.
3. The tax registration form and the related materials regarding the registration of our company.
4. The deductions form.
5. The business license.

The reception work has also been prepared.

Yours sincerely,

Craig Dargo

사장님,

세무 조사에 준비 상황을 보고드리고자 합니다. 요건에 따라 제가 준비한 자료들은 아래와 같습니다.

1. 회사의 연간 수입 보고
2. 감사 보고서 및 납세 신고서
3. 세무 등기표 및 사업 등기 관련 자료
4. 공제 문서
5. 사업자등록증

접수 업무도 준비되었습니다.

Craig Dargo

Sample 3

Dear Manager,

This is an update with regards to preparations for the tax audit. As per the procedure for last year, I have divided the task into two parts: the preparation of the related certificates and documents, and the selection of personnel who will accommodate the tax staff.

At this moment, we can assure you that all the certificates and documents meet the requirements of the tax authorities. The accounting book is clean, the business license is within the effective period, and the audit report and tax forms are ready.

Also, the personnel to receive the tax authorities have been confirmed. We do not expect any problems to arise.

Yours sincerely,

Joe Nibloe

사장님,

이는 세무 감사 준비와 관련한 최신 소식입니다. 작년과 동일한 절차로 관련 증명서 및 문서 준비, 감사관 접대 담당 등 두 부분으로 업무를 나누어 진행했습니다.

지금까지 모든 증명서와 문서가 세무 당국의 요구에 부합한다고 장담할 수 있습니다. 회계 장부 역시 투명하고 사업자등록증 또한 유효한 기간 내에 있으며, 감사 보고서와 납세 신고서도 준비되어 있습니다.

그뿐만 아니라 세무 감사관 접대 담당자도 확정되었습니다. 우리에게는 어떤 문제도 발생하지 않을 것입니다.

Joe Nibloe

2 의견 진술

주요 목적:

회사의 어떠한 계획에 대해 자신의 의견을 발표한다.

작문 요점:

자신의 의견을 말하거나 건의할 때는 **간곡하고 적절한 어조**를 사용한다. 먼저 도입부에 **진술하고자 하는 의견 주제**를 명시한 뒤, 주제를 중심으로 의견을 서술하며 **관련 관점에 대한 합리성과 우수성을 분석**한다. 마지막으로 관련 진술에 따라 **자신의 의견을 추가**한다.

만능 활용 영어 작문 패턴

1. **I have an opinion on this project.**
   이 프로젝트에 대해 의견이 있습니다.

2. **I honestly stated my opinions on this investment.**
   이번 투자에 대한 제 의견을 솔직하게 진술했습니다.

3. **I think there might be a better alternative for us.**
   우리에게 더 좋은 대안이 있을 거라고 생각합니다.

4. **My statement is based on the data that was released recently.**
   제 의견은 최근 공개된 자료를 근거로 합니다.
   - My statement is based on… | 나의 의견은 …를 근거로 한다.

5. **This is my statement, for your reference only.**
   이것은 그저 당신이 참고하기 위한 제 의견입니다.

6. **I'm just here to make a personal statement.**
   저는 그저 개인적인 진술을 하러 왔습니다.

7. **Thank you for giving me a chance to present my opinion.**
   제 의견을 제시할 기회를 주셔서 감사합니다.

8. **I think that this approach is practicable.**
   저는 이러한 접근법은 실행 가능하다고 생각합니다.

9. **It is my honor to present my views to you.**
   제 의견을 당신에게 제시하게 되어 영광입니다.

10. **Here is my suggestion for the arrangement.**
    이번 합의에 대한 저의 제안입니다.

11. **I think this approach is necessary according to the current market situation.**
    현재 시장 상황에 미루어 보아 이러한 접근이 필요하다고 생각합니다.

12. **I'm making this statement after careful consideration.**
    고심 끝에 이런 진술을 하고 있습니다.

13. **The main goal is to improve the production efficiency of our company.**
    주요 목표는 우리 회사의 생산 효율을 높이는 것입니다.
    ❥ The main goal is to… | 주요 목표는 …이다.

14. **I think the main problem is the disconnect between the theory and practice.**
    주된 문제는 이론과 실천의 불일치에 있다고 생각합니다.

15. **A reform is needed due to fierce competition in the market.**
    치열한 시장경쟁 때문에 개혁이 필요합니다.

16. **The recent market research has shown that this assumption was correct.**
    최근의 시장 조사 결과 이 추론이 옳았음을 알 수 있습니다.

17. **Reducing costs is the best solution at present.**
    비용 절감이 현재 최선의 해결 방안입니다.

18. **Our marketing strategy must meet the supply and demand of the market.**
    우리의 마케팅 전략은 시장의 수요와 공급을 충족시켜야 합니다.

19. **I do hope that this suggestion will be helpful for the investment.**
    이 제안이 투자에 도움이 되길 바랍니다.
    ❥ I do hope that… | …하길 바란다.

20. **I present this approach mainly to deal with the current downturn of the economy.**
    이러한 접근법을 제안한 이유는 당면한 경제 침체에 대응하기 위해서입니다.

Sample 1

Dear Chairman,

Yesterday you asked me about my views on setting up a branch. I didn't give you my opinions immediately as I wanted to carefully consider all arguments before giving my honest opinion.

Despite our company's success in entering into the Fortune 500 firms, there are still many internal problems to be solved urgently. Compared to our peers, our technology is of inferior quality, and our production costs are higher. Keeping our technology up-to-date whilst keeping costs down are high priorities, otherwise we may begin to struggle in the fiercely competitive market we are in.

To set up a branch would necessarily require a lot of initial capital, which may be put to better use updating our current technology so as to reduce production costs. For this reason, I think it is not the right time to set up a branch at present.

I trust you will take my concerns on board.

Yours sincerely,

Simon Ford

총재님,

어제 총재님께서 제게 지사를 차리는 것에 관한 의견을 물으셨습니다. 저는 바로 의견을 드리지 못했는데, 솔직한 제 의견을 말씀드리기 전에 주장에 대해 심사숙고하고 싶었기 때문입니다.

우리 회사가 포춘지 선정 500대 기업에 진입했음에도 불구하고 사내에는 아직 시급히 해결해야 할 문제가 많습니다. 동종 업계의 다른 회사에 비해 우리의 기술력은 상당히 낙후되어 있으며 생산 비용은 높은 편입니다. 그 때문에 기술력을 높이고 비용을 절감하는 것이 최우선의 과제라 판단됩니다. 그렇지 않으면 우리는 곧 이 치열한 시장 경쟁에서 도태될 것입니다.

지사를 차리는 것은 많은 초기 자본이 필요하며, 그 자본은 생산 비용을 줄이기 위해 현재의 기술을 향상시키는 데 쓰이는 것이 좋다고 생각합니다. 그 때문에 현재 지사를 차리는 것은 시기상조라 생각합니다.

총재님께서 제 건의를 숙고해 주시리라 믿습니다.

Simon Ford

Sample 2

Dear Manager,

After conducting a thorough study of various departments, I have come to the conclusion that there are a few issues in the company which negatively affect our ability to compete. The following are some of the aforementioned issues and my suggestions as to how we can resolve them.

(1) We lack foresight regarding market changes and market needs due to our poor research capability. As a result, the products we produce are often out of date by the time they reach the market.

One solution to this is to carry out market research more often. Only when we are familiar with market trends and customers' needs, we can produce popular products. I feel it would also be beneficial to participate in some exhibitions related to our business scope. We can learn the latest information on the products in exhibition, and then change our production methods based on this information where appropriate.

(2) I also found that some departments have too many responsibilities. For example, the Marketing Department includes procurement, sales and after-sale service. I believe that this leads to low efficiency within departments.

I think some big departments like the Marketing Department should be divided into three departments: Purchase & Order Department, Marketing Department and After-Sales Service Department. The more responsibility is delegated to dedicated teams, the higher the likelihood of increased efficiency is.

I hope you can give consideration to my advice and follow it.

Yours sincerely,

Steve Fulton

사장님,

각 부서와의 면밀한 연구 끝에, 사내에는 우리의 경쟁력에 몇 가지 부정적인 영향을 미치는 문제가 있다는 결론에 도달했습니다. 다음은 앞서 언급한 몇 가지 문제점과 우리가 그것들을 어떻게 하면 해결할지에 대한 저의 제안입니다.

(1) 회사의 연구 능력이 떨어져 시장 변화와 시장이 요구하는 바에 대한 선견지명이 부족합니다. 결과적으로 제품이 시장에 도착할 때쯤이면 시대에 뒤떨어지는 경우가 많습니다.

이에 대한 한 가지 해결책은 시장 조사를 보다 자주 하는 수행하는 것입니다. 시장 동향과 고객의 요구를 잘 이해할 때만이 인기 제품을 생산할 수 있습니다. 저는 우리의 사업과 관련된 제품 박람회에 참가하는 것도 유익할 것이라고 생각합니다. 우리는 박람회에서 제품에 대한 최신 정보를 얻을 수 있고, 정보를 바탕으로 생산 방식을 적절히 변경할 수 있습니다.

(2) 저는 또한 일부 부서가 너무 많은 것을 책임지고 있음을 발견했습니다. 예로 현재 마케팅 부서는 구매, 판매, A/S까지 담당합니다. 이는 부서 내 효율성 저하로 이어진다고 믿습니다.

저는 마케팅부서처럼 일부 큰 부서는 다음 세 부서로 나눠야 할 필요가 있다고 생각합니다. 구매 및 주문 부서, 마케팅 부서, A/S 부서가 그것입니다. 각 부서 담당 분야가 명확할수록 업무 효율성이 높아집니다.

제 조언을 숙고해 주시고 이를 따라 줄 수 있길 바랍니다.

Steve Fulton

Sample 3

Dear Manager,

It's my honor to present my suggestion here.

After analyzing the financial statement of the first quarter, I want to make some recommendations which I believe would lead to some improvements for our company.

According to the statement of income and expenditure, the cost of production has kept increasing because of the rising prices of raw materials. This has caused the drop in the total profits of the company. Meanwhile, the market situation will continue to be challenging for us if we increase the price of our products. This situation will not be good for the development of our company.

I hereby make a statement of my opinion on this situation. I recently received some information about the development of a new machine that I believe would greatly improve our production efficiency, based on the evidence acquired from trials and experiments. I recommend that we purchase this and apply this technique to our production. In that way, we can increase our profits. This will also be good for the future development of our company.

This is my suggestion. I hope it can help us improve the company.

Yours sincerely,

Bill White

사장님,

이곳에서 제 의견을 발표하게 되어 영광입니다.

1/4분기의 재무제표를 분석한 뒤, 회사의 발전으로 이어질 것이라고 믿는 몇 가지 권고안을 만들고자 합니다.

수지 보고를 따르면 원가 상승으로 인해 생산 비용이 계속해서 증가하고 있습니다. 이는 회사의 이윤 하락으로 이어지게 되었습니다. 동시에 제품 가격을 올리면 시장 상황이 우리에게 매우 불리하게 흘러갈 것입니다. 이러한 상황은 우리 회사 발전에 좋지 않을 것입니다.

이에 대한 저의 제안은 이렇습니다. 제가 최근에 한 신형 기계에 대한 정보를 얻게 되었습니다. 이 기계가 생산 효율을 크게 향상할 수 있음이 실험을 통해 증명되었습니다. 이 기계를 구매해 우리의 생산라인에 투입하는 것을 제안드립니다. 그렇게 되면 우리는 회사의 이익을 증가시킬 수 있으며 이는 회사의 향후 발전에 매우 도움이 될 것입니다.

이상 저의 제안이었습니다. 이것이 우리 회사를 발전시키는 데 도움이 될 수 있길 바랍니다.

Bill White

3 창고 배치 작업 보고

주요 목적:
창고의 재고 및 배치 상황을 관련 상급 부서에 보고한다.

작문 요점:
배치 작업은 운용성이 매우 강한 작업이다. 이러한 보고서를 작성할 때는 현재 상황에서부터 시작해야 한다. **화물의 안배**와 전반적인 **배치 상황에 대한 논리정연한 보고, 객관성**이 중요하다. 정보를 누락하거나 잘못된 정보를 전달하는 상황이 생기지 않게 주의해야 한다.

만능 활용 영어 작문 패턴

1. **The goods are ready as our clients requested.**
   고객이 요청한 대로 제품이 준비되었습니다.

2. **We completed the delivery of the goods ahead of schedule.**
   일정보다 빠르게 제품 배송을 완료했습니다.

3. **The labels didn't match the goods inside the boxes.**
   라벨이 상자 내의 제품과 일치하지 않습니다.

4. **All the products in the warehouse have been put in order.**
   창고 안의 제품은 모두 정돈되어 있습니다.

5. **The delay of the delivery was mainly due to the problem of the shovel loader.**
   배송 지연의 주원인은 화물적재기의 문제 때문이었습니다.

6. **We completed the shipment on schedule yesterday afternoon.**
   어제 오후 예정대로 선적 작업을 완료했습니다.

7. The dispatching of the goods has been proceeding on schedule.
   물품 발송은 일정에 따라 진행되고 있습니다.

8. We plan to transfer the goods into another warehouse.
   제품들을 다른 창고로 옮길 계획입니다.

9. We separated the products and the component parts into different warehouses.
   우리는 제품과 부품을 다른 창고로 분리했습니다.

10. The cartons for the products have been changed to wooden crates.
    제품 상자가 나무 상자로 바뀌었습니다.

11. We have labeled the different types of products before the scheduling.
    배치 전에 제품 종류별로 다른 라벨을 붙여 놓았습니다.

12. A knowledge of logistics is necessary in the scheduling.
    배치 작업에서 물류 지식은 필수적입니다.

13. We must take the crushing resistance of the products into consideration.
    제품 파손에 대비해야 합니다.

14. These boxes must be treated with great care.
    이 상자들은 매우 조심스럽게 다루어야 합니다.

15. The two groups of personnel dispatched the goods by turns.
    인력을 두 팀으로 나누어 교대로 화물의 배치작업을 진행했습니다.

16. The distance between the goods is insufficient.
    화물 사이의 거리가 부족합니다.

17. It is difficult to dispatch the goods in a timeous fashion with the limited personnel.
    한정된 인력으로 화물들을 정리하여 배치하는 것은 쉽지 않습니다.

18. The delivery of the products to the production department is the priority.
    생산 부서로 화물을 운송하는 것이 먼저입니다.

19. All goods that were delivered to the port are intact.
    항구로 인도된 물건들은 모두 온전합니다.

20. The goods have been delivered successfully.
    물건들이 성공적으로 인도되었습니다.

Sample 1

Dear Manager,

I'm writing to report about the scheduling of the warehouse. The production department sent the product list to us by fax yesterday. We prepared the materials for delivery. But in the process of scheduling, we found that the fruit in No. 2 warehouse has gone off. We regret that this has happened.

We delivered the fruit in other warehouses to the production department immediately, and we wish to purchase two more tons of fruit as a replacement to meet the demand of the production department.

We are looking forward to your reply confirming we can proceed as requested.

Yours obediently,

Roland Fritter

사장님,

창고 배치에 대해 보고하고자 편지를 씁니다. 어제 생산 부서로부터 제품 리스트를 팩스로 받았습니다. 우리는 배송할 재료를 준비했습니다. 하지만 배치 작업을 진행하던 중 2번 창고의 과일들이 상한 것을 발견했습니다. 이러한 상황이 발생하여 진심으로 죄송하게 생각합니다.

우리는 다른 창고의 괜찮은 과일들을 즉시 생산 부서에 전달해 드렸습니다. 그리고 생산 부서의 수요에 맞게 과일 2톤을 추가로 구매하고자 합니다.

우리의 요청대로 진행이 가능한지 당신의 확인 회신을 기다리겠습니다.

Roland Fritter

Sample 2

> File 27

Dear Manager,

This is to report to you about the scheduling of the warehouse this week.

As requested, we have delivered the products in No.2 warehouse to the port for shipment. We can assure you that all products were intact on arrival at the port. The shipment will be completed soon afterwards.

In addition, the current number of forklifts in the warehouse is insufficient for the current workload. I recommend that more forklift trucks are purchased for No. 2 warehouse.

If you have any further instructions, please let me know.

Yours sincerely,

Barry Ferguson

사장님.

이번 주 창고 배치에 관한 보고입니다.

요청하신 대로 2번 창고의 화물을 선적하기 위해 항구로 인도했습니다. 항구에 도착한 제품들은 결함이 없을 것을 확신합니다. 선적 역시 곧 완료될 것입니다.

그뿐 아니라, 현재 창고 내 지게차 수량이 현재의 물류 수량을 감당하기에 부족합니다. 2번 창고에 지게차를 더 구입하길 권해 드립니다.

더 추가할 지시 사항이 있으면 제게 알려 주십시오.

Barry Ferguson

Sample 3

Dear Manager,

I'm reporting to you about the scheduling of the warehouse.

According to the delivery order, 300 boxes of products have been dispatched to the port from the No.3 warehouse. The space will be used to primarily store the component parts.

There is a little overstock in our products warehouse, and because of this we have no more space for the new products. That leads to some difficulties in the scheduling of the goods. I recommend that we find some way to increase our storage space.

I await your instructions.

Yours obediently,

Shaun Hessey

사장님,

창고의 배치에 관한 보고 드립니다.

화물 인도 지시서에 따라 300상자의 화물을 3번 창고에서 항구로 발송했습니다. 이 공간은 주로 부품을 보관하는 공간으로 사용될 것입니다.

우리 제품 창고가 약간 재고 과잉 상태에 있어 더 새로운 제품을 구입해 보관할 공간이 없습니다. 이는 창고 배치에 일부 곤란함을 초래합니다. 저는 우리이 보관 공간을 늘릴 방법을 찾긴 권유드립니다.

지시 기다리겠습니다.

Shaun Hessey

4 창고 관리 보고

주요 목적:
창고 관리 담당자가 창고 관리 작업에 대해 상사에게 보고한다.

작문 요점:
창고 관리 업무는 창고 배치에 비해 업무 폭이 넓다. 화물의 보존 및 배치부터 안전과 위생 상태까지 창고 관리 범위에 속한다. 보고서에는 먼저 **창고 관리의 주요 사항**을 명시한다. 보고서 작성 시 **정확한 어휘**를 사용하고 **논리성**을 갖춰야 한다. 다른 주제를 다룰 때는 단락을 나누어 각 사안을 보고한다.

만능 활용 영어 작문 패턴

1. **We need to strengthen the monitoring control system around the warehouse.**
   창고 주위의 보안 제어 시스템을 강화할 필요가 있습니다.

2. **The changing of the lighting fixtures in the warehouse has been completed.**
   창고 내 조명기구 교체가 완료되었습니다.

3. **All the new products in the warehouse are in good order.**
   창고 내 모든 신제품은 질서정연합니다.

4. **The current warehouse layout is not very efficient.**
   현재 창고 배치는 그리 효율적이지 않습니다.

5. **The new design of the warehouse layout is under way.**
   창고의 새 레이아웃 디자인이 진행 중입니다.

6. **The specifications of these boxes are suitable for the warehouse.**
   이 상자들의 규격은 창고에 매우 적합합니다.

7. **We have cleaned out the outdated products in No. 4 warehouse.**
   4번 창고에서 낡은 제품들은 모두 정리되었습니다.

8. **The new employees will be assigned to the shipping and receiving of goods.**
   새로운 직원들은 제품 수발 팀으로 배정될 것입니다.

9. **There is no delay in delivery this month.**
   이번 달에 발송이 지연된 제품은 없습니다.

10. **The stock count of the new products being stored has been completed.**
    새로운 제품의 재고 파악은 완료됐습니다.

11. **There's enough space for the goods that are in the process of production.**
    생산 중인 제품에 필요한 공간을 충분히 확보해 두었습니다.

12. **Only 20% of the storage area is unoccupied in the warehouse.**
    창고 내에 사용 가능한 보관 공간은 20%밖에 되지 않습니다.

13. **The No.1 warehouse is for food storage only.**
    1번 창고는 오직 식품 보관용입니다.

14. **Our stock is running short now.**
    현재 재고가 부족한 상태입니다.

15. **The situation in the warehouse is satisfactory.**
    현재 창고 상황은 매우 좋습니다.

16. **The anti-humidity equipment has been installed.**
    방습 장비가 설치되었습니다.

17. **I hereby recommend that in future goods should be covered with waterproof cloth.**
    그래서 제품 위에 방수포를 덮는 것을 추천해 드립니다.

18. **The automated 3D warehouse makes it easier for us to take care of the warehouse.**
    자동 입체화 창고는 창고 관리를 보다 편리하게 만들어 주었습니다.

19. **The goods in the warehouse are in good order.**
    창고 내의 물건들은 정돈이 잘 되었습니다.

20. **The security system of the warehouse has been strengthened.**
    창고의 보안 시스템이 강화되었습니다.

Sample 1

Dear Supervisor,

This is to make a collective report to you about the warehouse management in March. Due to the increase in the number of personnel, the warehouse work is being completed more efficiently than before. All the goods are scheduled in good order. In addition, the recent purchase of several flatbed trucks has made it easier for us to schedule the goods.

There are three things I need to report to you. The ceiling of the No. 3 warehouse needs repairing, but at present to repair it would put us over our budget. I am asking that another 3,000 dollars for the repairs is allocated. The goods in No. 4 warehouse have been dispatched to the buyer in Shanghai. The stock in No. 5 warehouse in running low, and needs to be restocked.

If you have any questions, please get in touch.

Yours obediently,

Peter Leven

관리자님,

3월 창고 관리에 대한 종합적인 보고를 드리고자 합니다. 인력 증가로 인해 창고의 업무는 전보다 훨씬 효율적으로 진행되었습니다. 모든 화물의 정리가 잘 되어 있습니다. 게다가 최근에 추가로 구매한 평상형 트럭 덕에 보다 수월하게 제품을 배치할 수 있었습니다.

다음 세 가지 사항에 대해서 보고드리고자 합니다. 3번 창고의 지붕 수리가 필요하나, 지금 수리하기에는 우리 예산을 초과하게 될 것입니다. 저는 수리비로 3,000달러를 더 할당해 달라고 청구합니다. 4번 창고의 화물들은 상하이의 구매자에게 발송되었습니다. 5번 창고의 재고가 바닥났으니 다시 채워야 합니다.

궁금하신 점 있으시면 연락 주시기 바랍니다.

Peter Leven

Sample 2

Dear Director,

I'm reporting to you about the warehouse management of our company for April. The first group of trainees has completed the training, and they have been assigned to their respective positions. Their performance is thus far satisfactory. All personnel in the warehouse have met or exceeded their performance targets this month.

With the coming of summer, the weather is becoming hotter. The refrigeration plant of the cold warehouse is quite old. I hereby recommend that it should be replaced with a new one in order to guarantee the refrigeration, so that our meat products will not spoil.

I await your instructions.

Yours obediently,

Alan Mahood

이사님,

4월 우리 회사 창고 관리 상황에 대해 보고드립니다. 첫 번째 실습생 그룹이 실습을 마쳤으며 그들은 각자의 위치로 배정되었습니다. 그들의 실적은 꽤 만족스럽습니다. 창고에 있는 모든 직원이 이번 달 실적 목표를 달성했거나 초과 달성했습니다.

여름이 다가오면서 날씨가 점점 더워지고 있습니다. 냉장창고의 냉각 설비가 꽤 오래되었습니다. 저는 이에 따라 냉장 보관을 위해 새것으로 교체해 우리 육류 제품이 상하지 않게 할 것을 추천합니다.

지시 기다리겠습니다.

Alan Mahood

Sample 3

> File 28

Dear Supervisor,

I'd like to report to you about the warehouse management this month.

The most important thing this month is the introduction of our automated 3D warehouse system. The warehouse utilization was increased significantly by the 3D system. Furthermore, the time lost in transit for storing and dispatching goods has been reduced. Now we can complete the dispatching and shipping of goods in one day. We have had no consumer complaints this month.

The goods in No.2 warehouse for the customers in New York haven't been dispatched due to inclement weather. We will send the goods as soon as conditions allow.

I'm always at your service if you have any instructions.

Yours obediently,

Terry Hurlock

관리자님,

이번 달 창고의 관리 상황에 대해 보고드리고자 합니다.

이번 달 가장 중요한 것은 자동화된 3D 창고의 도입입니다. 3D 시스템에 의해 창고 활용도가 많이 증가했습니다. 게다가 화물을 보관하고 발송하기 위한 배치에 걸리는 시간도 줄었습니다. 덕분에 하루 만에 화물 선적과 발송을 끝낼 수 있게 되었습니다. 이번 달 고객의 불편 사항은 없었습니다.

뉴욕의 고객을 위한 2번 창고의 화물들은 악천후로 인해 아직 발송되지 않았습니다. 우리는 여건이 허락하는 대로 화물을 발송하겠습니다.

지시 사항이 있으면 언제든지 돕겠습니다.

Terry Hurlock

5 기획 제안

주요 목적:
기획 방안을 상부에 보고하고 관련 의견을 요청한다.

작문 요점:
기획 방안은 회사에 매우 중요한 과제이기 때문에 **간단명료한 언어**를 사용해야 한다. 읽는 사람이 이해하기 쉽도록 **전문 용어는 최소한으로** 쓰거나 사용하지 않는 것이 좋다.

만능 활용 영어 작문 패턴

1. **According to predictions, sales of the new product will account for 45% of the company's total revenue.**
   전망에 따르면 신제품 판매는 회사의 총 매출의 45%를 차지할 것입니다.
   🏷 According to predictions… | 전망에 따르면…

2. **The new project has many advantages.**
   새로운 프로젝트는 많은 장점을 가지고 있습니다.
   🏷 …has many advantages. | …는 많은 장점을 가지고 있다.

3. **The new firm will offer a new kind of shopping experience to its customers.**
   새로운 회사는 고객들에게 새로운 구매 경험을 제공할 것입니다.

4. **Our products have a huge market potential in that region.**
   우리의 제품은 그 지역에서 큰 시장 잠재력을 가지고 있습니다.

5. **The new project will be completed by March, 2019.**
   새 프로젝트는 2019년 3월까지 완성될 것입니다.

6. **We are sure that the new product will dominate the market.**
   우리는 신제품이 시장을 지배할 것이라고 확신합니다.

7. **We are sure the new product will make a big stir in the local market.**
   우리는 신제품이 지역 시장에서 큰 파장을 일으킬 것이라고 확신합니다.
   🏷 …will make a big stir in… | …가 …에서 큰 파장을 일으킨다.

8. **The new supervisor has vast experience on this type of project.**
   새로운 관리자는 이런 프로젝트에 대한 풍부한 경험을 가지고 있습니다.
   🏷 …has vast experience on… | …에 대해 풍부한 경험을 가지고 있다.

9. The company has remained profitable and has continued to grow in recent years.
   회사는 계속해서 수익성을 유지하고 있으며 근래에도 계속 성장하고 있습니다.

10. The company is devoted to producing energy-saving products.
    이 회사는 에너지 절약 제품 생산에 전념하고 있습니다.

11. Our products will provide the customers with a totally new experience.
    우리 제품은 고객들에게 완전히 새로운 경험을 제공할 것입니다.

12. The firm is planning to open a flagship store in London.
    회사는 런던에 플래그쉽 스토어를 열 계획입니다.

13. The company is supported by an R&D team which is very experienced on this type of project.
    이 회사는 이런 프로젝트 매우 경험이 많은 연구 개발팀의 지원을 받고 있습니다.

14. The total expenses of the project are projected to come to 800,000 dollars.
    이 프로젝트의 총비용은 80만 달러에 달할 것으로 예상됩니다.

15. Mr. Jackson, who is very experienced in sales, will be the director of the project.
    판매 경험이 많은 잭슨 씨가 이 프로젝트의 책임자가 될 것입니다.

16. There's a large market demand for the new product.
    이런 신제품은 시장에서 수요가 많습니다.
    ▶ There's a large market demand for… | …는 시장에서 수요가 많다.

17. The supervisor has worked in the software field for eight years.
    이 관리자는 소프트웨어 분야에서 8년 동안 일했습니다.

18. The expenses don't include the R&D costs.
    이 비용에는 연구 개발비가 포함되어 있지 않습니다.

19. This new project is projected to have good prospects in the local market.
    이 새로운 프로젝트는 현지 시장에서 좋은 전망을 가질 것으로 예상됩니다.

20. The sales of the company are projected to double after the operation of the new project.
    그 회사의 매출액은 새 프로젝트 운영 후 두 배로 증가할 것으로 예상됩니다.

Sample 1

To: The General Manager
From: Head of the Development and Research Group
Subject: The Second Generation of The XT Type Smart Mobile Phone

Since the first generation of the XT Type smart phone entered the market in 2009, it has gained considerable sales. Its sales have been responsible for 40% of the profit margin of our company in the last year. It has an irreplaceable role in promoting the brand and maximizing the profit of our company.

With the rapid development of smart phone technology, some functions of this model of mobile phone need to be upgraded. We are planning to develop the second generation of this product in order to adapt to the changing needs of the market. We are sure that the next generation will keep dominating the market with its advanced design concept.

The total R&D expense of the new generation phone is estimated to be $300,000. The material and manufacturing expense are expected to be approximately $600,000. The supervisor and the R&D team of this project will remain unchanged. In addition, we will introduce more talented personnel for the project if needed.

The R&D of this project is scheduled to be completed by March, 2019. We are confident that the new generation XT will bring further success for our company.

수신인: 본부장
발신인: 연구 개발부 팀장
주제: 2세대 XT형 스마트폰

2009년 1세대 XT형 스마트폰이 출시된 이후 상당한 매출을 기록했습니다. 그 제품은 작년 우리 회사 이윤의 40%를 책임져 왔습니다. 이는 회사의 브랜드 홍보와 이윤 극대화에 필수 불가결한 요소가 되었습니다.

스마트폰 기술의 급속한 발전으로, 이 모델의 일부 기능은 업그레이드가 필요합니다. 변화하는 시장의 수요에 따라 이 제품의 2세대 제품을 개발할 계획입니다. 고급화된 디자인 콘셉트로 2세대 제품이 계속해서 시장을 주도할 것이라 확신합니다.

신세대 스마트폰 연구 비용은 총 30만 달러로 추산됩니다. 재료비와 생산비는 약 60만 달러가 될 것으로 예상됩니다. 이 프로젝트의 총책임자와 연구원은 변동이 없을 것이며 필요할 경우 인재들을 추가로 영입할 계획입니다.

이 프로젝트의 연구 개발은 2019년 3월에 완성될 것이라 예상합니다. 신세대 XT가 우리 회사에 더 큰 성공을 가져다줄 것이라 확신합니다.

Sample 2

To: General Manager
From: Head of the Research Group
Subject: The New Generation of Energy-Efficient Refrigerator

With the changing, environmentally friendly consumption expectations among many consumers, energy-efficient refrigerators are very popular in the market now, and such models will continue to be leaders in the refrigerator market. Our NDS type energy-efficient refrigerator has contributed to 50% of our sales amount in the last year. In order to keep our product advantage in a fiercely competitive market, there is a need to develop more energy efficient products for our company.

The anticipated new generation of products will save about 8% energy compared with our former product. According to the market research, this new product will be expected to be very competitive in the market.

The budget for the R&D comes to $500,000, which is a little higher than that of the former product due to its more technologically advanced components. Mr. Willie Gibson will be the supervisor in charge of this project.

After the new product enters the market, it is expected to increase our sales significantly. The sales amount this year is estimated to be two times larger than that of last year.

수신인: 본부장
발신인: 연구팀 팀장
주제: 신세대 에너지 절약형 냉장고

소비 패턴의 변화에 따라, 오늘날의 소비자들은 환경친화적인 제품을 선호하게 되었고, 에너지 절약형 냉장고가 시장에서 매우 인기가 좋으며 또한 이런 제품이 계속해서 냉장고 시장을 이끌 것입니다. 우리 회사 NDS 형 에너지 절약형 냉장고는 작년의 자사 매출액의 50%나 차지합니다. 이 치열한 시장 경쟁에서 자사 제품이 계속해서 우위를 차지하기 위해서 우리는 보다 많은 에너지 절약형 제품을 개발할 필요가 있습니다.

신세대 제품은 이전 제품보다 8%의 에너지를 절약할 수 있을 것이라 기대됩니다. 시장 조사에 따르면 이 제품은 시장에서 매우 경쟁력 있을 것이라 예상됩니다.

연구 개발 예산은 50만 달러에 달하는데, 이는 이전의 제품과 비교해 보다 고도의 기술이 적용된 부품을 사용하기 때문에 조금 더 높게 나왔습니다. Willie Gibson 씨가 이 프로젝트의 총책임자를 맡아 주실 것입니다.

신제품이 시장에 출시되면 우리의 매출액이 많이 증가할 것으로 예상됩니다. 올해의 매출액은 작년의 2배 이상이 될 것으로 추정됩니다.

Sample 3

To: General Manager
From: Head of the Research Group
Subject: Opening a branch company in Shanghai

Since the foundation of American Joy Company in March, 2008, it has been profitable in the local market with its high-quality products. With its innovative new products, its sales amount reached 2 million dollars in 2009.

American Joy provides high-quality gaming hardware for gaming enthusiasts. At the firm, customers can experience the convenience that the hardware brings to games players. The company is planning to open a new branch in Shanghai.

The start-up expense of the project will be $600,000, including the renting of the store, design, decorating and related expenses. Attached are the detailed expenses of the project.

The founder of American Joy, Mr. Andy Millen, was once the supervisor of an electronic products company. He has rich experience in how to oversee such a project.

In 2019, when we are scheduled to open the branch store in Shanghai, we will provide the customers there with an unprecedented gaming experience. We forecast this to contribute greatly to the expected increase of the company's sales. It is estimated that the revenue will be two times greater than before due to this project.

수신인: 본부장
발신인: 연구부 팀장
주제: 상하이 지사 설립

2008년 3월 아메리칸 조이 사가 설립된 이래, 양질의 제품으로 지역 시장에서 많은 이익을 내고 있습니다. 2009년에는 혁신적인 신제품으로 매출액이 200만 달러에 달하기도 했습니다.

아메리칸 조이 사는 게임 애호가들을 위한 양질의 게임 하드웨어를 제공합니다. 지점에서 고객들은 하드웨어가 게임 플레이어에게 제공하는 편리함을 경험할 수 있습니다. 회사는 상하이에 새로운 지점을 열 계획입니다.

이 프로젝트의 초기 정착 비용은 60만 달러로 추정됩니다. 이는 임대료, 디자인, 인테리어 및 관련 비용을 포함한 금액입니다. 프로젝트의 세부 지출을 첨부했습니다.

아메리칸 조이의 창립자 Andy Millen 씨는 전자제품 회사의 총책임자였습니다. 그는 이런 프로젝트에 관해 풍부한 경험을 가졌습니다.

> 2019년 상하이에 지사를 설립하게 되면 그곳의 소비자들이 이제껏 겪어보지 못한 게임을 체험할 수 있게 해 줄 것입니다. 이는 회사 매출 증가에 크게 기여할 것으로 예상됩니다. 이번 사업으로 수익이 종전보다 2배 이상 늘어날 것으로 추산됩니다.

6 품질 관리 보고

주요 목적:
제품의 품질을 검증하고 평가해 그 결과에 대해 보고한다.

작문 요점:
품질 관리는 회사 제품의 시장 품질 평가로 이어지기에 매우 중요한 업무이다. **품질 관리 보고는 객관적으로 제품의 성능에 대한 전문적인 평가**하는 것이 원칙이다. 문제가 있을 시 바로 상부에 보고해야 한다.

☁ 만능 활용 영어 작문 패턴

1. **We have just checked the equipment carefully.**
   방금 장비를 면밀히 점검했습니다.

2. **The inspection result is not so accurate due to the weather conditions.**
   기상 상황으로 인해 점검 결과가 그리 정확하지 않습니다.

3. **The inspection group has just completed the test.**
   점검 팀이 방금 테스트를 마쳤습니다.

4. **The result of our inspection shows that this new type of product functions well.** 점검 결과 이 신제품의 성능은 훌륭합니다.
   ▶ The result of…shows that… | …의 결과…

5. **There is no problem with this equipment.**
   이 장비에는 문제가 없습니다.

6. **The performance of the machine is good, with the exception that the noise generated is louder than anticipated.**
   소음이 예상보다 크다는 점을 제외하면 기계 성능은 양호합니다.

7. **The test shows that the cotton content of the clothes is lower than expected.**
   테스트 결과 옷의 면 함량이 예상보다 낮은 것으로 나타났습니다.

8. **This system can't achieve the required results.**
   이 시스템은 필요한 결과를 얻을 수 없습니다.

9. **The manufacturing quality is below standard.**
   제품의 품질이 표준 이하입니다.

10. **The result of the inspection shows that the mercury content of the product has exceeded the standard.**
    검사 결과 제품의 수은 함량이 기준치를 초과했습니다.

11. **The performance of the new type of product is superior compared with the old one.** 구형 제품보다 신형 제품의 성능이 우수합니다.

12. **The new products are far superior to the ones that we were using previously.**
    신제품들은 우리가 이전에 사용하던 제품보다 월등히 우수합니다.

13. **We need to recall the products that have been sold.**
    이미 판매된 제품들을 회수해야 합니다.

14. **According to the result of the inspection, the quality of these products is below standard.**
    점검 결과에 따르면 이 제품들의 품질은 표준 이하입니다.

15. **It is necessary to ask for the replacement of the defective products.**
    불량 제품을 교환해 주어야 할 필요가 있습니다.
    ◆ It is necessary to… | …할 필요가 있다.

16. **The pigment content of the drinks is 5% higher than the standard.**
    음료의 색소 함량이 기준치보다 5%나 높습니다.

17. **These products cannot enter into the market.**
    이런 제품들은 시장에 출시될 수 없습니다.
    ◆ …can't enter into the market. | …는 시장에 출시될 수 없다.

18. **The inspection proves that all the products meet the required standards.**
    점검 결과 모든 제품이 필요한 기준에 부합합니다.

19. These products are potentially dangerous if not used properly.
적절히 사용하지 않을 경우 이 제품들은 잠재적으로 위험합니다.

20. We propose a second inspection of these products.
이 제품에 대한 2차 점검을 진행하시길 제안드립니다.
🔖 We propose… | …를 제안한다.

Sample 1

Dear Mr. Kim,

In accordance with your request, our group has carefully checked the models that we have just taken for a test drive from the Jintian Motor Corporation. These cars are high quality, and the overall performance is good, except that during the test we found the front tires of one car pull to the left. I think it is necessary to send the defective car back to replace it or to have it repaired.

This is my suggestion, and I look forward to your further instructions.

Yours obediently,

Henry Smith

김 선생님,

요청하신 대로 우리는 Jintian 자동차 회사로부터 시운전을 위해 가져온 모델을 주의 깊게 점검했습니다. 이 차들의 품질은 출중하며 전반적인 상태 역시 좋은 편입니다. 단, 점검 중 한 차량에서 앞바퀴가 왼쪽으로 약간 치우친 것을 발견했습니다. 결함이 있는 차량은 다른 차로 교환하시거나 수리를 요청하셔야 할 것 같습니다.

이상 저의 제안이었으며 추가 지시를 기다리겠습니다.

Henry Smith

Sample 1

Dear Mr. Riley,

Upon your request, we have checked the refrigeration system that we have bought from Jinli Refrigeration Plant Co. The result of the test shows that the refrigerating effect of the equipment is excellent. The only drawback is that the noise is a little loud. Although it does not affect the performance of the machine, I I have requested that the refrigeration company send one of their technical personnel to adjust it.

I'm waiting for your decision and further instructions.

Yours obediently,

Mickey Weir

Riley 씨,

요청하신 대로 Jinli 냉장고 유한회사로부터 구매한 냉장고를 점검했습니다. 점검 결과 냉장고의 성능은 훌륭했습니다. 유일한 결점은 소음이 좀 크다는 점입니다. 비록 이것이 기계의 성능에 영향을 미치지 않지만, 냉동 회사에 이 문제를 해결해 기술직원 한 명을 보내 달라고 요청했습니다.

당신의 결정과 지시 기다리겠습니다.

Mickey Weir

Sample 3

> File 30

Dear Mr. Smith,

Upon your instructions yesterday, we have inspected the monitoring equipment that we have just bought. The inspection proved that the equipment works very well. We didn't find any defects. I hereby recommend that the equipment should be installed and put to use immediately.

I'm looking forward to your instructions.

Yours obediently,

Scott Crabbe

Smith 씨께

당신이 어제 지시하신 바와 같이 구매한 모니터링 장비를 점검했습니다. 점검 결과 기계가 매우 잘 작동함을 확인했으며 어떠한 결함도 발견하지 못했습니다. 따라서 즉시 장비를 설치하고 사용하길 권장합니다.

당신의 지시를 고대하고 있겠습니다.

Scott Crabbe

7 일정 보고

주요 목적:
주관하는 일상 업무의 일정에 대해 보고한다.

작문 요점:
주관하는 업무에 대해 주의를 환기하고, 일목요연하게 작성해야 한다. **업무를 시간 순서에 따라 명료하게 기술**해 한눈에 볼 수 있게 한다. 어조는 예의를 갖추어 오해가 생기지 않게 주의한다.

☁ 만능 활용 영어 작문 패턴

1. This is to inform you of today's arrangement.
오늘의 일정에 대해 알려 드리고자 합니다.

2. I'm presenting you the schedule for next week.
다음 주 일정 보고 드립니다.

3. You'll have the meeting at nine o'clock tomorrow morning.
내일 오전 9시에 회의가 있을 것입니다.

4. This is your schedule for the business trip to Shanghai.
상하이 출장의 일정입니다.

5. The air ticket was booked yesterday.
어제 항공권을 예약했습니다.

6. The plane will take off at ten o'clock tomorrow morning.
비행기는 내일 오전 10시에 출발할 것입니다.
🔖 The plane will take off at… | 비행기는 …(시간)에 출발할 것이다.

7. All things have been arranged as you requested.
당신이 요청한 대로 모든 것을 정리했습니다.

8. You will meet Mr. Severin at the Yellowstone Hotel at 10:00 a.m. on Friday.
이번 주 금요일 오전 10시에 Yellowstone 호텔에서 Severin 씨와 미팅이 있습니다.

9. Our partner has arranged accommodation for us.
파트너사 측에서 우리를 위한 숙소를 마련해 주었습니다.

10. **Mr. Johnson was inviting to attend the opening ceremony of his company.**
　　Johnson 씨가 그의 회사 개회식에 초대했습니다.

11. **You will have a meeting and deliver the speech this afternoon.**
　　오늘 오후 회의에 참석해 연설하셔야 합니다.

12. **The meeting about the new project has been prepared.**
　　새 프로젝트에 대한 회의가 준비되었습니다.

13. **You have two clients to meet this afternoon.**
　　오늘 오후 고객 두 분을 만나야 합니다.

14. **Our agent in Tokyo will visit you tomorrow morning on schedule.**
　　일정상 내일 오전 도쿄에서 대리인이 방문할 것입니다.

15. **You need to catch the plane at 6:30 tomorrow morning.**
　　내일 오전 6시 30분의 비행기를 타야 합니다.

16. **This is your work schedule for next week.**
　　이는 다음 주 당신의 업무 일정입니다.

17. **The travel plan has been cancelled as per your request.**
　　요청하신 대로 여행 일정이 취소되었습니다.

18. **The speech for the meeting tomorrow is ready.**
　　내일 회의 연설 원고가 준비되었습니다.

19. **You will hold the exchange meeting at two o'clock tomorrow afternoon.**
　　내일 오후 2시에 교환 회의가 열릴 것입니다.

20. **You have no formal business engagements tomorrow.**
　　내일 공식적인 사업 스케줄은 없습니다.

Sample 1

Dear Mr. Mraz,

According to the schedule, our Australian client Dan Smith will come and visit you tomorrow morning. The plane will arrive around nine o'clock. We will go to greet the client at the airport. Accommodation for our client has been arranged at the Xigang Hotel, room 301.

If you have any further instructions, please let me know.

Yours sincerely,

Mary Anderson

Mraz 씨,

일정에 따라 우리의 호주 고객인 Dan Smith 씨가 내일 오전에 방문할 것입니다. 비행기는 9시쯤 도착할 것입니다. 우리는 공항으로 고객을 맞이하러 갈 것입니다. Xigang 호텔 301호로 고객 숙소를 마련해 두었습니다.

추가 지시 사항이 있다면 저에게 알려 주시기 바랍니다.

Mary Anderson

Sample 2

📄 File 31

Dear Mr. Hill,

This is to remind you that Wednesday will mark the 10th anniversary of the founding of our company. The anniversary ceremony will start at nine o'clock in the morning. You are scheduled to deliver the speech to open the ceremony. The speech has been drafted for you. I'll send it to you tomorrow.

Please inform me immediately if there are any further instructions.

Yours sincerely,

Lisa

Hill 씨,

수요일에 회사 창립 10주년 기념행사가 있다는 것을 상기해 드리고자 합니다. 기념식은 오전 9시부터 시작할 것입니다. 당신은 기념식을 시작하는 축사를 하기로 되어 있습니다. 축사 원고는 준비해 두었습니다. 내일 발송해 드리겠습니다.

추가 지시사항이 있으신 경우 제게 바로 알려 주시기 바랍니다.

Lisa

Sample 3

Dear Mr. Lewis,

Please take this as a reminder that your business trip to Europe is scheduled to start tomorrow, and all required preparations have been made. The flight departs at nine o'clock tomorrow morning. I will drive you to the airport.

If you have any questions, please let me know as soon as possible.

Yours sincerely,

Michael

Lewis 씨,

유럽 출장이 내일부터 시작되며 모든 준비가 완료되었음을 알려 드립니다. 비행기는 내일 오전 9시에 출발합니다. 제가 당신을 공항까지 태워 드리겠습니다.

궁금하신 점 있으시면 가능한 한 빨리 알려 주시기 바랍니다.

Michael

8 공사 진도 보고

주요 목적:
관련 책임자에게 공사 진행 상황을 보고한다.

작문 요점:
공사 진도 보고는 **공사 현황**과 **예상 완료 일정**을 문서로 보고하는 것이기에 정확한 어휘로 간단명료하며 이해하기 쉽게 전달해야 한다. 그뿐만 아니라 **공사 과정에서 발생한 문제와 해결방안 역시 보고서에 기술**해야 한다.

만능 활용 영어 작문 패턴

1. **The construction is carrying on according to schedule.**
   공사는 예정대로 진행되고 있습니다.

2. **I'm reporting the most recent progress on the new project.**
   새 프로젝트의 최근 진행 상황을 보고드립니다.

3. **Progress has been slower than expected because of some difficulties in the tunnel construction.**
   터널 공사에 일부 어려움이 있어 예정보다 진척이 더뎠습니다.

4. **We will keep you informed of the construction progress.**
   공사 진행 상황을 계속해서 보고드릴 것입니다.

5. **The construction can be completed ahead of schedule if everything goes well.**
   모든 것이 순조롭게 진행된다면 예정보다 빨리 완공될 수 있을 것입니다.

6. **The work has been suspended for some time because of cash flow problems.**
   자금 운용 문제로 작업이 한동안 중단되었습니다.

7. **Our group is studying this difficulty now.**
   우리 그룹은 이 난항에 대해 계속해서 연구 중입니다.

8. **The marketing survey shows that this project is feasible.**
   마케팅 조사로 미루어 보아 이 프로젝트는 실현 가능합니다.

9. We are sure that it can be completed before the deadline.
   마감 기한 전에 그것이 완공될 수 있을 것이라 확신합니다.

10. We can't start the construction before the completion of the internal audit.
    내부 감사가 끝나기 전에 우리는 공사를 시작할 수 없습니다.

11. This is an update on the progress of the new project.
    이는 새 프로젝트에 대한 최근 진행 상황입니다.

12. We have been working on the project these past few days.
    우리는 지난 며칠간 이 프로젝트로 바빴습니다.
    🔖 We have been working on… | …로 바쁘다.

13. We have had to change the project schedule because of an unexpected incident.
    예기치 못한 상황이 발생해 프로젝트 일정을 부득이 변경하게 되었습니다.

14. About 90% of the project has been completed.
    프로젝트의 90% 정도가 완료되었습니다.

15. We will strictly monitor the progress of the project.
    우리는 엄격하게 프로젝트의 진행 상황을 모니터링할 것입니다.

16. Everything is going well and there have been no problems so far.
    모든 것은 순조로이 진행되고 있으며 지금까지 어떤 문제도 발생하지 않았습니다.

17. The landform here differs from that we have surveyed before.
    이 지형은 우리가 사전에 연구한 곳과 다릅니다.

18. Everything is ready for the start of construction.
    공사를 위한 모든 준비가 끝났습니다.

19. We need to improve the progress of the construction.
    공사 진행 상황을 개선할 필요가 있습니다.

20. We believe that we can complete the project ahead of schedule.
    예정일 전에 프로젝트를 완성할 수 있을 것이라 믿습니다.

Sample 1

Dear Mr. James,

I'm writing to inform you about the progress of the construction work. As of now we have completed the first part of the project, but recently we have encountered a problem with leaking water. We are currently formulating a plan to solve this problem. We will strive to find a solution to ensure that the project is completed on time.

Yours sincerely,

Rob Reilly

James 씨,

공사 진행 상황을 알려 드리고자 씁니다. 지금 이 프로젝트의 첫 단계를 완료했지만, 우리는 지금 물이 새는 문제에 직면했습니다. 우리는 현재 계속해서 이 문제를 해결할 계획을 세우는 중입니다. 이 프로젝트가 제시간에 완료될 수 있도록 해법 찾기에 노력하겠습니다.

Rob Reilly

Sample 2

File 32

Dear Mr. Book,

This is to inform you of the progress of our new project. The market is in urgent need of this, and we are working to complete the project ahead of schedule. As of now, the frame of the program has been completed. However, we are facing a cash flow problem which hampers our ability to finish it. Only further funds can ensure we complete the project early. We want to apply for the appropriation of funds for the project. We hope you can agree with our request.

I look forward to your prompt reply.

Yours sincerely,

Andrew Goram

Book 씨,

새 프로젝트의 진행 상황을 보고 드립니다. 시장은 이것을 급히 필요로 하고 우리는 예정일보다 빨리 프로젝트를 완성하고자 노력 중입니다. 현재는 프로그램 뼈대가 완성된 상황입니다. 그러나 지금 우리의 기량을 저해하는 자금 부족의 상황에 직면했습니다. 자금이 충당되어야만 최대한 빨리 프로젝트를 완성할 수 있습니다. 이에 프로젝트에 필요한 추가 자금을 요청합니다. 당신이 우리 요청에 동의할 수 있길 바랍니다.

빠른 회신 기다리겠습니다.

Andrew Goram

Sample 3

Dear Mr. Urban,

This is an update on the progress of our project. So far the construction work has been proceeding on schedule, and we have completed approximately half of the whole construction project. However, due to the increasing complexities of the work, we need more labor in order to keep on schedule, otherwise the work is going to be slower than anticipated. We hope that you can employ more workers. We will continue to keep you informed on our progress in this matter.

We are looking forward to hearing from you.

Yours sincerely,

Alan Mahood

Urban 씨,

이는 우리 프로젝트 진행 상황에 대한 최신 정보입니다. 지금까지 공사는 예정대로 진행되어 전체 건설 프로젝트의 절반 정도가 완성되었습니다. 그러나 공사가 점점 복잡해짐에 따라 우리는 일정에 맞추기 위한 노동력이 추가적으로 필요한 상황입니다. 그렇지 않으면 일이 예상보다 더뎌질 것입니다. 부디 직원을 추가로 고용해 주시기 바랍니다. 이 프로젝트에 대한 우리의 진행 상황들을 계속해서 보고드리겠습니다.

회신 기다리겠습니다.

Alan Mahood

9 경영 보고서

주요 목적:

특정한 기간(1분기, 1년) 회사의 재무 상황을 보고해 정책 담당자에게 이를 분석하고 관리 전략을 마련하게 한다.

작문 요점:

경영 보고서는 회사의 경영 상황을 가장 직접적으로 판단할 근거가 되며, 최고 결정자가 관련 결정을 내리는 가장 직접적인 정보의 원천이다. 때문에 반드시 **관련 자료의 정확성을 확보**해야 한다. 보고서에는 **현재 재무 상태를 예년과 비교**해 분석하는 것도 좋다. 이렇게 하면 수신인이 보다 자료 내용을 직접적으로 인식하게 하는 데 도움이 된다.

만능 활용 영어 작문 패턴

1. **The balance sheet shows the status of our assets for the last year.**
   이 대차대조표에는 우리 회사 작년 자산 상태를 보여 줍니다.

2. **This sheet shows that we have a positive balance.**
   이 표는 우리 회사 수입이 증가했음을 나타냅니다.

3. **There are notes to make the sheet clearer.**
   이 표의 이해를 돕고자 주석을 달아 놓았습니다.

4. **The income statement showed the gross in the first half of the year.**
   손익계산서는 올해 상반기 회사의 이익 증가를 나타냅니다.

5. **Our net revenue has declined compared with that of last year.**
   우리 회사의 순익은 작년에 비해 감소했습니다.

6. **The status of liabilities is still not optimistic this year.**
   올해 부채 상황은 여전히 낙관적이지 않습니다.

7. **Monthly expenditure in August was at its highest last year.**
   8월의 월간 지출 내역이 지난해 최고치였습니다.

8. **The gross revenue in the first half of this year is equal to that of the whole of last year.**
   올 상반기 총수익은 작년 전체 수익에 맞먹습니다.

9. **This sheet shows the monthly expenditure as well as the revenue data for the last month.**
   이 표는 지난달 월간 수익과 지출 내역 자료를 나타냅니다.

10. **The annual financial report will be completed within two days.**
    연간 재무 보고는 이틀 내에 완성될 것입니다.

11. **The net revenue for the first quarter of this year has declined significantly.**
    올해 1분기 순수익이 급격하게 하락했습니다.

12. **Attached is the breakdown of the assets for the last year.**
    작년의 자산 명세표를 첨부했습니다.

13. **The cash flow statement is not included in the financial report.**
    현금 유동량은 재무제표에 포함되지 않습니다.

14. **Both the ratio of current liabilities and long-term liabilities have declined.**
    유동부채와 장기부채의 비율 모두 하락했습니다.

15. **The business revenues in the second quarter dropped 5% percent compared with that of the first quarter.**
    첫 분기와 비교해 두 번째 분기의 영업 수입이 5% 하락했습니다.

16. **The revenue target in the first quarter has been accomplished according to the statement.**
    도표를 보시면 첫 분기의 영업 수입 목표를 달성했음을 확인할 수 있습니다.

17. **The balance was still not positive in the last month.**
    지난달 수익은 여전히 이상적이지 않습니다.

18. **The balance sheet shows that our assets have increased by 15% this year.**
    대차대조표를 보시면 올해 우리 자산이 15% 증가했음을 알 수 있습니다.

19. **The net revenue of this year is the same as that of last year.**
    올해의 순이익은 작년과 동일합니다.

20. **The cash flow statement shows that the expenditure on investment this year has increased a lot compared to previous years.**
    현금 흐름을 보면 올해의 투자비 지출이 예년보다 많이 늘어난 것으로 나타났습니다.

Sample 1

To: The Chairman, Mike Thomas,
From: Philip Lee
Date: June 20, 2019
Subject: The company's income statement of this year.

Following is the report you requested on the company's income.

Revenues
Services Rendered	$ 645,600
Interim Dividend	$ 85,000
Total Revenues	$ 730,600

Expenses
Salaries	$ 30,000
Water & Electricity	$ 55,000
Advertising Costs	$ 100,000
Residential Rental	$ 20,000
Total Expenses	$ 205,000
Net Income	$ 525,600

In the income statement above, we can see that the net profit of our company is $525,600. Compared with last year's $450,000, our profit increased by 16.8%.

수신자: Mike Thomas 회장님
발신자: Philip Lee
일시: 2019년 6월 20일
제목: 올해 자사 소득 통계

다음은 당신이 요청한 회사 수입에 관한 보고입니다.

수익
서비스업 $ 645,600
중간 배당 $ 85,000

총수익 $ 730,600

지출
급여 $ 30,000
수도, 전기료 $ 55,000
광고비 $ 100,000
임대료 $ 20,000

총지출 $ 205,000

순수익 $ 525,600

위 보고를 통해 회사의 순수익은 525,600달러이며 작년 450,000달러에 비해 16.8% 증가했음을 알 수 있습니다.

Sample 2

 File 33

From: Bobby Brown
To: The Chairman, Mike Thomas,
Date: December 20, 2019
Subject: The company's income statement for this year.

As you requested, I have tidied up the report of this year's income statement. The detailed information is as follows:

Income
Service rendered $ 3,175,000

Expenses
Salaries $ 625,000
Insurance Expense $ 100,000
Telephone & Electricity $ 90,000
Tax Expense $ 130,000
Advertising Costs $ 70,000

Total Expenses $1,015,000

Net profit $2,160,000

Although our business was badly affected by the economic crisis, we still made a substantial profit.

발신자: Bobby Brown
수신자: Mike Thomas 회장
일시: 2019년 12월 20일
주제: 올해 자사 손익계산서

요청하신 대로 올해 손익계산을 정리해 보고를 드리는 바입니다. 자세한 내용은 아래와 같습니다.

수입
서비스업 $ 3,175,000

지출
봉급 $ 625,000
보험료 $ 100,000
전화, 전기세 $ 90,000
소득세 $ 130,000
광고비 $ 70,000

총지출 $ 1,015,000
순수익 $ 2,160,000

비록 우리 사업이 경제 위기로 큰 타격을 입었지만, 회사는 큰 이익을 창출해 냈습니다.

Sample 2

From: James White
To: The General Manager, Williams Woods
Date: December 28, 2019
Subject: The company's annual income and loss statement

I'm presenting you with the income and loss statement for this year. Due to the downturn of the global economy, profits declined 10% compared with that of last year. Despite this, we still gained considerable earnings this year. The following is the detailed information of the financial statement for our company:

Total sales amount	$ 10,000,000
Production cost	$ 2,000,000
Salary expenses	$ 1,000,000
Taxes	$ 150,000
Public relations expenditure	$ 150,000

Others expenditures	$	200,000
Net profit	$	6,500,000

Because of the introduction of new equipment at the end of last year, our production efficiency has improved markedly, and production costs reduced by 10% from previous years. As there's still a huge market potential for our products, we are confident that we will keep developing smoothly in the coming year.

Yours sincerely,

James White

발신자: James White
수신자: Williams Wood 본부장
일시: 2019년 12월 28일
주제: 자사 연간 손익계산서

올해 손익계산서를 제출합니다. 전 세계의 경제 침체로 인해 회사의 수익이 작년과 비교해 10% 하락했습니다. 그럼에도 불구하고 올해 우리 회사는 상당한 수익을 올렸습니다. 아래는 당사 재무제표 세부 사항입니다:

총매출액 $ 10,000,000
생산비용 $ 2,000,000
봉급지출 $ 1,000,000
세납 $ 150,000
홍보비용 $ 150,000
기타지출 $ 200,000
순수익 $ 6,500,000

지난해 말 신규 장비 도입으로 회사 생산 효율이 눈에 띄게 좋아졌고, 생산비도 예년보다 10%가량 절감되었습니다. 그뿐만 아니라 우리 제품의 시장 잠재력이 여전히 크기 때문에, 우리는 내년에 계속해서 순조롭게 발전할 것이라 믿습니다.

James White

10 회의록

주요 목적:

회의에서 논의한 주요 논제를 기록하는 동시에 각 부서에 회의 결과 및 실행할 일을 독려한다.

작문 요점:

회의록은 주로 **참석자 정보, 회의 목적 및 결과, 중심 이슈**와 **회의 결의 및 결정** 등의 요소를 주로 포함한다. 회의록은 효율성과 논리성을 높이기 위해 하나의 양식으로 통일하는 것이 좋다.

만능 활용 영어 작문 패턴

1. **The delegation will pay a visit to New York in September.**
   대표단은 9월에 뉴욕을 방문할 것입니다.
   - ···pay a vist to··· | ···가 ···에 방문하다.

2. **The prospectus will be completed and sent for revision at the next meeting.**
   기획서는 다음 회의 전에 완성되고 검토 준비될 것입니다.

3. **The main objective of the meeting is to evaluate the attractiveness of the product to consumers.**
   이번 회의의 주요 목적은 제품에 대한 시장 매력을 평가하기 위함입니다.
   - The main objective of···is··· | ···의 주요 목적은 ···다.

4. **The new marketing plan will be established at the meeting.**
   새로운 마케팅 전략이 회의에서 정해질 것입니다.

5. **The new manager will be appointed at the meeting.**
   회의에서 새 매니저를 임명할 것입니다.

6. **The Financial Supervisor will give a report on the latest marketing plan.**
   재무 관리자가 최신 마케팅 계획에 대해 보고할 것입니다.

7. **The second topic is about the summary for this month.**
   두 번째 의제는 이번 달의 총 결산에 관한 것입니다.
   - The second topic is about··· | 두 번째 의제는 ···에 관한 것이다.

8. **The report on the new investment plan will be ready before the next meeting.**
   새로운 투자 계획 보고가 다음 회의 전에 준비될 것입니다.

9. **Discussion on the trend of the market is the main item on the agenda of the meeting.**
시장 동향에 대한 논의는 회의의 주요 안건입니다.
  - 🔖 …is the main item of… | …는 …의 주요 안건이다.

10. **The operation supervisor will be in charge of the new operation plan.**
운영 총감독님께서 새 운영 계획을 책임지게 될 것입니다.

11. **The Committee Members will discuss the market entry opportunities.**
위원회들이 시장 진입 기회에 대해 논의할 것입니다.

12. **The Financial Department will release the profit and loss statement for the company in the first half of the year.**
재무부가 회사 상반기의 손익 상황에 대해 발표할 것입니다.
  - 🔖 …release the profit and loss statement for… | …가 …의 손익 상황에 대해 발표하다.

13. **Last month's business performance will be reviewed at the meeting.**
지난달 사업 실적은 회의에서 검토할 것입니다.

14. **Mr. Anderson was appointed as the marketing supervisor due to his excellent performance in his previous role.**
Anderson 씨는 그의 전 직책에서의 뛰어난 업무 성과로 마케팅 총감독으로 임명되었습니다.

15. **The new project will be delayed due to a lack of sufficient financial support.** 이 새 프로젝트는 자금 부족으로 인해 연기될 것입니다.

16. **The sales department has achieved their collective sales targets for the last month.** 영업부는 지난달 그들의 판매 목표를 달성했습니다.

17. **The yearly plan was approved by all Committee Members.**
위원회 구성원들은 연간 계획에 대해 동의했습니다.

18. **The main goal is to summarize the last project.**
주요 목표는 지난 프로젝트에 대해 결산하기 위함입니다.
  - 🔖 The main goal is to summarize… | 주요 목표는 …를 결산하기 위해서이다.

19. **The new project will be distributed to Team A.**
새로운 프로젝트는 A팀이 담당하게 될 것입니다.

20. **The working plan for the new year was formulated at the meeting.**
회의에서 연간 업무 계획을 세웠습니다.

Sample 1

 File 34

Attendees

Presence:
Willy Miller - General Manager
Chris Duncan - Deputy Manager

Observer:
Evan Jackman - Marketing Director
Steven Jones - Director of Operations
John Will - Financial Supervisor

Meeting Objectives:
1. Review the business performance for this year.
2. Disuss the new marketing plan.
3. Formulate the investment plan on the new project.
4. Predict market trend.

Topic:
To formulate the new working plan for the next year.

Conclusion:
All attendees have reached an agreement about the aim of the market and the production plan. The Planning Department will prepare the operation plan before the next meeting.

Actions to be taken before the next meeting	Responsibilities
Prepare the meeting minutes and circulate for review	Personnel Dept.
Formulate the operation plan	Planning Dept.
To complete negotiations with the Australian client	Sales Dept.

참석자:

참석
본부장 – Willy Miller
차장 – Chris Duncan

참관인
마케팅 부장 – Evan Jackman
운영 이사 – Steven Jones
재무 관리자 – John Will

회의 목표:
1. 올해 영업 실적 리뷰
2. 새로운 마케팅 계획 토론
3. 새 프로젝트에 대한 투자 계획 수립
4. 시장 동향 예측

주제: 내년 업무 계획 수립

결론:
모든 참석자는 시장 목표와 생산 계획에 대해 합의를 보았으며, 기획부서가 다음 회의에 운영 계획안을 준비할 것입니다.

다음 회의 전 준비 사항	책임자
회의 기록 완성 및 참가자에게 검토 요청	인사부
운영 계획 수립	기획부
오스트리아 고객과 협상 완성	영업부

Sample 2

Attendees:

Presence
Paul Grace - CEO Meeting Chair

Observer
John Kidd - Director of Operations
Thomas Terry - Supervisor of the Personnel Department
Raymond Wilkins - Administrative Supervisor

Meeting Objective:
1. Discuss and formulate the new personnel recruitment plan.
2. Monthly summary.
3. Discuss possible adjustments to the job roles of certain employees or department personnel.

Revision of the previous minutes:
The news conference will be held on July 23.

Topic:
To formulate the steps of recruiting and training the new employees.

Conclusion:
The Committee Members agreed with the transfer of some positions in the company.

After discussion, all the committee members agreed to appoint Robert Lee as a consultant.

Actions to be taken before the next meeting	Responsibilities
Execute the transference of the positions	Claire Kerr
Employing college graduates	Human Resources Dept.
Arranging the work of the new month	Harry Dunn

참석자:

참석
CEO 의장 – Paul Grace

참관인
운영 이사 – John Kidd
인사부 관리자 – Thomas Terry
행정 관리자 – Raymond Wilkins

회의 목적:
1. 신입 인사 채용 계획 토론 및 제정
2. 월간 결산
3. 일부 직책 조정에 대한 토의

사전 회의에 대한 수정사항:
7월 23일에 뉴스 발표회가 개최될 것

주제:
신입 사원 채용 및 연수 계획 수립

결론:
위원회 임원들은 회사의 일부 직책을 조정하는 데 동의했습니다.

논의 끝에 모든 위원이 Robert Lee 씨를 컨설턴트로 임명하는 데 동의했습니다.

다음 회의 전 준비 사항	책임자
직무 조정 이행	Claire Kerr
고졸자 채용	인사부
다음 달 업무 안배	Harry Dunn

Sample 3

Attendees:

Presence
John Knight - General Manager Meeting Chair

Observer
Nicole Smith - Financial Supervisor
Tom Peter - Operation Supervisor
David Orsan - Technical Supervisor
David Kate - Management Consultant

Meeting Objectives:
1. Review the last project.
2. Disscuss the development of the new project.

Topic:
Evaluate the market for the development of the new project.

Conclusion:
Market attractiveness has been confirmed by all of the members. The new Operation Supervisor will take charge of the new project.

Actions to be taken before the next meeting	Responsibilities
Coordinate between different departments for the new project	Operation Supervisor
Give financial support for the new project	Financial Dept.
Settle account on the last project	Personnel Dept.

참석자:

참석
관리자 회의 의장 – John Knight

참관인
재무 관리자 – Nicole Smith
운영 관리자 – Tom Peter
기술 관리자 – David Orsan
경영 컨설턴트 – David Kate

회의 목적:
1. 지난 프로젝트에 대한 리뷰
2. 새 프로젝트의 개발 토론

주제:
새 프로젝트 개발에 대한 시장 평가

결론:
모든 임원은 이 프로젝트가 시장에서 큰 흡입력을 갖게 될 것임에 동의했으며 새로운 운영 관리자가 이 프로젝트를 책임지게 될 것입니다.

다음 회의 전 준비 사항	책임자
새 프로젝트에 대한 각 부서의 협조 진행	운영 관리자
새 프로젝트에 대한 자금 지원	재무부
지난 프로젝트에 대한 결산 진행	인사부

Chapter 2
대외 문서

≡ Unit 1 업무 연락

1 제품 문의

주요 목적:
업무와 관련해 필요한 정보를 문의한다.

작문 요점:
먼저 자기소개를 하고 편지의 목적과 어떠한 정보를 얻고자 하는지를 설명한다. 편지 마지막에는 반드시 정보를 얻고자 하는 긴박한 심정 및 감사의 표현을 하고 필요에 따라 자신의 연락처를 남겨 수신인이 연락을 취하기 용이하도록 한다.
업무 연락은 간단명료한 표현으로 예의를 갖추어 자신의 요구를 전달하는 것이 좋다. 어조는 가급적 부드러워야 하며 감사의 표현을 충분히 전달해야 한다.

☁ 만능 활용 영어 작문 패턴

1. **Can you tell me about your products in detail?**
   귀사 제품에 대해 자세히 설명해 주실 수 있습니까?
   🏷 Can you tell me about…? | …에 대해 말해 줄 수 있니?

2. **We would appreciate it if you could send the details to us.**
   자세한 내용 보내 주시면 감사하겠습니다.
   🏷 We would appreciate it… | 우리는 그것을 감사히 여길 것이다.

3. **We would be obliged if you could offer us a sample.**
   우리에게 샘플을 제공해 준다면 감사하겠습니다.
   🏷 We would be obliged if… | …해 준다면 감사하겠다.

4. **Could you give us the detailed information about the goods?**
   제품에 대한 상세 정보를 제공해 줄 수 있습니까?

5. Full information about the valve would be most welcome.
이 밸브에 관한 자세한 정보를 가장 환영할 것입니다.
- Full information about…would be most welcome. | …에 자세한 정보를 가장 환영할 것이다.

6. It would be helpful to us if you could send us the full information.
모든 정보를 보내 주면 우리에게 큰 도움이 될 것입니다.
- It would be helpful to us if… | …해 준다면 우리에게 큰 도움이 될 것이다.

7. Could you give us some ideas about the product?
제품에 대한 몇 가지 의견을 줄 수 있습니까?
- Could you give us some ideas about…? | …에 대한 몇 가지 의견을 줄 수 있습니까?

8. Would you please send us full information about the computer models that meet our requirements?
우리의 요구 조건에 맞는 컴퓨터 모델에 대한 전체 정보를 보내 줄 수 있습니까?
- Would you please send us…? | …를 보내 줄 수 있습니까?

9. Please send us full details of your goods.
귀사 제품들에 대한 전체 세부 사항을 보내 주시기 바랍니다.
- Please send us… | …를 보내 주시길 바란다.

10. Information regarding the origin of the raw materials would be appreciated.
원료의 원산지에 관한 관한 정보를 준다면 고마워할 것입니다.

11. We wish to know the full product information.
우리는 귀사 제품의 전체 정보를 알고 싶습니다.
- We wish to know… | 우리는 알고 싶다.

12. I would like to inquire about the lowest price of your products.
귀사 제품의 최저 가격을 문의하고자 합니다.
- I would like to inquire about… | …에 대해 문의하고자 한다.

13. We are looking forward to your immediate reply.
당신의 빠른 회신 기다리고 있겠습니다.
- We are looking forward to… | …를 기다리고 있겠다.

14. Could you send us the brochure on your product?
귀사의 제품 브로슈어를 보내 주실 수 있습니까?

15. **I have seen your products at the Trade Fair.**
    무역 박람회에서 귀사의 제품을 본 적 있습니다.

16. **We are very interested in some of your products.**
    우리는 귀사의 일부 제품에 관심이 많습니다.

17. **We thank you for your inquiry regarding our products.**
    우리 제품에 대해 문의 주셔서 감사합니다.

18. **We appreciate your prompt attention.**
    당신의 즉각적인 조치에 감사합니다.

19. **Your prompt reply would be very much appreciated.**
    최대한 빨리 회신해 주신다면 정말 감사할 것입니다.
    - …would be very much appreciated… | …에 정말 감사할 것이다.

20. **Please send us details of your office desks, together with prices.**
    귀사의 사무용 책상에 대한 세부 정보와 가격을 보내 주시기 바랍니다.
    - Please send us details of… | …의 세부 사항을 보내 주길 바란다.

sample 1

File 35

Dear Sirs,

We have been informed that you are exporting all kinds of down coats. Would you please send us details of your products, including textures, colors, and prices? We will be most grateful if you could send some samples of the products. We believe that there is a promising market in our area for moderately priced goods such as yours.

It would be appreciated if you could state the terms of payment and discounts you allow on purchase of quantities when you reply.

Yours faithfully,

Tom Spence

담당자님,

당신이 다양한 다운 코트를 수출한다고 들었습니다. 옷감, 색상, 가격을 포함한 귀사 제품에 대한 세부 정보를 우리에게 보내 줄 수 있겠습니까? 제품의 샘플을 보내 준다면 우리는 정말 감사할 것입니다. 귀사 제품의 가격이 적당하다면 현지에서 당신의 제품들 전망이 매우 좋을 것이라 믿습니다.

회신하실 때 대금 지급 조건 및 구매 수량에 따른 할인율을 명시해 주시면 감사하겠습니다.

Tom Spence

sample 2

Dear Sirs,

We have seen the advertisement for your ceramic products. We are especially interested in them and hoping to learn more about your products. Would you please send us full information about your products?

We are looking forward to your reply.

Yours faithfully,

Ally Mitchell

담당자님,

당신의 도자기 제품에 대한 광고를 보았습니다. 우리는 특히 그것들에 관심이 많으며, 당신의 제품에 대해 더 많이 알고 싶습니다. 귀사 제품에 대한 종합적인 정보를 보내 주실 수 있을까요?

답장 기다리겠습니다.

Ally Mithchell

sample 3

Dear Sirs,

I am writing to see if it is possible for you to provide me with information regarding your textile products.

From the advertisement, we found that your products have a vast potential market in the local area, which attracted our attention. I would like to inquire about the materials, fiber grade and prices. Could you be so kind as to send me some relevant booklets providing further details about the above-mentioned aspects?

Thank you for your kindness, and your prompt attention to this letter will be highly appreciated.

Yours faithfully,

Pat Lally

담당자님,

귀사의 섬유 제품에 관한 정보를 제공하는 것이 가능한지 여부를 문의하고자 편지를 씁니다.

그 광고에서 우리는 귀사 제품이 지역에서 상당한 잠재 시장을 가지고 있음을 발견했고, 그것은 우리의 관심을 끌었습니다. 원단의 재료, 섬유 등급 및 가격 문의하고 싶습니다. 상기 정보를 포함한 더 자세한 정보를 제공하는 관련 책자를 보내 주실 수 있을까요?

친절에 감사드리며, 당신이 이 편지에 대해 즉각적인 조처를 해 주신다면 진심으로 감사하겠습니다.

Pat Lally

sample 4

Dear Mr. Edward,

I learnt from your advertisement that the design of your digital cameras are novel, whilst some partners have also praised the quality of your products as excellent. I am writing to request more information about your products. I would appreciate it if you could send us a detailed catalogue including prices and possible payment methods.

I look forward to your prompt reply.

Sincerely yours,

Jack Jones

Edward 씨,

광고를 통해 귀사가 생산하는 디지털카메라 디자인이 참신하다는 것을 알게 되었고, 일부 파트너사 역시 당신 제품의 품질이 우수하다고 칭찬했습니다. 이에 저는 귀사 제품에 대한 추가적인 정보를 요청하고자 편지를 씁니다. 가격과 지급 방법을 포함한 상세한 제품 안내서를 보내 줄 수 있다면 진심으로 감사하겠습니다.

빠른 회신 기다리겠습니다.

Jack Jones

2 제품 안내서 요청

주요 목적:
제품 안내서를 요청해 필요한 제품에 대한 정보를 얻는다.

작문 요점:
먼저 간단하고 명료하게 자신이 **제품 안내서를 요구하는 목적을** 밝혀야 한다. 필요에 따라 참신한 디자인, 높은 품질, 저렴한 가격 등과 같은 **해당 제품 안내서를 요구하는 원인도 설명**하면 좋다. 마지막으로 반드시 **감사를 표현**하고 상대방의 제품 안내서를 받고자 하는 간절함을 담는다.
부드럽고 공식적인 표현을 사용하는 것이 좋으며 명령조의 말투로 제품 안내서를 강요하듯이 요구하는 것은 절대 삼가야 한다.

만능 활용 영어 작문 패턴

1. **We would like to see a catalogue of your products.**
   귀사의 제품 안내서를 제공해 주시길 요청하고자 합니다.
   🏷 We would like to… | …하고자 한다.

2. **Could you please send us a catalogue of your products?**
   귀사의 제품 안내서를 보내 주실 수 있으실까요?

3. **Could you provide me with a catalogue of your products?**
   귀사의 제품 안내서를 제공해 주실 수 있나요?
   🏷 Could you provide me with… | …를 제공해 줄 수 있니?

4. **Please send us the latest catalogue of your products.**
   당신 제품의 최신 제품 안내서를 보내 주시기 바랍니다.

5. **Can I get the newest list of your merchandise?**
   당신 제품의 최신 제품 안내서를 받을 수 있을까요?
   🏷 Can I get… | 내가 …를 받을 수 있니?

6. **We are very interested in your products.**
   당신의 제품에 우리는 매우 관심을 가지고 있습니다.

7. **We would like to know more about your products.**
   당신의 제품에 대해 보다 많은 정보를 얻고자 합니다.

8. **Could you tell me more about your products?**
   당신 제품에 대해 보다 많은 정보를 제공해 주실 수 있습니까?

9. **It would be appreciated if you could send us a catalogue of your products.**
   당신 제품의 목록을 보내 주실 수 있다면 진심으로 감사하겠습니다.

10. **We would be grateful if you would send us a catalogue of your products.**
    당신이 당신의 제품 목록을 보내 주신다면 진심으로 감사하겠습니다.

11. **I want to purchase some office desks. Could you send me your latest catalogue?**
    회사 사무실 책상을 구하고자 하는데 당신의 최신 제품 안내서를 보내 주실 수 있나요?

12. **We'd like to have a list of your products.**
    당신의 제품 목록이 있으면 좋겠습니다.
    🏷 We'd like to have a list of… | …의 목록이 있으면 좋겠다.

13. Please send us your latest catalogue.
당신의 최신 제품 안내서를 보내 주시기 바랍니다.

14. Can I have the summer catalogue of your clothing lines?
당신의 의류 제품군의 여름 제품 안내서를 받을 수 있을까요?

15. Can I have more information about your products?
당신 제품에 대한 보다 많은 정보를 받을 수 있을까요?

16. Can I get a list of your products?
귀사의 제품 목록을 받을 수 있을까요?

17. I want the latest catalogue of your products. Could you send it to me?
귀사 제품의 최신 제품 안내서가 필요합니다. 보내 주시겠습니까?

18. I'd like to ask you for a catalogue of your products.
귀사 제품에 대한 제품 안내서를 부탁드리고 싶습니다.

🔖 I'd like to ask you… | 당신에게 부탁하고 싶다.

19. Do you have the latest updated catalogue?
최신 제품 안내서를 가지고 계십니까?

20. I'd like to have a list of your products to study.
검토용 귀사 제품 리스트가 있으면 좋겠습니다.

---

sample 1

📄 File 36

Dear Mr. Hood,

We are looking to purchase some of the latest shoe apparel this summer and are interested in your products. It will be appreciated if you could send us a catalogue of your products.

Looking forward to hearing from you soon.

Yours sincerely,

Thomas Clark

Hood 씨,

우리는 올여름 최신의 신발류 제품을 구매하고자 하며 당신의 제품에 매우 관심이 있습니다. 당신이 우리에게 당신의 제품 목록을 보내 주실 수 있다면 진심으로 감사하겠습니다.

당신의 회신 기다리겠습니다.

Thomas Clark

sample 2

Dear Mr. Flexney,

We understand that your products are very popular in the market, and we would like to learn more about them. Could you please send me a catalogue?

I look forward to your early reply.

Sincerely yours,

Gerry Britton

Flexney 씨,

귀사 제품이 시장에서 매우 환영받고 있음을 알고 있으며 당신의 제품에 대해 보다 이해하고자 합니다. 우리에게 귀사의 제품 목록을 보내 주실 수 있을까요?

당신의 빠른 회신 기다리겠습니다.

Gerry Britton

sample 3

> Dear Mr. Jeffers,
>
> I'm engaged in the food retailing business, and I am interested in your products. Could you provide us with a catalogue of them, including price details for each product?
>
> Thank you in advance. I'm looking forward to your early reply.
>
> Yours sincerely,
>
> Tom Coyne
>
> ---
>
> Jeffers 씨,
>
> 저는 식품 두매업에 종사하고 있으며 귀사 제품에 관심이 있습니다. 우리에게 각 제품의 가격이 포함된 귀사의 제품 안내서를 보내 줄 수 있으실까요?
>
> 미리 감사의 말씀 전합니다. 당신의 빠른 회신 기다리겠습니다.
>
> Tom Coyne

3 제품 안내서 발송

주요 목적:

상대방이 요구한 제품 안내서를 발송한 뒤, 도착 여부를 확인하고 상대방의 제품에 대한 이해를 돕는다.

작문 요점:

먼저 **제품 안내서를 발송했음을 알리고, 상대방에게 확인을 요청**한다. 필요에 따라 우수한 품질, 낮은 가격, 좋은 성능, 환경 친화 등 자사 제품의 장점을 재차 서술하는 것도 좋다. 이는 상대방에게 호소하기 좋은 방법이다. 마지막으로 **상대방의 회신을 희망**하는 표현으로 간절한 마음을 전달한다.

만능 활용 영어 작문 패턴

1. **We are sending you the list of our products as requested.**
   당신이 요청하신 대로 우리의 제품 목록을 보내 드립니다.
   🏷 ···as you requested. | 요청한 대로···

2. **We are sending you the catalogue of our products.**
   자사 제품 안내서를 보내 드립니다.

3. **We already forwarded you the catalogue of our products this morning.**
   오늘 아침에 이미 자사 제품 안내서를 보내 드렸습니다.

4. **We will mail you the catalogue as requested.**
   요청하신 대로 제품 안내서를 메일로 보내 드리겠습니다.
   🏷 We will mail you···as requested. | 요청하신 대로 ···를 메일로 보내 주겠다.

5. **You can learn more information about our products through the catalogue.**
   제품 안내서를 통해 우리 제품에 대한 더 자세한 정보를 알 수 있습니다.

6. **We will fax you the catalogue under a separate cover.**
   별도로 우리의 제품 안내서를 팩스로 보내 드리겠습니다.

7. **We are sending our latest catalogue and some samples to you.**
   자사 최신 제품 안내서와 몇 가지 샘플을 당신께 보내 드리겠습니다.

8. **We will mail you our latest catalogue ASAP.**
   가능한 한 빨리 우리의 최신 제품 안내서를 메일로 보내 드리겠습니다.

9. **You can contact us at any time if you have any questions about the catalogue.**
   제품 안내서에 대해 궁금한 점 있으시면 언제든지 연락 주시기 바랍니다.

10. **We are sending you our latest catalogue.** 우리의 최신 제품 안내서를 보내 드립니다.

11. **This is the new catalogue presenting our merchandise.**
    이것은 우리 제품을 소개하는 새로운 제품 안내서입니다.

12. **We are glad to provide more information about our products.**
    우리 제품에 대한 더 많은 정보를 제공하게 되어 기쁩니다.

13. **We hope you will gain a deeper understanding of our products through this catalogue.**
    이 제품 안내서를 통해 우리 제품에 대해 보다 깊이 이해하시길 바랍니다.

Chapter 2 대외 문서

14. We hope you will be satisfied with this catalogue.
당신이 이 제품 안내서에 만족하시길 바랍니다.

15. The catalogue we are sending you is the most recent one.
보내 드리는 제품 안내서는 가장 최근의 것입니다.

16. Thank you for your attention to our products.
우리 제품에 관심 가져 주셔서 감사합니다.

🔖 Thank you for your attention to… | …에 관심 가져 줘서 감사하다.

17. This is the list of our items.
이것이 우리의 제품 목록입니다.

18. The catalogue is under revision at present.
제품 안내서는 현재 수정 중입니다.

🔖 …is under revision. | …는 수정 중이다.

19. We are sorry that our catalogue is unavailable at present.
죄송하지만 현재는 제품 안내서가 없는 상태입니다.

20. We will send you the catalogue as soon as the updated version is available.
업데이트 버전이 나오는 대로 제품 안내서를 보내 드리겠습니다.

---

sample 1

File 37

Dear Mr. Richard,

Thanks for your inquiry regarding our products. Please find enclosed a copy of our catalogue of products as requested. We trust it will be helpful to you.

If you have any further questions, you can contact me at any time.

Yours sincerely,

Willy Miller

Richard 씨,

우리 제품에 대해 문의해 주셔서 감사합니다. 요청하신 대로 자사 제품 안내서 사본을 첨부했습니다. 이것이 당신에게 도움이 될 거라 믿습니다.

더 궁금하신 점 있으시면 언제든지 연락 주시기 바랍니다.

Willy Miller

sample 2

Dear Mr. Wall,

Thanks for your attention to our products. This morning we have forwarded you our catalogue as requested.

The catalogue includes both established and recently released products. We are confident that you will agree that the quality of our products is superior to comparably priced products offered by our competitors, and we are sure that our customers will be satisfied with them.

If you have any further questions, please do not hesitate to contact me.

Yours sincerely,

Tommy Ring

Wall 씨,

우리 제품에 관심 가져 주셔서 감사합니다. 오늘 아침 요청하신 대로 우리의 제품 안내서를 보내 드렸습니다.

제품 안내서에는 기성 제품과 최근 출시된 제품이 모두 포함되어 있습니다. 우리는 당신이 우리 제품의 품질이 경쟁사가 제공하는 비교적 저렴한 가격대의 제품보다 우월하다는 것에 동의하고, 고객들도 제품에 대해 반드시 만족하실 것이라 확신합니다.

더 궁금하신 점이 있으시면 주저하지 마시고 연락하시기 바랍니다.

Tommy Ring

sample 3

Dear Mr. Barton,

We are very happy to receive your inquiry. We have now sent our most recent catalogue to you.

The catalogue includes detailed information regarding our line of women's clothing. They are very popular among female customers due to the fashionable design and reasonable price.

You are free to contact us at any time if you have any other queries.

Yours sincerely,

David Kendy

Barton 씨,

당신의 문의에 우리는 매우 기쁩니다. 우리는 지금 가장 최근의 제품 안내서를 당신께 보내 드렸습니다.

제품 안내서에는 우리의 여성복 라인에 관한 상세한 정보가 포함되어 있습니다. 우리의 제품은 유행하는 디자인과 합리적인 가격으로 여성 고객들 사이에서 매우 인기가 있습니다.

다른 문의 사항이 있으시면 언제든 편하게 연락 주시기 바랍니다.

David Kendy

sample 4

Dear Mr. Colgan,

Thank you very much for your letter of June 21, 2019 inquiring about our products. In order to give you a better understanding of our products, we have sent you a catalogue which includes all types of machines we manufacture and a price list for your reference.

If there are any questions, please contact us at any time.

We look forward to hearing from you.

Yours sincerely,

Gareth Evans

Colgan 씨,

2019년 6월 21일 편지에 우리 제품에 대해 문의 주셔서 정말 감사합니다. 당신의 우리 제품에 대한 보다 나은 이해를 돕기 위해, 우리는 우리가 생산하는 모든 종류의 기계와 참고를 위한 가격을 포함한 우리의 제품 안내서를 보내 드리는 바입니다.

문의 사항 있으시면 언제든지 연락 주시기 바랍니다.

당신의 연락 기다리겠습니다.

Gareth Evans

sample 5

Dear Mr. Makalamby,

We understand that you are in urgent need of some high quality digital cameras.

We enclose a catalogue of our products and a price list. Our cameras sell well in the local market and are renowned for their innovative design. As one of the largest exporters in England, we look forward to establishing a trade relationship with you. I believe you will be satisfied with our products.

We look forward to hearing from you in due course.

Yours sincerely,

John Burridge

Makalamby 씨,

당신이 고품질의 디지털카메라를 급히 필요로 하신다는 것을 알게 되었습니다.

자사 제품 안내서와 가격표를 첨부합니다. 우리의 카메라는 국내 시장에서 매우 잘 팔리며 혁신적인 디자인으로 유명합니다. 영국 최대의 수출상 중 하나로서, 우리는 당신과의 무역 협력을 기대합니다. 당신이 우리 제품에 매우 만족하실 것이라 믿습니다.

적절한 시기에 당신에게서 연락이 오길 기대합니다.

John Burridge

4 제품 안내서 발송 후 문의

주요 목적:
발송한 제품 안내서를 상대방이 잘 받았는지와 검토 결과를 확인한다.

작문 요점:
먼저 제품 안내서를 발송했음을 알리며 구체적인 발송일을 언급한다. 그다음 상대방이 그것을 받았는지 여부를 묻고, 마지막으로 최대한 빨리 상대방이 응답받을 수 있길 희망하며 양측의 원활한 협력을 기원하며 글을 마무리한다.
제품 안내서 발송 후 문의를 할 때 내용은 간결해야 하며 예의를 갖추어 문의 사항을 전달해야 한다.

만능 활용 영어 작문 패턴

1. **I would like to inquire whether you have received our catalogue.**
   당신이 우리의 제품 안내서를 받았는지 문의하고 싶습니다.
   🏷 I would like to inquire… | …에 대해 문의하고 싶다.

2. **I want to confirm if you have received our catalogue.**
   당신이 우리의 제품 안내서를 받았는지 확인하고자 합니다.
   🏷 I want to confirm… | …를 확인하고자 한다.

3. **We haven't received your reply yet.** 우리는 아직 당신의 회신을 받지 못했습니다.

4. **I haven't received a response from you regarding our catalogue.**
   우리의 제품 안내서와 관련해 당신으로부터 아무런 회신도 받지 못했습니다.

5. **We sent you our catalogue one week ago, but as yet have received no response from you.**
   일주일 전에 우리의 제품 안내서를 보내 드렸지만, 아직 당신으로부터 아무런 회신도 받지 못했습니다.

6. **One week has passed, but no response has been received.**
   일주일이나 지났지만 아무런 회신도 받지 못했습니다.

7. **I am writing this letter to confirm whether or not you have received our catalogue.** 당신이 우리의 제품 안내서를 받으셨는지 여부를 확인하고자 편지를 씁니다.

8. **Have you received the catalogue?** 제품 안내서를 받으셨나요?

9. **Maybe you haven't received our catalogue, so I enclose another one.**
   어쩌면 당신이 우리 제품 목록을 받지 못했을지도 모르니 다시 한번 첨부합니다.

10. I would like to know whether or not you have looked at the catalogue we sent you last week.
지난주에 우리가 보내 드린 제품 안내서를 보셨는지 알고 싶습니다.

11. I am writing to inquire whether you have received the catalogue we sent to you three days ago.
3일 전에 당신께 보내 드린 제품 안내서를 받으셨는지 문의하고자 편지를 씁니다.

12. If you have received our catalogue, please let us know if you have any further questions.
우리의 제품 안내서를 받으셨다면, 당신이 추가로 궁금하신 점이 있으신지 말씀해 주시기 바랍니다.

13. Just to be sure, we are enclosing another catalogue.
만일의 상황을 대비해, 제품 안내서를 추가로 동봉합니다.
🏷 Just to be sure, … | 만일의 상황을 대비해…

14. I hope to receive your prompt reply. 당신으로부터 빠른 회신 받을 수 있길 바랍니다.
🏷 I hope to receive… | …를 받을 수 있길 바란다.

15. As per your request, we sent our catalogue to you one week ago, but we haven't received any reply yet.
당신이 요청하신 대로, 일주일 전에 우리의 제품 안내서를 보내 드렸습니다만, 우리 측은 아직까지 어떠한 회신도 받지 못했습니다.

16. We have sent you a catalogue, but as yet have received no reply.
제품 안내서를 이미 보내 드렸습니다만, 아직도 회신을 받지 못했습니다.

17. I hope to receive your reply regarding this catalogue.
이 제품 안내서에 대한 당신의 회신을 수령할 수 있길 바랍니다.

18. We would appreciate it if you could inform us when you receive our second catalogue.
우리의 두 번째 제품 안내서를 받으시는 대로 우리에게 알려 주시면 감사하겠습니다.
🏷 We would appreciate it if… | …하면 감사하겠다.

19. We are enclosing a second catalogue for your reference.
참고하실 수 있도록 두 번째 제품 안내서를 첨부해 드립니다.

20. We look forward to receiving your reply regarding our second catalogue.
우리의 두 번째 제품 안내서에 대한 당신의 회신을 고대하겠습니다.

sample 1

📄 File 38

Dear Daniel,

I am writing to inquire whether you have received our catalogue. We sent it one week ago as per your request, but we have as yet received no reply from you. We have enclosed a copy of the catalogue again for your reference. When you receive it, I would be most grateful if you could inform us.

I hope you will be satisfied with our catalogue.

Yours sincerely,

Joe Harper

Daniel 씨,

우리의 제품 안내서를 받으셨는지 문의하고자 씁니다. 우리는 당신이 요청하신 대로 일주일 전에 제품 목록을 보내 드렸습니다만, 아직 당신으로부터 아무런 회신도 받지 못했습니다. 참고하시라고 다시 한번 제품 안내서를 첨부해 드립니다. 받으시는 대로 우리에게 알려 줄 수 있으시다면 매우 감사하겠습니다.

우리의 제품 안내서에 대해 만족하시길 바랍니다.

Joe Harper

sample 2

Dear Deirdrie,

I sent you a copy of our catalogue by e-mail yesterday. I would like to know if you have had the chance to look at it yet.

Our products are the best seller in the market and are popular among teenagers, so I believe you will be satisfied with our products.

I look forward to hearing from you soon.

Yours sincerely,

Jim Baxter

Deirdrie 씨,

우리의 제품 안내서를 어제 메일로 보내 드렸습니다. 당신이 그것을 볼 기회가 있었는지 알고 싶습니다.

우리의 제품들은 시장에서 베스트셀러이며 10대들 사이에서 인기 있기 때문에 당신도 우리 제품에 만족하시리라 믿습니다.

답장 기다리고 있겠습니다.

Jim Baxter

sample 3

Dear Jamie,

I am writing to inquire whether you received our catalogue that we sent to you three days ago. As we haven't received confirmation of receipt, we enclose another copy of our catalogue. I am sure that some of our products will meet your needs, and we would be happy to provide any additional information that you need.

Yours sincerely,

Hamish French

Jamie 씨,

우리가 3일 전에 보내 드린 제품 안내서를 받으셨는지 문의하고자 편지를 씁니다. 우리가 아직 당신의 회신을 받지 못했기에, 우리의 제품 안내서를 한 번 더 첨부해 드립니다. 우리 제품 일부가 당신의 요구를 만족시킬 것이라 확신하며, 당신이 필요로 하는 추가 정보를 기꺼이 제공할 것입니다.

Hamish French

5 제품 안내서 수령 확인 및 감사

주요 목적:

제품 안내서가 잘 도착했다는 것을 알리고 감사를 표현한다.

작문 요점:

먼저 **제품 안내서가 잘 도착했음**을 알리며 **감사를 표한다**. 그다음 제품 안내서를 검토했다면 그에 대한 자신의 관심을 표현한다. **제품 안내서에 요건에 부합하는 제품이 있는지, 구매 의사 여부를 직접 이야기**해도 좋다. 말미에 다시 한번 제품 안내서를 발송해 준 데에 대한 감사를 표현한다.

만능 활용 영어 작문 패턴

1. **We have received the catalogue that you sent us.**
   당신이 우리에게 보내 주신 제품 안내서를 이미 받았습니다.

2. **We got your catalogue today.**   오늘 귀사의 제품 안내서를 받았습니다.

3. **The catalogue was received this afternoon.**
   오늘 오후에 제품 안내서를 받았습니다.

4. **I'm really appreciative that I have received the mail in such a short time.**
   이렇게 빨리 메일을 받을 수 있어서 정말 감사합니다.

5. **Thanks for your quick response.**   당신의 빠른 회신 감사합니다.

6. **We are appreciative of your prompt response.**
   우리는 당신의 즉각적인 답변에 매우 감사합니다.

7. **I think there is potential for cooperation between us.**
   우리 사이에 협력 가능성이 있다고 생각합니다.
   - ···there is potential for··· | ···할 가능성이 있다.

8. **Your timeliness impressed us a lot.**   당신의 적시성이 우리에게 많은 감동을 주었습니다.

9. **We will read your catalogue carefully.**   당신의 제품 안내서를 주의 깊게 읽겠습니다.

10. **Your catalogue will help us a lot.**
    당신의 제품 안내서는 우리에게 많은 도움이 될 것입니다.
    - ···will help us a lot. | ···는 우리에게 많은 도움이 될 것이다.

11. **Thanks for the catalogue you sent to me.**
    당신이 보내 주신 제품 안내서 감사합니다.

12. **Many thanks for your letter and the attached catalogue.**
    당신의 편지와 첨부하신 제품 안내서 대단히 감사합니다.
    - Many thanks for… | …에 대해 대단히 감사하다.

13. **Thank you very much for sending us your latest catalogue.**
    귀사의 최신 제품 안내서를 보내 주셔서 대단히 감사합니다.

14. **Thanks for your detailed catalogue.**
    귀사의 상세 제품 안내서 감사합니다.

15. **We received your catalogue yesterday and we are interested in your products.**
    어제 귀사의 제품 안내서를 받았고 우리는 귀사 제품에 관심이 있습니다.

16. **We are satisfied with your catalogue.**
    우리는 귀사의 제품 안내서에 매우 만족합니다.

17. **Your catalogue can satisfy our requirements, so we've decided to place an order.**
    귀사의 제품 안내서는 우리의 요구를 만족시킬 수 있었기에, 우리는 귀사에 주문하기로 했습니다.
    - …can satisfy our requirements. | …는 우리의 요구를 만족시킬 수 있다.

18. **We find your catalogue satisfactory and thank you for your letter.**
    귀사의 제품 안내서를 매우 만족스럽게 생각하며, 당신의 편지에 대해 감사의 말씀 전합니다.
    - We find…satisfactory. | …에 대해 만족한다.

19. **Unfortunately there is no product you offer that currently meets our needs, but I still thank you for your letter.**
    유감스럽게도 당신의 제안에는 현재 우리의 요구에 부합하는 제품은 없지만, 여전히 당신의 편지에 감사합니다.
    - There is no…meets our needs. | …는 우리의 요구에 부합하지 않는다.

20. **The catalogue we received was not the one we requested, could you please send the right one?**
    우리가 받은 이 제품 안내서는 우리가 요청한 것이 아니었는데, 올바른 것으로 보내 주실 수 있을까요?

sample 1

 File 39

Dear Mr. John,

We received your catalogue this morning. Your quick response to our inquiry has impressed us a lot.

We will read the catalogue carefully and contact you if there's further need.

Thank you very much for your help.

Yours sincerely,

Craig Easton

John 씨,

오늘 아침에 당신의 제품 안내서를 받았습니다. 우리 문의에 대한 당신의 빠른 회신은 우리에게 많은 감동을 주었습니다.

당신의 제품 안내서를 주의 깊게 읽고, 더 필요한 것이 있으면 당신에게 연락 드리겠습니다.

당신의 도움에 진심으로 감사합니다.

Craig Easton

sample 2

Dear Mr. Wills,

Many thanks for your letter dated July 12, 2019. We are very pleased with the attached catalogue. We are enclosing our order and hope you can make the delivery within the timescale requested.

If there are any queries, please contact me.

Yours sincerely,

Craig Bryson

Wills 씨,

2019년 7월 12일에 보내 주신 편지에 대해 정말 감사합니다. 첨부해 주신 제품 안내서에 우리는 상당히 만족합니다. 우리 주문서를 첨부하오니 요청한 기한 내에 납품해 주실 수 있길 바랍니다.

궁금하신 점 있으시면 저에게 연락 주시기 바랍니다.

Craig Bryson

sample 3

Dear Mr. Kilgannon,

Thanks for the catalogue you sent to our company. The catalogue is very clear. We appreciate it, and I think there is potential for future cooperation between us.

I hope that our relationship will benefit both companies.

Yours sincerely,

William Kent

Kilgannon 씨,

우리에게 보내 주신 귀사 제품 안내서 감사합니다. 제품 안내서가 아주 명확합니다. 우리는 그에 대해 진심으로 감사하게 생각하며, 향후 당신과 우리 양측 간의 협력 가능성이 있다고 생각합니다.

우리의 관계가 양측 회사 모두에게 이익이 될 수 있길 바랍니다.

William Kent

sample 4

Dear Mr. Lee,

We received your catalogue yesterday, and we appreciate it very much. We will look through your catalogue to see whether it meets our needs, and then give you a definite answer soon.

Yours sincerely,

Jimmy Bone

Lee 씨,

우리는 어제 귀사의 제품 안내서를 받았으며 그에 대해 정말 고맙게 생각합니다. 귀사 제품이 우리의 요구를 만족하는지 제품 안내서를 검토하여, 곧 당신에게 확신한 답변 드리겠습니다.

Jimmy Bone

6 제품 품절 안내

주요 목적:
고객에게 현재 재고가 부족해 수요를 만족시킬 수 없음을 알린다.

작문 요점:
먼저 **제품 주문에 감사**를 표하고, 고객이 주문한 제품 **이름, 유형, 수량 등을 다시 한번 언급**하는 것이 좋다. 이렇게 함으로써 상대방에게 복사해 붙여 넣은 전체 메일이 아니라, 오직 고객 한 사람을 위해 작성한 것이라고 느끼게 해 회사의 이미지를 제고할 수 있다. 그다음 **현재 회사에 물량이 부족함을 알리며 이에 대한 사과와 감사의 뜻**을 표한다.

만능 활용 영어 작문 패턴

1. **We are sorry, but the goods you requested are currently out of stock.**
   죄송합니다만, 당신이 주문하신 제품들은 현재 품절입니다.

2. **We regret to inform you that this product is out of stock.**
   이 제품은 품절되었음을 알려 드리게 되어 유감입니다.
   - We regret to inform… | …를 알리게 되어 유감이다.

3. **Many thanks for your inquiry, but unfortunately that product is currently out of stock.**
   문의해 주셔서 감사하지만, 유감스럽게도 그 제품은 현재 품절입니다.

4. **I'm sorry to inform you that this product is in short supply.**
   이 제품의 재고가 부족하다는 것을 알려 드리게 되어 유감입니다.
   - …in short supply. | …의 재고가 부족하다.

5. **I'm sorry to tell you that we are currently unable to offer these products.**
   현재 이 제품들을 제공해 드릴 수 없음을 알려 드리게 되어 죄송합니다.
   - I'm sorry to tell you that we are currently unable to…
     …가 불가능함을 알리게 되어 미안하다.

6. **We very much regret that there are no more goods in stock.**
   매우 죄송합니다만 현재 재고가 없습니다.

7. **We are sorry to disappoint you.**
   실망시켜 드려 대단히 죄송합니다.

8. **This product is unavailable at the present moment.**
   이 제품은 현재 사용할 수 없습니다.
   - …is unavailable. | …는 사용할 수 없다.

9. **We are sorry that we can't process your order.**
   당신의 주문을 처리할 수 없게 되어 대단히 죄송합니다.

10. **We are sorry, but this product is not available at the moment.**
    죄송합니다만, 이 제품은 현재 제공이 불가능합니다.

11. **We can't make you an offer due to insufficient supply.**
    공급 부족으로 당신의 주문을 처리할 수 없습니다.
    - We can't…due to… | … 때문에 …가 불가능하다.

12. **I very much regret to tell you that this commodity is unavailable at present.**
    이 제품은 현재 품절임을 알리게 되어 정말 죄송합니다.

13. **Our new stock will be available in three months.**
    새로운 재고는 세 달 뒤에 채워질 것입니다.
    🏷 Our new stock will be available… | 새로운 재고는 …에 채워질 것이다.

14. **I'm sorry for any inconvenience caused by the shortage.**
    재고 부족으로 불편을 끼쳐 죄송합니다.

15. **This commodity will be back in stock soon.**
    이 제품은 곧 재입고될 것입니다.
    🏷 …will be back in stock. | …는 재입고될 것이다.

16. **This new style of dress is in short supply at present.**
    이 새로운 스타일의 드레스는 현재 공급 부족 상태입니다.
    🏷 …is in short supply. | …의 재고가 부족하다.

17. **I can't provide a specific time when this commodity will be back in stock.**
    이 제품의 재고가 언제 채워질지 구체적으로 말씀드리기 어렵습니다.
    🏷 I can't provide when… | 언제 …될지 알려 드릴 수 없다.

18. **We can't process your order because of a lack of stock.**
    재고가 부족해 당신의 주문을 처리할 수 없습니다.

19. **This kind of steel part is in short supply.**
    이런 종류의 강철 부품은 현재 공급이 부족합니다.

20. **We will inform you as soon as the new stock is available.**
    새로운 재고가 입고되는 대로 알려 드리겠습니다.

sample 1

Dear Mr. Smith,

We would like to thank you for your order for the teddy bear, but we regret to inform you that this product is currently unavailable. We apologize for any inconvenience this may cause.

Yours sincerely,

Jock Stein

Smith 씨,

우리 테디 베어를 주문해 주셔서 감사합니다만, 죄송스럽게도 제품이 현재 품절이라는 것을 알려 드리는 바입니다. 이로 인해 불편을 끼쳐 죄송합니다.

Jock Stein

sample 2

File 40

Dear Mr. Billio,

We thank you very much for your order, but we are sorry to inform you that the sports clothes you have ordered are out of stock at present. We don't know when this item will be back in stock, so we would suggest you try to obtain them direct from one of our stores.

Yours sincerely,

Nathan Blake

Billio 씨,

당신의 주문에 매우 감사합니다만, 당신이 주문하신 운동복은 현재 재고가 없음을 알려 드리게 되어 죄송합니다. 우리도 이 상품이 언제 재입고될지 모르기 때문에, 다른 지점에서 제품을 구매하시길 권해 드립니다.

Nathan Blake

sample 3

Dear Mr. Baker,

Thank you for your order of the sports apparatus. Unfortunately, we are sorry to inform you that we can't accept your order because of the current unavailability of these goods. The new stock will be available in two months.

Yours sincerely,

George William

Baker 씨,

운동 기구를 주문해 주셔서 감사합니다. 하지만 우리는 현재 제품 품절로 당신의 주문을 받을 수 없다는 것을 알려 드리게 되어 유감입니다. 새로운 재고는 두 달 뒤에 채워질 것입니다.

George William

sample 4

Dear Mr. Harpur,

Thank you for your order, however we are unable to process it at the current time as we are sold out.

We will be able to fulfil your order request seven days from now. If this is convenient, please confirm with us.

Yours sincerely,

Danny Crainie

Harpur 씨,

당신의 주문에 감사합니다만, 우리는 현재 매진으로 인해 당신의 주문을 처리할 수 없습니다.

우리는 7일 후에야 당신의 주문을 처리할 수 있을 것입니다. 기다려 줄 수 있으시다면 우리 측에 확인해 주시기 바랍니다.

Danny Crainie

sample 4

Dear Mr. Baker,

Thank you for your order for 200 pairs of shoes. We received it this morning, but we regret to inform you that the items you ordered are not available at present, so we are unable to fill your order.

We should be able to obtain the items you require within three working days. If this is acceptable, we would be happy to contact you as soon as our new stock comes in.

We are sorry for any inconvenience caused.

Yours sincerely,

Nacho Novo

Baker 씨,

200켤레의 신발을 주문해 주셔서 감사합니다. 우리는 오늘 아침에 주문서를 받았지만, 유감스럽게도 주문하신 제품은 현재 품절 상태라 당신의 주문을 처리해 드릴 수 없음을 알려 드립니다.

우리는 당신이 필요로 하는 물품을 영업일 3일 이내에 얻을 수 있을 것입니다. 괜찮으시다면, 우리가 입고되는 즉시 당신에게 연락 드리겠습니다.

불편을 끼쳐 죄송합니다.

Nacho Novo

7 계약 내용 논의

주요 목적:

양측이 맺으려는 계약 조항에 대해 논의, 또는 협상을 진행한다.

작문 요점:

먼저 계약 내용 중 어떤 부분을 받아들일 수 있고, 어떤 부분을 받아들일 수 없는지를 알려야 한다. 필요에 따라 직접적으로 **자신의 의견이나 생각을 설명**할 수도 있다. 그다음 **양측이 계속해서 논의를 진행해 의견 합치를 이루길 희망**한다는 점을 나타내고 마지막으로 **빠른 회신을 당부**하며 글을 마무리한다.

☁️ 만능 활용 영어 작문 패턴

1. **Do you have any questions regarding the contract?**
   계약과 관련해 궁금한 점 있으십니까?

2. **The additional terms will be acceptable to both of us.**
   추가 조항은 우리 양측 모두에게 이익이 될 것입니다.
   🏷 …be acceptable to… | …는 …에 이익이 된다.

3. **We have prepared for the signing of a contract.**
   우리는 계약서에 서명할 준비가 됐습니다.
   🏷 …have prepared for… | …가 …를 위한 준비가 됐다.

4. **We are just waiting for you to sign the contract.**

당신이 계약서에 서명하기만을 기다리고 있습니다.
- …enter into the contract. | …계약을 맺는다.

5. Thanks for your attention on this issue.
이 문제에 관심을 가져 주셔서 감사합니다.
- Thanks for your attention on… | …에 관심을 가져 줘서 고맙다.

6. We can meet to discuss it again if needed.
필요하시다면 다시 만나 논의할 수 있습니다.
- …if needed. | 필요하다면…

7. This term needs to be revised.
이 조항은 수정할 필요가 있습니다.
- This term needs to… | 이 조항은 …할 필요가 있다.

8. I'll call you to discuss this issue later.
추후 이 문제에 대해 논의차 전화 드리겠습니다.

9. I agree to revise this term as you instructed.
당신이 알려 주신 대로 이 조항을 수정하는 데 동의합니다.
- …as you instructed. | 당신이 알려 준 대로…

10. I'm writing to enquire if you have any concerns regarding the contract.
당신이 계약과 관련하여 어떤 문제가 있으신지 여쭙고자 씁니다.
- …have any concerns regarding… | …가 …에 대해 문제가 있다.

11. We are waiting for your opinion on this issue.
이 문제에 대한 당신의 의견을 기다리고 있습니다.

12. We have changed the transportation as you instructed.
당신이 지시한 대로 운송 수단을 변경했습니다.

13. Thanks for you prompt response on this issue.
이 문제에 대한 신속한 답변에 감사합니다.

14. We hope that we can cooperate successfully together.
양측의 협력이 성공적이길 바랍니다.

15. Please inform us if there's any change in the terms of the contract.
계약 조건에 수정이 필요한 경우 우리에게 알려 주시기 바랍니다.

16. I'm sorry that we can't accept this term.
유감이지만 우리는 이 조항을 받아들일 수 없습니다.

17. In light of the difference between us on this issue, I think we need a new round of negotiations.
이 문제에 대한 의견 차이를 비추어 볼 때, 재협상이 필요하다고 생각합니다.
🏷 In light of… | …에 비추어

18. The difference on this issue is negotiable.
이 문제에 대한 차이점은 협상 가능합니다.
🏷 …is negotiable. | …는 협상 가능하다.

19. I'm sorry, but we can't make concessions on this issue.
죄송합니다만, 우리는 이 문제에 대해서는 양보할 수 없습니다.
🏷 …make concessions on… | …가 …에서 양보하다.

20. We're sure that we can find a solution for this issue.
우리는 이 문제에 대한 해결책을 찾을 수 있다고 확신합니다.

sample 1

📄 File 41

Dear Mr. Thomas,

According to our discussion, we are sending you the draft contract on this subject.

If you have any disagreements regarding the draft, please inform us immediately. Then we can reach an agreement through further discussion.

We look forward to hearing from you soon.

Yours sincerely,

Simon Stainrod

Thomas 씨,

내부 토의를 통해 이 주제와 관련한 계약서 초안을 보내 드립니다.

초안과 관련해 이의가 있으시면 우리에게 즉시 알려 주세요. 그러면 우리가 추가 논의를 통해 합의에 이를 수 있을 것입니다.

빠른 회신 기다리겠습니다.

Simon Stainrod

sample 2

Dear Mr. Rice,

I'm writing to tell you that we have some concerns regarding some terms of the draft contract.

I think we need to meet and discuss the draft again. We can meet at the same place as we met last time at 9 o'clock on Tuesday morning if it is convenient for you.

I look forward to your reply.

Yours sincerely,

Brent Sancho

Rice 씨,

계약 초안에 몇 가지 문제가 있음을 말씀드리고자 씁니다.

다시 한번 뵙고 초안에 대해 논의해야 할 것 같습니다. 가능하시다면 지난 화요일 아침 9시에 뵈었던 곳에서 만나고 싶습니다.

회신 기다리겠습니다.

Brent Sancho

<u>sample 3</u>

Dear Mr. Brown,

I'm writing to tell you that we have different opinions on changing the draft.

As to the type of remittance, we must insist on the original type that we have discussed before as this is the custom of our company. We hope you can accept this.

Yours sincerely,

John Walker

Brown 씨,

초안 변경에 대해 다른 의견이 있음을 말씀드리고자 씁니다.

송금 방식에 대해서는, 이것이 우리 회사의 관례이기 때문에 사전에 논의한 형태로 계속되어야 합니다. 부디 당신이 이를 받아들일 수 있길 바랍니다.

John Walker

8 계약 조건 확인

주요 목적:

계약에 대해 양측 모두 의견을 합치했으며 이의가 없음을 확인한다.

작문 요점:

계약 조건 확인은 양측이 계약 조건에 대한 논의와 확실하게 약속을 마친 직후 이루어진다. 문서에는 먼저 **관련 계약 조건을 언급**하고, **계약에 대한 동의 의사**를 밝힌 뒤 마지막으로 **양측의 원활한 협력을 당부**하며 마무리한다.

협력을 위한 본인의 성의를 보여도 좋고, 태도는 진실해야 하며 어휘는 예의를 갖춰야 한다.

 **만능 활용 영어 작문 패턴**

1. **Please review the contract again.**
   계약서를 다시 검토하시기 바랍니다.
   ◆ Please review… | …검토하기 바란다.

2. **We have no questions regarding the contract.**
   우리는 계약에 관해 이의가 없습니다.
   ◆ We have no questions regarding… | 우리는 …에 대한 이의가 없다.

3. **Please look through all the terms again before signing it.**
   서명하시기 전에 다시 한번 모든 조항을 살펴보시기 바랍니다.
   ◆ Please look through… | …를 살펴보기 바란다.

4. **We agree to all the terms of the contract.**
   우리는 계약의 모든 조건에 동의합니다.
   ◆ We agree to… | 우리는 …에 동의한다.

5. **On the terms of the payment, we have no objection.**
   지급 조건에 대해서는 이의가 없습니다.

6. **We agree to your payment terms in the contract.**
   우리는 계약에서 당신의 지급 조건에 동의합니다.

7. **Though your payment terms are very stringent, we are willing to accept them.**   당신의 지급 조건이 매우 엄격하지만, 우리는 기꺼이 받아들일 것입니다.

8. **We have no problems in regards to the terms of the contract.**
   우리는 계약 조건에 대해 이의가 없습니다.

9. **We are satisfied with the terms of the contract.**
   우리는 계약 조건에 대해 만족합니다.

10. **After careful consideration, we have decided to accept your transportation requirement.**
    우리는 깊은 숙고 끝에 당신의 운송 요청을 받아들이기로 했습니다.

11. **I can accept your requirement that we must deliver the products as soon as we receive your payment.**
    지급과 동시에 출고를 원하시는 당신의 요구를 받아들이겠습니다.

12. **We have no problems with the terms of the contract, so we can sign it with you at any time.**
    우리는 계약 조건에 이의가 없으므로 언제든 당신과 계약할 수 있습니다.

13. **I am writing to enquire if you agree to all the terms of the contract.**
    당신이 모든 계약 조건에 동의하는지 문의하고자 씁니다.

14. **If you have no objection to the contract, please let us know.**
    계약서에 이의가 없으면 우리에게 알려 주세요.
    🏷 if you have no objections to… | …에 이의가 없으면

15. **I am wondering if you have any questions about the terms of the contract.**
    당신이 계약 조건에 대해 이의가 있으신지 궁금합니다.

16. **I am writing to enquire if you are comfortable with the terms of the contract.**
    당신이 계약 조건에 만족하는지 문의하고자 씁니다.

17. **If you have no questions, we hope we can sign the contract with you as soon as possible.**
    당신이 질문이 없다면, 우리는 당신이 가능한 한 빨리 우리와 계약을 체결할 수 있길 바랍니다.

18. **We hope we can sign the contract soon.**
    우리는 우리가 곧 계약서에 서명할 수 있길 바랍니다.

19. **We'd like to work together with you in the initial stages of this project.**
    우리는 이 프로젝트의 초기 단계부터 당신과 함께 일하고 싶습니다.

20. **We believe our cooperation will be a success.**
    양측의 협력이 성공적일 것이라 믿습니다.

sample 1

Dear Sirs,

I am writing to enquire if you agree to all the terms of the contract. I do hope that we can start our cooperation as early as possible.

Please tell us when you can confirm this contract.

Yours sincerely,

Michael Brown

담당자님,

당신이 모든 계약 조건에 동의하시는지 여쭙고자 씁니다. 우리와 당신 양측의 협력이 가능한 한 빨리 진행되길 희망합니다.

이 계약을 승인하신다면 말씀해 주시기 바랍니다.

Michael Brown

sample 2

Dear Sirs,

I'm writing to tell you that we have no problems regarding the terms of the contract. If there are no questions, we can start our cooperation immediately.

Yours sincerely,

Nicole Davis

담당자님,

이 계약서에 대해 우리는 어떠한 이의도 없음을 알려 드리고자 씁니다. 다른 문제가 없다면 우리는 양측의 협력을 시작할 수 있습니다.

Nicole Davis

sample 3

📄 File 42

Dear Sirs,

Thank you for your e-mail on April 20. This proposal is acceptable to us. We would like to cooperate with you immediately if there are no further questions.

Attached are our latest catalogues and price list. You are free to contact us at any time.

Yours faithfully,

Jimmy Shand

담당자님,

4월 20일에 보내 주신 메일 감사합니다. 이 제안은 우리가 받아들일 수 있습니다. 다른 문제가 없다면 우리는 바로 당신에게 협조하고 싶습니다.

우리의 최신 제품 안내서와 가격표를 첨부해 드립니다. 언제든 편하게 연락 주셔도 됩니다.

Jimmy Shand

9 가격 문의

주요 목적:

자신이 필요한 제품 가격을 문의한다.

작문 요점:

협업이 처음이라면 먼저 **자기소개를** 한다. 그다음 **메일 작성 목적**을 설명하고, 자신이 필요한 제품명을 명시하며 **가격**을 문의한다. 만약 제품 번호를 알고 있다면 그것을 기재하는 것도 좋다. 마지막으로 **가격표 발송을 부탁**하고 그에 대한 감사의 표현으로 글을 마무리한다.

만능 활용 영어 작문 패턴

1. **Could you please send us the price list of your products?**
   귀사 제품의 가격표를 우리에게 보내 주실 수 있습니까?

2. **We'd like to inquire about the prices and terms of payment for this product.**
   이 제품의 가격과 지급 조건에 대해 문의하고자 합니다.

3. **We would like to know the price of the product we have inquired about.**
   우리가 문의한 그 제품의 가격을 알고 싶습니다.

4. **Please send us the detailed information on the product, including the price.**
   이 제품의 가격을 포함한 상세 정보를 보내 주시기 바랍니다.

5. **Could you please tell us the price and terms of payment for this product?**
   이 제품의 가격과 지급 조건을 말씀해 주실 수 있나요?
   ● Can you please tell us… | …우리에게 말해 줄 수 있나요?

6. **Is tax included in the price?**
   가격에 세금이 포함되었나요?
   ● …included in… | …에 포함된

7. **We would be grateful if you could send detailed information such as the price of the product to us.**
   우리에게 이 제품의 가격 등 상세 정보를 보내 주신다면 감사하겠습니다.
   ● We would be grateful if… | 만약 …해 준다면 감사하겠다.

8. **Supplying us with price details would be highly appreciated.**
   세부 가격 정보를 제공해 주신다면 매우 감사하겠습니다.

9. **Please quote us the price of the lamps.**
   램프 가격 견적을 내 주시기 바랍니다.
   ● Please quote us the price of… | …의 견적을 내 주길 바란다.

10. **We'd like to know the unit price of the printer.**
    프린터 단가를 알고 싶습니다.

11. **Could you please offer us the unit price and concession terms of the product?**
    이 제품의 단가와 할인 조건을 제시해 줄 수 있으십니까?

12. Please supply us with a price list of your products.
우리에게 귀사 제품 가격표를 제공해 주시기 바랍니다.

13. Please send us the price of the air-conditioner ASAP.
우리에게 가능한 한 빨리 에어컨 가격을 보내 주시기 바랍니다.

14. We would like an up-to-date quotation on your product.
우리는 귀사 제품의 최신 견적을 원합니다.

15. Please send us the price list of your product.
귀사 제품의 가격표를 우리에게 보내 주시기 바랍니다.

16. We would be grateful if you could send us the piece price of the suits.
슈트 단가표를 보내 주실 수 있다면 감사하겠습니다.

17. We would like to know the lowest price for the books.
우리는 그 책들의 최저 가격을 알고 싶습니다.

18. A quotation would be highly appreciated.
가격을 알려 주신다면 대단히 감사할 것입니다.

19. We are very interested in the price for the equipment.
우리는 이 장비 가격에 관심이 많습니다.

20. I'm writing to inquire about the price of the product.
제품 가격에 대해 문의하고자 씁니다.

sample 1

Dear Sirs,

We are interested in your heating equipment. I'm writing to enquire about the piece price of the product. I would also be grateful if you could offer me the terms of payment too.

Your prompt reply would be appreciated.

Yours sincerely,

Neil Berry

담당자님.

우리는 귀사의 난방기에 관심이 많습니다. 제품 가격에 대해 문의하고자 합니다. 그와 더불어 지급 조건을 제공해 준다면 감사하겠습니다.

빨리 회신해 주시면 대단히 감사하겠습니다.

Neil Berry

sample 2

Dear Sirs,

We got the information about your air-conditioners from your e-mail. Could you please send us a quotation for this product?

Thank you in advance. We are looking forward to your reply.

Yours sincerely,

David Dodds

담당자님.

당신의 이메일에서 귀사의 에어컨에 대한 정보를 얻게 되었습니다. 이 제품에 대한 견적서를 보내 주실 수 있을까요?

미리 감사합니다. 당신의 회신 기다리겠습니다.

David Dodds

sample 3

Dear Sirs,

We learned about your product from your advertisement. We are desirous to know the price inclusive of tax as well as terms of payment. Could you please send the information to us?

We look forward to your early reply.

Yours sincerely,

Kevin Drinkell

담당자님,

우리는 귀사 광고에서 귀사 제품을 알게 되었습니다. 우리는 지급 조건과 세금을 포함한 제품 가격을 알고 싶습니다. 이에 대한 정보를 우리에게 보내 줄 수 있으신가요?

빠른 회신 기다리겠습니다.

Kevin Drinkell

10 가격 제시

주요 목적:
상대방이 문의한 제품의 가격에 대해 고지한다.

작문 요점:
먼저 **제품에 대한 관심과 문의에 대해 감사를 표현**한다. 그다음 상대방의 문의에 답변할 때는 반드시 각 **제품의 명칭, 규격, 모델 유형** 및 **가격** 등을 정확하고 확실하게 전달해야 한다. 마지막으로 **빠른 회신을 부탁한다거나 거래가 성사되길 바란다고** 적어도 좋다.
가격을 제시하는 메일은 적시성이 매우 중요하다. 상대방의 물음에 대해 대답하도록 하며 상대방이 묻지 않은 것에 대해서는 굳이 언급하지 말도록 하자.

만능 활용 영어 작문 패턴

1. **Thank you for your attention to our products.**
   우리 제품에 관심을 가져 주셔서 감사합니다.

2. **We believe you will find the price of our product to be very fair.**
   당신이 우리 제품의 가격은 매우 합리적이라는 것을 알게 될 것이라 믿습니다.
   ▶ The price of…is fair. | …의 가격은 매우 합리적이다.

3. **This is the best price we can offer.**
   이것이 우리가 제시할 수 있는 최저가입니다.
   ▶ This is the best price… | …의 최저가이다.

4. **Thank you for your inquiry**   문의해 주셔서 감사합니다.

5. **The price we offered is the lowest price possible.**
   우리가 제시한 가격은 가능한 한 최저가입니다.

6. **We are sure that this is the best offer we can make.**
   우리는 이것이 우리가 할 수 있는 최선의 제안이라고 확신합니다.

7. **Our products are of the best quality.**
   우리 제품은 최고의 품질입니다.
   ▶ …of the best quality. | …최고의 품질

8. **The price is the lowest price we can offer.**
   이 가격은 우리가 드릴 수 있는 최저가입니다.

9. **We have offered you the fairest price we can.**
   우리는 가능한 한 가장 합리적인 가격을 제시해 드렸습니다.

10. **The quotation as requested is as follows:**
    요청된 견적은 다음과 같습니다:
    ▶ …as follows: | …다음과 같다:

11. **We are confident that no other firms can offer you better terms than these.**
    우리는 어떤 회사도 이보다 더 좋은 조건을 제시할 수 없다고 확신합니다.

12. **We will send you a sample if you are interested in our product.**
    당신이 우리의 제품에 관심이 있다면 샘플을 보낼 것입니다.

13. **We are pleased to receive your enquiry for our cotton products.**
    우리의 면 제품에 대한 당신의 문의를 받게 되어 진심으로 기쁩니다.

14. **With the growing demand for cotton textiles, the price has continued to rise.**
    면 옷감에 대한 수요가 증가함에 따라 가격이 계속 오르고 있습니다.
    - With a growing demand for… | …의 수요가 증가함에 따라

15. **Attached are the catalogue and price list of our products.**
    자사 제품 안내서와 가격표를 첨부해 드립니다.

16. **We are enclosing our latest price list.**
    우리의 최근 가격표를 첨부했습니다.

17. **We are one of the largest exporters of leather bags in this city.**
    우리는 이 도시에서 가장 큰 가죽 가방 수출 업체 중 하나입니다.

18. **The attached catalogue and price list will furnish you with all the information that you would like to know.**
    첨부해 드린 제품 안내서와 가격표는 당신이 알고 싶은 모든 정보를 제공할 것입니다.

19. **There's a steady demand in the market for leather bags.**
    가죽 가방에 대한 수요가 꾸준히 증가하고 있습니다.
    - There is a steady demand in the market for… | 시장은 …에 대한 꾸준한 수요가 있다.

20. **Please find enclosed some samples of our toy products.**
    동봉한 우리의 완구 샘플을 찾아내시길 바랍니다.

---

sample 1   File 44

Dear Sirs,

Thank you for your inquiry about our product. The piece price of the displayers is 200 dollars. We can offer a discount of 20% if you order more than 100 pieces. Our products are of high quality and very popular among customers.

You are free to contact me if you have any further questions.

Yours sincerely,

Eddie May

담당자님.

우리 제품에 대한 당신의 문의에 감사합니다. 진열대의 단가는 200달러입니다. 당신이 100개 이상 주문해 주시면 우리는 20% 할인해 줄 수 있습니다. 우리 제품은 품질이 좋고 고객들 사이에서 매우 인기있습니다.

더 궁금한 점이 있으시면 언제든지 연락하십시오.

Eddie May

sample 2

Dear Sirs,

We thank you for your inquiry about our products. The piece price of the curtains you require is 50 dollars. As to the terms of payment, we support telegraphic transfer.

We believe our curtains to be of high quality and with a fashionable design. We are sure that the curtains will meet your requirements.

We look forward to receiving your order.

Yours sincerely,

Jock Wallace

담당자님.

우리 제품에 대해 문의해 주셔서 감사합니다. 당신이 문의하신 커튼 가격은 50달러입니다. 지급 조건에 관해 말씀드리자면 우리는 전자 지급 방식을 지원합니다.

우리 커튼은 고급스럽고 세련된 디자인이라고 믿으며, 우리 커튼이 당신의 요구에 부합할 것이라 확신합니다.

우리는 당신의 주문이 오기를 기다리겠습니다.

Jock Wallace

sample 3

Dear Sirs,

Thanks for your enquiry. We have three models of this product. Their prices are USD 500, USD 800 and USD 1,000. More expensive models come with more functions. The detailed information regarding the different models can be found in the attachment to this mail.

If you have any other questions, just contact us at any time.

Yours sincerely,

Willie Falconer

담당자님,

문의 주셔서 감사합니다. 이 제품은 세 가지 모델이 있습니다. 가격은 미화 500달러, 800달러, 1,000달러입니다. 비싼 모델일수록 더 많은 기능을 가지고 있습니다. 각 모델에 대한 자세한 정보는 이 메일의 첨부 파일을 참조하십시오.

다른 문의 사항이 있으시면 언제든지 연락하십시오.

Willie Falconer

sample 4

Dear Sirs,

Thank you for your recent inquiry about our ladies watches. Prices range from $200 to $10,000, depending on the style and quality. We are enclosing our price list for your reference.

If there is more information you would like regarding our products, please don't hesitate to contact us.

Yours sincerely,

Danny Fox

담당자님,

최근 우리의 여성용 시계에 대해 문의해 주셔서 감사합니다. 가격은 스타일과 품질에 따라 200달러에서 10,000달러까지 다양하며, 참고하시라고 우리의 가격표를 첨부했습니다.

우리 제품에 대해 더 많은 정보를 원하시면, 주저하지 마시고 우리에게 연락 주시기 바랍니다.

Danny Fox

sample 5

Dear Mr. Thomas,

Many thanks for you interest in our ladies watches. Different styles of watches have different prices, so we have enclosed a price list which will give you details of every model of our products for your reference.

You can contact us by phone or e-mail, or visit our website for further information.

Yours sincerely,

Steve Guppy

Thomas 씨,

우리 여성 시계에 관심을 가져 주셔서 감사합니다. 스타일에 따라 가격이 달라지기 때문에, 참고를 위해 우리의 제품 모든 모델에 대한 세부 사항을 제공할 가격표를 첨부했습니다.

보다 많은 정보를 얻고자 하시면 우리에게 전화나 메일, 또는 우리의 사이트에 방문해 주셔도 좋습니다.

Steve Guppy

11 가격 협상

주요 목적:
상대방과 가격을 논의하며 자신이 원하는 가격에 가깝도록 조율한다.

작문 요점:
먼저 자신의 입장을 설명한다. 즉 상대방의 요구에 동의할 수 없음을 나타내는 것이다. 그다음 **동의하지 못하는 이유를 설명**하고 구체적으로 **자신이 원하는 가격을 제시**한다. 마지막으로 상대방이 자신의 입장에서 고려해 주길 바라며 **빠른 회신을 당부**하며 마무리한다.

만능 활용 영어 작문 패턴

1. **We offer a discount of 5%.**
   우리는 5% 할인을 제공합니다.
   - …offer a discount of… | …할인을 제공한다.

2. **We usually don't offer any discount, and this is the lowest price we can offer.**
   우리는 통상적으로 할인을 제공하지 않으며, 이것은 우리가 제공할 수 있는 최저가입니다.

3. **The quantity of your order is insufficient for a 20% discount.**
   당신이 주문하신 수량은 20%의 할인을 받기에 부족합니다.

4. **We will place an order for 100 pieces if you can give us a 30% discount.**
   우리에게 30%를 할인해 주면 100개 주문하겠습니다.

5. **This price is our minimum; we can't give any further discounts.**
   이 가격은 우리가 드릴 수 있는 최저치입니다. 우리는 더 할인해 드릴 수 없습니다.
   - …give discount… | …할인해 주다.

6. **That offer is the most favorable of all the firms.**
   그 제안은 모든 회사 중에서 가장 유리한 것입니다.

7. **That price is too high for such a big order.**
   이렇게 대량 주문인 데에 비해 가격이 너무 높습니다.
   - That price is too high for… | …에 비해 가격이 너무 높다.

8. **I'm sorry that we can't grant the reduction you asked for.**
   당신이 요구한 할인을 승인할 수 없어 유감입니다.
   - …can't grant the reduction you asked for. | …요청한 할인을 승인할 수 없다.

9. **A 10% reduction is the lowest price we can offer.**
   10%를 깎아 주는 것이 우리가 제시할 수 있는 최저가입니다.

10. **We will give a further 5% discount due to the size of your order.**
    당신이 대량 주문해 주셨으니 5% 더 할인해 드리겠습니다.

11. **We feel the price is favorable considering the products high quality.**
    이 제품의 높은 품질을 고려하면 이 가격은 유리하다고 느껴집니다.
    - ···considering··· | ···를 고려하면

12. **I'm sorry that we are unable to lower it any further.**
    우리는 더 낮게 해 드릴 수 없어 죄송합니다.
    - ···unable to lower it any further. | ···더 낮게 할 수 없다.

13. **We do hope that you can accept the offer.**
    당신이 그 제안을 받아들일 수 있길 바랍니다.
    - We do hope that··· | ···를 바라다.

14. **A 20% discount is too much for us, so we have to decline this request.**
    20%의 할인은 우리에게 과하기에, 우리는 이번 요청을 거절하겠습니다.
    - ···is too much for us. | ···는 우리에게 과하다.

15. **We can't reduce the price any more.**
    우리는 더는 가격을 낮출 수 없습니다.

16. **I'm sorry that we cannot meet your requirement.**
    당신의 요구 사항을 충족시켜 드릴 수 없어 죄송합니다.
    - I'm sorry that we cannot··· | ···를 할 수 없어 죄송하다.

17. **The price has been cut as low as possible.**
    가능한 한 낮게 인하한 가격입니다.
    - ···as low as possible. | 가능한 한 낮게

18. **Please offer another 5% discount, and that will be an acceptable deal.**
    5% 더 할인해 주신다면 괜찮은 거래가 될 것입니다.
    - ···a good deal. | 좋은 거래

19. **We can't consider anything lower than that price.**
    우리는 그 가격보다 더 낮은 것은 고려할 수 없습니다.

20. **We cannot grant the price you have asked for.**
    우리는 당신이 요청한 가격을 승인할 수 없습니다.

sample 1

File 45

Dear Mr. Kapo,

Thank you for your counter-offer dated July 5, but I'm sorry to inform you that we can't agree to the 10% discount you requested.

Taking the quality into consideration, we think our price is reasonable. If your order is particularly large, we would be willing to reduce our previous quotation by 4%. If this price is still unacceptable to you, unfortunately we will have to call the deal off.

We hope you will consider and accept our counter-offer.

Yours sincerely,

Frank Haffey

Kapo 씨,

7월 5일 자 당신의 제안에 감사합니다만, 당신이 요청한 10% 할인에 우리가 동의할 수 없다는 점을 알려 드리게 되어 유감입니다.

품질을 고려했을 때 우리는 우리의 가격이 합리적이라 생각합니다. 만약 당신의 주문량이 특별히 많다면, 우리는 이전 가격보다 4%까지 기꺼이 깎아 드릴 것입니다. 만약 이 가격을 받아들일 수 없으시다면, 안타깝지만 우리는 거래를 취소할 수밖에 없습니다.

당신이 우리의 제안을 고려하고 받아 주시기 바랍니다.

Frank Haffey

<u>sample 2</u>

Dear Sirs,

Thanks for your last mail.

We have considered your request for a discount. Unfortunately, we are unable to offer more than a 10% discount. We believe our price to be fair considering the high quality of the product.

We hope that you can reconsider and accept our offer.

Yours sincerely,

Anton Rogan

담당자님,

지난번 보내 주신 메일 감사합니다.

당신이 요청하신 할인에 대해 고려해 보았습니다. 하지만 안타깝게도 우리는 10% 이상 할인해 드릴 수 없습니다. 우리는 이 가격이 제품의 높은 품질을 고려할 때 매우 합리적이라 생각합니다.

당신이 우리의 제안을 고려해서 받아들일 수 있길 바랍니다.

Anton Rogan

sample 3

Dear Sirs,

Many thanks for your prompt response to our offer, but I am afraid that we can't accept your counter-offer.

In your letter, you said our price is 5% higher compared with other company's products. This is due to our innovative design and the accepted high quality of our products. For these reasons we believe our price is reasonable.

If you take the quality and design into consideration, you will find our offer fair and reasonable. I hope you will reconsider our offer.

Sincerely yours,

Charles Young
Marketing Manager

담당자님.

우리 제안에 대한 당신의 빠른 회신에 감사합니다만, 유감스럽게도 우리는 당신의 제안을 받아들일 수 없을 것 같습니다.

당신의 편지에서 당신은 우리 가격이 타사 제품보다 5% 높다고 했습니다. 이는 우리의 혁신적인 디자인과 제품의 높은 품질 때문입니다. 이러한 이유로 우리는 이 가격이 합리적이라 믿습니다.

당신이 품질과 디자인을 고려한다면, 당신은 우리의 제안이 온당하고 합리적임을 알게 될 것입니다. 부디 우리의 제안을 재고해 주시기 바랍니다.

Charles Young
마케팅 관리자

sample 4

Dear Sirs,

We thank you for your offer of July 21, but at present we are unable to accept it.

Our market survey shows that your price is out of line with the prevailing market level. If we were to accept your offer, it would be rather difficult for us to make a sufficient number of sales. As the quantity we are planning to order is large, we'd like to request you to give us a 15% discount. If you cannot do so, then regrettably we will have to call the deal off.

We sincerely hope you can accept our request and look forward to hearing from you soon.

Yours sincerely,

Tam Cowan
Purchase & Order Department Manager

담당자님.

7월 21일에 해 주신 제안에 대해 감사합니다만, 현재 우리는 그것을 받아들일 수 없습니다.

우리의 시장 조사 결과 당신이 제안한 가격은 현재 시장 수준과 맞지 않는 것으로 보입니다. 우리가 당신의 제안을 받아들인다면, 우리는 충분한 수량을 판매하기가 어려울 것입니다. 우리는 주문하려는 수량도 많으니, 당신께 15% 할인을 부탁하고 싶습니다. 그렇게 진행할 수 없다면, 유감스럽게도 이 거래를 중단해야 합니다.

우리는 진심으로 당신이 우리의 요청을 받아들일 수 있기를 바라며, 빠른 회신 기다리겠습니다.

Tam Cowan
구매 & 주문 부서 관리자

sample 5

Dear Mr. Traynor,

We acknowledge the receipt of your offer of July 15, 2019. Thank you very much.

We are satisfied with the quality and design of your products, but I am afraid that your price is too high for us to consider. Compared with your competitors, your price is generally at least 5% higher. Therefore it would leave us no margin of profit on our sales if we were to accept the price you quoted.

In view of fact that we have done business with each other for so many years and our order is exceptionally large, we hope you will consider lowering your price by at least 3%.

We sincerely hope you will consider our counter-offer and let us know your decision soon.

Yours sincerely,

Stuart Cosgrove

Traynor 씨,

우리는 2019년 7월 15일에 당신의 제안을 받았음을 인정합니다. 정말 감사합니다.

우리는 귀사 제품의 품질과 디자인에 매우 만족하지만, 귀사의 가격은 우리가 생각한 것보다 훨씬 높은 듯합니다. 귀사의 경쟁사들과 비교했을 때, 귀사가 제안한 가격은 일반적인 가격보다 최소 5%가 높습니다. 그러므로 만약 우리가 당신의 제안한 가격을 받아들인다면 우리는 판매 이윤을 남기지 못할 것입니다.

우리는 여러 해 서로 거래를 했고 우리의 주문이 유난히 많던 사실을 살펴, 귀사가 적어도 3%는 가격을 낮추는 것을 고려해 주시기 바랍니다.

진심으로 당신이 우리의 제안을 숙고하길 희망하며 결정하는 대로 우리에게 알려 주시기 바랍니다.

Stuart Cosgrove

12 가격 확인

주요 목적:
상대방이 제안한 가격을 확인하고 가격에 대한 동의 의사를 전달한다.

작문 요점:
먼저 **상대방이 제시한 가격을 다시 한번 제시**한다. 그다음 **본인이 이 가격에 이의가 없음**을 나타내고 마지막으로 상대방과의 협력이 순조로이 진행되길 바라는 마음을 표현하며 마무리 짓는다.

☁ 만능 활용 영어 작문 패턴

1. **We can accept your offer on these terms.**
   우리는 이 조건에 따라 당신의 제안을 받아들일 수 있습니다.

2. **We confirm our willingness to purchase ten tons of cotton from you on the following terms.**
   아래의 조건에 따라 당신으로부터 10톤의 목화를 구매할 의향이 있음을 확인합니다.
   🏷 …on the following terms. | 아래의 조건에 따라 …

3. **We confirm the order as the following:**
   우리는 다음과 같이 주문을 확정합니다.

4. **We have accepted your order No. 498 for five tons of salt.**
   우리는 당신의 소금 5톤에 대한 주문 번호 498번을 수락했습니다.

5. **Thank you for your order, and we look forward to further cooperation with you.**
   주문해 주셔서 감사드리며 우리는 당신과 더 많은 협조를 기대합니다.

6. **We accept the terms and conditions considering the fact that this is the first time we have done business together.**
   우리는 함께 사업한 것은 이번이 처음이라는 사실을 고려해 이 약관을 받아들입니다.

7. **We thank you for your quotation and this is our order for the goods.**
   당신의 견적에 감사드리며 이는 우리의 제품 주문서입니다.

8. **A 10% discount is granted if your order exceeds 100 pieces.**
   당신의 주문이 100개 초과면 10% 할인이 인정됩니다.

9. **Our products are highly cost effective compared with other brands.**
   타 브랜드보다 우리 제품이 비용 효율이 높습니다.

> ◆ …are / is highly cost effective compared with…
> …와 비교해 …비용 효율이 높다.

10. **We are enclosing our sales confirmation in duplicate.**
    거래 확인서 원본과 사본을 첨부해 드립니다.
    > ◆ We are enclosing…in duplicate. | …원본과 사본을 첨부한다.

11. **We can only accept your order in part due to a current shortage of stock.**
    현재 재고가 부족해 우리는 당신의 주문을 부분적으로만 받아들일 수 있습니다.

12. **Please find enclosed the confirmation in duplicate.**
    첨부한 확인서 원본과 사본을 확인해 주시기 바랍니다.

13. **We can't currently fulfil the order due to a lack of stock.**
    재고가 부족해 현재 주문을 이행할 수 없습니다.
    > ◆ …due to a lack of… | …가 부족해 …

14. **I'm sorry, but stock is running low.**
    죄송합니다만, 현재 재고가 부족합니다.
    > ◆ …is / are running short. | …가 부족하다.

15. **Please sign the sales confirmation and send one copy to us.**
    거래 확인서에 서명한 후에 한 부 보내 주시기 바랍니다.

16. **We apologize to you for our inability to fulfill your order.**
    당신의 주문을 이행할 수 없게 되어 사과드립니다.
    > ◆ We apologize to… | …에 대해 사과드립니다.

17. **We enclose our order with reference to your quotation.**
    당신의 견적서에 따라 주문서를 첨부합니다.
    > ◆ …with reference to… | …에 따라

18. **We are pleased to confirm the deal with you.**
    당신과의 거래가 확정되어 기쁩니다.
    > ◆ …pleased to confirm the deal with… | …와의 거래를 확정해 기쁘다.

19. **We confirm acceptance of your order for 5,000 toys.**
    우리는 당신의 완구 5,000개 주문에 대해 수락함을 확인합니다.

20. **Please sign so as to confirm the order.**
    주문을 확정하기 위한 서명을 부탁드립니다.

sample 1

🅦 File 46

Dear Sirs,

Many thanks for your last letter of September 25. We have decided to accept the 8% discount as requested on condition that your order is above 200 pieces.

We look forward to receiving your order.

Yours sincerely,

George Alberts

담당자님,

지난 9월 25일에 보내 주신 편지 감사합니다. 우리는 주문이 200개 이상이라는 조건으로 한 당신의 8% 할인 요청을 받아들이기로 했습니다.

당신의 주문 기다리겠습니다.

George Alberts

sample 2

Dear Sirs,

We have decided to accept your offer after careful consideration. As we need the goods urgently, it would be appreciated if you could send the goods within the week.

Your early acknowledgement is highly appreciated.

Yours sincerely,

David Snow

담당자님.

우리는 고심 끝에 당신의 제안을 받아들이기로 했습니다. 우리가 물건이 급히 필요하니, 당신이 이번 주 안에 물건을 보내 준다면 감사하겠습니다.

빨리 회신해 주시면 대단히 감사하겠습니다.

David Snow

sample 3

Dear Sirs,

We are pleased to accept your offer of a 10% discount. We find both the price and quality of your products satisfactory. We are enclosing our order in duplicate.

Your early acknowledgement is highly appreciated.

Yours sincerely,

Barry Ferguson

담당자님.

우리는 당신의 10% 할인 제안을 기꺼이 받아들입니다. 우리는 귀사 제품의 가격과 품질에 모두 만족스럽게 생각합니다. 우리의 주문서 원본과 사본을 첨부합니다.

빨리 회신해 주시면 대단히 감사하겠습니다.

Barry Ferguson

sample 4

> Dear Sirs,
>
> We are pleased to accept your offer on these terms. Please find enclosed our order for prompt delivery.
>
> Your early reply is appreciated.
>
> Yours sincerely,
>
> Betty Swollocks
>
> ----
>
> 담당자님.
>
> 우리는 이 조건으로 당신의 제안을 기쁘게 받아들입니다. 빠른 배송을 위해 첨부한 주문서 확인 부탁드립니다.
>
> 빨리 회신해 주시면 감사하겠습니다.
>
> Betty Swollocks

12 제품 주문

주요 목적:
자신에게 필요한 제품을 구매한다.

작문 요점:
주문서를 작성할 때는 주문하는 의도를 직접 설명하는 편이 좋다. 그다음 **제품의 명칭, 수량, 규격, 포장 등 구매하려는 제품의 구체적인 정보**를 설명한다. 마지막으로 희망하는 제품 배송 일정을 기재하거나 제품의 배송 가능 일정을 문의하며 마무리한다.
주문서의 내용은 반드시 간결해야 하며, 정확한 용어를 사용해 불필요한 불편이나 손실이 생기지 않게 주의해야 한다.

만능 활용 영어 작문 패턴

1. **We'd like to order 100 pieces of the goods.**
   우리는 물건 100개를 주문하고 싶습니다.

2. **I want to buy 50 digital cameras from your company.**
   당신 회사에서 50대의 디지털카메라를 구매하고자 합니다.

3. **Do you provide delivery?** 배송 서비스를 제공합니까?

4. **Does the price include delivery?** 배송비가 포함된 가격입니까?

5. **Could you tell me the date of delivery after the order has been placed?**
   주문 후 언제 출고가 되는지 알려 주실 수 있나요?

6. **We will order three tons of steel.** 3톤의 강철을 주문하고자 합니다.

7. **The specifications of the products we require are in the attachment.**
   우리가 필요한 제품 사양은 첨부파일에 있습니다.

8. **We take pleasure in enclosing our order No. 235.**
   235번 주문서를 첨부해 드려 기쁩니다.
   - We take pleasure in… | …에 매우 기쁘다.

9. **We are sorry, but we only accept orders within our business scope.**
   죄송합니다만, 우리는 우리의 사업 범위 내에서만 주문을 받습니다.

10. **We will place an order provided your goods can be supplied from current stock.**
    당신이 현재 재고가 충분해 보내 주실 수 있다면 주문을 하고자 합니다.

11. **We hope you will deliver the goods promptly, for we are in urgent need.**
    급히 필요로 하니, 당신이 그 제품을 즉시 배송해 주시기 바랍니다.

12. **We are enclosing a trial order.**
    시험 명령서를 첨부했습니다.

13. **We want you to make sure that the goods conform exactly to that of the sample.**
    제품이 샘플과 정확히 일치하는지 확인하십시오.

14. **We are satisfied with the quality and are pleased to enclose our order.**
    당신의 제품 품질에 대해 만족하며, 흔쾌히 주문드리는 바입니다.

15. **We want you to ensure punctual shipment.**
    당신이 시간을 지켜 수송해 주시기 바랍니다.

16. **Thanks very much for your letter of April 15. Please find our order enclosed.**
    4월 15일 자 편지 정말 고맙습니다. 첨부한 주문서 확인 부탁드립니다.

17. **It will be appreciated if you could make the shipment without delay.**
    지체 없이 수송해 줄 수 있다면 감사하겠습니다.

18. **We will appreciate it if you can deliver the goods as soon as possible.**
    가능한 한 빨리 물건을 인도해 주시면 감사하겠습니다.

19. **Air freight is of special interest to us, for we can receive the goods quicker.**
    항공 화물은 제품을 보다 빨리 받을 수 있기에 특히 선호합니다.
    ● …is of special interest to us. | 우리는 …를 특별히 선호합니다.

20. **We are pleased to accept your offer and place an order for 900 items of clothing.**
    우리는 당신의 제안을 기꺼이 받아들여 옷 900벌을 주문합니다.

sample 1

File 47

Dear Sirs,

Thank you for the discount, and we will order 30 pieces of the chips with the same specifications as those sent to us as sample. Could you please inform me when the products are ready to be sent?

I look forward to your reply.

Yours sincerely,

Betty Perry

담당자님.

할인해 주셔서 감사드리며, 저희에게 보내신 샘플과 동일한 사양의 칩 30개를 주문하려고 합니다. 물건이 언제 발송될 수 있는지 알려 주실 수 있나요?

회신 기다리겠습니다.

Betty Perry

sample 2

Dear Sirs,

We are satisfied with your quotation contained in your letter of May 25, 2019. We would like to go ahead and order 50 black ASUS N45 laptops.

Please ensure the products meet our requirements. We would appreciate it if you could inform us in advance when the products will be shipped.

We look forward to your reply.

Yours sincerely,

Sandra Clark

담당자님.

우리는 2019년 5월 25일에 보내 주신 편지에 포함된 당신의 견적이 만족스럽습니다. 우리는 먼저 검은색 ASUS N45 노트북 컴퓨터 50대를 주문하고 싶습니다.

제품이 우리의 요구 사항을 충족하는지 확인해 주시기 바랍니다. 제품이 출고될 때 미리 알려 주시면 감사하겠습니다.

회신 기다리겠습니다.

Sandra Clark

sample 3

Dear Sirs,

I have ordered two tons of pig iron from your company. We are in urgent need of these goods. Your prompt attention and the earliest possible shipment are greatly desired.

Please notify us of the date of delivery at your earliest convenience. Thank you.

Yours sincerely,

Thomas Buffel

담당자님,

귀사에 2톤의 무쇠를 주문했습니다. 우리는 현재 이 물건들이 시급히 필요합니다. 당신의 즉각적인 조치와 가능한 한 빠른 배송을 간절히 원합니다.

최대한 빨리 우리에게 출고 날짜를 알려 주시기 바랍니다. 감사합니다.

Thomas Buffel

14 주문 접수

주요 목적:
주문이 접수되었음을 알린다.

작문 요점:
먼저 **상대방의 주문 요청에 감사**의 마음을 전하고 **정확하게 주문 접수가 완료**되었음을 알린다. 그다음 **출고 가능 일정을 통지**하거나 원하는 출고 일정을 묻는다. 마지막으로 **거래가 수월하길 바라는** 뜻을 전하며 마무리 짓는다.

만능 활용 영어 작문 패턴

1. **We thank you for your order of our mobile phones.**
   우리 휴대폰을 주문해 주셔서 감사합니다.

2. **Thanks for your interest in our product.**
   우리의 제품에 관심 가져 주셔서 감사합니다.

3. **We will send the goods as soon as we receive your payment.**
   입금을 받는 즉시 제품을 보내 드리겠습니다.

4. **I'm writing to notify you that the purchase confirmation has been attached.**
   구매 확인서가 첨부되었음을 알려 드리고자 씁니다.
   ◆ I'm writing to notify… | …알리고자 쓴다.

5. **We will send the goods to you in two days.**
   제품을 이틀 내에 보내 드릴 것입니다.

6. **The merchandise will be sent to you immediately after receiving the payment.**   입금을 받은 후 즉시 제품을 당신께 보내 드릴 것입니다.

7. **The merchandise will be ready in three days.**
   제품은 사흘 안에 준비될 것입니다.

8. **If you have an interest in other items in our product line, please contact us directly.**
   우리 제품군의 다른 품목에 관심이 있으시면 우리에게 바로 연락 주시기 바랍니다.

9. **Do you have any interest in our other items?**
   저희의 다른 제품에도 관심이 있으십니까?

10. **Here's to the success of our cooperation.**
    우리의 협력이 성공적이길 바랍니다.
    ◆ Here's to the success of… | …가 성공적이길 바란다.

11. **The delivery will be made next week as requested.**
    당신의 요청대로 다음 주에 배송될 것입니다.

12. **We will make sure the goods will be ready in one week.**
    우리는 일주일 안에 제품이 준비될 수 있도록 할 것입니다.

13. **Thank you for your order. The goods are in stock at present.**
    주문해 주셔서 감사합니다. 그 상품은 현재 재고가 있습니다.

14. **We confirm having accepted your order for 800 toys.**
    당신의 완구 800개 주문 접수를 확인합니다.

15. **Your order has received our immediate attention, and we promise to complete the delivery on time.**
    당신의 주문은 우리의 즉각적인 관심을 받았고, 우리는 제시간에 배송할 것을 약속합니다.

16. **We are able to meet your requirements at the moment.**
    우리는 현재 당신의 요구 사항을 충족시킬 수 있습니다.
    ❥ We are able to meet… | 우리는 …를 충족시킬 수 있다.

17. **We confirm that the shipment will be made by April 20 based on the terms of the order.**
    발주 조건에 따라 4월 20일 전에 제품이 출고될 것을 확인합니다.

18. **We will make the delivery as soon as receiving your confirmed irrevocable L/C.**
    당신께 취소 불능확인신용장을 받는 즉시 배송할 것입니다.

19. **We are delighted to receive such a big order from you.**
    당신으로부터 이런 대량 주문을 받게 되어 기쁩니다.

20. **We have accepted your order for 500 pairs of shoes. We will shortly send you the sales confirmation.**
    신발 500켤레에 대한 당신의 주문을 받았습니다. 곧 구매 확인서를 보내 드리겠습니다.

sample 1

File 48

Dear Sirs,

Thanks very much for ordering our books.

The purchase confirmation is included in the attachment. Your goods will be sent in two days. If you are interested in any other items, please contact us at any time.

Yours sincerely,

Basil Boli

고객님,

우리 책을 주문해 주셔서 정말 감사합니다.

구매 확인서는 파일로 첨부했습니다. 주문하신 제품은 이틀 뒤에 발송될 것입니다. 다른 제품에도 관심 있으시면 언제든 편하게 연락 주시기 바랍니다.

Basil Boli

sample 2

Dear Sirs,

Thank you very much for ordering our bath products.

We have all the articles in stock and will send the goods to you immediately upon receiving your payment. You are free to contact us at any time if you have any other requirements.

Yours sincerely,

Ted McMinn

고객님,

우리 목욕용품을 주문해 주셔서 정말 감사합니다.

우리는 모든 제품의 재고를 보유하고 있어, 고객님께 입금 받는 대로 즉시 물건을 보낼 것입니다. 다른 요구사항이 있으시면 언제든 편하게 연락 주시기 바랍니다.

Ted McMinn

sample 3

Dear Sirs,

Thank you very much for ordering our shoes.

We will send the goods immediately as per your requirement, and your purchase information is attached. We will notify you immediately when they have been shipped.

If you have any other commodities you are interested in, please feel free to contact us for further information.

Yours sincerely,

Willy Gros

고객님,

우리 신발을 주문해 주셔서 정말 감사합니다.

고객님의 요구 조건에 따라 바로 제품을 보내 드리며, 고객님의 구매 확인서를 첨부합니다. 제품이 출고되는 즉시 고객님께 알려 드리겠습니다.

다른 제품에도 관심 있으시고, 추가 정보를 원하시면 언제든 편하게 연락 주시기 바랍니다.

Willy Gros

sample 4

Dear Mr. Smith,

I am writing to inform you that we were very glad to receive your Order No. 45 dated July 25, 2019. It's our honor to supply the products you need.

We confirm the supply of the cameras at the price both sides agreed upon, and that the products are all ready for shipment. Please inform us when you want us to ship the products.

Yours sincerely,

Daniel Prodan

Smith 씨,

당신의 2019년 7월 25일 자 45번 주문을 받게 되어 정말 기쁘다는 것을 알리고자 씁니다. 당신에게 필요한 제품을 공급하게 되어 영광입니다.

우리 양측 모두가 동의한 가격으로 카메라를 공급한다는 것을 확인드리며, 제품들은 출고 준비가 완료되었습니다. 원하시는 배송 일정을 알려 주시면 감사하겠습니다.

Daniel Prodan

sample 5

Dear Mr. Salenko,

We are pleased to receive your Order No. 566 of July 25, 2019. Thank you for the opportunity you have given us to supply the products you need.

We will ship the products within two day of receiving your payment. Be assured that we will fulfill your order with special care and send the products to you in perfect condition.

We hope this order is the beginning of a long and successful business relationship between us.

Sincerely yours,

Theo Snelders

Salenko 씨,

당신의 2019년 7월 25일 자 566번 주문을 받게 되어 기쁩니다. 당신이 필요로 하는 제품을 공급할 기회를 주신 것에 대해 감사합니다.

우리는 당신에게 입금을 받은 뒤 이틀 안에 출고할 것입니다. 우리는 특별한 주의를 기울여 귀하의 주문을 이행하고 완벽한 상태로 제품을 보내 드릴 테니 안심하십시오.

이 주문이 우리 사이의 길고 성공적인 비즈니스 관계의 시작이 되길 바랍니다.

Theo Snelders

15 송금 통지

주요 목적:

지정 계좌로 대금을 송금했음을 알린다.

작문 요점:

송금 통지에는 **송금액, 송금 날짜, 주문 번호**를 명시해 상대방에게 확인을 요청한다. 글 말미에 **입금 확인 후 알려 달라고 당부**하는데, 송금 통지 글은 반드시 간단하고 명료하게 써서 불필요한 오해를 만들지 않게 주의해야 한다.

만능 활용 영어 작문 패턴

1. Usually we accept to pay by confirmed irrevocable L/C.
일반적으로 우리는 취소 불능 확인 신용장의 지급 방식을 사용합니다.

2. We choose to accept payment by D/P for the goods transported by air.
우리는 지급 인도 조건의 지급 방식을 받아들여 제품의 항공 운수를 진행할 계획입니다.
❥ We choose to… | 우리는 …하는 것을 선택했다.

3. It's a pity that the L/C contains the following discrepancies.
유감스럽게도 신용장의 몇 가지 내용이 부합하지 못합니다. 구체적으로는 아래와 같습니다.
❥ It's a pity that… | 유감스럽게도…

4. **We suggest you pay for the goods by D/P payment.**
   지급 인도 조건 지급 방식으로 대금을 지급하시길 제안합니다.

5. **I think it is better for us to open an L/C.**
   신용장을 개설하는 편이 우리에게 더 좋다고 생각합니다.
   🏷 I think it is better… | …가 더 좋다고 생각한다.

6. **We accept payment by D/P as we are old partners.**
   오래된 협력사이기에 지급 인도 조건 지급 방식을 받아들입니다.

7. **We haven't received any news of the L/C up till now.**
   지금까지 신용장에 대한 어떠한 소식도 듣지 못했습니다.

8. **We expect to hear from you soon with a remittance.**
   당신에게서 곧 송금 소식을 듣길 기대합니다.

9. **We have sent payment to your bank account by wire transfer.**
   전자 송금으로 당신의 은행 계좌에 대금을 보냈습니다.

10. **We transferred payment into your account on October 20, 2019.**
    2019년 10월 20일에 당신의 계좌로 대금을 이체했습니다.

11. **We hope to receive your payment promptly.**
    우리는 즉시 대금을 받기를 희망합니다.

12. **The payment of D/P is easier than L/C.**
    지급 인도 조건 지급 방식이 신용장보다 용이합니다.

13. **We suggest using L/C for payment.**
    신용장으로 결제하는 것을 추천합니다.

14. **We do hope that you can accept D/P for payment.**
    지급 인도 조건의 지급 방식을 받아들일 수 있길 바랍니다.
    🏷 We do hope that… | …를 진심으로 바란다.

15. **We wish to draw to your attention that we only accept L/C.**
    우리는 신용장만 받는다는 것을 주의해 주시기 바랍니다.

16. **The remittance has been faxed to you for reference.**
    그 송금증이 당신에게 팩스 전송됐습니다.

17. We haven't received any information from you about your letter of credit yet.
당신으로부터 신용장과 관련된 어떤 정보도 아직 받지 못했습니다.

18. We would appreciate your extending the validity of L/C.
당신이 신용장 유효기한을 연장해 준다면 진심으로 감사하겠습니다.

19. We can't accept other methods of payment.
우리는 다른 지급 방식을 받아들일 수 없습니다.

20. We are sorry that we can't accept payment in installments.
죄송하지만 우리는 분할 결제를 받아들일 수 없습니다.

sample 1　　　　　　　　　　　　　　　　　　　　　　　　　　File 49

Dear Mr. Smith,

On October 11, 2019 the amount of USD 100,000 was transferred into your account as payment for your invoice NO. 68542359. Please kindly confirm this.

Sincerely yours,

Tony Vidmar

Smith 씨,

우리는 2019년 10월 11일 자 송장 번호 68542359번의 대금 10만 달러를 당신의 계좌로 송금했습니다. 이를 확인해 주시기 바랍니다.

Tony Vidmar

sample 2

Dear Mr. Perry,

We have made an application to our bank for remittance as requested. The amount of 20,000 US dollars was transferred into your account. The invoice number is 46851475. Please kindly confirm this.

Sincerely yours,

Hector Nicol

Perry 씨,

당신이 요청하신 대로 자사 거래 은행에 송금을 신청했습니다. 총액 2만 달러가 당신의 계좌로 송금되었을 것입니다. 송장 번호는 46851475입니다. 이를 확인해 주시기 바랍니다.

Hector Nicol

sample 3

Dear Mr. Crown,

On April 23, 2019, the amount of 28,000 US dollars was transferred into your account. The number of the invoice is 56982156. The copy of the remittance has been faxed to you for your reference. Please kindly check.

Yours sincerely,

Jackie Woods

Crown 씨,

2019년 4월 23일에 총액 28,000달러를 당신의 계좌로 송금했습니다.
송장 번호는 56982156입니다. 참조용 송금증 사본은 이미 팩스로 보냈습니다. 확인 부탁드립니다.

Jackie Woods

16 대금 확인

주요 목적:
구매자에게 대금을 받았음을 알린다.

작문 요점:
먼저 **대금 입금이 확인되었음을 통지**하고 **금액**을 다시 한번 언급한다. 필요하다면 **송장 번호를 표기**하는 것도 좋다. 만약 먼저 출고한 뒤 대금을 받는 경우라면 앞으로도 지속적인 협력을 희망한다는 내용을 담는다. 반대로 대금을 먼저 받은 뒤 출고하는 경우라면, 보장 가능한 출고 날짜를 언급하고 상대방에게 물건을 받으면서 자신에게 통지해 주길 당부하며 마무리한다.

만능 활용 영어 작문 패턴

1. **The remittance slip has been faxed to you.**
   송금 전표를 팩스로 보내 드렸습니다.

2. **Please find attached the copy of the remittance slip for your reference.**
   당신이 참고할 수 있도록 첨부한 송금 전표 사본을 확인하시길 바랍니다.

3. **We have received your remittance.**
   당신의 송금을 받았습니다.

4. **We will ship the goods to you immediately.**
   즉시 당신의 제품을 발송하겠습니다.

5. **Yesterday we received your telegraphic transfer of $5,000.**
   어제 당신의 5,000달러의 전자 송금을 받았습니다.

6. **Thank you for confirming receipt of your remittance.**
   송금 영수증을 확인해 주셔서 감사합니다.

7. **We sincerely hope that our business cooperation will be successful.**
   우리의 사업 협력이 성공적이길 진심으로 바랍니다.

8. **We are looking forward to receiving your future orders.**
   향후 당신의 주문을 받을 수 있길 고대하겠습니다.

9. **The total payment should be $10,000, but we have only received $8,000.**
   납입 총액은 10,000달러여야 하지만, 우리는 8,000달러밖에 받지 못했습니다.

10. **Thank you very much for your prompt remittance.**
    당신의 신속한 송금에 매우 감사합니다.

11. **I am writing to inform you that your remittance has arrived.**
    당신의 송금액이 도착했음을 알려 드리고자 씁니다.

12. **I am writing to inform you that I have duly received your remittance.**
    당신의 송금을 제때 맞춰 받았음을 알려 드리고자 씁니다.
    ❦ I have duly received… | …를 제때 맞춰 받았다.

13. **We really appreciated your prompt payment.**
    신속하게 송금해 주셔서 정말 감사합니다.

14. **We promise that we will ship the products immediately upon receipt of payment.**
    대금을 수령하는 즉시 제품을 출하할 것을 약속합니다.
    ❦ We promise that… | …를 약속한다.

15. **We said that we will ship the products you ordered as soon as we receive your remittance.**
    당신에게 송금을 받는 즉시 당신이 주문한 제품을 출하할 것이라고 말씀드렸습니다.

16. **We will ship them within three working days.**
    영업일 3일 이내에 그것들을 출하할 것입니다.

17. **This is to inform you that your payment has been received.**
    당신의 대금을 이미 받았음을 알려 드립니다.

18. **Your payment has been received, and the products will be dispatched in three working days.**
    당신의 대금을 이미 받았으며, 제품은 영업일 3일 이내에 출고할 것입니다.

19. **We will make the shipment immediately, and the products are scheduled to arrive in one week.**
    즉시 출고해 드릴 것이며, 제품은 일주일 이내에 도착할 것입니다.

20. **We enclose a payment receipt.**
    대금 영수증을 첨부합니다.

sample 1

Dear Sirs,

I'm writing to tell you that we have received your payment of USD 8,000 for order No. 468 for 500 pairs of shoes on February 20, 2019.

We sincerely hope that this deal is the successful beginning of further cooperation between us. We are looking forward to receiving your future orders.

Yours sincerely,

Chris Belly

담당자님,

2019년 2월 20일 자 주문번호 468번에 대한 신발 500켤레 주문 대금 미화 8,000달러를 받았음을 알리고자 씁니다.

이 거래가 우리 사이의 성공적인 협력의 시작이 되길 진심으로 바랍니다. 우리는 앞으로의 주문을 기다리겠습니다.

Chris Belly

sample 2　　　　　　　　　　　　　　　　　　　　　　　　　　　　　File 50

Dear Sirs,

We received your transfer of USD 10,000 on September 15, 2019. The products will be sent to you in three days.

If you have any other needs, you are free to contact us at any time.

Yours sincerely,

Andy Jackman

담당자님.

2019년 9월 15일에 당신의 대금 10,000달러를 송금받았습니다. 제품은 3일 후에 보내 드리겠습니다.

다른 필요 사항이 있으시면 언제든 편하게 저희에게 연락하십시오.

Andy Jackman

sample 3

Dear Sirs,

We have received your telegraphic transfer USD 5,000 on March 25, 2019. However, the total amount of the payment should be USD 8,000, for you have ordered one extra ton of goods.

We request you transfer another USD 3,000, and then we can ship the order to you immediately.

Best regards,

David Bagan

담당자님.

우리는 2019년 3월 25일에 당신이 전자 송금하신 5,000달러를 받았습니다. 하지만 당신이 1톤의 제품을 추가 주문했으므로, 대금 총액은 8,000달러가 되어야 합니다.

당신에게 3,000달러를 더 송금해 줄 것을 요청하며, 그러면 우리는 즉시 당신의 주문 제품을 발송해 드리겠습니다.

안부 전합니다.

David Bagan

sample 4

Dear Sirs,

On July 24, 2019, we received 800,000 US dollars as payment for invoice No. 9399. Thank you very much for your prompt payment.

We will dispatch the products you ordered at once, and they will arrive before July 29. Please inform us when you receive the products.

Best regards,

Chris Woods

담당자님,

2019년 7월 24일에 당신의 송장 번호 9399번의 대금 800,000달러를 받았습니다. 즉각적인 대금 지급에 진심으로 감사합니다.

당신이 주문한 제품을 즉시 출고할 것이며, 제품들은 7월 29일 이전에 도착할 것입니다. 제품 수령 시 우리에게 알려 주시기 바랍니다.

안부 전합니다.

Chris Woods

17 지급 독촉

주요 목적:
구매자에게 대금 지급을 상기시키거나 독촉한다.

작문 요점:
먼저 **구매자에게 본인이 약속한 기한 내에 대금 지급이 이루어지지 않았음**을 알린다. 필요에 따라 **상대방에게 원인**을 물을 수도 있다. 그다음 **최대한 빠른 대금 지급을 희망**한다고 표현한다. 또는 **최후 납기 기한을 설정**할 수도 있다.
독촉장이기는 하지만 말투가 너무 강하면 고객과의 우호적인 관계에 해가 될 수 있으므로 주의해야 한다. 지급을 독촉할 때는 그 목적을 달성하는 것도 중요하지만 고객과 우호적인 관계를 유지하는 것도 매우 중요하다.

만능 활용 영어 작문 패턴

1. **Please settle this account within the week.**
   이 계좌는 이번 주 내에 정산해 주세요.

2. **Will you please send the payment within the next three days?**
   앞으로 3일 이내에 대금을 보내 주시겠습니까?

3. **We hope you can send the payment promptly.**
   우리는 당신이 즉시 대금을 지급할 수 있길 바랍니다.

4. **The following items totaling 20,000 US dollars are still open on your account.**
   당신의 대금 20,000달러가 아직 미납 상태입니다.

5. **Could you tell us about your plans for settling your account?**
   대금 정산을 위한 당신의 계획에 대해 말씀해 주시겠습니까?

6. **Your prompt payment of the account will be appreciated.**
   즉시 대금을 지급해 주신다면 감사할 것입니다.

7. **We want to know the reason why we have not yet received your payment.**
   우리가 아직 당신의 대금을 받지 못한 이유를 알고 싶습니다.
   ● We want to know the reason why… | …한 이유를 알고 싶다.

8. **We are wondering about the exact time of payment.**
   정확한 지급 시기가 궁금합니다.
   ● We are wondering… | …가 궁금하다.

9. **We must ask you to pay your account promptly.**
   당신이 최대한 빨리 대금을 지급할 것을 요청할 수밖에 없습니다.
   ● We must ask you to… | …를 요청할 수밖에 없다.

10. **We thought you might not have received the statement of account.**
    당신이 우리의 거래 명세표를 받지 못하셨을지도 모른다고 생각했습니다.

11. **We will have to take legal action to collect the money if the bill is not settled promptly.**
    청구서가 신속하게 처리되지 않는다면 우리도 부득이하게 대금 회수를 위해 법적 조치를 해야 합니다.
    ● We will have to take legal action to…
      우리도 부득이하게 …를 하기 위한 법적 조치를 할 수밖에 없다.

12. We hope that you can send the payment ASAP after receiving this E-mail.
이 메일을 받으신 후 가능한 한 빨리 대금을 지급해 주시기 바랍니다.

13. We hope you can settle this account within the next few days.
당신이 며칠 내에 대금을 보내 주실 수 있길 바랍니다.

14. The first invoice was sent three weeks ago, but we haven't received your payment yet.
첫 송장을 보내 드린 지 3주나 지났습니다만, 아직 당신의 대금을 지급받지 못했습니다.

15. Your prompt settling of the account would be appreciated.
당신이 즉시 대금을 결산해 주신다면 진심으로 감사하겠습니다.

16. We will have to take legal action if necessary.
필요하다면 우리 역시 법적인 조처를 할 수밖에 없습니다.

17. We will not accept any further delay in payment.
우리는 더는 대금 지급 지연을 받아들이지 않을 것입니다.

18. We hope that you can send the payment as quickly as possible.
당신이 가능한 한 빨리 대금을 지급할 수 있길 바랍니다.
🔖 We hope that you can…as quickly as possible. | 가능한 한 빨리 당신이 …할 수 있길 바란다.

19. We hope you can send the payment promptly so that we can deliver the goods.
우리가 물건을 인도할 수 있도록 당신이 즉시 대금을 지급할 수 있기를 바랍니다.

20. The payment is already a month overdue.
대금 지급 기한이 이미 한 달이나 지났습니다.

sample 1

Dear Mr. Thomas,

This letter is regarding your Account No. 4953.

It has been several weeks since we sent you our first invoice, and as of today we have not yet received your payment. We thought you might not have received the statement of account we sent to you on June 12 showing the negative balance of $20,000 you owe, hence we are sending you another copy.

We will appreciate it very much if we receive your check in response.

Yours sincerely,

Albert Mill

Thomas 씨,

이 메일은 4953번 거래 명세서에 관한 것입니다.

우리가 첫 송장을 보내 드린 지 이미 몇 주나 지났지만, 오늘까지도 우리는 아직 당신의 대금을 지급받지 못했습니다. 우리가 생각하기에 당신이 우리가 6월 12일에 보내 드린 20,000달러의 거래 명세서를 받지 못한 듯해 추가로 사본 한 부를 더 보냅니다.

회신 시 당신의 수표를 받는다면 우리는 매우 감사할 것입니다.

Albert Mill

sample 2

Dear Mr. Thomas,

It has been two weeks since we sent you our invoice No. 123 for the sum of $25,000, but as of today we have not yet received your remittance. I am writing to ask if there is any reason for this.

As you always settle your accounts promptly, we are concerned that there may be some issue which has prevented payment. If so, please tell us and we will be happy to negotiate a payment plan if necessary. If not, please promptly settle this account.

Yours sincerely,

Albert Mill

Thomas 씨,

총액 25,000달러의 123번 송장을 보내 드린 지 2주가 지났습니다만, 오늘까지도 우리는 당신으로부터 대금을 지급받지 못했습니다. 이에 대해 어떤 이유가 있는지 여쭙고자 씁니다.

당신이 늘 대금을 즉시 결산해 주셨기 때문에 지급에 방해되는 문제가 있을 수 있다고 우려됩니다. 만약 그렇다면, 말씀해 주시기 바랍니다. 필요하시다면 기꺼이 지급 계획을 다시 협상할 것입니다. 만약 그렇지 않다면, 즉시 대금을 지급해 주시기 바랍니다.

Albert Mill

sample 3

📄 File 51

Dear Mr. Hood,

Not having received any reply to our previous two letters regarding your account balance of $25,000, we are writing again to remind you that your payment is due on July 21, four days from the date of this letter. After this period we will have no option but to reluctantly try to settle this matter through legal means.

I hope you can deal with this matter promptly. If you have already mailed your payment, please disregard this letter.

Sincerely yours,

David Doyle

Hood 씨,

당신의 대금 잔액 25,000달러와 관련한 지난 두 통의 편지에 대해 당신으로부터 어떠한 회신도 받지 못해 당신께 상기시켜 드리고자 다시 편지를 씁니다. 당신의 대금 지급 납기일은 오늘로부터 나흘 뒤인 7월 21일입니다. 이 기간이 지나면 우리도 부득이하게 법적인 수단으로 이 문제를 해결하려고 할 수밖에 없을 것입니다.

당신이 이 문제를 즉시 해결해 주시기 바랍니다. 메일을 받으셨을 때 이미 대금을 부쳤다면, 이 편지를 무시해 주시기 바랍니다.

David Doyle

sample 4

Dear Mr. Caballero,

We have written to you three times about your unpaid account but received no reply from you.

This is our final letter requesting payment. We have done business with each other for many years, and of course we do not want to lose your important account. However, the lack of communication has greatly concerned us. If we don't receive your full payment within ten working days, we will cancel our contract and seek compensation from you for the inconvenience caused to us.

We look forward to receiving a reply from you soon.

Sincerely Yours,

Gio de Stefano

Caballero 씨,

당신께 미납 대금에 대해 세 번이나 편지를 썼지만, 당신으로부터 아무런 답장도 받지 못했습니다.

이것은 우리의 마지막 대금 지급 요청 편지입니다. 우리는 여러 해 동안 서로 거래해 왔기에, 당연히 당신과 같은 중요한 고객을 잃고 싶지 않습니다. 그러나 의사소통이 부족했던 것이 우리에게 큰 영향을 미쳤습니다. 영업일 10일 이내에 당신에게 대금 전액을 지급받지 못한다면, 우리는 이 계약을 취소하고 우리에게 초래한 불편에 대한 보상을 당신으로부터 받을 것입니다.

곧 당신의 회신을 받길 고대하겠습니다.

Gio de Stefano

18 출고 통지서

주요 목적:
제품의 출고를 알린다.

작문 요점:
먼저 물건이 출고되었음을 알린다. 이때 **명칭**, **규격**, **색상**, **제품 번호** 또는 **주문 번호** 등 제품의 구체적인 정보를 명시한다. 동시에 **제품 도착 예정 날짜**를 적고 마지막으로 제품 수령 시 주의사항을 상기시키며 글을 마무리한다.

☁️ 만능 활용 영어 작문 패턴

1. **Your order No.2046 has been shipped as of June 26, 2019.**
   당신의 주문번호 2046번 제품은 2019년 6월 26일에 출고되었습니다.

2. **We have shipped your order for cotton textiles, order No. 2489 as of January 20, 2019.**
   당신이 주문하신 주문번호 2489번의 면직물 제품은 2019년 1월 20일에 출고되었습니다.

3. **Please find the shipping documents attached.**
   첨부된 출고 서류를 확인해 주시기 바랍니다.

4. **The shipping documents have been sent to you by fax.**
   출고 서류는 팩스로 보내 드렸습니다.

5. **The bill of lading has been marked as 'freight prepaid'.**
   선하 증권에는 이미 '선불 운임'이 명시되어 있습니다.
   🏷 …has been marked as… | …가 이미 명시되어 있다.

6. **We have sent you the relevant shipping documents by fax.**
   관련된 출고 서류를 이미 팩스로 보내 드렸습니다.

7. **You will receive the goods in three days.**
   제품을 사흘 내에 받으실 수 있으실 것입니다.

8. **The damage should be included in the bill of lading.**
   손해배상금은 선하 증권에 포함해야 합니다.

9. **Please notify us when you receive the goods.**
   제품을 받으면 우리에게 알려 주시기 바랍니다.

10. **All goods have been insured.**
    모든 제품은 보험에 가입되어 있습니다.

11. **The date of arrival will be July 21, 2019.**
    도착 일자는 2019년 7월 21일일 것입니다.

    🏷 The date of arrival will be… | 도착 날짜는 …일 것이다.

12. **The goods are supposed to be there this Sunday.**
    제품은 이번 일요일에 도착할 예정입니다.

13. **Please let us know when the goods have arrived.**
    제품이 도착하면 우리에게 알려 주시기 바랍니다.

14. **The goods are scheduled to arrive as of March 12, 2019.**
    제품은 2019년 3월 12일에 도착할 예정입니다.

15. **The date of arrival will be September 15, 2019.**
    도착할 날짜는 2019년 9월 15일일 것입니다.

16. **If everything proceeds as expected, you should receive the goods on August 20, 2019.**
    모든 것이 예상대로 진행된다면 당신은 2019년 8월 20일에 제품을 받을 수 있으실 것입니다.

    🏷 If everything proceeds as expected… | 만약 모든 일이 순조롭게 진행된다면…

17. **We have faxed you all the relevant documents.**
    관련 서류는 모두 팩스로 보내 드렸습니다.

18. **The exact arrival time will be November 12, 2019.**
    정확한 도착 날짜는 2019년 11월 12일입니다.

19. **We will do our best to meet your requirements in arranging the shipment.**
    선적을 배열하는 데에 대한 당신의 요구사항을 충족시키기 위해 최선을 다하겠습니다.

    🏷 We will do our best to… | …를 위해 최선을 다하겠다.

20. **The first part of your order will arrive on June 23, 2019, and the rest is scheduled to arrive three days later.**
    당신의 첫 번째 주문은 2019년 6월 23일에 도착할 것이고, 나머지는 사흘 후에 도착할 예정입니다.

sample 1

📄 File 52

Dear Sirs,

This is a notification of shipment.

Your order, No. 232, was shipped on July 18, 2019. The shipping documents have been attached. The products are scheduled to arrive in three days.

Please notify us when you receive the goods.

Yours sincerely,

Willy Grass

담당자님,

이것은 출고 통지입니다.

당신의 232번 주문이 2019년 7월 18일에 출고되었습니다. 출고 자료를 첨부해 드렸습니다. 제품은 사흘 뒤에 도착할 예정입니다.

제품을 받으시면 우리에게 알려 주시기 바랍니다.

Willy Grass

sample 2

Dear Sirs,

We shipped your order No. 212 on March 19, 2019. You should receive the goods by the end of this week. We also sent you the documents with regard to this shipment by fax. Please kindly check you have received them.

Please let us know when you receive the goods. Thank you.

Best regards,

George Ali

담당자님,

당신의 212번 주문이 2019년 3월 19일에 출고되었습니다. 이번 주말에 제품을 받을 수 있으실 것입니다. 또한 이 출고 건 관련 서류를 팩스로 보내 드렸습니다. 서류를 받으셨는지 확인해 주시기 바랍니다.

제품을 받으시면 우리에게 알려 주시기 바랍니다. 감사합니다.

George Ali

sample 3

File 52

Dear Sirs,

This is to notify you that your order, No. 233 was shipped on March 28, 2019. The date of arrival is estimated to be April 1, 2019.

Please let us know when you receive the goods. Thanks very much.

Yours sincerely,

Mark Lawrenson

담당자님,

당신의 233번 주문이 2019년 3월 28일에 출고되었음을 알려 드리고자 합니다. 제품의 도착 예정일은 2019년 4월 1일입니다.

제품을 받으시면 우리에게 통지해 주시기 바랍니다. 감사합니다.

Mark Lawrenson

sample 4

Dear Mr. Hansen,

As requested, your order No. 15 of July 12 for 200 pairs of women shoes has been shipped as of yesterday on board steamship Pundit to New York directly. It is due to arrive at your port on July 25.

The documents we enclose are as follows:

1. One copy of the commercial invoice.
2. One copy of the certificate of guarantee.
3. One copy of the certificate of quantity.
4. One copy of the insurance policy.

We hope the products will reach you safely, and we look forward to receiving future orders.

Yours sincerely,

John Motson

Hansen 씨,

요청하신 대로, 당신의 7월 10일 자 주문번호 15번의 여성화 200켤레는 어제 뉴욕행 직항 증기선 Pundit호에 선적했습니다. 그것은 7월 25일에 당신의 항구에 도착할 것입니다.

첨부해 드린 서류는 아래와 같습니다:

1. 상업 송장 사본 1부
2. 보증서 사본 1부
3. 수량 증명서 사본 1부
4. 보험 증권 사본 1부

제품이 귀사에 안전하게 도착하기를 바라며, 추후 당신의 주문을 받을 수 있길 기대합니다.

John Motson

19 수령 확인

주요 목적:
화물이 도착했음을 알린다.

작문 요점:
먼저 **화물 수령을 통지**한다. 가능한 한 정확한 **송장 번호**를 명시하는 것이 좋다. 그 후에 상대방에게 빠른 배송에 대한 **감사의 표현**을 전하고 필요에 따라서는 제품에 대한 만족도를 이야기하는 것이 좋다.

만능 활용 영어 작문 패턴

1. **We confirm having received your shipment yesterday.**
   어제 귀사의 화물을 받았음을 확인합니다.
   - We confirm… | …를 확인한다.

2. **We really appreciate your prompt delivery.**
   당신의 신속한 배송에 대해 진심으로 감사합니다.

3. **The goods arrived yesterday.**
   제품은 어제 도착했습니다.

4. **All the goods have arrived intact.**
   모든 제품이 온전하게 도착했습니다.
   - …have / has arrived intact. | …(손상되지 않고) 온전하게 도착했다.

5. **We received your goods without damage early this morning.**
   오늘 아침 일찍 손상 없이 귀사 제품을 받았습니다.
   - We received…without damage. | …를 손상 없이 받았다.

6. **We are pleased to tell you that we received the goods yesterday.**
   어제 제품들을 받았음을 알리게 되어 기쁩니다.

7. **We acknowledge receipt of the goods as of March 11, 2019.**
   2019년 3월 11일 자로 제품을 받은 것을 인정합니다.
   - We acknowledge receipt of… | …를 받은 것을 인정한다.

8. **We are very satisfied with your delivery.**
   당신의 배송에 매우 만족합니다.

9. **Thanks for your quick delivery, enabling us to push these products into the market promptly.**
   당신의 빠른 배송에 감사하며, 우리가 이 제품들을 신속하게 시장에 출시할 수 있게 되었습니다.

10. **We received your shipment of furniture on September 21, 2019, invoice No. 568425.**
    2019년 9월 21일에 귀사로부터 송장 번호 568425번 가구 배송을 받았습니다.

11. **All the goods appear to be as ordered and in good condition.**
    모든 제품은 주문하신 대로 양호한 상태인 것 같습니다.

12. **Yesterday we received the clothes under our order No. 65895.**
    우리는 어제 우리의 주문 65895번에 따라 옷을 받았습니다.

13. **After examination, we found no damaged goods.**
    검수 결과, 제품에 손상이 없음을 알게 되었습니다.
    ● After examination, we found… | 검수 결과 …임을 알게 되었다.

14. **I'm just letting you know that Case No. 10 was broken, but fortunately the contents were undamaged.**
    당신께 10번 상자가 깨졌다는 것만은 알려 드리는데, 다행히 내용물은 훼손되지 않았습니다.

15. **We are in receipt of your goods and the relevant documents.**
    귀사의 제품 및 관련 서류를 받았습니다.
    ● We are in receipt of… | 우리는 …를 받았다.

16. **The goods were in first-class condition when they arrived.**
    제품이 도착했을 때 완전한 상태였습니다.
    ● …in first-class condition. | …완전한 상태

17. **The goods conform with what we required.**
    제품은 우리가 요청한 것과 일치합니다.

18. **The specifications of the goods conform with the sample.**
    제품 사양은 샘플과 일치합니다.
    ● …conform with the sample. | …가 샘플과 일치한다.

19. **We have examined the shipment, and all the goods match the sample.**
    화물을 조사했는데 모든 제품이 샘플과 일치합니다.

20. **There's no trace of damage on the goods.**
    제품에 손상 흔적은 없습니다.
    ● There is no trace of… | …의 흔적은 없다.

sample 1   File 53

Dear Sirs,

I'm writing to inform you about receiving the shipment.

We received your shipment of toys on November 21, 2019, invoice No. 5897216.

We are satisfied with the goods, and we greatly appreciated your quick delivery. We will contact you again if we need to make further orders.

Yours sincerely,

John Ellen

담당자님,

당신에게 제품을 받았음을 알려 드리고자 씁니다.

우리는 2019년 11월 21일에 당신이 보내 주신 송장 번호 5897216번의 완구를 받았습니다.

우리는 제품에 대해 매우 만족하며, 당신의 빠른 배송에 대해 매우 감사합니다. 추가 주문이 필요한 경우 다시 연락 드리겠습니다.

John Ellen

---

sample 2

Dear Sirs,

We received your shipment of shoes on September 12, 2019, invoice No. 4569878.

Thanks for your prompt delivery. Thus far the sales of these goods have been very strong. Please keep us up-to-date with your stock levels as we may be interested in making further orders.

Yours sincerely,

Emma Hamilton

담당자님,

2019년 9월 12일에 당신이 보내 주신 송장 번호 4569878번 신발 수송품을 받았습니다.

당신의 신속한 배송에 감사합니다. 지금까지 이 제품들의 판매량이 매우 높습니다. 우리가 추가로 주문할 가능성이 매우 높기에 당신의 재고 상태를 수시로 우리에게 말씀해 주시기 바랍니다.

Emma Hamilton

sample 3

Dear Sirs,

We acknowledge receipt of your goods as of June 8, 2019. We are very satisfied that the goods arrived on time. Thanks very much!

Please stay in touch in case we wish to place further orders.

Yours sincerely,

John Craven

담당자님,

2019년 6월 8일 자로 당신이 보내 주신 제품을 수령했음을 인정합니다. 우리는 제품이 제때 도착한 것에 매우 만족합니다. 정말 감사합니다!

추가 주문이 필요할 때를 대비해 연락을 유지했으면 합니다.

John Craven

20 추천 고객 요청

주요 목적:
고객 추천을 요청한다.

작문 요점:
먼저 **협력이 매우 즐거웠음을** 이야기한 뒤 **상대방에게 다른 고객 추천을 부탁**한다. 이어 **다른 고객 추천을 부탁하는 이유를 설명**한다. 예를 들어 사업 확장, 시장 개척 등 자신의 계획을 말할 수 있고, 협력 시에 느낀 상대방에 대한 신뢰감에 대해 언급해도 좋다. 마지막으로 **진실한 감사를 표한다.**

만능 활용 영어 작문 패턴

1. **We are making efforts to expand our trade.**
   우리는 현재 사업 확장을 위해 노력하고 있습니다.
   🏷 We are making efforts to… | 우리는 현재 …에 노력하고 있다

2. **We are planning to expand our business.**
   우리는 사업을 확장할 계획입니다.

3. **The sales of our products keep growing.**
   우리 제품의 판매량이 계속 증가하고 있습니다.

4. **Our business is expanding rapidly, and we are trying to explore further potential markets.**
   우리의 사업은 빠르게 확장되고 있으며 우리는 더 많은 잠재 시장을 개척하기 위해 노력하고 있습니다.

5. **We would be thankful if you would introduce some potential clients to us.**
   당신이 우리에게 잠재된 고객들을 소개해 주시면 감사하겠습니다.

6. **We are looking for investors to invest in our new project.**
   우리의 새 프로젝트에 투자해 주실 투자자를 찾고 있습니다.

7. **I'm wondering if you could recommend some investors to us.**
   당신이 우리에게 투자자를 몇 명 추천해 주실 수 있으신지 궁금합니다.

8. **We thank you for your cooperation with our company.**
   우리 회사와 협력해 주셔서 감사합니다.

9. **We are considering strategies to increase the number of exports of our products.**
   우리 제품의 수출량을 늘릴 전략을 고민하고 있습니다.

10. **We would appreciate it very much if you could kindly introduce some potential investors to us.**
    당신이 우리에게 잠재적 투자자를 소개해 주실 수 있다면 정말 감사하겠습니다.

11. **We are hoping to enter and compete in the international market.**
    우리는 국제 시장에 진출해 경쟁하기를 희망합니다.

12. **Our next goal is to enter into the international market.**
    우리의 다음 목표는 국제 시장에 진출하는 것입니다.
    🏷 Our next goal is… | 우리의 다음 목표는 …이다.

13. **We will be most thankful if you could offer us some suggestions.**
    우리에게 제안을 좀 해 주실 수 있다면 매우 감사하겠습니다.

14. **We are continuing to roll out the export of our products.**
    우리는 계속해서 우리 제품의 수출량을 늘릴 것입니다.

15. **We are looking for more importers in the textile business.**
    우리는 섬유 사업에서 보다 많은 수입상을 찾고 있습니다.

16. **Could you please be so kind as to introduce to me some investors who are interested in this product?**
    당신이 이 제품에 관심 있는 투자자들을 소개해 주실 수 있습니까?

17. **This is the best season for the sale of T-shirts.**
    지금이 티셔츠 판매에 가장 좋은 계절입니다.

18. **We are very pleased with our successful cooperation with you.**
    귀사와의 성공적인 협력에 매우 만족합니다.

19. **We would appreciate your recommendation.**
    당신이 추천해 주시면 감사하겠습니다.

20. **The market demand for our products has been very strong in recent years.**
    최근 몇 년간 우리 제품에 대한 시장 수요가 매우 큽니다.

sample 1

■ File 54

Dear Sirs,

We are happy with the successful cooperation between us. As you know, our company is expanding our business. I was wondering if you could introduce some potential clients to us.

We would deeply appreciate it if you could offer some suggestions to us.

Yours sincerely,

Barrie Walker

담당자님,

우리 사이의 성공적인 협력에 만족합니다. 아시다시피 우리 회사는 계속해서 사업을 확장하고 있습니다. 당신이 우리에게 잠재 고객을 소개해 주실 수 있을지 궁금합니다.

당신이 우리에게 몇 가지 제안을 해 주실 수 있다면 깊이 감사하겠습니다.

Barrie Walker

sample 2

Dear Sirs,

Thank you for your kind comments regarding the quality of our service. We are hoping for further cooperation with you.

In addition, we wondered if you could recommend some potential clients to us, for we are expanding our business.

Your suggestions will be highly appreciated.

Best regards,

Lassie Maven

담당자님.

우리의 서비스 품질에 대한 유익한 말씀 감사합니다. 앞으로 당신과 더 많은 협력을 희망합니다.

덧붙여 우리는 계속해서 사업을 확장하고 있기 때문에, 당신이 우리에게 몇몇 잠재 고객을 추천해 주실 수 있으신지 궁금합니다.

당신의 제안에 매우 감사할 것입니다.

안부 전합니다.

Lassie Maven

sample 3

Dear Sirs,

We are glad to see that you are satisfied with our service.

You know that our company is in the process of expanding our business. Could you be so kind as to introduce some potential clients to us?

Thank you in advance if you can kindly give us a helping hand.

Yours sincerely,

Eric Clark

담당자님.

당신이 우리의 서비스에 만족하고 있다는 것을 알게 되어 기쁩니다.

아시다시피 우리는 현재 사업을 확장하는 단계에 있습니다. 우리에게 잠재 고객들을 소개해 주실 수 있습니까?

당신의 친절하신 도움에 미리 감사합니다.

Eric Clark

21 고객 추천

주요 목적:
상대방에게 고객을 추천한다.

작문 요점:
먼저 **상대방에게 고객을 추천한다는 것**을 알리고 그다음 **추천하고자 하는 고객 정보를 설명**하거나 **파일로 첨부**한다. 마지막으로 추가 문의 사항에 대해서는 자신에게 연락할지, 추천 고객에게 직접 연락할지를 알려 주고 추천한 고객이 상대방에게 도움이 되길 희망하며 글을 마무리한다.

만능 활용 영어 작문 패턴

1. **I'm honored to introduce a potential client to you.**
   당신께 잠재 고객을 소개하게 되어 영광입니다.
   🔖 I'm honored to… | …를 하게 되어 영광이다.

2. **The new customers are looking for partners who can supply steel goods.**
   신규 고객들은 철강 제품을 공급할 파트너를 찾고 계십니다.
   🔖 …are / is looking for… | …가 …를 찾고 있다.

3. **Attached is the information about the customer's company.**
   고객 회사에 대한 정보를 첨부합니다.

4. **I got the information about this customer from the exhibition.**
   박람회에서 이 고객의 정보를 얻었습니다.

5. **There are great cooperative opportunities for you.**
   귀사에 훌륭한 협력의 기회가 있습니다.

6. **I'm sure that the customer will be interested in your products.**
   고객님께서 귀사의 제품에 관심을 가질 것이라 확신합니다.

7. **We have done business with this company before.**
   우리는 전에 이 회사와 거래한 적이 있습니다.
   🔖 We have done… | 우리는 (과거에) …했다.

8. **The customer we are introducing is one of the leading importers of electronic products.**
   우리가 소개해 드리는 고객은 전자 제품의 주요 수입상 중 한 분입니다.

9. **Our business partners are very much interested in your products.**
   우리 비즈니스 파트너들이 귀사의 제품에 관심이 많습니다.

10. **The customer I'm introducing is an exporter of long-standing and high reputation.**
    제가 소개해 드리는 고객은 명성이 높으신 수출상입니다.

11. **The customers are satisfied with the price of the products.**
    이 고객은 제품의 가격에 대해 매우 만족해합니다.

12. **I think there's a great opportunity for you to establish business relations with this customer.**
    이 고객과 사업 관계를 확고히 할 큰 기회가 있다고 생각합니다.
    - There is a big chance for you to… | 당신이 …할 큰 기회가 있다.

13. **They are interested in your bedclothes products and want to discuss these with you further.**
    그들은 귀사의 침구 제품에 관심이 있으며 당신과 이에 대해 더 논의하기를 원합니다.

14. **This company is an old and honored brand in the local area.**
    이 회사는 지역 내에서 오래된 명예로운 브랜드입니다.

15. **This company is expanding its business, and I think there will be mutual interest between you.**
    이 회사는 사업을 확장하고 있고, 당신들 사이에는 서로 관심이 있을 것이라 생각합니다.

16. **One of our partners has shown great interest in your products.**
    우리 파트너 중 한 분이 귀사의 제품에 큰 관심을 보였습니다.
    - …have / has shown great interest in… | …에 큰 관심을 보인다.

17. **We have done business with this company for many years.**
    우리는 여러 해 동안 이 회사와 사업해 왔습니다.
    - We have done business with…for many years. | 우리는 …와 여러 해 동안 사업해 왔다.

18. **From the advertisement, we feel that this company will be interested in your products.**
    그 광고를 통해, 우리는 이 회사가 귀사 제품에 관심을 가질 것이라고 느꼈습니다.
    - We feel that… | 우리는 …일 것이라 느낀다.

19. They'd like to know more about your products.
그들은 귀사 제품에 대해 더 알고 싶어 합니다.

20. The new customer is in the market for bath products.
새로운 고객은 목욕 제품 시장에 있습니다.

sample 1

Dear Sirs,

I'm honored to introduce a client to you. The information about the company has been attached. I learned the information of the company on the internet.

The company is a car company just like us. I'm sure the company will be interested in your products.

Best regards,

Paul Hartley

담당자님.

당신께 고객을 소개하게 되어 영광입니다. 회사에 대한 정보는 첨부했습니다. 회사 정보는 인터넷으로 알게 된 것입니다.

이 회사는 우리와 같은 자동차 회사입니다. 이 회사가 귀사의 제품에 관심을 가질 것이라고 확신합니다.

Paul Hartley

sample 2

Dear Sirs,

I'm writing to introduce a client to you.

It is a computer company that requires a large quantity of rare earth minerals. I'm sure that they will be interested in your goods. I have also recommended you to that company.

I hope this will be helpful to you.

Yours sincerely,

Henry Kelly

담당자님,

당신께 고객을 소개하고자 씁니다.

이 고객은 컴퓨터 회사로 대량의 희토류가 필요합니다. 그들이 귀사의 제품에 관심을 가질 것이라고 확신합니다. 그 회사에도 이미 당신을 추천했습니다.

이것이 당신에게 도움이 되길 바랍니다.

Henry Kelly

sample 3   File 55

Dear Sirs,

I'm writing to introduce a client to you.

The company I'm introducing is a long time manufacturer of leather bags, and it is also one of the largest exporters of leather bags in this city. They are in need of zipper products. The detailed information has been attached.

For further information, you can contact the company directly.

Yours sincerely,

Topher Grace

담당자님,

당신께 고객을 소개하고자 씁니다.

제가 소개하는 회사는 오랜 기간 동안 가죽 가방을 만들어 온 제조상입니다. 게다가 이 도시에서 가장 큰 가죽 가방 수출상 중 하나이기도 합니다. 그들은 지퍼 제품이 필요합니다. 상세한 정보는 첨부했습니다.

추가 정보가 필요하신 경우 회사로 직접 연락하시면 됩니다.

Topher Grace

22 고객 추천 감사

주요 목적:
자신에게 고객을 추천해 준 상대에게 감사를 표현한다.

작문 요점:
먼저 상대방에게 자신에게 고객을 추천해 준 것에 대해 **진심 어린 감사의 뜻을 전달**한다. 그다음 간단하게 소개받은 고객과의 **미팅 및 협상 상황**을 전하고 이에 대해 만족했음을 나타낸다. 마지막으로 다시 한번 감사를 표하며 양측의 향후 무역 협력이 더욱더 순조롭길 희망하고 마무리한다.

만능 활용 영어 작문 패턴

1. **We thank for your introduction of new customers.**
   새로운 고객을 소개해 주셔서 감사합니다.

2. **We greatly appreciate your introduction.**
   소개해 주셔서 대단히 감사합니다.

3. **We thank you for your support.**
   지지해 주셔서 감사합니다.

4. **We hope for further cooperation with you.**
   당신과 더 많은 협력을 바랍니다.
   🏷 We hope for… | 우리는 …를 바란다.

5. **Your introduction has helped us a lot.**
   당신의 소개로 많은 도움이 됐습니다.

6. **We hope that we can be of service to you again.**
   당신에게 다시 서비스를 제공할 수 있길 바랍니다.

7. **Thanks to your introduction, we are beginning a new business relationship with them.**
   당신의 소개 덕분에, 우리는 그들과 새로운 사업 관계를 시작했습니다.
   🏷 Thanks to your introduction… | 당신의 소개 덕분에

8. **Your support and confidence in us is highly appreciated.**
   우리에 대한 당신의 지지와 신임에 깊이 감사드립니다.

9. **The cooperation turned out to be very successful.**
   협력 결과는 매우 성공적인 것으로 밝혀졌습니다.
   🏷 …turned out to be… | …인 것으로 밝혀졌다.

10. **Thanks for your introduction, and we hope we can continue our good business relationship.**
    소개해 주셔서 감사드리며, 앞으로도 우호적인 사업 관계를 지속할 수 있길 바랍니다.

11. **You have helped us a lot in expanding our business.**
    우리가 사업을 확장하는 데 당신이 많은 도움을 주었습니다.

12. **We hope that we can continue our relationship with you.**
   당신과의 관계를 지속할 수 있길 바랍니다.

13. **I'm writing to express my greatest debt of gratitude.**
   감사라는 저의 가장 큰 은혜를 표현하기 위해 씁니다.
   🏷 I'm writing to express… | …를 표현하기 위해 쓴다.

14. **We thank you for your continued support over these years.**
   지금까지 계속 지지해 주신 것에 대해 감사합니다.

15. **We will continue to do our best to provide a quality service to you.**
   앞으로도 계속 최선을 다해 양질의 서비스를 제공할 것입니다.
   🏷 We will continue to… | 우리는 계속해서 …할 것이다.

16. **It's so nice of you to give us continued support.**
   계속 지지해 주셔서 대단히 감사합니다.

17. **Thanks for your introduction, and we are always ready to provide the best service for you.**
   소개해 주셔서 감사드리며, 우리는 항상 당신께 최고의 서비스를 제공할 준비가 되어 있습니다.

18. **Please let us know if you need any further services.**
   추가 서비스가 필요하시면 우리에게 알려 주시기 바랍니다.

19. **We are always pleased to serve you.**
   언제나 여러분을 모실 수 있어 기쁩니다.

20. **It's our honor to have your support.**
   여러분의 성원을 받게 되어 영광입니다.

sample 1

> File 56

Dear Mr. Hull,

I'm writing to thank you for your introduction of the Xingfa Company to us. This has helped us to expand our business.

We have met with the purchasing supervisor of the company, and all things went smoothly.

We owe you the greatest debt of gratitude.

Yours sincerely,

Jimmy Rodd

Hull 씨,

우리에게 Xingfa 사를 소개해 주신 데에 감사를 표하고자 씁니다. 이것은 우리가 사업을 확장하는 데 도움이 되었습니다.

우리는 그 회사의 구매 관리자와 만났고, 모든 일은 순조로이 진행되고 있습니다.

우리는 당신에게 감사라는 가장 큰 빚을 졌습니다.

Jimmy Rodd

sample 2

Dear Mr. Tesselar,

Thank you very much for introducing the Wanlong Company to us, providing us with the opportunity to build a new relationship with them.

The supervisor of the company is very interested in our products. We have received a trial order from them after negotiations.

Thank you for your support of us.

Yours sincerely,

Alex Smith

Tesselar 씨,

우리에게 Wanlong 사를 소개해 주셔서 그들과 새로운 관계를 맺을 기회를 제공해 주신 것에 대해 대단히 감사합니다.

그 회사의 관리자께서 우리 제품에 관심이 많습니다. 우리는 협상 후에 시험 주문을 받았습니다.

저희를 지지해 주셔서 감사합니다.

Alex Smith

sample 3

Dear Mr. Fleeting,

I'm writing to thank you for introducing us to Changhao Technology Company.

After our discussion with the manager of the company, he is very satisfied with our decorating plan proposition. We are sure that it will be a successful business and the start of a new and mutually beneficial relationship.

We thank you very much for your support and the confidence you have shown in us.

Best Regards,

Jimmy Calderwood

Fleeting 씨,

Changhao 기술 회사를 소개해 주신 데에 대해 감사드리고자 씁니다.

그 회사 관리자께 논의드리니, 그는 우리 인테리어 계획 제안에 대해 매우 만족해합니다. 우리는 그것이 매우 성공적인 사업이 될 것이며, 상호 이익이 되는 새로운 관계의 시작이 될 것이라 확신합니다.

당신의 지지와 저희에게 보여 주신 신뢰에 감사합니다.

Jimmy Calderwood

sample 4

Dear Mr. Archdeacon,

I wanted to write a note to let you know how much I appreciate your help. You introduced the chairman, of the ABC Corporation, Mr Guthrie, to me last month. After investigation, we found that the ABC Corporation is renowned in the industry and enjoys an esteemed reputation. Mr. Guthrie is satisfied with the quality and design of our products. Yesterday he sent us an order worth $300,000 - we have never received so large an order.

If it was not for your introduction, it is unlikely our business would have profited to such a degree. Again, please accept my appreciation for your introduction.

Yours sincerely,

Robert Muir

Archdeacon 씨,

당신의 도움에 얼마나 감사한지 알려드리고자 쪽지를 쓰고 싶었습니다. 당신은 지난달 우리에게 ABC 사의 회장 Guthrie 씨를 소개해 주셨습니다. 조사한 결과 우리는 ABC 사가 업계 유명한 기업이며 큰 명성을 펼치고 있음을 알았습니다. Guthrie 씨는 우리 제품의 품질과 디자인에 만족해하십니다. 어제 그는 우리에게 이제껏 받아 본 적 없는 300,000달러 상당의 주문을 보내셨습니다.

당신의 소개가 없었다면, 우리 사업은 이렇게 이익을 얻었을 것 같지 않습니다. 다시 한번 소개에 대한 감사를 표합니다.

Robert Muir

≡ Unit 2 　 회사 통지

1️⃣ 제품 출시

주요 목적:
외부에 자사 신제품 정보를 소개한다.

작문 요점:
도입부에 **직접적으로 메일의 목적을 설명**하며 신제품을 소개하는 것이 좋다. 그다음 **기능, 스타일, 품질, 주요 타깃층** 등 **신제품의 특징에 대해 자세한 설명**을 한다. 이때, 자사 신제품이 가진 **새로운 기능**에 초점을 맞추어 상대방의 관심을 끈다. 마지막으로 **거래 성사 희망**을 나타내며 글을 마무리한다.
이런 종류의 글을 작성할 때는 상대방의 관심을 끌 제품의 특징을 적어야 한다. 그러나 반감을 살 정도의 과장은 지양한다. 적절하고 구체적인 어휘 사용을 명심하자.

☁ 만능 활용 영어 작문 패턴

1. **It includes the latest design and the most advanced functions on the market.**
   이 제품은 시중에서 최신 디자인과 가장 앞선 기능을 자랑합니다.

2. **The new product will be popular in the market.**
   신제품은 시장에서 매우 인기가 있을 것입니다.
   🏷 …will be popular in the market. | …가 시장에서 매우 인기가 있을 것이다.

3. **This product has unique features.**
   이 제품은 독특한 특징을 가지고 있습니다.

4. **The quality of the new product is first-class.**
   신제품의 품질은 최상급입니다.
   🏷 The quality of…is first-class. | …의 품질은 최상급이다.

5. **The new product is targeting the high-end market.**
   신제품은 최첨단 시장을 공략합니다.

6. **The marketing of this new product is a milestone for our company.**
   이 신제품의 마케팅은 우리 회사의 이정표가 될 것입니다.
   - ···is a milestone for··· | ···는 ···의 이정표이다.

7. **There will be substantial market opportunities for new products which have an excellent performance.**
   성능이 뛰어난 신제품에 대해서는 시장에서 상당한 기회가 있을 것입니다.

8. **We are sure that the new product will be very competitive in the market.**
   신제품이 시장에서 매우 경쟁력 있을 것을 확신합니다.

9. **Its quality is high and the price is reasonable.**
   이것의 품질은 높고 가격은 합리적입니다.

10. **It is expected to be well received in the market.**
    시장에서 호평을 받을 것으로 예상됩니다.

11. **We can assure you that the new product will sell well in your market.**
    신제품이 귀사 시장에서 잘 팔릴 것이라고 장담할 수 있습니다.
    - We can assure you that··· | 우리는 ···를 장담할 수 있다.

12. **Its design is very fashionable.**
    그 디자인은 매우 유행입니다.

13. **The main strength of the new product is its outstanding design quality.**
    제품의 주요 강점은 뛰어난 디자인 품질입니다.
    - The main strength of···is··· | ···의 강점은 ···이다.

14. **The new dress is designed by the famous designer Burrows.**
    새 드레스는 유명 디자이너 Burrows 씨가 디자인했습니다.
    - ···is designed by··· | ···는 ···가 디자인했다.

15. **We are pleased to tell you that we have just begun marketing a new kind of digital camera.**
    우리가 이제 막 새로운 디지털카메라를 판매하기 시작했다는 것을 알려 드리게 되어 기쁩니다.

16. **The main advantage of the new smart phone is its function of surfing the Internet.**
    새로운 스마트폰의 주요 장점은 인터넷 서핑 기능입니다.
    - The main advantage of···is··· | ···의 주요 장점은 ···이다.

17. We are sure that the new product will appeal to many users.

이 신제품이 많은 사용자에게 어필할 것이라고 확신합니다.

18. The new product will be very attractive to local customers.

신제품은 지역 고객들에게 매우 매력적일 것입니다.

- ···will be very attractive to··· | ···에게 매우 매력적일 것이다.

19. The new design has great originality.

새 디자인은 매우 독창적입니다.

- ···has / have great originality. | ···는 매우 독창적이다.

20. The new product has added many new features.

신제품에 많은 새로운 기능이 추가되었습니다.

- ···has added··· | ···는 ···가 추가되었다.

---

sample 1

Dear Mr. Glitter,

I'm pleased to tell you that our company has produced a new type of T-shirt. It has a unique design and fine workmanship. Its quality is superior to similar products in the market, yet the price is reasonable. We believe it will be very competitive in the market. Please contact us at any time if you would like further information.

Yours sincerely,

Rusty Harkness
General Manager

Glitter 씨,

우리 회사에서 새로운 유형의 티셔츠를 생산했음을 알리게 되어 기쁩니다. 이 제품은 독특한 디자인과 정교한 기술력을 자랑합니다. 품질이 시중의 비슷한 제품보다 우수하지만 가격이 합리적입니다. 이는 시장에서 매우 경쟁력 있을 것이라고 믿습니다. 추가 정보를 원하시면 언제든지 연락 주시기 바랍니다.

총지배인
Rusty Harkness

sample 2

Dear Mr. Ben,

I'm very pleased to tell you some good news.

After months of hard work, we have been successful in manufacturing a new type of smart phone. It has unrivalled performance, with many new functions which are as yet unseen in the market. Our new smart phone is intended for teenagers. The reason is that teenagers are the main buyers of high-end electronic products. I'm sure that the new product will be popular in the market.

Please contact us at any time if you are interested in this product. We look forward to hearing from you.

Yours sincerely,

Hugh Dallas
Manager

Ben 씨,

당신께 좋은 소식을 전하게 되어 진심으로 기쁩니다.

몇 달간의 고된 작업 끝에 우리는 새로운 형태의 스마트폰을 성공적으로 제조했습니다. 이 제품은 타의 추종을 불허하는 성능을 갖추었으며, 시중에서 볼 수 없는 새로운 기능이 많이 있습니다. 우리의 새로운 스마트폰은 10대를 위한 것입니다. 10대가 최첨단 전자제품의 주요 구매자이기 때문입니다. 이 신제품이 시장에서 인기를 끌 것으로 확신합니다.

이 제품에 관심이 있으시면 언제든 연락 주시기 바랍니다. 당신의 연락을 기다리겠습니다.

매니저
Hugh Dallas

sample 3 File 57

Dear Mr. Depp,

I'm very pleased to inform you about a new kind of washing machine made by our company.

The new washing machine has added new functions and adopts advanced energy-saving techniques. We are sure that it will be very popular and are planning to introduce it onto the market tomorrow.

Please let us know if you are interested in it.

Yours sincerely,

Marvin Andrews

Depp 씨,

우리 회사에서 만든 새로운 유형의 세탁기에 대해 알려 드리게 되어 정말 기쁩니다.

새로운 세탁기는 새로운 기능을 추가하고 첨단 에너지 절약 기술을 채택했습니다. 우리는 이 제품이 매우 인기 있을 것으로 확신하며, 내일 시장에 소개할 계획입니다.

이것에 관심 있으시면 알려 주세요.

Marvin Andrews

2 제품 생산 중단

주요 목적:
특정 제품의 생산이 중단되었거나 중단될 것을 알린다.

작문 요점:
먼저 **특정 제품의 생산 중단을 밝힌다**. 그다음 제품의 **모델, 색상, 기능, 구체적인 생산 중단 날짜** 등 **생산을 중단하는 제품의 상세 정보를 명시**한다. 마지막으로 **회사의 다른 판매 제품을 소개**하며 상대방의 구매를 유도해도 좋다.

제품 생산 중단에 관한 글을 작성할 때는 반드시 생산이 중단되는 제품의 정보를 정확하게 작성해 불필요한 혼란이 생기지 않게 주의해야 한다.

만능 활용 영어 작문 패턴

1. **Suspending production of the product is mainly due to a problem sourcing the raw materials.**
   제품 생산 중단의 원인은 주로 원자재 대외구매 문제입니다.

2. **We have decided to stop production of the following products.**
   다음 제품들의 생산을 중단하기로 했습니다.

3. **Production of the NX series will be phased out next month.**
   다음 달부터 NX 시리즈 생산이 단계적으로 중단될 것입니다.

4. **This product is now out-dated.** 이 제품은 이제 시대에 뒤떨어집니다.
   - …is out-dated. | …는 시대에 뒤떨어진다.

5. **This product has been rendered obsolete by the evolving market.**
   이 제품은 진화하는 시장에 의해 쓸모없게 되었습니다.
   - …has been rendered obsolete by… | …에 의해 쓸모없게 되었다.

6. **This product was once very attractive to customers.**
   이 제품은 한때 고객들에게 아주 매력적이었습니다.

7. **This product has dominated the market for several years.**
   이 제품이 몇 년째 시장을 지배하고 있습니다.

8. **Its design and shape was once the most popular in the market.**
   이 제품의 디자인과 형태는 한때 시장에서 가장 인기 있었습니다.

9. **This product has accomplished its goal.**
   이 제품은 목표를 달성했습니다.

10. **Because of the changing demand in the market, we have decided to stop its production.**
    시장의 변화하는 수요 때문에 우리는 이 제품의 생산을 중단하기로 했습니다.

11. **We thank you for your support of this product.**
    이 제품을 지지해 주셔서 감사합니다.

12. **The new product in this series will be on the market very soon.**
    이 시리즈의 신제품이 곧 출시될 예정입니다.
    - …will be on the market. | …가 곧 출시된다.

13. **Its replacement will be on the market very soon.**
    그 대체품이 곧 출시될 것입니다.

14. **We have upgraded this product into a new type.**
    이 제품을 새로운 유형으로 업그레이드했습니다.

15. **We have developed a new kind of chip.**
    우리는 새로운 유형의 칩을 개발했습니다.

16. **There are several other similar products for you to choose from.**
    당신이 선택할 수 있는 다른 유사 제품들이 있습니다.
    - There are …for you to choose from. | 당신이 선택할 수 있는 …가 있다.

17. **The product needs to be upgraded.**
    이 제품은 업그레이드해야 합니다.
    - …need / needs to be upgraded. | …를 업그레이드해야 한다.

18. **We will develop more excellent products to win back your support.**
    당신의 지지를 되찾기 위해 더욱 우수한 제품을 개발하겠습니다.
    - We will…to win back your support. | 당신의 지지를 되찾기 위해 …할 것이다.

19. **We will stop production of this series due to decreasing market demand.**
    시장 수요 감소로 인해 이 시리즈의 생산을 중단하겠습니다.

20. **The technology is developing very quickly, and so is the market demand.**
    기술이 빠르게 발전하고 있으며, 시장 수요도 마찬가지입니다.

sample 1

Dear Customers,

This is to inform you that our TS900 model of smart phone will cease production on June 12, 2019. From then on, we will be unable to accept orders for it. The TS900 smart phone was once very popular in the market, but it's now out-dated.

Our most popular product on the market is the M382 model. We strongly recommend this as a more up-to-date alternative for you to purchase.

Best regards,

Jim Leighton

고객님,

우리의 TS900 모델의 스마트폰이 2019년 6월 12일부로 생산을 중단한다는 것을 알려 드립니다. 그 이후로부터 우리는 이 제품에 대한 주문을 받을 수 없게 됩니다. TS900 스마트폰은 시장에서 한때 큰 인기를 끌었지만 지금은 이미 시대에 뒤떨어집니다.

우리의 가장 인기 있는 제품은 M382 모델입니다. 당신이 구입할 수 있는 보다 최신 대안으로 이 제품을 적극적으로 추천합니다.

Jim Leighton

sample 2

Dear Customers,

This is notification regarding the end of production.

The T420 computer has been on the market for three years. It has sold very well, but due to the rapid development of technology, it has become out-dated. We have developed a new type of high performance computer to replace it.

You are welcome to buy our other products.

Yours sincerely,

Tommy Sloane

고객님,

이는 생산 중단에 관한 통지입니다.

T420 컴퓨터는 3년째 시판되고 있습니다. 매우 잘 팔렸지만, 기술의 급속한 발전으로 구식이 되었습니다. 우리는 그것을 대체할 새로운 종류의 고성능 컴퓨터를 개발했습니다.

고객님께서 우리의 다른 제품들을 구입해 주시면 감사하겠습니다.

Tommy Sloane

sample 3

File 58

Dear Customers,

Due to a lack of demand, I regret to inform you that production of our SG530 digital camera has ceased.

Taking into account the demands of the market, we have developed a new camera with a higher pixel rate and more functions. We welcome purchase inquiries.

Best Regards,

Davy Affleck

고객님,

우리의 SG530 디지털카메라가 적은 수요로 인해 생산이 중단되었음을 알려 드리게 되어 유감입니다.

시장의 수요를 고려해 우리는 보다 화소 수가 높고 기능이 많은 새로운 카메라를 개발했습니다. 구매 문의는 환영합니다.

Davy Affleck

sample 4

Dear Customers,

In order to adjust to the development of technology and to meet the market demand, we have decided to discontinue the following two camera models: D3X and D3S, effective July 23, 2019.

We have many other camera models. I am sure there is one that will satisfy your requirements.

Yours sincerely,

Richard Gough

고객님,

기술 개발을 조정하고 시장 수요를 충족시키기 위해 우리는 2019년 7월 23일부터 D3X와 D3S 두 가지 카메라 모델에 대한 생산을 중단하기로 했습니다.

우리는 다른 카메라 모델이 많습니다. 저는 고객님의 요구를 충족시켜 드릴 것이 있다고 확신합니다.

Richard Gough

3 가격 조정

주요 목적:
제품 가격을 조정하게 되었음을 통지한다.

작문 요점:
먼저 가격을 조정하는 제품의 **품명, 규격, 색상 등** 구체적인 정보를 명시하고 가격 조정을 알리게 된 것에 대해 유감을 표한다. 그다음 **제품 가격에 얼마나 변동이 있는지를 설명**하거나 **조정된 가격표를 첨부해 상대방이 참고**할 수 있게 한다. 마지막으로 **조정된 가격은 언제부터 효력이 발생하며, 이미 받은 주문서에 대해서는 어떻게 처리할 것인지를 설명**한다.

만능 활용 영어 작문 패턴

1. **The price rise is largely because of the shortage of raw materials.**
   가격 인상은 원자재 부족이 큰 원인입니다.
   - is mainly because of… | …가 큰 원인이다.

2. **We have decided to raise the price of our apparel products.**
   우리 의류 제품의 가격을 올리기로 했습니다.

3. **The demand for T-shirts is greatest in the summer.**
   티셔츠 수요는 여름에 가장 많습니다.
   - The demand for…is greatest. | …에 …의 수요가 가장 많다.

4. **This product has been in great demand on the market recently.**
   최근에 시장에서 이 제품의 수요가 매우 큽니다.
   - …has / have been in great demand on… | …에서 …에 대한 수요가 크다.

5. **We decide to raise the price of our product due to the current market situation.**
   최근의 시장 상황 때문에 우리 제품의 가격을 올리기로 했습니다.

6. **The price will be raised from 15 dollars per bottle to 17.**
   가격은 한 병당 15달러에서 17달러로 인상될 것입니다.

7. **The new price will be implemented next week.**
   새로운 가격은 다음 주부터 시행될 것입니다.
   - …will be implemented. | …가 시행될 것이다.

8. **We are planning to raise the price of our product for various reasons.**
   다양한 이유로 우리 제품의 가격을 인상할 계획입니다.
   - We are planning to raise the price of… | …의 가격을 인상할 계획이다.

9. **All similar products have raised their prices.**
   비슷한 제품은 모두 가격을 올렸습니다.

10. **Due to various reasons, including the price of the raw materials, we have decided to raise the price of our product.**
    원자재 가격 등 다양한 이유로 우리 제품 가격을 올리기로 했습니다.

11. **Given the supply and demand of the market, we are planning to lower the price of our products.**
    시장의 수급 상황을 고려해, 우리 제품의 가격을 인하할 계획입니다.
    🏷 Given⋯, we are planning to⋯ | ⋯를 고려해, ⋯할 계획이다.

12. **We decided to make some price reductions for our rice products.**
    우리 쌀 제품의 가격을 조금 낮추기로 했습니다.

13. **The price was set based on the market situation.**
    가격은 시장 상황을 바탕으로 책정했습니다.
    🏷 The price was / is set based on⋯ | 가격은 ⋯를 바탕으로 책정되었다.

14. **The price is very reasonable considering its high quality.**
    이것의 높은 품질을 고려했을 때 이 가격은 매우 합리적입니다.

15. **This product enjoys a good performance to price ratio.**
    이 제품은 가격 대비 성능이 좋습니다.

16. **The raising of the price is quite realistic under the current situation.**
    가격 인상은 현재 상황에서 지극히 현실적입니다.

17. **The set point of the price has been accurately calculated.**
    가격 설정값은 정확하게 계산되었습니다.

18. **This price is on the low side compared with other products on the market with similar specs.**
    이 가격은 시중에 있는 비슷한 사양의 다른 제품들보다 낮은 편입니다.

19. **The product is very competitive in terms of both quality and price.**
    이 제품은 품질과 가격 두 가지 면 모두 매우 경쟁력이 있습니다.

20. **This price is rather moderate compared with its relatively high cost of manufacture.**
    이 가격은 상대적으로 높은 제조 비용에 비해 꽤 적당합니다.

sample 1

Dear Customers,

Due to the continual rise in the price of raw materials, we have been left with no choice but to raise prices from July 21, 2019.

The detailed prices are as follows:

Model	Original price	Current price
1. UBC_61809- ZZMK	$3.50	$3.80
2. UBC_61805- ZZMK	$5.50	$6.00
3. UBC_61810- ZZMK	$5.00	$5.10
4. UBC_61808- ZZMK	$6.80	$7.00
5. UBC_61807- ZZMK	$10.00	$11.00

The orders we have received from you will be executed according to the original prices. Future orders will be priced in accordance with our revised pricing structure. We hope you can understand the reasons for our decision.

Sincerely yours,

ABC Corporation

고객님,

계속되는 원자재 가격 상승으로 우리도 2019년 7월 21일부터 제품의 가격을 올릴 수밖에 없습니다.

자세한 가격은 아래와 같습니다.

모델	원가	현가
1. UBC_61809- ZZMK	$3.50	$3.80
2. UBC_61805- ZZMK	$5.50	$6.00
3. UBC_61810- ZZMK	$5.00	$5.10
4. UBC_61808- ZZMK	$6.80	$7.00
5. UBC_61807- ZZMK	$10.00	$11.00

이미 받은 주문은 원래 가격에 따라 처리될 것입니다. 다음 주문은 우리가 변경한 가격 구조에 따라 가격이 책정될 것입니다. 고객님께서 우리의 결정 이유를 이해해 주시기 바랍니다.

ABC 사

sample 2

> File 59

Dear Customers,

We regret to announce that we are planning to raise the prices of our products from June 12, 2019.

Due to the continual rise in the cost of raw materials and greater production costs, we have been forced to raise the prices. We have enclosed a copy of the amended price list for your reference, effective from today, and all new orders will be executed according to the amended prices, and the confirmed contracts from before today's date will be processed at the original prices.

We are sorry for the inconvenience caused by this, and we hope to get your continued support and understanding.

Sincerely yours,

ABC Corporation

고객님,

2019년 6월 12일부터 우리 제품의 가격을 인상할 예정임을 알려 드리게 되어 유감입니다.

원자재 가격이 계속 오르고 생산 비용이 증가함에 따라, 우리는 가격을 올릴 수밖에 없었습니다. 고객님께서 참고하실 수 있도록 수정된 가격표 사본을 첨부했습니다. 이는 오늘부터 적용되며, 새로 해 주시는 모든 주문은 수정된 가격에 따라 집행될 것입니다. 오늘 날짜 이전에 확정된 계약은 원래 가격으로 처리됩니다.

이와 관련하여 불편을 끼쳐 대단히 죄송합니다. 고객님의 지속적인 지지와 이해 바랍니다.

ABC 사

sample 3

Dear Customers,

Because of the increase in employees' wages and the increasing transportation fee, we have been left with no choice but to raise the prices of our computers. The increase rate is about 5%, but the specific rate varies by model. We are enclosing the detailed price list for your reference.

Price increases are effective today. We will handle orders received before today at the original prices, but subsequent orders will be processed according to the amended price.

We are eager to receive your continued understanding and support.

Sincerely yours,

ABC Corporation

고객님,

직원들의 임금 인상과 증가하는 운송비로 인해 우리는 컴퓨터 가격을 올릴 수밖에 없게 되었습니다. 인상률은 5% 정도지만 구체적인 비율은 모델에 따라 다릅니다. 상세한 가격표를 첨부하니 참고하시기 바랍니다.

인상된 가격은 오늘부터 적용됩니다. 오늘 이전에 접수된 주문은 원가로 처리하겠지만, 이후 주문은 변경된 가격에 따라 처리될 것입니다.

우리는 고객님의 지속적인 이해와 지지를 받고 싶습니다.

ABC 사

sample 4

> Dear Customers,
>
> We regret to inform you that we are going to raise the prices of our fruit juice.
>
> Because of higher costs of raw materials, we have been forced to raise the prices of every bottle of fruit juice by 2 dollars. If you have any questions, please contact us.
>
> We hope you can understand we have no other option but to take this decision. We hope that customers old and new can continue to support us.
>
> Sincerely yours,
>
> ABC Corporation
>
> ---
>
> 고객님,
>
> 우리가 과일 주스 가격을 인상할 예정임을 알려 드리게 되어 유감입니다.
>
> 높은 원료 가격으로 인해 우리는 과일 주스 한 병당 2달러씩 가격을 올릴 수밖에 없었습니다. 문의 사항이 있으시면 연락해 주시기 바랍니다.
>
> 우리가 이 결정을 내리는 것 외에는 다른 선택권이 없다는 것을 이해하실 수 있길 바랍니다. 우리는 오래되고 새로운 고객님들께서 우리를 계속 지지하실 수 있길 바랍니다.
>
> ABC 사

4 휴가 통지

주요 목적:
휴가 기간을 통지해 문제 발생 시 휴가 이후에 처리될 것을 알려 준다.

작문 요점:
먼저 **휴가 유형, 휴가 날짜 및 기간** 등 구체적인 내용을 명시한다. 그다음 이 기간에 문제가 발생하면 휴가가 끝난 뒤 처리할 것을 알려 준다. 또, 이 기간에 긴급 상황이 발생하면 다른 직무 대리인에게 처리 요청할 것을 알려 준다. 마지막으로 이에 대해 발생할 불편에 대해 양해를 구하며 글을 마무리한다.

만능 활용 영어 작문 패턴

1. **The total number of vacation days is five.**
   휴가 일수는 총 5일입니다.

2. **We will have a holiday from July 6, 2019 to July 10, 2019.**
   우리는 2019년 7월 6일부터 2019년 7월 10일까지 휴가를 보낼 것입니다.

3. **We will close the office from November 12 to November 17.**
   우리는 11월 12일부터 11월 17일까지 사무실을 닫을 것입니다.
   🏷 We will close the office from…to… | 우리는 …부터 …까지 사무실을 닫을 것이다.

4. **The whole company will shut down for 6 days.**
   회사 전체가 6일 동안 문을 닫을 것입니다.
   🏷 The whole company will shut down… | 회사 전체가 문을 닫을 것이다.

5. **The company will close down for 5 days.**
   회사가 5일 동안 문을 닫을 것입니다.
   🏷 The company will close down for… | 회사는 …일간 문을 닫을 것이다.

6. **Our company will shut down for one week while changing the equipment.**
   우리 회사는 장비를 교체하는 일주일 동안 문을 닫을 것입니다.

7. **We are sorry for any inconvenience that this decision may cause you.**
   이 결정으로 인해 당신에게 불편을 끼쳐 죄송합니다.

8. **There will be persons on duty in the office during the vacation.**
   휴가 기간에는 사무실에 당직자가 있을 것입니다.

9. **The office will reopen on July 23, 2019.**
   사무실은 2019년 7월 23일에 다시 문을 엽니다.
   🏷 The office will reopen on… | 사무실은 …에 다시 문을 열 것이다.

10. **We will begin our holiday after completing this project.**
    이 프로젝트를 완료한 뒤에 휴가를 시작할 것입니다.

11. **You can contact the persons on duty during the vacation.**
    휴가 기간 동안 당직자에게 연락하실 수 있습니다.

12. **We will stop all business during the vacation.**
    휴가 기간 동안 모든 업무를 중단할 것입니다.

13. **We will begin our holiday after the completion of this deal.**
    우리는 이번 거래 완료 뒤 휴가를 시작할 것입니다.

14. **We will close the business for a holiday.**
    휴가로 인해 업무를 중단할 것입니다.

15. **The vacation days will be from Tuesday to Saturday.**
    휴가일은 화요일부터 토요일까지입니다.

16. **The company will close for seven days to celebrate the New Year.**
    회사는 새해를 맞아 7일간 문을 닫습니다.

17. **There will be a three-day holiday for Moon Festival.**
    추석에는 3일간 휴가가 있을 것입니다.

18. **We will take one day off for National Day.**
    국경일로 하루를 쉬게 될 것입니다.

19. **We can continue our project after the holiday.**
    휴가 뒤에 우리의 프로젝트를 계속할 수 있을 것입니다.

20. **We will prearrange everything well before the holiday.**
    휴가 전에 모든 것을 미리 준비할 것입니다.
    🏷 We will prearrange… | 미리 준비할 것이다.

sample 1

File 60

Dear Dom Mills,

I am writing to inform you that all of our staff will enjoy a five day holiday from December 23 to 27 to celebrate Christmas. During this period, if you have any questions, please e-mail me at mhardie@anywhere.com. When I come back from the holiday, I will deal with any issues that have arisen.

We would like to wish you a happy Christmas holiday in advance.

Sincerely yours,

Martin Hardie
ABC Corporation

Dom Mills 씨,

우리 직원 모두가 크리스마스를 기념하기 위해 12월 23일부터 27일까지 5일간의 휴가가 있을 것임을 알려 드리고자 씁니다. 이 기간에 궁금하신 점이 있으시면 mhardie@anywhere.com으로 제게 메일 보내 주시기 바랍니다. 휴가가 끝나고 돌아오는 대로 처리해 드리겠습니다.

당신이 크리스마스를 행복하게 보내기를 미리 기원합니다.

ABC 사
Martin Hardie

sample 2

Dear Mr. Wheelright,

I am pleased to tell you that as a sign of gratitude for our hard work this year, our company has given us a three day holiday from June 12 to 15. I want to share this time with my parents, so I will not manage any business affairs during this period. If you have any questions, please send me an e-mail at mhardie@anywhere.com. I will deal with it when I come back from leave.

Sincerely yours,

Martin Hardie
ABC Corporation

Wheelright 씨,

올해 우리의 노고에 대한 감사의 표시로 회사에서 6월 12일부터 15일까지 3일간의 휴가를 주었음을 알려 드리게 되어 기쁩니다. 저는 이 시간을 부모님과 함께 나누길 원하기 때문에 이 기간에는 어떠한 업무도 관리하지 않을 것입니다. 문제가 있으시면 mhardie@anywhrere.com으로 제게 메일 보내 주시기 바랍니다. 휴가에서 돌아오면 처리하겠습니다.

ABC 사
Martin Hardie

sample 3

Dear Customers,

To celebrate the New Year, our company will shut down for one week from January 1 to 7. During this period, we won't process any orders. After the holiday, we will process your orders immediately. We apologize for any inconvenience caused by this.

We wish you a Happy New Year. All the best!

Sincerely yours,

ABC Corporation

고객님,

새해를 기념해 우리 회사는 1월 1일부터 7일까지 일주일간 문을 닫습니다. 이 기간에, 우리는 어떤 주문도 처리하지 않을 것입니다. 휴가가 끝나는 즉시 당신의 주문을 처리해 드리겠습니다. 이로 인한 불편에 대해 사과드립니다.

새해 복 많이 받으세요. 모두 잘 되길 바랍니다.

ABC 사

5 인사 변동

주요 목적:
고객에게 회사의 인사 변동 상황을 통지한다.

작문 요점:
먼저 **원래 직무 책임자의 직무 이동, 이직 등 변동 사유를** 설명한다. 그다음 **새로운 직무 책임자가 이 직무를 맡게 된 사유를** 설명한다. 경험이 풍부하다거나 안목이 좋다거나 리더십이 강하다는 등 이 사람이 이 직책을 맡게 된 것에 대한 믿음을 심어 줄 수 있는 말이 좋다. 마지막으로 **새로운 직무 책임자를 잘 부탁한다고 당부하고, 협력이 더 순조롭길 바란다는 희망**을 전하며 마무리한다.

만능 활용 영어 작문 패턴

1. **He will not be responsible for the trade between us.**
   그는 우리 사이의 거래에 대해 책임지지 않을 것입니다.
   - ···will not be responsible for··· | ···에 대해 책임지지 않는다.

2. **Mr. Chen was promoted to the position of Manager for Public Relations.**
   Chen 씨는 홍보부장으로 승진했습니다.
   - ···was promoted to··· | ···로 승진했다.

3. **Mr. Pan has worked in the area of dress design for several years.**
   Pan 씨는 수년간 의류 디자인 분야에서 일해 왔습니다.

4. **He has an insightful view of the book industry.**
   그는 도서 산업에 대한 통찰력 있는 견해를 갖췄습니다.
   - ···has / have insightful view of··· | ···에 대한 통찰력 있는 견해를 갖췄다.

5. **His taking office will bring new strength to our company.**
   그의 취임은 우리 회사에 새로운 동력을 가져다줄 것입니다.
   - ···will bring strength to··· | ···에 힘을 가져다줄 것이다.

6. **We will assign another person to deal with the trade problems between us.**
   우리 사이의 무역 문제를 처리하기 위해 다른 사람을 파견할 것입니다.

7. **Mr. Strachan will be in charge of the sales department of the firm.**
   Strachan 씨가 회사의 영업부를 담당할 것입니다.
   - ···will be in charge of··· | ···를 담당할 것이다.

8. **We believe that his capabilities will meet the requirements for this position.**
   그의 능력이 이 직책에 필요한 요건들을 충족시킬 것이라고 믿습니다.

9. **He has suitable qualifications for the new position.**
   그는 새 직책에 적합한 자격을 가지고 있습니다.
   - ···has / have suitable qualifications for··· | ···에 적합한 자격을 가지고 있다.

10. **I believe he will make a good contribution to our trade.**
    나는 그가 우리 무역에 훌륭한 공헌을 할 것이라고 믿습니다.

11. **Mr. Zevon will take over this position next Monday.**
    Zevon 씨가 다음 주 월요일부터 이 직책을 맡을 것입니다.
    - ···will take over this position··· | ···가 이 직책을 맡을 것이다.

12. **His excellent performance has won him respect among the staff.**
    그는 훌륭한 업무 실적으로 사원들의 존경을 받았습니다.

13. **We are confident of his personal ability and qualities.**
    우리는 그의 개인적 능력과 자질을 확신합니다.
    - We are confident of… | 우리는 …를 확신한다.

14. **Mr. Snow will be in charge of the administrative affairs of the firm.**
    Snow 씨가 회사의 행정 업무를 담당하게 될 것입니다.
    - …will be in charge of… | …를 담당할 것이다.

15. **The new HR Director will be Mr. Burns.**
    새로운 인사부장은 Burns 씨가 될 것입니다.

16. **After comprehensive assessment, we decided to assign him to deal with the trade issues between our two companies.**
    종합적인 평가를 거쳐 우리 두 회사 사이의 무역 문제를 처리하기 위해 그를 파견하기로 했습니다.
    - After comprehensive assessment, we decided to…
      종합적인 평가 끝에, 우리는 …하기로 했다.

17. **The appointment is based on his excellent previous performance and his attitude shown towards the job.**
    이번 임명은 그의 뛰어난 업무 성과와 근무 태도를 바탕으로 합니다.

18. **We firmly believe he will make great contributions to our corporation.**
    우리는 그가 회사에 큰 공헌을 할 것이라고 굳게 믿고 있습니다.
    - We firmly believe that… | 우리는 …를 굳게 믿고 있다.

19. **I hope our cooperation is progressing well.**
    우리의 협력이 잘 진행되길 바랍니다.

20. **I think you will be satisfied with his performance.**
    그의 성과에 만족하실 것이라고 생각합니다.

sample 1

Dear Ms. Pratt,

I want to inform you that Tom Mauborgne, the manager of the Marketing Department, has resigned due to some personal reasons. From now on, he will not be responsible for trade between us.

Robert Mason will take over his job and deal with the trade problems between us. He possesses 15 years of experience in this field, and I believe you will be satisfied with his performance.

Sincerely yours,

ABC Corporation

Pratt 씨,

마케팅 부서의 매니저인 Tom Mauborgne 씨가 몇몇 개인적인 사유로 사임했음을 알려 드리고자 합니다. 지금부터 그는 우리 사이의 무역을 책임지지 않을 것입니다.

Robert Mason 씨가 그의 일을 인계해서 우리 사이의 무역 문제를 다룰 것입니다. 그는 이 분야에서 15년의 경력을 가지고 있으며, 당신도 그의 업무 성과에 만족할 것이라고 믿습니다.

ABC 사

sample 2

Dear Mr. Carson,

This is to inform you that Bob Holness will succeed James Savile at the Sales Department. James Savile has been fired by the company for negligence. After careful consideration, we decided to appoint Bob Holness as the manager of the Sales Department.

Mr. Holness has been lauded as an excellent worker many times after performance reviews for his consistent performance. Last year, his marketing plan helped us make millions of dollars in profit. We firmly believe he will make a valuable contribution to our corporation.

I would appreciate it if you could support his work.

Sincerely yours,

Walt Looney

Carson 씨,

이는 Rob Holness 씨가 영업부에서 James Savile 씨의 뒤를 이을 것을 알리고자 함입니다. James Savile 씨는 업무 태만으로 회사에서 해고되었습니다. 고심 끝에 우리는 Rob Holness 씨를 영업부장으로 임명하기로 했습니다.

Holness 씨는 일관된 성과로 업무 평가 후 우수 직원으로 수차례 선정됐습니다. 작년에 그의 마케팅 계획은 회사가 수백만 달러의 이익을 내는 것을 돕기도 했습니다. 우리는 그가 우리 회사에 귀중한 공헌을 할 것을 굳게 믿습니다.

그의 업무를 지지해 주실 수 있다면 감사하겠습니다.

Walt Looney

sample 3

Dear Mr. Marshal,

Colin Meldrum, responsible for our trade relationships, will be reassigned to America for half a year. We'd like Andy McLaren to take over his position.

Mr. McLaren has been with our firm for six years. He is appreciated by the management for his sharp market insights and strong innovative ability. We have done business with each other for many years, and our trade relationship is very harmonious. I believe he will enhance the trade relationship between us.

I hope our future cooperation will progress well.

Sincerely yours,

ABC Corporation

Marshal 씨,

우리의 무역을 책임지고 있는 Colin Meldrum 씨께서 반년간 미국으로 연수를 가시게 되었습니다. 이에 Andy McLaren 씨께서 그의 자리를 계승해 주실 것입니다.

McLaren 씨께서는 우리 회사에서 6년간 근무해 오셨습니다. 그는 예리한 시장 통찰력과 강한 혁신 능력으로 경영진에게 인정받았습니다. 당신과 우리는 오랜 기간 우호적인 무역 관계를 지속해 왔습니다. 그가 우리 양측 간의 관계를 보다 증진해 줄 것이라 믿습니다.

향후 양측의 협력이 수월하길 바랍니다.

ABC 사

6 회사 전화 주소 이동

주요 목적:
우리의 전화번호와 주소가 변경되었음을 통지하고 새로운 연락처를 제공한다.

작문 요점:
먼저 **언제 이사할지, 혹은 언제 이사했는지** 알린다. 반드시 **이사한(이사할) 곳의 주소를 명시**한다. 그다음 연락 가능한 전화번호, 팩스 번호, 이메일 주소 등 **회사의 새로운 연락처를 첨부**한다. 마지막으로 **계속해서 회사를 지지하고 관심 가져 주길 희망**하며 글을 마무리한다.

만능 활용 영어 작문 패턴

1. **I'm writing to tell you that we have moved our company to Future Mansion.**
   우리가 Future 빌딩으로 이사했음을 알려 드리고자 합니다.

2. **Our new e-mail address is dfjeijur@msn.com.**
   우리의 새로운 이메일 주소는 dfjeijur@msn.com입니다.

3. **The relocation will make it easier for us to connect with each other.**
   이사로 인해 양측의 연락이 더욱 수월해질 것입니다.
   ▶ ···make it easier for us to··· | ···는 우리가 ···를 수월하게 할 수 있게 한다.

4. **The removal will be completed this Sunday.**
   이사 작업은 이번 주 일요일에 완료될 것입니다.

5. **Other contact info is unchanged.**
   다른 연락처는 변동이 없습니다.
   ▶ ···is unchanged. | ···는 변동이 없다.

6. **We thank you for your confidence in us and solicit your continued support**
   우리에 대한 당신의 신임에 감사드리며 당신의 지지가 계속되길 바랍니다.

7. **Please record our new telephone number.**
   우리의 새 전화번호를 저장해 주시기 바랍니다.

8. **The new telephone number will be operational after completion of the move, which should be next Tuesday.**
   새로운 전화번호는 이사가 완료된 다음 주 화요일 이후부터 적용될 것입니다.

9. **I'm notifying you that we are changing our phone number to 58752569.**
   우리의 전화번호가 58752569번으로 변경되었음을 알려 드리는 바입니다.

10. **This is our new address.**
    이것은 우리의 새로운 주소입니다.

11. **We will continue to use our current e-mail address.**
    우리는 현재의 이메일 주소를 계속해서 사용할 것입니다.

12. **The telephone number remains unchanged.**
    전화번호는 변동이 없습니다.
    - ···remain / remains unchanged. | ···는 유지되어 변함이 없다.

13. **The following are the latest changes at our company.**
    아래는 우리 회사의 최신 변동사항들입니다.
    - The following are··· | 이하는 ···이다.

14. **We will inform you of our new telephone number after the move.**
    이사가 완료된 후에 우리의 새 전화번호를 알려 드리겠습니다.

15. **Please keep in touch with each other.**
    계속해서 서로 연락을 주고받았으면 합니다.
    - Please keep in touch with··· | 부디 ···와의 연락을 계속 주고받으세요.

16. **Please remember the new number and keep in touch.**
    새 전화번호를 기억해 주시고 지속적인 연락 바랍니다.

17. **Your continued support and help will be highly appreciated.**
    당신이 계속해서 지지와 지원해 주시면 진심으로 감사하겠습니다.

18. **Please send me e-mails to this new address from now on.**
    지금부터 새 주소로 메일을 보내 주시기 바랍니다.

19. **The current number will be disconnected as of next week.**
    현재의 번호는 다음 주부터 이용이 정지됩니다.
    - ···will be disconnected. | ···는 이용이 정지된다.

20. **This is our new telephone number, but our old one is still in service.**
    이것은 우리의 새로운 전화번호입니다만, 이전의 번호 역시 계속해서 사용 가능합니다.

sample 1

Dear Customers,

We are pleased to announce that our company will move to Future Mansion, Room 1306 at 57 Leo Street from June 12, 2019. Our office phone number will change to 456152.

We would appreciate it if you continue to give us your trust and support.

Yours sincerely,

Colin Calderwood
Marketing Manager

고객님,

우리가 2019년 6월 12일부터 Leo 대로 57번의 Future 빌딩 1306호로 이사하게 될 것을 알려 드리게 되어 진심으로 기쁩니다. 우리의 사무실 번호는 456152번으로 변경될 것입니다.

고객님들께서 계속해서 우리를 믿어 주시고 지지해 주신다면 진심으로 감사하겠습니다.

마케팅 매니저
Colin Calderwood

sample 2

File 62

Dear Customers,

We are glad to announce that we are going to move our company to the newly-built Future Mansion, Room 1601 at East Street from April 12, 2019. Our telephone number has changed from 489797 to 487799. Our fax number remains unchanged.

Your continuing attention will be welcomed.

Yours sincerely,

ABC Company

고객님,

우리가 2019년 4월 12일부터 East street에 새로 지어진 Future 빌딩 1601호로 이사하게 될 것을 알려 드리게 되어 진심으로 기쁩니다. 우리의 사무실 번호는 489797번에서 487799번으로 변경될 것입니다. 팩스 번호는 변동이 없습니다.

고객님들의 지속적인 관심을 환영합니다.

ABC 사

sample 3

Dear Customers,

We are pleased to announce good news that our company has moved. The new address is Kreisler Mansion, Room 1666 at 55 Leo Street. Our new telephone number will be 78456, and please send your mail to the Post Office Box No. 45 if you need to do so.

I would appreciate it if you could continue to give us your support and attention.

Yours sincerely,

BMM Company

고객님,

우리가 이사했다는 좋은 소식을 전하게 되어 진심으로 기쁩니다. 새 주소는 Leo 대로 55번 Kreisler 빌딩 1666호입니다. 새 전화번호는 78456번이며 편지를 보내시게 될 경우 우편함 45번을 사용해 주시기 바랍니다.

계속해서 지지해 주시고 관심 가져 주시면 대단히 감사하겠습니다.

BMM 사

sample 4

Dear Customers,

I want to inform you that we have moved to a new office, to better accommodate our increasing number of employees. Our former office was no longer fit for purpose. The new address of our company is Room 1600B, New York Shengfu Building, No. 21, East Street. Our new Post Office Box address is No. 12.

We would like to take this opportunity to solicit your continued support and business.

Yours sincerely,

BMM Company

고객님,

회사의 직원이 증가해 그들을 더 잘 수용할 수 있게 새로운 사무실로 이사 오게 되었음을 알리고자 합니다. 새 주소는 East Street 21번 뉴욕 Shengfu 빌딩 1600B호입니다. 새로운 우편함 주소는 12번입니다.

이번 기회에 고객님들께서 지속적인 지지와 관심 가져 주시길 간청드리는 바입니다.

BMM 사

sample 5

Dear Customers,

We are pleased to announce that our Sales Department will move to Shengfu Building, Room 654 at 12 East Street. We shall be in operation there from July 21, 2019.

Our phone number will be changed to 45133, and mail should be addressed to the Post Office Box No. 13.

We wish to take this opportunity to solicit your continued support and cooperation.

Yours sincerely,

BMM Company

고객님,

우리 영업부가 East Street 12번의 Shengfu 빌딩 654호로 이사하게 될 것을 알려 드리게 되어 진심으로 기쁩니다. 우리는 2019년 7월 21일부터 그곳에서 운영될 것입니다.

전화번호는 45133으로 변경될 것이며 우편은 우편함 13번으로 보내 주시기 바랍니다.

이번 기회에 고객님들께서 지속적인 지지와 관심 가져 주시길 간청드리는 바입니다.

BMM 사

7 회사 폐업

주요 목적:
회사가 폐업한 소식을 알린다.

작문 요점:
회사 폐업 통지는 먼저 **회사가 폐업하게 되었음을 알리게 되어 유감임**을 나타낸다. 이어서 **폐업의 원인**은 상황에 따라 대략적으로, 혹은 자세하게 설명하며 **회사가 폐업하는 날짜를 명시**한다. 마지막으로 **그동안의 지지와 협력에 대한 감사의 말**을 전하며 축복의 메시지로 글을 마무리한다.

만능 활용 영어 작문 패턴

1. **We have decided to shut down our business as of next month.**
   다음 달부터 우리의 사업을 중단하기로 했습니다.
   🏷 We have decided to shut down our business… | 우리의 사업을 …중단하기로 했다.

2. **Our business will be closed from October 15, 2019.**
   우리는 2019년 10월 15부로 사업을 중단합니다.

3. **We have decided to quit the business and dissolve the partnership.**
   우리는 사업을 중단하고 협력을 끝내기로 했습니다.

4. **The business will be discontinued from September 15, 2019 because of the economic slowdown.**
   경제 침체로 인해 2019년 9월 15일부로 영업이 중단될 것입니다.

5. **We have decided not to continue our partnership because of the downward trend of the market.**
   시장의 하락세로 인해 협력 관계를 지속하지 않기로 했습니다.

6. **We thank you for your support during these years.**
   다년간 당신의 지원에 감사합니다.

7. **We are going to cease operations from April 17, 2019.**
   우리는 2019년 4월 17일부로 운영을 중단합니다.

8. **We have decided to discontinue our business due to various reasons.**
   여러 가지 이유로 사업을 중단하기로 했습니다.

9. **We will shut down the company due to managerial misjudgements.**
   경영 오판으로 회사를 폐업하기로 했습니다.

10. **We have no option now but to shut down our company.**
    회사 문을 닫는 것 외에 다른 선택지가 없었습니다.
    ● We have no option but to… | 우리는 …외에 다른 선택지가 없었다.

11. **We will not continue with the project.**
    더는 이 프로젝트를 진행하지 않습니다.

12. **There is no point in continuing with this project.**
    이 프로젝트를 계속 진행하는 것은 무의미합니다.
    ● There is no point in continuing with… | …를 지속하는 것은 의미가 없다.

13. **Notice is hereby given that we will end this project.**
    회사는 이에 이 프로젝트를 중지함을 알리는 바입니다.

14. **This project is fruitless.**   이 프로젝트는 이윤을 거의 남기지 못합니다.

15. **We have to cease operation due to the difficult financial conditions.**
    재정난으로 운영을 중단할 수밖에 없습니다.

16. **We would like to advise you that we will no longer continue with this project.**
    더는 이 프로젝트를 진행하지 않을 것을 알려 드리고자 합니다.

17. **We will close down our business immediately.**
    우리는 즉시 사업을 중단할 것입니다.

18. We are notifying you that we will close our company.
　　우리가 곧 회사를 폐업한다는 것을 알려 드립니다.

19. We wish you a prosperous future.
　　당신의 전망이 밝길 바랍니다.

20. We will quit the business from January 25, 2019.
　　우리는 2019년 1월 25일부로 사업을 중단할 것입니다.

sample 1

Dear Customers,

As is well documented, the financial crisis has led to a severe economic downturn. During such a challenging time, our company can no longer run normally due to serious cash-flow problems.

After study, the directorate has decided to shut the company down. The closing date will be August 15.

We wish to thank everyone for their support over the years.

Yours sincerely,

Future Co., Ltd.

고객님,

제대로 문서화되었듯 금융 위기는 심각한 경제 침체로 이어졌습니다. 이렇게 힘든 시기에 우리 회사는 심각한 자금 유통 문제로 더는 정상적으로 운영될 수 없습니다.

회의를 거친 후에 이사회는 회사의 영업을 중단하기로 했습니다. 영업 정지일은 8월 15일입니다.

다년간 우리를 지지해 주신 모든 분께 감사합니다.

Future 사

sample 2 File 63

Dear Customers,

We are writing to tell you that we are going to close our business on November 14.

We made this decision for a variety of reasons. We sincerely thank you for your support and cooperation with our company.

Best wishes,

Tianhua Co., Ltd.

고객님,

11월 14일부로 우리의 영업이 정지됨을 알려 드리고자 합니다.

다양한 이유로 이러한 결정을 내리게 되었습니다. 우리에 대한 당신의 지지와 협조에 진심으로 감사합니다.

Tianhua 사

sample 3

Dear Customers,

We regret to inform you that our company will shut down on July 12, 2019. As a result of mismanagement, our company has found itself in the red. The deficit is so large that we can't recover. We have no choice but to shut down the company.

We want to thank everyone for your great support and help by way of this letter. We hope your business will grow and prosper.

Best wishes,

Tianhua Co., Ltd.

고객님,

2019년 7월 12일부로 우리가 영업을 중단하게 되었음을 알려 드리게 되어 유감입니다. 경영 문제로 우리는 적자를 보게 되었습니다. 적자를 해결하기에는 너무 방대해 회사의 운영을 중단할 수밖에 없었습니다.

이 편지를 빌어 그동안 여러분의 지지와 지원에 대해 감사의 말씀 전하고자 합니다. 여러분의 사업이 날로 번창하시길 바랍니다.

Tianhua 사

8 주주 공지

주요 목적:
회사의 중대 소식을 주주들에게 알린다.

작문 요점:
보통 회사에 중대한 문제나 결정할 일이 생길 때 주주들에게 공지한다. 먼저 **알리고자 하는 사안을 설명**한다. 만약 아직 발생하지 않은 사안일 경우 초래될 결과에 대해 설명한다. 마지막으로는 **주주의 의견과 도움을 구하며** 글을 마무리한다.

만능 활용 영어 작문 패턴

1. **I want to let you know that I will retire from my position with immediate effect.**
   여러분에게 제가 곧 퇴직하게 될 것을 알려 드리고자 합니다.

2. **It was a very happy time working with you.**
   여러분과 함께 일할 수 있어 행복했습니다.

3. **Thanks for your continuous support while I was in the position.**
   재임 기간 동안 계속해서 저를 지지해 주셔서 감사합니다.

4. **I have to make a tough decision.**
   저는 현재 부득이하게 힘든 결정을 내려야 합니다.
   🏷 I have to make …decision. | 나는 …한 결정을 내려야 한다.

5. I'm sorry, but I have to bring up the topic of my resignation.
죄송합니다만, 저는 제 사직에 대한 주제를 꺼낼 수밖에 없습니다.
🔖 I'm sorry, but… | 죄송합니다만…

6. I'm resigning because of great changes in my personal situation.
저는 제 사생활에 큰 변화가 생겨 사직하게 되었습니다.
🔖 I'm resigning because… | 나는 …의 이유로 사직을 하게 되었다.

7. I'm here to express my sincere gratitude to you for your support.
이 자리에서 여러분의 지지에 진심 어린 감사의 뜻을 표합니다.
🔖 I'm here to express… | 나는 이곳에서 …를 표한다.

8. I think this position is not suitable for me.
이 직책은 제게 적합하지 않다고 생각합니다.

9. I think the time is right for me to leave.
지금이 제가 떠나야 할 때라고 생각합니다.
🔖 I think the time is right for… | …할 때라고 생각한다.

10. It's a pity that I don't think I'm up to this job.
안타깝게도 저는 이 일을 감당할 수 없다고 생각합니다.
🔖 It's a pity that… | 안타깝게도 …

11. It's really my honor to be the manager of the company.
회사의 매니저가 되는 것은 제게 큰 영광입니다.

12. I recommend Mr. Redknapp to be my successor.
Redknapp 씨를 저의 후임자로 추천해 드립니다.

13. I would like to introduce my new assistant to you.
저의 새 조수를 여러분에게 소개해 드리고자 합니다.
🔖 I would like to introduce… | 나는 …를 소개해 주고자 한다.

14. I think Mr. Chen is the right person to be my replacement.
Chen 선생님께서 후임자가 될 최적의 인재라고 생각합니다.
🔖 I think…is the right person to… | 나는 …가 …의 최적 인재라고 생각한다.

15. It's really my honor to be the deputy manager and work with you.
차장이 되어 여러분과 함께 일할 수 있어 진심으로 영광입니다.

16. I'm here to discuss something regarding distribution.
이곳에서 배당 관련 사항들에 대해 논의하고자 합니다.
🏷️ I'm here to discuss… | 나는 이곳에서 …에 대해 논의하고자 한다.

17. I'm writing to tell you something about the annual shareholders meeting.
연간 주주 총회에 대해 말씀드리고자 합니다.

18. I'm very pleased that all shareholders are optimistic about our company's prospects.
모든 주주께서 우리의 전망에 대해 낙관적이셔서 매우 기쁩니다.

19. I'm writing to invite you to attend the general meeting of the shareholders.
주주 총회 참석에 초청하고자 씁니다.

20. I'm writing to ask for your opinions on the reformation of our company.
우리 회사의 개혁에 대한 여러분의 의견을 여쭙고자 씁니다.
🏷️ I'm writing to ask for… | …에 대해 문의하고자 쓴다.

---

sample 1

Dear Partners,

I'm writing to tell you that I'm going to leave this company.

All good things must come to an end. It's been a memorable time in my life to work with you as the chairman. Thanks for your support and cooperation in my work.

Keep in touch and best wishes to all of you.

Yours faithfully,

Mark Everett
Chairman

주주님,

여러분에게 제가 곧 이 회사를 떠나게 될 것을 알려 드리고자 합니다.

모든 좋은 일에는 끝이 찾아오는 법입니다. 회장으로서 여러분과 함께 일할 수 있던 시간은 제 일생에 있어 매우 귀중한 시간이었습니다. 그동안 저를 향한 여러분의 지지와 협력에 감사합니다.

계속해서 연락 유지해 주시길 바라며, 늘 행복하시길 바랍니다.

회장
Mark Everett

sample 2

Dear Partners,

Because of the economic crisis, our sales figures have continued to decline. The current situation is so critical that we don't have enough funds now to support running the company. It is likely that we will be left with no option but to take bankruptcy measures.

If any of you have ideas to redress our current situation, please share them with us.

Yours faithfully,

Michael Johnston
Chairman

주주님,

경제 침체로 인해 우리의 판매량이 계속해서 감소하고 있습니다. 현 상황은 우리가 더는 회사를 운영할 자금이 없을 정도로 매우 심각하며 파산의 방법을 선택할 수밖에 없는 상황까지 이를 것 같습니다.

현재 상황을 호전시킬 방법에 대한 의견이 있으시다면 우리와 함께 나눠주시기 바랍니다.

회장
Michael Johnston

sample 3

Dear Partners,

I'm writing to tell you that I have decided to retire from my position, effective as of one month from now.

The board of directors will meet in the near future to select the most suitable candidate to replace me in my position. If any of you would like to make us aware of potential candidates who would be suitable to take on this role, please make your recommendation through the usual channels. Your recommendation will be carefully considered.

Yours faithfully,

Bobby Fleeting
Chairman

주주님,

여러분에게 제가 현 직책에서 사직하기로 했음을 알려 드리고자 합니다. 이는 한 달 후부터 유효합니다.

이사회의 이사님들께서 조만간 저의 직책을 대신해 주실 적당한 분을 선정해 주실 것입니다. 여러분께서 이 직책에 적합한 잠재적인 인재가 있다고 생각이 드신다면 평소 채널을 통해 추천해 주시기 바랍니다. 여러분께서 해 주신 추천을 신중히 고려하겠습니다.

이사장
Bobby Fleeting

Unit 3 구직 면접

1 직무 문의

주요 목적:
인사 관련 부서에 회사에 공석이 있는지 문의한다.

작문 요점:
먼저 **직접적으로 자신이 원하는 직무를 설명**하며 **이 분야에 공석이 있는지** 묻는다. 그다음 자신의 **개인 능력, 근무 경력, 교육 배경** 등 강점을 중심으로 자기를 소개해 업무 수행 능력을 부각한다. **이력서를 첨부하고** 말미에는 **반드시 자신의 연락처를 남겨** 상대방의 빠른 회신을 간청하며 마무리한다.

만능 활용 영어 작문 패턴

1. I'm writing to inquire if you have any openings for an editor.
편집자 자리에 공석이 있는지 여부를 여쭙고자 합니다.
🏷 I'm writing to inquire… | …에 대해 문의를 하고자 메일을 보낸다.

2. Will you need an experienced editor in the near future?
가까운 미래에 경력이 있는 편집자가 필요하실까요?

3. I want to know if you have any secretarial positions available.
비서직을 채용할 계획이 있으신지 아닌지 알고 싶습니다.
🏷 I want to know if… | …인지 아닌지 알고 싶다.

4. I want to know if there is a vacancy for a Client Account Coordinator.
고객 코디네이터직에 공석이 있는지를 알고 싶습니다.
🏷 I want to know if there is a vacancy for… | …의 공석이 있는지를 알고 싶다.

5. I would like to know if there are any job openings. 공석이 있는지를 알고 싶습니다.
🏷 I would like to know… | …를 알고 싶다.

6. I would like to request detailed information about the opening.
공석과 관련된 자세한 정보를 요청하고자 합니다.

7. I've been keenly interested in working for your company for a long time.
저는 오랫동안 귀사에서 일하기를 갈망했습니다.
🏷 I've been keenly interested in… | 나는 …를 갈망했다.

8. **I am familiar with the scope of your company.**
   저는 귀사의 업무 범위에 대해 매우 익숙합니다.

9. **It's my dream to work for a world renowned management firm such as yours.**
   당신과 같이 세계적으로 유명한 경영 회사에서 일하는 것이 제 꿈입니다.
   ● It's my dream to… | …하는 것이 나의 꿈이다.

10. **I am interested in working for your firm.**
    귀사에서 근무를 할 수 있길 갈망합니다.

11. **I've heard much about your company.**
    저는 귀사의 명성을 들어 왔습니다.
    ● I've heard much about… | 나는 …의 명성에 대해 들어 왔다.

12. **I hope you may keep me in mind for any future openings after you have read my letter.**
    제 편지를 읽어 보시고 향후에 공석이 있을 경우 저를 기억해 주시기 바랍니다.

13. **I believe I would be an asset to your firm.**
    제가 당신 회사에 보탬이 될 것이라 믿습니다.

14. **I am happy to provide any further information you require.**
    당신이 요청하시는 어떠한 추가 자료라도 기꺼이 제공할 것입니다.

15. **I want to become part of your team.**
    당신의 일원이 되고 싶습니다.

16. **If a suitable vacancy arises, please inform me.**
    적합한 공석이 있다면 제게 말씀해 주시기 바랍니다.

17. **If you think there is a job that suits me, you can reach me at 4556663.**
    제게 적합한 직무가 있다고 생각 드신다면 4556663번으로 제게 연락 주시기 바랍니다.

18. **Given the opportunity, I am confident I would demonstrate my capabilities.**
    제게 기회를 주신다면 저는 제 모든 능력을 증명할 것을 약속합니다.
    ● Given the opportunity…, | 저에게 기회를 주신다면, …할 것입니다.

19. **I am sure I won't disappoint you.**
    절대로 실망시켜 드리지 않을 것을 약속합니다.

20. I look forward to your reply.
회신 기다리겠습니다.

sample 1

Dear Sir or Madam,

I'm writing to inquire if there are any positions available in your company that will offer me an opportunity in the field of administrative regulation. I have heard much about your company.

I shall graduate from college this coming September, having satisfactorily completed a four year degree at Washington University. My major is Administration Management. Despite my relative lack of work experience, my academic record has been outstanding. I have enhanced my problem solving skills at university in many ways, for example through my role as a student representative.

I hope you can keep me in mind if there is a vacancy in your company. I would be glad to receive a call at any time to arrange an interview. My telephone number is 5899554.

I look forward to hearing from you soon.

Yours sincerely,

Eamonn Bannon

담당자님,

귀사의 행정 관리 분야에 공석이 있는지 문의하고자 합니다. 귀사의 명성은 익히 들어 왔습니다.

저는 올해 9월에 워싱턴 대학에서 4년간의 과정을 모두 수료하고 졸업하게 됩니다. 제 전공은 행정 관리입니다. 비록 제가 근무 경험은 적지만 재학 중 성적이 우수했습니다. 학생회 대표를 하는 등 많은 활동을 하면서 문제 해결 능력을 향상했습니다.

귀사에 공석이 있다면 저를 기억해 주시기 바랍니다. 저는 언제든 면접 제안을 받을 준비가 되어 있습니다. 제 전화번호는 5899554번입니다.

곧 귀사로부터 소식 전해 들을 수 있길 바랍니다.

Eamonn Bannon

sample 2

Dear Sir or Madam,

I would like to inquire whether there is currently a vacancy in the field of administrative regulation in your department. I will graduate from college this summer.

My name is Fred West, and I am majoring in Applied English. Throughout my degree I have done part-time administrative work, so I have already gained some valuable experience. I am highly computer literate and familiar with many office software programs. If you could give me an opportunity, I am sure I would be a long-term asset to your company.

I look forward to hearing from you in the near future.

Yours sincerely,

Fred West

담당자님.

당신의 행정 관리 부서에 현재 공석이 있는지 여부를 여쭙고자 합니다. 저는 이번 여름에 대학교를 졸업할 것입니다.

제 이름은 Fred West입니다. 그리고 저는 응용 영문학을 전공하고 있습니다. 학위 과정 내내 저는 행정 관리 아르바이트를 한 적이 있어 풍부한 행정 관리 경험을 가졌습니다. 저는 컴퓨터를 능숙하게 다룰 줄 알며 여러 사무 소프트웨어 프로그램에 익숙합니다. 제게 기회를 주실 수 있다면 당신 회사의 장기적인 자산이 될 것이라고 확신합니다.

가까운 미래에 당신으로부터 회신을 받을 수 있길 기대합니다.

Fred West

sample 3

Dear Sir or Madam,

I'm writing to inquire if your company has any openings in the editorial area.

I recently graduated from the world renowned Washington University. I majored in English and was a senior editor of the school paper during the past four years. I won national awards for my editorial skills on multiple occasions whilst at university. If given the opportunity, I am sure I would not disappoint you.

I would be happy to provide any further information that you require. You can reach me at 488794.

I look forward to hearing from you.

Yours sincerely,

William Wallace

담당자님,

당신의 편집 부문에 공석이 있는지 여부를 여쭙고자 합니다.

저는 최근에 세계적으로 유명한 워싱턴 대학을 졸업했습니다. 저는 영문학을 전공했으며 학기 중 4년 내내 학교 신문사 수석 편집자로 있었습니다. 학부생 시절 꽤 몇 번의 편집 기술에 대한 상을 받기도 했습니다. 제게 기회를 주신다면 실망시켜 드리지 않을 자신이 있습니다.

추가로 요청하시는 정보가 있으시다면 기꺼이 제공해 드릴 것입니다. 제 연락처는 488794번입니다.

당신으로부터의 연락 기다리도록 하겠습니다.

William Wallace

sample 4

Dear Sirs,

I'm writing to inquire about any openings in your accounts department. I'm an accounting graduate who is very interested in progressing my career at a world renowned company such as yours. I gained full certification last year. I also have some intern experience through working as a trainee in BM Company before graduating. I'm sure I would be an asset to your company.

If you are interested in discussing job opportunities, please reply to me and I will send my resume and any other necessary information to you. Thank you for your attention.

I look forward to your early reply.

Yours sincerely,

Tommy Sheridan

담당자님,

당신의 회계 부서에 공석이 있는지 여부를 여쭙고자 문의 메일 보냅니다. 저는 회계학과를 졸업했으며 당신 회사와 같이 세계적으로 유명한 기업에서 일할 수 있길 꿈꿔 왔습니다. 작년에 저는 회계 자격증을 취득했습니다. 그뿐만 아니라 저는 졸업하기 전에 BM 사에서 인턴 실습을 한 경험이 있습니다. 제가 귀사에서 큰 공헌을 남길 수 있을 것이라 확신합니다.

공석과 관련해 의논하고자 하신다면 제게 회신해 주시기 바라며, 회신해 주시면 바로 제 이력서 및 기타 필요한 정보들을 보내 드리겠습니다. 관심 가져 주셔서 감사합니다.

빠른 회신 기다리겠습니다.

Tommy Sheridan

sample 5

Dear Sirs,

Thank you for your attention. I'd like to ask if you have any opportunities for a marketing assistant in your company. I have read about the ethos of your company on the Internet, and your enterprise culture is most attractive to me. I really want to join you. I'm a graduate who majored in marketing.

If you would like any further information, please reply, and I will send my resume and any other necessary information to you. Thank you.

I look forward to your reply.

Yours sincerely,

Nicole Lucy

담당자님.

관심 가져 주셔서 감사합니다. 당신 회사의 마케팅 조수직에 채용 기회가 있는지 묻고 싶습니다. 저는 전에 인터넷에서 귀사의 정신을 접하게 되었고 기업 문화에 깊이 매료되었습니다. 이에 매우 당신의 일원이 되고 싶은 바입니다. 저는 마케팅을 전공한 졸업생입니다.

보다 많은 정보를 원하신다면 회신해 주시기 바라며, 회신해 주시면 제 이력서 및 기타 필요한 서류들을 보내 드리겠습니다. 감사합니다.

회신 기다리겠습니다.

Nicole Lucy

2 직무 문의 회신

주요 목적:

회사에 공석이 있는지 여부를 묻는 편지에 답장한다.

작문 요점:

회사가 구직자에게 회신을 할 때는 먼저 상대방의 편지에 대한 감사의 말을 전한다. 그다음 직무의 공석 여부를 고지한다. 만약 공석이 있으며 구직자가 이 직무에 적합하다고 판단되었을 경우 면접 통지를 할 수 있으며 시간, 장소, 면접관, 면접 과정 등 면접의 구체적인 사항에 대해 자세히 설명한다. 만약 공석이 없다면 완곡하고 친절한 말투로 유감의 뜻을 전한다.

만능 활용 영어 작문 패턴

1. **Thank you for your letter enquiring about the vacancy.**
   우리에게 공석 문의를 해 주셔서 감사합니다.

2. **Thank you for your letter of October 10.**
   10월 10일에 보내 주신 메일에 대해 감사의 말씀 전합니다.

3. **I regret to inform you that there are currently no vacancies in this area in our company.** 유감스럽게도 현재 우리 회사에는 이 직무의 공석이 없습니다.

4. **I am sorry to inform you that there is no place open in this field.**
   이 직무에는 현재 공석이 없음을 알려 드리게 되어 진심으로 유감입니다.

5. **There is currently no vacancy related to your major in this department.**
   이 부서에 당신의 전공과 관련된 공석이 현재는 없습니다.
   ● There is no vacancy in… | …의 공석이 없다.

6. **We are sorry, but there are no vacancies at the moment.**
   죄송합니다만, 현재는 공석이 없는 상태입니다.

7. **There is no opening for editors at our firm.**
   현재 우리에는 편집자직 공석이 없습니다.
   ● There is no opening for… | …의 공석이 없다.

8. **We are sorry, but we don't have any vacancies at present.**
   죄송합니다만, 현재 우리에게는 어떠한 공석도 없습니다.

9. **There are no vacant positions in our firm now.**
   우리 회사에는 현재 공석이 없습니다.

   ● There are no vacant positions in… | …에는 공석이 없다.

10. **Your major has no relevance to our current vacancies.**
    당신의 전공은 현재 우리의 공석과 관련이 없습니다.

    ● Your major has no relevance to… | 당신의 전공은 …와 관련이 없다.

11. **I am afraid your current level of experience is insufficient for this position.**
    아쉽지만 당신의 현재 경력은 이 직무에 부족합니다.

12. **This vacant position requires more professional knowledge.**
    이 공석은 보다 많은 전문 지식을 요구합니다.

13. **This vacant position calls for rich experience.**
    이 공석은 풍부한 경험을 필요로 합니다.

14. **There is only one vacancy in this area at present.**
    이 분야에는 현재 단 한 자리의 공석이 있습니다.

    ● There is only one vacancy… | …에 오직 한 자리의 공석이 있다.

15. **One member of staff left due to personal reasons several days ago.**
    며칠 전에 사원 한 분이 개인적인 이유로 이직을 했습니다.

16. **You are fortunate that a vacancy has just arisen in this department.**
    운이 참 좋으십니다. 이 부서에 마침 한 자리의 공석이 생겼습니다.

17. **If you are interested in this vacant position, please contact us.**
    이 공석에 관심이 있으시면 우리에게 연락 주시기 바랍니다.

18. **Your qualifications match the requirements for this vacant position, so we'd like to invite you to attend an interview.**
    당신의 자질이 이 공석의 자격 요건에 부합해 당신께 면접을 제안합니다.

19. **If you want to know detailed information about the interview process, please contact us.**
    면접 과정에 대한 자세한 정보가 필요하시다면 연락 주시기 바랍니다.

20. **I hope to have the chance to work with you.**
    당신과 함께 일할 수 있길 바랍니다.

sample 1

Dear Mr. Wang,

Thank you for your letter of August 15 enquiring about possible vacancies. I regret to tell you that there are currently no vacancies in the area of administrative regulation. We have kept your information on file. If there is a vacancy in the future, I will inform you.

Thank you again for your interest in our company.

Sincerely yours,

Human Resources Department
ABC Corporation

Wang 씨,

8월 15일에 우리의 공석에 대한 문의 메일을 보내 주셔서 감사합니다. 유감스럽게도 현재 행정 관리 분야에는 공석이 없음을 알려 드리는 바입니다. 우리는 당신의 정보를 저장해 둘 것이며, 향후에 공석이 생기게 된다면 알려 드리겠습니다.

우리 회사에 관심 가져 주셔서 다시 한번 감사합니다.

ABC 사 인사부

sample 2

File 66

Dear Mr. Clingan,

Thank you for your enquiry of August 15 regarding any job vacancies. I am pleased to inform you that a position has recently become vacant. We would like to arrange an interview. We would like to know if you could attend at 10 o'clock on the morning of August 20.

Please reply to confirm if you will attend.

Sincerely yours,

Human Resources Department
ABC Corporation

Clingan 씨,

8월 15일에 직무 공석에 대해 문의 주셔서 감사합니다. 최근에 공석이 생겼음을 알려 드리게 되어 진심으로 기쁩니다. 당신을 위한 면접 일정을 조정할 것입니다. 시간이 되신다면 8월 20일 오전 10시에 면접을 보러 오실 수 있으신지요.

면접 참석 가능 여부에 대한 회신 부탁드리겠습니다.

ABC 사 인사부

sample 3

Dear Mr. Burrell,

Thank you very much for your letter of July 20. There are currently vacancies in our company. We invite you to attend an interview that will be held at 15:00 on July 25.

If you have any questions, please contact us. Our phone number is 455896.

Sincerely yours,

Human Resources Department
ABC Corporation

Burrell 씨,

7월 20일에 보내 주신 메일에 대해 진심으로 감사의 말씀 전합니다. 현재 우리 회사에는 공석이 있습니다. 당신을 7월 25일 오후 3시에 있을 면접에 초대합니다.

궁금한 점 있으시면 우리에게 연락 주시기 바랍니다. 우리의 전화번호는 455896번입니다.

ABC 사 인사부

3 추천서

주요 목적:
회사에 적합한 인재를 추천한다.

작문 요점:
일반적으로 **제목, 호칭, 본문, 직인** 이 네 부분을 포함한다. 추천서 본문에는 **추천인과 추천자의 관계, 추천자의 장단점, 추천인의 추천자에 대한 평가 및 태도** 등의 내용을 포함한다. **추천자를 객관적이고 공정하게 평가**해야 하며 사실을 너무 과장하지 않도록 주의해야 한다. 추천자의 많은 장점뿐만 아니라 개선을 바라는 단점을 조금 언급하는 편이 오히려 진정성 있게 받아들여질 수 있다.

만능 활용 영어 작문 패턴

1. **I am pleased to recommend Oleg Salenko for employment at your company.**
   귀사에 Oleg Salenko 씨 채용을 추천하게 되어 기쁩니다.
   ▶ I am pleased to recommend… | …를 추천하게 되어 기쁘다.

2. **I am writing to recommend to you my former assistant.**
   저의 전 조수를 추천하고자 합니다.

3. **I take pleasure in recommending my assistant to you.**
   제 조수를 당신께 추천하게 되어 진심으로 기쁩니다.
   ▶ I take pleasure in… | …하게 되어 기쁘다.

4. **It's my great honor to recommend Seb Rozental to you .**
   당신께 Seb Rozental 씨를 추천하는 것은 제게 큰 영광입니다.

5. **It my pleasure to present Pat Nevin for your consideration.**
   당신의 배려에 Pat Nevin 씨를 추천하게 되어 기쁩니다.

6. **He is the best person for this position.**
   그는 이 직책의 가장 적합한 사람입니다.
   ▶ He is the best person for… | 그는 …의 가장 적합한 사람이다.

7. **The bearer of this letter is a person with great talents.**
   이 편지의 추천자는 매우 재능 있는 사람입니다.

8. **His performance in our company was outstanding.**
   그는 우리 회사에서 근무 실적이 매우 뛰어났습니다.

9. **He shows great talent in the field of advertising.**
   그는 광고 분야에서 큰 재능을 보이고 있습니다.
   🏷 He shows great talent in… | …영역에서 그는 큰 재능을 보인다.

10. **We all like him because of his strong personality.**
    그의 훌륭한 성격 때문에 모두 그를 좋아합니다.

11. **He has a strong sense of responsibility.**
    그는 강한 책임감을 가지고 있습니다.
    🏷 He has a strong sense of… | 그는 강한 …를 가지고 있다.

12. **I think his work performance proves him to be competent for this position.**
    그의 업무 실적이 그가 이 직책에 적합함을 증명해 줄 것이라 생각합니다.

13. **He can speak four foreign languages.**
    그는 4개 국어에 능통합니다.

14. **He can communicate with international customers fluently.**
    그는 외국 고객들과 유창하게 의사소통할 수 있습니다.

15. **His performance always exceeded expectations.**
    그의 실적은 항상 우리의 기대를 뛰어넘었습니다.
    🏷 …exceed our expectation. | …가 우리의 기대를 뛰어넘다.

16. **The most important factor is that he has an incredible array of qualities.**
    가장 중요한 요인은 그가 비범한 능력을 갖추었다는 것입니다.
    🏷 The most important factor is that… | 가장 중요한 요인은 …이다.

17. **I believe his performance will satisfy you.**
    그의 업무 실적이 당신을 만족시킬 것이라 믿습니다.

18. **He deserves your consideration.**
    그는 당신이 고려해 볼 가치가 있습니다.

19. **I hope you can favor him with a position in your corporation.**
    당신이 그에게 귀사에서 일할 기회를 제공해 주시기 바랍니다.

20. **I hope you can carefully consider my recommendation.**
    제 추천을 신중히 고려해 주시기 바랍니다.

sample 1

Dear Personnel Manager,

The bearer of this letter, Samassi Abou, is a capable young man in the field of marketing. He has established an equally high reputation in sales.

As his former manager, I know him very well both personally and professionally. He is responsible and hard working. His departure is a great loss to our company, but we understand and accept the family reasons that made him arrive at the decision to leave. I believe he would be a great asset to any company.

If you need more information, please contact me.

Yours sincerely,

Angus Og
Manager
Personnel Department

인사 부장님,

이 추천서의 추천자 Samassi Abou 씨께서는 마케팅 영역에서 매우 능력 있는 청년입니다. 그는 판매 영역에서 큰 성과를 이뤄 냈었습니다.

그의 전 부장으로서 저는 그의 성격과 전문성에 대해 매우 잘 알고 있습니다. 그는 책임감이 강하며 매우 열심히 일하는 사원입니다. 그가 우리를 떠나는 것은 우리에게 큰 손실입니다만, 그가 가족들 이유로 떠나게 된 것에 대해 우리는 이해하고 받아들이는 바입니다. 저는 그가 어떤 회사에서라도 큰 자산이 될 것을 믿습니다.

추가적인 정보를 원하신다면 연락 주시기 바랍니다.

인사부장
Angus Og

sample 2

To Whom It May Concern,

I hereby wish to recommend Robert Bruce for employment with your company. Robert has been my assistant in the Export Department of ABC Corporation.

During his tenure, he has made great contributions to our company. Mr. Bruce has a wide array of qualities. He is innovative and has always shown a strong sense of responsibility. His knowledge of our export business is unrivalled. He has always met or exceeded his performance targets and our expectations, so I believe he will be a great asset to you.

Please believe me when I say that he will satisfy you with his outstanding work performance. He deserves your consideration.

Yours sincerely,

Russell Latapy
Manager
Export Department

담당자님,

저는 Robert Bruce 씨를 귀사가 채용하시길 추천하고자 합니다. Robert 씨는 전에 ABC 사 수출 부서에서 저의 보조로 일했습니다.

그의 재임 기간 동안 그는 우리 회사에 큰 공헌을 해 왔습니다. Bruce 씨는 다방면에서 출중합니다. 그는 혁신적이고 항상 강한 책임감을 가지고 있습니다. 우리 수출 사업에 있어 그의 지식은 타의 추종을 불허합니다. 그는 항상 그의 달성 목표와 우리의 기대를 충족하거나 뛰어넘었습니다. 때문에 저는 그가 당신의 큰 자산이 될 것을 믿습니다.

그의 뛰어난 업무 실적에 만족하실 것이니 저를 믿어 주시기 바랍니다. 그는 당신이 고려해 보실 가치가 충분히 있습니다.

수출 부장
Russell Latapy

sample 3

To Whom It May Concern,

I take pleasure in recommending Just Fontaine, an assistant of mine, to you. As his manager, I have always found him to be an excellent employee.

During the years he has worked here, he has always worked hard and has always been punctual. His devotion to his work and the improvement of team spirit inspired other colleagues. He has been acknowledged many times for his excellent performance.

As for his character and personality, he is a reliable, responsible and cheerful man. He distinguished himself from others with his original thinking. I firmly believe he is quite competent for this position.

Your favorable consideration of his application would be appreciated. If necessary, please don't hesitate to contact me for further information.

Yours sincerely,

Joe King
Vice President
Export Department

담당자님,

당신께 제 조수인 Just Fontaine 씨를 추천하게 되어 매우 기쁩니다. 그의 관리자로서 저는 항상 그를 훌륭한 직원으로 생각했습니다.

그가 이곳에서 일해 온 시간 동안, 그는 항상 열심히 일했으며 시간을 엄수해 왔습니다. 일에 대한 그의 헌신과 공동체 정신의 향상은 다른 동료들에게 영감을 주었습니다. 그의 훌륭한 업무 실적 덕에 수차례 칭송받기도 했습니다.

그의 성격에 대해 말하자면, 그는 의젓하고 책임감 있으며 활기찬 청년입니다. 그의 독창적인 사고는 남들과 구별됩니다. 그가 이 직책을 상당히 유능하게 맡을 것임을 굳게 믿습니다.

그의 지원을 긍정적으로 고려해 주신다면 진심으로 감사하겠습니다. 그에 대한 정보가 추가적으로 필요하시다면 주저하지 마시고 연락 주시기 바랍니다.

수출부 부총장
Joe King

4 자기소개

주요 목적:
회사에 자신을 추천한다.

작문 요점:
자기소개서는 보다 공식적이고 엄숙한 종류의 문서다. 다른 문서 양식과 동일하게 **자기소개, 입장표명, 감사인사** 등을 포함한다. 마지막으로 자신의 **이력서, 졸업증명서, 수상증명서** 등을 첨부한다.

자기소개서에는 과한 자기 자랑을 삼가야 하지만 동시에 지나치게 겸손해서 상대방이 당신이 아무 능력이 없다고 느끼게 해서는 안 된다. 객관적이고 공정하게 자신의 능력과 업무 경험을 적는 것으로 충분하다.

자기소개서를 작성할 때는 간단하고 명료한 말투를 사용하고 장황한 표현을 삼가도록 한다. 문장이 논리성을 갖추도록 써야 하며 반드시 오탈자를 점검한다.

만능 활용 영어 작문 패턴

1. **I sincerely thank you for sparing the time to read my letter of introduction.**
   저의 자기소개서를 시간 내어 읽어 주셔서 진심으로 감사합니다.

2. **I would appreciate it if you could spare the time to read my letter of introduction.** 제 자기소개서를 시간 내어 읽어 주신다면 진심으로 감사하겠습니다.

3. **I'm writing to recommend myself as a suitable candidate for the position of manager in the Sales Department.**
   영업부 관리자 직에 적합한 후보자로서 저를 추천하고자 합니다.

4. **I am interested in this position at your company.**
   저는 귀사의 이 직무에 매우 관심이 있습니다.

5. **It's my honor to work for a nationally recognized firm like yours.**
   귀사와 같이 전국적으로 유명한 회사에서 일한다는 것은 제게 큰 영광입니다.

6. **I have rich work experience.** 저는 경험이 풍부합니다.

7. **I have four-years of related work experience.**
   저는 4년간의 관련 업무 경험을 가지고 있습니다.

8. **I think my educational background, experience, and skills will satisfy your requirements.**

저의 교육 배경과 경력, 그리고 기술이 당신의 요구를 만족시킬 수 있을 것이라 생각합니다.

9. **I believe I am qualified for this position.**
   저는 제가 이 직책에 적격이라고 믿습니다.
   🏷 I believe I am qualified for… | 나는 내가 …에 적격이라고 믿는다.

10. **I believe that I have the ability to excel in this position.**
    저는 이 직책에서 뛰어나게 잘할 능력이 있다고 믿습니다.
    🏷 I believe that I have the ability to… | 나는 내가 …할 능력이 있다고 믿는다.

11. **I think I am suitable for this job.** 저는 제가 이 직무에 적합하다고 생각합니다.

12. **I believe you will be satisfied with my professional knowledge.**
    당신이 제 전문 지식에 만족하실 것이라 믿습니다.

13. **I am confident I would be a long-term asset to your company.**
    제가 귀사의 장기적인 자산이 될 수 있을 것이라 자신합니다.

14. **If you feel I am suited to this position, please contact me.**
    당신이 제가 이 직무에 적합하다고 판단하신다면 제게 연락 주시기 바랍니다.

15. **I would appreciate it if you could give me a chance.**
    제게 기회를 주신다면 진심으로 감사하겠습니다.

16. **I hope this recommendation letter gives you a better understanding of my ability.**
    이 추천서를 통해 당신이 제 능력을 좀 더 이해할 수 있길 바랍니다.

17. **I hope you can consider my self-recommendation.**
    제 자기 추천서에 대해 고려해 주시기 바랍니다.

18. **Thank you for reading my self-recommendation letter.**
    제 자기 추천서를 읽어 주셔서 대단히 감사합니다.

19. **If you want to know more about me, please contact me.**
    저에 관해 더 알기를 원하신다면 연락 주시기 바랍니다.

20. **I shall be happy to attend an interview at any time.**
    저는 언제든 기꺼이 면접에 임할 것입니다.
    🏷 I shall be happy to… | 나는 기꺼이 …할 것이다.

sample 1

Dear Sir / Madam,

I sincerely thank you for sparing the time to read my self-recommendation letter. I am Raymond Evans, a graduate of Oxford University in Applied English.

I have a firm grasp of the English language as demonstrated by my academic performance. I am highly competent in speaking, reading, writing, and listening, as well as translation. I can communicate with native English speakers without difficulty.

My college record is excellent. During my years of study, I achieved First-Class grades for three consecutive years. I sincerely hope you can give me an opportunity. I am sure I would be a long-term asset to your corporation.

Thank you for your consideration. Your prompt reply would be greatly appreciated.

Sincerely yours,

Raymond Evans

담당자님.

시간 내어 제 자기소개서를 읽어 주셔서 대단히 감사합니다. 저는 옥스퍼드 대학에서 응용 영문학을 전공한 졸업생 Raymond Evans입니다.

제 학업 증명서가 증명하는 대로 저의 영어 이해 능력은 뛰어납니다. 저는 말하기, 읽기, 쓰기, 듣기 및 번역에 능통합니다. 저는 영어 원어민과 어려움 없이 소통이 가능합니다.

제 대학교 성적은 매우 우수합니다. 공부하는 수년 동안 3년 연속 장학금을 받기도 했습니다. 제게 기회를 주시길 진심으로 바랍니다. 저는 귀사의 장기적인 자산이 될 수 있을 것이라 확신합니다.

고려해 주셔서 감사합니다. 빠른 회신 주실 수 있다면 진심으로 감사하겠습니다.

Raymond Evans

sample 2

Dear Sir / Madam,

Having read your recent newspaper advertisement, I understand that you are hiring a Client Account Coordinator. I am writing to apply for this position, and I have enclosed a copy of my resume for your reference.

I'd like to introduce myself to you. I am Steve Lomas, a twenty-eight year old graduate of Oxford University. I studied Human Resource Management, and I have three year work experience in another company. I am a team-oriented person with the ability to work under high pressure. I am capable of handling inter-departmental relationships. I believe I'm suitable for this position.

I also enclose a letter of recommendation from my former company ABC Corporation. Mo Malpas, the chairman of the company, will be happy to tell you more about me.

If you would like to schedule an interview, please contact me at 1565233. I look forward to hearing from you soon.

Sincerely yours,

Steve Lomas

담당자님,

최근 신문 광고를 보고 당신이 현재 고객 코디네이터를 채용하고 있음을 알게 되었습니다. 이 직무에 신청하고자 메일 보내 드리며 참고를 위해 제 이력서 사본을 첨부했습니다.

제 소개를 드리겠습니다. 저는 옥스퍼드 대학교를 졸업한 28살 Steve Lomas입니다. 저는 인사 관리를 전공했으며 다른 회사에서 3년간의 근무 경험을 가지고 있습니다. 저는 강한 압박 속에서도 직무를 수행할 수 있는 능력을 가진 팀 지향적인 사람입니다. 저는 각 부서 간의 관계를 적절하게 조정할 수 있는 능력이 있습니다. 이에 제가 이 직책에 적합하다고 믿는 바입니다.

제 전 회사인 ABC 사의 추천서 역시 첨부했습니다. 회사의 회장이신 Mo Malpas 씨가 기꺼이 저에 대한 더 많은 것을 말씀해 주실 것입니다.

면접을 조정해 주실 의향이 있으시다면 제게 1565233번으로 연락 주시기 바랍니다. 당신께 빠른 시일 이내에 회신받을 수 있길 기대합니다.

Steve Lomas

sample 3

Dear Sir / Madam,

I am writing to apply for the position of manager of the Sales Department. I saw the advertisement in the newspaper. I hope this recommendation letter can help you gain a better understanding of my ability.

I have two years of experience in a similar role. In my former company I was acknowledged as an excellent worker who regularly exceeded sales targets, and my decisions helped increase the company's profit by 15% in my last year there. I have strong planning ability and sharp market insights, and I am a good team player. I firmly believe that my training, experience and qualities are a fit for your requirements.

I have enclosed a copy of my resume for your reference. I would appreciate the opportunity of an interview.

Sincerely yours,

Alice Woods

담당자님,

영업부 관리자직에 지원하고자 합니다. 신문에서 광고 보았습니다. 이 추천서가 제 능력을 보다 잘 이해하시는 데 도움이 되길 바랍니다.

저는 비슷한 직책에서 2년간 근무한 경험이 있습니다. 전 회사에서 저는 판매 목표를 종종 뛰어넘는 우수 직원으로 인정받았습니다. 그뿐만 아니라 제 결정은 제가 그곳에 다니는 마지막 해에 회사 전체 이익을 15%나 증가시키는 데 큰 도움이 되기도 했습니다. 저는 강한 기획 능력과 예리한 시장 통찰력, 그리고 단합 정신을 가지고 있습니다. 제가 받은 훈련과 경험 그리고 자질이 당신의 요구를 충족할 것을 굳게 믿습니다.

참고하시라고 제 이력서 사본을 첨부했습니다. 면접의 기회를 주신다면 대단히 감사하겠습니다.

Alice Woods

sample 4

Dear Sir / Madam,

Thank you for sparing the time to read my letter of introduction. I am writing to apply for a position as an English interpreter. I'd like the opportunity for an interview.

I graduated from Washington University in 2019. My major was Business English. After graduation, I worked for a well-known domestic enterprise, from which I learned much. I know the importance of team-spirit and the spirit of innovation. As a foreign company, I appreciate that you have high demands for your English interpreters. I believe I can meet your demands. For example, as I lived in an English speaking country for many years, I can communicate with native English speakers without difficulty.

I would be most grateful if you could give me an opportunity, I am confident I would not let you down. I enclose a a copy of my diploma for your reference.

I would be happy to attend an interview at any time.

Sincerely yours,

Gregor Stevens

담당자님.

제 자기소개서를 시간 내어 읽어 주셔서 대단히 감사합니다. 당신의 영어 번역가직에 지원하고자 합니다. 면접의 기회를 주실 수 있다면 감사하겠습니다.

저는 2019년에 워싱턴 대학을 졸업했으며 전공은 비즈니스 영어였습니다. 졸업 후에 저는 유명한 국내 기업에서 근무했으며 그곳에서 많은 것을 배웠습니다. 저는 단합 정신과 혁신 정신의 중요성에 대해 깨닫게 되었습니다. 외국계 기업으로서 당신은 영어 번역가에 대한 요구가 매우 높을 것을 잘 알고 있습니다. 저는 제가 당신의 요구를 충족할 수 있을 것이라 믿습니다. 예를 들어 저는 오랜 시간 영어권 국가에서 살았기에 영어 원어민과 어려움 없이 소통이 가능합니다.

제게 기회를 주신다면 진심으로 감사하겠습니다. 절대 실망시켜 드리지 않을 것을 확신합니다. 졸업증명서 사본을 첨부하오니 참고해 주시기 바랍니다.

언제든 면접 준비가 되어 있습니다.

Gregor Stevens

5 추천인 정보 제공

주요 목적:
회사에 자신을 추천한 추천인에 대한 정보를 제공한다.

작문 요점:
성공적인 면접을 위해 구직자는 추천인의 정보를 제공하기도 한다. 먼저 **자신과 추천인의 관계를 소개하는데**, 추천인으로는 특히 선생님이나 사수가 좋다. 다음으로 **직업, 성과, 명성 등 추천인과 관련한 정보를 설명**한다. 반드시 회사가 추천인을 신뢰할 만하며 추천할 능력이 있음을 느낄 수 있게 해야 한다. 마지막으로 자신과 관련한 보다 많은 정보를 원한다면 **언제든 추천인에게 연락을 취해도 좋다는 입장을 표명**하며 글을 마무리한다.

만능 활용 영어 작문 패턴

1. **I am writing to give you my reference.**
   제 추천인에 대한 정보를 제공해 드리고자 합니다.

2. **Below is the detailed information of my references.**
   아래는 제 추천인의 자세한 정보입니다.

3. **My former supervisor has given me his recommendation.**
   저의 전 관리자께서 제게 추천서를 주셨습니다.

4. **My reference is our national senior editor.**
   제 추천인은 국내 선임 편집자이십니다.
   🏷 My reference is… | 나를 추천한 사람은 …이다.

5. **My reference is my university professor.**
   제 추천인은 저희 학교 교수님이십니다.

6. **He taught me for two years during my period of post-graduate study.**
   대학원 재학 시절의 저를 그분께서는 2년간 지도했습니다.

7. **He is not only my professor but also my friend.**
   그분은 제 교수님일 뿐만 아니라 저의 좋은 친구이기도 합니다.
   🏷 He is not only…but also… | 그는 …일 뿐만 아니라 …이기도 하다.

8. **He has published ten articles in several national magazines.**
   그는 국내 여러 잡지에 10편의 기사를 발표했습니다.

9. **He is an acknowledged authority in the field of translation.**
   그는 번역 업계에서 인정받은 권위자이십니다.

10. **My reference is the manger of my last company.**
    제 추천인은 저의 전 회사 관리자이십니다.

11. **My reference is my immediate superior in the former company.**
    제 추천인은 제 전 회사의 직속상관이셨습니다.

12. **The name of my reference is Stuart Hall.**
    제 추천인의 성명은 Stuart Hall입니다.

13. **My reference will be glad to tell you more about me.**
    제 추천인은 저에 대해 기꺼이 더 말씀해 주실 것입니다.

14. **He said you can contact him at any time.**
    그가 언제든 연락해도 좋다고 했습니다.

15. **He told me that you are welcome to contact him.**
    그가 당신의 연락을 환영한다고 말씀하셨습니다.

16. **You can reach my reference at 4566897.**
    제 추천인에게 직접 연락하셔도 좋습니다. 번호는 4566897번입니다.
    🏷 You can reach…at… | …와 연락해도 좋다. 번호는 …이다.

17. **The contact details for my reference is 4566897.**
    제 추천인의 전화번호는 4566897번입니다.

18. **The e-mail address of my reference is Black-Green@hotmail.com.**
    제 추천인의 메일 주소는 Black-Green@hotmail.com입니다.

19. **If you want to know more about me, please contact my reference.**
    저에 대해 더 알고자 하신다면 제 추천인에게 연락 주시기 바랍니다.

20. **You are welcome to learn more information from my reference.**
    제 추천인에게 저에 대해 더 알아 보시기를 환영합니다.
    🏷 You are welcome to… | …하기를 환영한다.

sample 1

Dear Sir / Madam,

On March 25 I sent you a letter of application and a resume for the vacancy of English editor. I would also like to supply one reference - Thomas Cole, my mentor.

Mr. Cole graduated as an English major from Yale University and was offered a lifetime professorship in Washington University. I am very fortunate that he was my mentor during my post-graduate study. He taught me three courses, Translation Theory, Translation Studies and Anglo-American Culture. He is well aware of my character and ability.

Mr. Cole will be glad to tell you more about me. If necessary, you can reach him at 4565889 or send an e-mail to Black-Green@hotmail.com.

Sincerely yours,

Scott Dobie

담당자님.

3월 25일에 당신께 영어 편집자 공석에 지원하는 신청서와 이력서를 보내 드렸습니다. 또한 제 추천인이자 지도 교수님이신 Thomas Cole 씨의 정보를 제공해 드리고자 합니다.

Cole 교수님께서는 예일 대학에서 영문학을 전공하고 졸업하셨으며 현재 워싱턴 대학에서 종신 교수로 계십니다. 저는 대학원 시절 그분의 지도를 받을 수 있어 진심으로 행운이었습니다. 교수님께서는 제게 번역 이론, 번역 연구, 영미 문화 세 과목을 지도해 주셨습니다. 교수님께서는 제 성격과 능력에 대해 잘 이해하고 계십니다.

Cole 교수님께서는 저의 정보에 대해 흔쾌히 말씀해 주실 것입니다. 필요하시다면 그분께 4565889번 또는 Black-Green@hotmail.com으로 연락해 주시기 바랍니다.

Scott Dobie

sample 2

Dear Sir / Madam,

Yesterday I sent you a letter to apply for the position of manager in the Planning Department. After informing my mentor, he volunteered to be my reference.

My mentor, Harold Brattback, is a senior professor at Yale University and an expert in the field of business administration. He taught me for three years during my post-graduate study and knows the strengths I would bring to your company.

If you want to learn more about me, please contact my mentor at 789955.

Sincerely yours,

Jerry Springer

담당자님,

어제 당신께 기획부서 관리자직에 지원하는 지원서를 제출했습니다. 제 지도 교수님께 말씀드렸더니 교수님께서 제 추천인이 되어 주신다고 했습니다.

제 지도 교수님이신 Harold Brattback 선생님께서는 예일 대학교의 수석 교수님이시며 경영 관리의 전문가이십니다. 선생님께서는 제가 대학원에 재학하는 3년간 지도해 주셨으며 제가 귀사에 가져다 줄 장점을 잘 알고 계십니다.

저에 대해 보다 많은 정보를 원하신다면 제 지도 교수님에게 789955번으로 연락해 주시기 바랍니다.

Jerry Springer

sample 3

Dear Sir / Madam,

I sent you my application letter yesterday. In order to provide you with further information about me, I am writing to provide details of the person who will act as my reference.

Wallace Mercer is the chairman of my previous company. We worked together for almost three years, during which we forged a close business relationship. When I left the company, he volunteered to act as a reference.

He would be happy to tell you more about me. He can be reached at 4565416.
I enclose reference letter he wrote.

Sincerely yours,

Jerome Veraille

담당자님,

어제 당신께 제 지원서를 보내 드렸습니다. 저에 대한 추가적인 정보를 제공해 드리고자 제 추천인이신 분의 상세 정보를 제공해 드리려고 합니다.

Wallace Mercer 씨는 제 전 회사의 회장님이십니다. 저와 회장님은 거의 3년간 함께 일했으며 이 시간 동안 친밀한 업무 관계를 수립했습니다. 제가 회사를 떠날 때 그분께서는 제 추천인이 되어 주시기로 자진해서 말하셨습니다.

그분은 흔쾌히 저에 대한 이야기를 해 주실 것입니다. 그분의 전화번호는 4565416번입니다. 그분께서 써 주신 추천서를 첨부했습니다.

Jerome Veraille

6 면접 통지

주요 목적:

응시자에게 면접 시간, 장소 등 구체적인 정보를 알린다.

작문 요점:

먼저 응시자의 관심에 감사의 말을 전한다. 그다음 **면접 요청, 면접의 구체적 시간, 장소** 및 **면접 주의사항**을 설명한다. 필요에 따라 면접관이 누구인지, 관련 증빙 서류를 준비해야 하는지 등을 설명할 수도 있다. 마지막으로 응시자에게 축복의 메시지를 전하며 문제가 있을 경우 회사로 연락하길 당부하며 마무리한다.

만능 활용 영어 작문 패턴

1. **We are delighted to give you an opportunity to have an interview.**
   당신께 면접의 기회를 제공해 드릴 수 있어 진심으로 기쁩니다.

2. **First, thank you for your application for this position.**
   먼저 이 직무에 지원해 주셔서 대단히 감사합니다.

3. **On behalf of the company, I am pleased to tell you some good news.**
   회사를 대표해 당신께 좋은 소식을 전하게 되어 진심으로 기쁩니다.

4. **After careful consideration, we would like to set up an interview for you.**
   신중한 고려 끝에 우리는 당신을 위해 면접을 준비하기로 했습니다.

5. **I am writing to inform you that your interview has been arranged for 15:00 on Thursday.**
   면접 시간은 목요일 15시에 있을 것을 알려 드리고자 씁니다.

6. **The interview is scheduled for 10:00 on Tuesday morning.**
   면접은 화요일 오전 10시에 진행될 것입니다.
   🏷 The interview is scheduled for… | 면접은 …에 진행될 것이다.

7. **Please attend the interview on Tuesday, and be punctual.**
   화요일 면접에 참석해 주시고 시간을 엄수해 주시길 바랍니다.

8. **The interview will be held the day after tomorrow.**
   면접은 모레 진행될 것입니다.

9. **The interview has been arranged at my office at 9:00 next Monday.**
   면접은 다음 주 월요일 오전 9시에 제 사무실에서 진행될 것입니다.

10. **The location of the interview will be Room 1233 A.**
    면접 장소는 1233 A번 방입니다.

11. **You are required to have a written test after the interview.**
    면접 후 필기시험을 보셔야 합니다.
    - You are required to… | 당신은 …를 해야 한다.

12. **The interview includes three parts.**
    면접은 세 부분으로 구성되어 있습니다.

13. **Dan Han will be your interviewer.**
    Dan Han 선생님께서 면접관이 되실 것입니다.

14. **The written test will last about one hour.**
    필기 시험은 한 시간 정도 진행될 것입니다.
    - …will last about… | …는 …정도 진행될 것입니다.

15. **There are some things you need to do before the interview.**
    면접 전에 몇 가지 준비 사항이 있습니다.

16. **You need to provide the originals of all your certificates.**
    당신은 모든 증명서의 원본을 제출하셔야 합니다.

17. **If your schedule comes into conflict with the proposed time, please contact us as soon as possible.**
    당신의 일정이 제안된 시간과 충돌한다면 최대한 빨리 연락 주시기 바랍니다.

18. **Please be on time for the interview.**
    면접 시간을 잘 지켜 주십시오.

19. **We look forward to seeing you then.**
    그때 뵙기를 기대합니다.

20. **If you are unable to attend the interview, please contact us promptly.**
    면접에 참석하지 못하시게 되면 우리에게 즉시 연락 주시기 바랍니다.
    - If you are unable to… | 만약 당신이 …를 할 수 없다면

sample 1

Dear Mr. Guthrie,

On behalf of ABC Corporation, I thank you for your recent application for the position of executive in our Sales Department.

After careful consideration, we've decided to arrange an interview with you. The interview is scheduled for Tuesday, July 21, 2019. It begins at 9 o'clock and Mr. Jim Bowen, an executive of the Personnel Department, will be your chief interviewer.

It's necessary for us to see the originals and take copies of your certificates, therefore please bring them to the interview. If there are any questions, please contact us as soon as possible.

Yours Sincerely,

Personnel Department
ABC Corporation

Guthrie 님,

ABC 사를 대표해 우리의 영업 부서 임원직에 지원해 주셔서 진심으로 감사의 말씀 전합니다.

신중한 고려 끝에 우리는 당신과의 면접을 준비하기로 했습니다. 면접은 2019년 7월 21일 화요일 오전 9시에 진행될 것이며 주 면접관은 인사부 임원이신 Jim Bowen 선생님이 되실 것입니다.

당신의 각종 증명서의 원본과 사본을 준비해서 면접에 가져와 주시기 바랍니다. 궁금하신 점 있으시면 가능한 한 빨리 연락 주시기 바랍니다.

ABC 사 인사부

sample 2

🗎 File 70

Dear Mr. Durrant,

I am writing with reference to your application. I am pleased to inform you that an interview has been scheduled for Tuesday, July 21, 2019 at 10:00. The location is Room 1005A.

After the interview, you will have a written test, which is scheduled to take about half an hour.

If you are unable to attend the interview, please inform us.

Yours sincerely,

Personnel Department
ABC Corporation

Durrant 씨,

당신의 지원 관련입니다. 당신의 면접이 2019년 7월 21일 화요일 오전 10시에 1005A번 방에서 진행될 것을 알려 드리게 되어 진심으로 기쁩니다.

면접이 끝난 후에 약 30분가량 필기 시험이 있을 예정입니다.

면접에 참석이 힘드실 경우 우리에게 알려 주시기 바랍니다.

ABC 사 인사부

sample 3

Dear Mr. Nelsen,

We are pleased to accept your application for the position of manager of our Export Department. We'd like to arrange an interview with you.

Time: 10:00, July 21, 2019

Location: Room 1111A, Office Building

If you want to know more about the interview, or you are unable to attend, please contact us as soon as possible.

Yours sincerely,

Personnel Department
ABC Corporation

Nelsen 씨,

당신의 수출 부서 관리자직에 대한 당신의 지원서를 받게 되어 진심으로 기쁩니다. 당신과의 면접을 준비하고자 합니다.

일시: 2019년 7월 21일 오전 10시

장소: 사무실 빌딩 1111A번 방

면접에 참석이 어려우신 경우 우리에게 가능한 한 빨리 말씀해 주시기 바랍니다.

ABC 사 인사부

sample 4

Dear Ms. McCusker,

Thank you for your application for the position of programmer.

After careful consideration, I'm pleased to inform you that we have selected you for interview.

The interview is proposed at 15:00 on Wednesday afternoon in Room 1702A, West Point Building, Huaihai Road. Please present the originals and copies of your related certificates and a two-inch profile photo when you arrive.

We look forward to meeting you.

Yours faithfully,

John Brown

McCusker 씨,

프로그래머직에 지원해 주셔서 대단히 감사합니다.

신중한 고려 끝에 당신에게 면접의 기회가 주어졌음을 알려 드리게 되어 진심으로 기쁩니다.

면접은 수요일 15시, Huaihai 길 서쪽 빌딩 1702A번 방에서 진행될 것입니다. 관련 증명서의 원본과 사본을 반명함 사진 한 장과 함께 준비해 주시기 바랍니다.

그날 당신을 뵙기를 기대합니다.

John Brown

7 채용 통지

주요 목적:
응시자에게 채용 승인 및 합격을 통지한다.

작문 요점:
채용 통지서를 작성할 때는 **직접적으로 수신인에게 합격 소식을 알려**야 한다. 그다음 수신인에게 **출근 시간, 연봉 정보, 수습 기간 유무** 등을 알려 주고 마지막으로 **수신인에게 축복의 메시지**를 전하며 입사를 환영한다. 장황한 설명은 삼가고 간단명료한 표현을 사용하는 것이 좋다.

만능 활용 영어 작문 패턴

1. **Congratulations. You have been selected by the company.**
   축하드립니다. 회사에서 당신을 선택했습니다.

2. **I am pleased to inform you that you have been offered the position of manager of the Planning Department.**
   당신이 기획부장직에 제안받았음을 알리게 되어 기쁩니다.

3. **It's my pleasure to inform you that you are hired.**
   당신이 채용됐음을 알려 드리게 되어 진심으로 기쁩니다.

4. **Our company needs someone like you.**
   우리 회사는 당신 같은 인재가 필요했습니다.
   🏷 …need someone like you. | …는 당신 같은 사람이 필요하다.

5. **You are a rare talent for our company.**
   당신은 우리 회사의 보기 드문 인재입니다.
   🏷 You are a rare talent for… | 당신은 …에게 보기 드문 인재이다.

6. **You are suitably qualified for this position.**   당신은 이 직무에 매우 적합합니다.

7. **We think you are quite competent for this position.**
   우리는 당신이 이 직책에 적임자라고 생각합니다.

8. **We are quite satisfied with your proficiency in spoken English.**
   당신의 영어 회화 실력에 대해 상당히 만족합니다.

9. **We have a three-month probation period.**
   3개월의 수습 기간이 있을 것입니다.

10. **You will be on probation for the first 10 weeks of your employment.**
    취업 후 첫 10주간 수습 기간을 갖게 되실 것입니다.

11. **The salary is USD 1,000 per month during the probation period.**
    수습 기간 동안 월급은 1,000달러입니다.

12. **You are not eligible for welfare benefits during this period.**
    이 기간에 당신은 우리의 복지 혜택을 받지 못합니다.

13. **Your salary will double after three months.**
    당신의 봉급은 3달 뒤 배가 될 것입니다.

14. **After probation, we will adjust your salary depending on your work performance.**
    수습 기간을 마친 후 우리는 당신의 연봉을 업무 실적에 따라 조정할 것입니다.

15. **Once you become a permanent member of staff, you will enjoy a seven day paid annual leave a year.**
    우리의 정직원이 되시면 연간 7일의 휴가를 쓰실 수 있습니다.

16. **We have the right to terminate your employment at any time during the probationary period.**
    우리는 수습 기간 동안 당신의 고용을 언제든 중지할 수 있습니다.
    ▶ We have the right to… | 우리는 …할 권리가 있다.

17. **If you are satisfied with the terms, please sign the three copies of the contract.**
    계약 조건에 만족하시면 계약 사본 3부에 서명해 주시기 바랍니다.
    ▶ If you have no questions, please… | …에 이의가 없다면 …해 주세요.

18. **Please inform us of your potential starting date as soon as possible.**
    가능한 한 빨리 출근 가능한 시간을 알려 주시기 바랍니다.

19. **We look forward to working with you.**
    당신과 함께하는 근무를 기대합니다.

20. **You can start work at any time.**
    당신은 언제든 바로 출근하실 수 있으십니다.

sample 1

Dear Mr. Latapy,

On behalf of the ABC Corporation, I am pleased to inform you that we've decided to select you for a position in our corporation.

You were the best interviewee among all the candidates, and we think you are qualified for this position.

According to our company policy, every new employee will have a three-month probation period. During the probation period, you salary will be 900 dollars a month. When you become a permanent employee, you will be eligible for the standard welfare benefits of our company, and your salary will be modified in relation to your performance.

Congratulations on your successful interview, and we look forward to working with you.

Yours sincerely,

Personnel Department
ABC Corporation

Latapy 씨,

ABC 사를 대표해 당신이 우리 회사에 채용됐음을 알려 드리게 되어 진심으로 기쁩니다.

면접 응시자 중에서 당신은 가장 훌륭한 인재셨으며 당신이 이 직무에 적합하다고 판단했습니다.

우리 정책에 따라 신입 사원은 3달간의 수습 기간을 갖게 됩니다. 수습 기간 동안 당신은 900달러의 월급을 받게 될 것입니다. 정직원이 되시면 당신은 회사의 복리 혜택을 누릴 수 있으며 연봉 역시 당신의 실적에 따라 재조정될 것입니다.

당신의 성공적인 면접 결과를 축하드리며, 함께 일할 그날을 기대합니다.

ABC 사 인사부

sample 2

Dear Mr. Kiriakov,

I am delighted to inform you that we have decided to offer you the position of manger of the Personnel Department.

Three copies of the contract of employment are attached, please read them carefully. If you agree with the contract, please sign and return them to our company as soon as possible.

The probation period for every new employee lasts for three months, during which your salary will be 800 dollars a month. During the probation period, we have the right to terminate your employment at any time if any aspects of performance fail to meet our requirements.

We also enclose a handbook which gives details of the benefit system for permanent employees of our company. If you have any questions, please don't hesitate to contact us.

Yours sincerely,

Personnel Department
ABC Corporation

Kiriakov 씨,

당신이 지원하신 인사부 관리자직에 채용됐음을 알려 드리게 되어 진심으로 기쁩니다.

우리의 채용 계약서 사본 3부를 첨부했습니다. 자세히 정독해 주시기 바랍니다. 계약에 동의하신다면 가능한 한 빨리 서명해 우리에게 보내 주시기 바랍니다.

모든 신입 사원의 수습 기간은 세 달로 이 기간에 월급은 800달러가 될 것입니다. 수습 기간 동안 당신의 업무 실적이 우리의 요구에 못 미치실 경우 우리는 당신과의 계약을 언제든 중단할 권리가 있음을 알려 드리는 바입니다.

우리의 복지 제도에 대해 자세한 소개가 적힌 수첩 한 부도 역시 첨부했습니다. 궁금하신 점 있으시면 주저 마시고 연락 주시기 바랍니다.

ABC 사 인사부

sample 3

File 71

Dear Mr. Pettigrew,

It is my pleasure to inform you that, due to your performance during the interview, we have decided to offer you the position of manager in the Personnel Department. Congratulations on your success!

We would like you to start one week from the date of this letter if it is convenient. If not, please call us to arrange the specific starting date.

If you are unable to accept this offer, please inform us as soon as possible.

Yours sincerely,

Personnel Department
ABC Corporation

Pettigrew 씨,

면접 동안의 수행 능력 덕분에 당신이 인사부 관리자로 채용됐음을 알려 드리게 되어 진심으로 기쁩니다. 채용을 진심으로 축하드립니다.

가능하시다면 이 메일을 받으신 일주일 뒤부터 출근을 해 주시기를 원합니다. 만약 어려우시다면 우리와 구체적인 출근날을 조정하기 위해 전화 주시기 바랍니다.

이 제안을 받아들이실 수 없으시다면 우리에게 가능한 한 빨리 말씀해 주시기 바랍니다.

ABC 사 인사부

sample 4

Dear Mr. McGlynn,

ABC Corporation is pleased to offer you a job as a manager in the Planning Department. During the interview, you performed very strongly. We believe your knowledge and experience make you competent for this position.

Should you accept this job offer, you are expected to start employment on August 15, 2019. Your starting salary will be 1,500 dollars per month. You will be eligible for health insurance and welfare after three months.

Welcome aboard!

Yours sincerely,

ABC Corporation

McGlynn 씨,

ABC 사는 당신을 기획 부서 매니저로 채용하게 되어 진심으로 기쁩니다. 면접에서 당신은 강렬한 인상을 남기셨습니다. 당신의 지식과 경험으로 이 직무를 훌륭하게 수행하실 수 있으실 것이라 믿습니다.

이 제안을 받아들이신다면 2019년 8월 15일부터 출근을 해 주시길 바라는 바입니다. 당신의 첫 월급은 1,500달러가 될 것입니다. 석 달 뒤부터 당신은 우리의 건강보험과 복지 혜택을 누릴 수 있으시게 됩니다.

우리 회사에 입사하신 것을 환영합니다.

ABC 사

sample 5

Dear Mr. Jack,

I'm very pleased to inform you that we would like to offer you the position of dress designer within our corporation.

Attached are two contracts of employment. Please sign both and send one back to us if you agree with every item after reading the contract carefully. You will have a two-month probation period at the beginning of your contract. The basic wage during this period is the same as the post-probation period, with the exception that there is no merit pay.

You will become a full employee earlier than scheduled if your performance is excellent during the probation period. Conversely, you may be dismissed if you can't meet our requirements during the probationary period.

We are also enclosing a company handbook. You can find more detailed information about our corporation and your job requirements within.

If you have any questions, please feel free to contact us immediately.

Best regards,

James Brown

Jack 씨,

우리 회사의 의류 디자이너로 채용됐음을 알려 드리게 되어 진심으로 기쁩니다.

2부의 채용 계약서를 동봉했습니다. 자세히 정독하신 후 동의하신다면 2부에 서명하신 후 우리에게 보내 주시기 바랍니다. 계약에 따라 두 달간의 수습 기간을 갖게 되실 것입니다. 이 기간에 기본급은 정직원과 동일합니다다만 실적에 따른 상여금은 주어지지 않습니다.

수습 기간 실적이 뛰어나다면 보다 빨리 정직원이 될 수 있습니다. 그와 반대로 수습 기간에 우리의 요구에 못 미칠 경우 우리는 당신과의 채용 관계를 중단할 수 있습니다.

우리의 매뉴얼 수첩도 동봉했습니다. 우리 회사와 직무 관련 자세한 정보를 찾아볼 수 있을 것입니다.

궁금하신 점 있으시면 우리에게 언제든 편하게 연락해 주시기 바랍니다.

James Brown

8 탈락 통지

주요 목적:
응시자에게 탈락 소식을 전한다.

작문 요점:
먼저 **지원에 대한 감사**를 표하고, **지원자의 장점을 언급**한다. 그다음 **지원자를 거절하는 입장을 표명**하며 이에 대한 사과의 말을 전하고 **경력 부족, 면접 결과** 등 거절하는 이유를 설명한다. 마지막으로 다시 한번 감사의 말을 전하며 더 이상적인 직장을 구할 수 있길 기원하며 글을 마무리한다.

만능 활용 영어 작문 패턴

1. Thank you for your interest and application for employment at our company.
   우리 회사에 관심을 가져 주시고 지원해 주셔서 감사합니다.

2. Thank you for your interest in our company.
   우리 회사에 대한 당신의 관심에 진심으로 감사합니다.

3. It is with regret that we have to tell you that you are insufficiently qualified for this job. 당신은 이 직무의 자격에 미달임을 알려 드리게 되어 유감입니다.

4. It is with regret that I have to inform you that you were unsuccessful in your application for this position.
   이 직무를 수행하기에 당신의 자격이 불충분하다는 것을 알려 드리게 되어 진심으로 유감입니다.

5. I am sorry to inform you that you were not chosen for this position.
   당신은 이 직무에 채용되지 못했음을 알려 드리게 되어 죄송합니다.

6. We feel that another applicant was better suited to this position.
   다른 분이 이 직무에 더 적합하다고 판단했습니다.

7. We hope you can find a job that matches your skill set.
   당신의 능력과 맞는 다른 직업을 구할 수 있길 바랍니다.

8. We were impressed with your performance during the interview.
   당신은 면접에서 우리에게 큰 인상을 남기셨습니다.

9. Our requirement is that the applicant should have at least three to four years of experience.

우리는 응시자에게 최소 3년에서 4년간의 경력을 요구하고 있습니다.

🏷 Our requirement is that… | 우리의 요구는 …이다.

10. After careful consideration, we chose another candidate.
심사숙고 끝에 우리는 다른 응시자를 선택했습니다.

11. Another candidate is more suited to this position.
다른 응시자가 이 직무에 더 적합합니다.

🏷 …is more suited to… | …가 …에 더 적합하다.

12. Most candidates are more experienced than you.
대부분의 응시자가 당신보다 경력이 많았습니다.

🏷 …more experienced than you. | …가 당신보다 경력이 많다.

13. Your professional knowledge is very solid, but you lack practical experience.
당신의 전문 지식은 매우 건실하나 실무 경험이 부족합니다.

14. You lack work experience.
당신은 업무 경험이 부족합니다.

15. One shortcoming is that you lack evidence to demonstrate your ability to innovate.
한 가지 당신의 단점은 혁신 능력을 증명할 근거가 부족하다는 것입니다.

🏷 One shortcoming is that… | 한 가지 단점은 …이다.

16. You do not have the prerequisite educational qualifications required for this role.
당신은 우리가 이 직무에서 요구하는 필수 교육 자격에 충족하지 못합니다.

🏷 …do not have the prerequisite. | …는 우리의 필수 교육 자격에 충족하지 못한다.

17. We have retained your application and resume for our future reference.
향후 참고를 위해 우리는 당신의 지원서와 이력서를 보류해 두었습니다.

🏷 We have retained…for future reference. | 우리는 향후 고려를 위해 …를 보류해 두었다.

18. We wish you all the best in your career endeavors.
당신의 구직이 수월하길 바랍니다.

19. We believe you can find a position that is suitable for you.
당신이 보다 적합한 직업을 찾을 수 있을 것이라 믿습니다.

20. We wish you every success in the future.
당신께 성공적인 앞날만이 있길 바랍니다.

sample 1

File 72

Dear Mr. McCoist,

I was impressed by your performance during the interview. You were very confident and eloquent. However, I regret to inform you that that you were unsuccessful in your application for this position.

We are quite satisfied with your background and your performance during university. However, we are really looking for a person with more work experience and a track record of innovation in this industry. Therefore, we have selected a candidate with more work experience.

Thank you for your interest, and we wish you all the best in the future.

Yours sincerely,

Personnel Department
ABC Corporation

McCoist 씨,

면접에서 당신의 수행 능력으로부터 큰 인상을 받았습니다. 당신은 매우 자신감이 넘치시고 언변이 뛰어나셨습니다. 하지만 유감스럽게도 이 직무에 채용되지는 않았음을 알려 드리는 바입니다.

당신의 배경과 학창 시절 경험에 대해서는 매우 만족합니다. 그러나 우리는 보다 근무 경험이 있고 이 업계에서 혁신적인 실력을 가진 인재를 찾고 있습니다. 때문에 보다 근무 경험이 있으신 분을 채용하기로 했습니다.

관심 가져 주셔서 대단히 감사드리며 당신께 밝은 미래가 있길 기도하겠습니다.

ABC 사 인사부

sample 2

Dear Mr. Staunton,

Thank you for applying for the position at our company, and your performance in the interview really left a deep impression on me.

Unfortunately, there were many high quality competitors for this position, many with prior experience. After careful consideration, we chose another applicant whose experience and qualifications most closely match the requirements for the position.

Your application and resume have been retained for our future reference.

We wish you all the best in you future career.

Yours sincerely,

Personnel Department
ABC Corporation

Staunton 씨,

우리 회사의 직무에 지원해 주셔서 대단히 감사합니다. 당신은 면접에서 우리에게 깊은 인상을 남기셨습니다.

하지만 안타깝게도 너무 많은 경력 있고 우수한 응시자들께서 이 직무를 두고 경쟁했으며, 대부분은 이전 경력을 보유했습니다. 심사숙고 끝에 우리는 이 직무의 요구 사항에 가장 맞는 경험과 능력을 갖춘 응시자를 채용하기로 했습니다.

우리는 향후에 참고를 위해 당신의 지원서와 이력서를 보관해 두었습니다.

당신의 앞날이 수월하시길 바랍니다.

ABC 사 인사부

sample 3

Dear Mr. Wells,

Thank you for applying for the position at our company, and I am very pleased to have had the chance to discuss the position with you.

It's with regret that I have to inform you that you were unsuccessful in this application. You are really an excellent graduate with strong ability, but as you lack work experience, we are not able to offer you this position.

We wish you every success in the future.

Yours sincerely,

Personnel Department
ABC Corporation

Wells 씨.

우리의 직무에 지원해 주셔서 감사합니다. 이 직업에 대해 당신과 토론할 기회가 있어 영광이었습니다.

하지만 안타깝게도 이 직무에 채용되지 못했음을 알려 드리게 되었습니다. 당신은 능력 있는 졸업생입니다. 하지만 근무 경험이 부족해 이 직무를 당신께 제공해 드릴 수 없게 되었습니다.

당신의 앞날이 밝길 기도하겠습니다.

ABC 사 인사부

☰ Unit 4　사교 활동

１ 활동 통지 및 초대 관련

주요 목적:
관련 인사에게 회의나 행사 등 중대 활동에 초대한다.

작문 요점:
활동 통지 및 초대 관련 메일을 작성할 때는 **활동 명칭, 목적, 주관 및 주최 기관, 시간, 장소** 등의 내용을 포함해야 한다. 이외에 **참여 인사** 역시 설명할 수 있다. 마지막으로 **회신 기한** 및 **연락처**를 남기며 **드레스 코드 유무 역시 설명**한다.

☁ 만능 활용 영어 작문 패턴

1. **To celebrate the 20th anniversary of our company, we are planning to hold a dinner party.**
   회사 창립 20주년을 맞이해 우리는 저녁 연회를 개최하고자 합니다.

2. **You are cordially invited to attend our 20th anniversary party.**
   우리 창립 20주년 파티에 진심으로 초대합니다.

3. **We take pleasure in inviting you to attend our party.**
   우리는 기꺼이 당신을 파티에 초대합니다.

4. **We would like to take this opportunity to thank you for your guidance of our company.**
   이번 기회를 통해 우리에 대한 당신의 지지에 감사 인사를 전하고자 합니다.

5. **We hope you can attend our meeting and deliver a speech.**
   당신이 우리 회의에 참석해서 연설할 수 있길 바랍니다.

6. **Our commendatory party will be held on Tuesday, and we hope you can be our guest.**
   우리의 표창식이 오는 화요일에 개최될 예정이며 당신이 내빈으로 참석하실 수 있길 바랍니다.

7. **I hope you can join us at our Christmas party.**
   우리의 크리스마스 파티에 참석해 주시길 희망합니다.

8. I want to invite you to be our guest.
당신을 우리의 손님으로 초대하고자 합니다.

9. I hope you can be the host of our wedding ceremony.
당신이 우리 결혼식 사회자가 되어 줄 수 있길 바랍니다.

10. You can bring your family to the party.
파티에 당신의 가족들과 참석해 주셔도 좋습니다.
　🔖 You can bring your family to… | 당신은 …에 가족들과 함께 참석하셔도 좋다.

11. We will be very happy if you could come with your family.
당신이 가족들과 함께 동행해 주실 수 있으시다면 매우 기쁘겠습니다.

12. You are free to bring your family.
가족들과 함께 오셔도 좋습니다.

13. It would be my honor if you could attend my wedding.
제 결혼식에 참석해 주신다면 매우 영광이겠습니다.

14. We would appreciate it if you could come.
참석해 주신다면 대단히 감사하겠습니다.

15. I don't think it would be a real party without your attendance.
당신의 참석 없이는 진짜 파티가 완성되지 못할 것입니다.

16. Looking forward to seeing you at the party.
파티에서 뵐 수 있길 기대합니다.

17. Please let us know soon if you can come.
오실 수 있으신지 최대한 빨리 말씀해 주시기 바랍니다.

18. Please reply soon, so that we can reserve a place for you.
당신의 자리를 확보할 수 있도록 최대한 빨리 회신해 주시기 바랍니다.

19. Please arrive in plenty of time to my wedding ceremony.
제 결혼식에 늦지 않게 참석해 주시기 바랍니다.

20. Looking forward to hearing from you soon.
빠른 회신 기다리겠습니다.

sample 1

Dear Mr. Heffernan,

To celebrate the 20th anniversary of our company, we are holding a dinner party on Monday, August 15, at the Millennium Hotel London Knightsbridge. The party begins at 18:00, and it will last about three hours.

We would like to take this opportunity to invite you to attend our dinner party to show our appreciation for all you have done for our company. We would be delighted if you could come.

Sincerely yours,

James Geary

Heffernan 씨,

회사 창립 20주년을 맞이해 우리는 8월 15일 월요일에 런던 나이츠브리지의 밀레니엄 호텔에서 저녁 연회를 개최하고자 합니다. 파티는 오후 6시부터 진행되며 세 시간 가량 진행될 예정입니다.

이번 기회에 당신을 저녁 연회에 초대하고 그간 우리 회사에 해 주신 공헌에 대해 감사의 마음을 전달드리고자 합니다. 오실 수 있으시다면 대단히 감사하겠습니다.

James Geary

sample 2

Dear Mr. Healy,

It's my pleasure, on behalf of ABC Company, to invite you to our company's Christmas party. The party will be held at 19:00, December 15 at the Millennium Hotel London Knightsbridge. There will be many activities on offer at the party, and I am sure it will be an unforgettable experience. You are free to bring your family.

Please let us know as soon as possible if you can come, so that we can make sure your place is reserved. Please also inform us of the number of guests you wish to bring.

Sincerely yours,

Paul Campbell

Healy 씨,

ABC 사를 대표해 당신을 우리 회사의 크리스마스 파티에 초대드리게 되어 진심으로 영광입니다. 파티는 12월 15일 런던 나이츠브리지의 밀레니엄 호텔에서 오후 7시부터 진행될 것입니다. 당일에는 많은 이벤트가 준비되어 있으며 당신께 잊지 못할 추억을 선물해 드릴 것을 약속합니다. 당신의 가족들과 동행하셔도 좋습니다.

당신의 자리를 사전에 마련해 둘 수 있도록 참석 여부와 동행 인원수를 가능한 한 빨리 말씀해 주시기 바랍니다. 또한 같이 올 손님의 수도 말씀해 주시길 바랍니다.

Paul Campbell

sample 3

Dear Mr. Jones,

ABC Toy Manufacturing wholeheartedly invites you to attend our commendation meeting, to be held August 15. The meeting will take place at the Radisson Blu Portman Hotel from 6 - 9 pm. We would like to know if you could come and deliver a speech on how to motivate staff.

Please RSVP to this event by August 10.

Sincerely yours,

Tim Russell

Jones 씨,

ABC 완구 제조 회사에서 8월 15일에 개최되는 표창식에 당신이 참석해 주시길 진심으로 초대하는 바입니다. 행사는 Radisson Blu Portman 호텔에서 오후 6시부터 9시까지 진행될 예정입니다. 이 행사에 오셔서 사원을 고무시키는 방법에 대한 연설을 해 주실 수 있으신지 여부를 여쭙니다.

8월 10일까지 회신해 주시기 바랍니다.

Tim Russell

sample 4

Dear Karl,

To celebrate the 30th anniversary of ABC Corporation, we are holding a dinner party at the Jinjiang Hotel from 19:00 to 21:00 on Tuesday, August 24.

We would like to take this opportunity to cordially invite you to the party to celebrate the success of our corporation during these past years. Many top executives of leading trading companies will attend the party, and we believe you wouldn't want to miss this golden opportunity to exchange ideas with them.

I sincerely hope you will be able to come and look forward to seeing you at the party.

Sincerely yours,

Hannes Elfeld

Karl 씨,

ABC 사 창립 30주년을 축하하기 위해 우리는 8월 24일 화요일 오후 7시부터 9시까지 Jinjiang 호텔에서 저녁 연회를 개최하고자 합니다.

이번 기회에 당신을 초대하여 지난 몇 년간 우리 회사의 성공적인 운영을 함께 축하하고자 합니다. 주요 무역 회사의 많은 고위 임원들께서 이 연회에 참석해 주실 예정이며 당신이 그들과 교류할 수 있는 이번 기회를 놓치시지 않을 것이라 믿습니다.

당신이 올 수 있길 진심으로 바라며, 파티에서 뵐 수 있길 기대합니다.

Hannes Elfeld

2 초대 회신

주요 목적:
초대에 대한 회신으로 본인의 참석 가능 여부를 알려 준다.

작문 요점:
초대에 회신할 때는 먼저 **자신의 참석 여부를 명확히 전달**해야 하며 모호한 표현은 삼가도록 한다.

참석의 여부와 상관없이 초대해 주신 분에게 감사의 뜻을 전해야 하며 필요에 따라 초대장 내의 초대 날짜 내지는 활동 명칭 등 중요한 자료를 다시 한번 언급할 수도 있다. 만약 초대에 응한다면 **자신의 기쁜 마음**을 전하고 이 활동에 참석하고자 하는 의지를 나타낸다. 만약 초대에 불응한다면 반드시 **완곡하게 거절**하고 **구체적으로 자신이 초대에 응하지 못하는 이유를 설명**하며 출석하지 못하는 것에 대한 유감의 뜻과 축복의 메시지로 글을 마무리한다.

☁ 만능 활용 영어 작문 패턴

1. **Thank you for your letter of invitation.**
   초대해 주셔서 감사합니다.

2. **Thank you for inviting me to attend your company's 20th anniversary party.**
   당신 회사의 창립 20주년 파티에 초대해 주셔서 감사합니다.

3. **It's my pleasure to receive your invitation letter.**
   초대장을 받아 매우 영광입니다.

4. **I am in receipt of your letter of August 25.**
   8월 25일에 보내 주신 메일 받았습니다.
   🏷 I am in receipt of… | 나는 …를 받았다.

5. **I would be delighted to be your guest.**
   내빈으로 참석하게 되어 진심으로 기쁩니다.
   🏷 I would be delighted to be… | …가 되어 매우 기쁘다.

6. **We are very glad to accept your invitation.**
   흔쾌히 당신의 초대에 응하는 바입니다.

7. **I look forward to attending your wedding ceremony.**
   당신의 결혼식에 참석하기를 기대합니다.

8. I am delighted to take part in your company's 20th anniversary celebrations.
   당신 회사의 창립 20주년 축하 행사 초대에 흔쾌히 응하는 바입니다.

9. It's truly a pleasure for me to attend.
   흔쾌히 참석하는 바입니다.

10. Rest assured, I will attend on time.
    안심하세요, 시간 맞춰 참석할 것입니다.

11. In advance, I wish you a successful party!
    미리 즐거운 파티가 되길 바랍니다.

12. Unfortunately, I have a prior engagement.
    안타깝게도 선약이 있습니다.

13. I am sorry, but I cannot attend as I have to meet with an important client on that day.
    죄송하지만 그날 중요한 고객님과 미팅이 있어 참석하지 못할 것 같습니다.

14. Unfortunately, I will be on a business trip on that day.
    안타깝게도 제가 그날 출장을 갈 것입니다.

15. It's with great regret that I will be unable to attend your wedding ceremony.
    당신의 결혼식에 참석할 수 없게 되어 대단히 유감입니다.

16. I am sorry to inform you that my schedule is full.
    제 일정이 꽉 차 있음을 알려 드리게 되어 대단히 유감입니다.

17. I have already made plans for your wedding day.
    당신의 결혼식에 이미 일정이 있습니다.

18. Please forgive me for being unable to attend your party.
    당신의 파티에 참석하지 못하는 것에 대해 양해 부탁드립니다.

19. It's really a great pity to miss your wedding ceremony.
    당신의 결혼식에 참석할 수 없어 대단히 아쉽습니다.

20. I feel terribly sorry for missing your birthday party.
    당신의 생일파티에 참석할 수 없어 진심으로 유감입니다.

sample 1

Dear Mr. Byers,

Thank you for your invitation to attend your company's 20th anniversary party. It's with pleasure that I'd like to inform you that my wife and I accept your invitation.

I am sure the party will be a great success, and I look forward to it.

Regards,

Barrie Walker

Byers 씨,

당신 회사의 창립 20주년 파티에 초대해 주셔서 대단히 감사합니다. 저와 제 부인이 흔쾌히 초대에 응하는 바임을 알려 드리게 되어 진심으로 기쁩니다.

파티가 성공적일 것을 확신하며, 기대합니다.

Barrie Walker

sample 2

Dear Mr. Gazza,

Thank you for inviting me to attend your company's commendation meeting. Unfortunately, I shall not be able to attend the event because I will be away on business that day.

I hope that everything goes well on the day.

Regards,

Colin Hendry

Gazza 씨,

당신 회사의 표창식에 초대해 주셔서 대단히 감사합니다. 하지만 안타깝게도 그날 제가 출장을 떠나기 때문에 참석할 수 없을 것 같습니다.

그날 모든 것이 잘 진행되시길 바랍니다.

Colin Hendry

sample 3

Dear Mr. Nicholson,

I am in receipt of your letter dated August 21. I am very pleased to inform you that my wife and I shall be able to attend your company's commendation meeting, and it would be my pleasure to deliver a speech on this occasion. I will make full preparations for the event.

I look forward to meeting you on the day.

Regards,

Hamish French

Nicholson 씨,

8월 21일에 보내 주신 메일 받았습니다. 당신의 표창식에 저와 제 부인이 함께 참석하게 될 것이며 흔쾌히 연설 요청에 응하는 바임을 알려 드리게 되어 매우 기쁩니다. 이 행사를 위해 만반의 준비를 하겠습니다.

그날 뵙길 기대합니다.

Hamish French

❸ 연설 요청

주요 목적:

개업 행사, 회사 연회, 표창식 등 활동에서 연설을 해 주길 요청한다.

작문 요점:

연설 요청 관련 메일을 작성할 때는 먼저 **개최하는 행사의 종류나 주제를 간단하게 소개**한 다음, 연설할 당사자에게 연설 요청을 할 때는 **박학다식해서** 또는 **견문이 넓기 때문에** 등 **요청하는 구체적인 원인을 설명**한다. 필요에 따라 상대방이 이 행사와 무관한 연설 내용을 준비해 오지 않도록 **연설 내용의 범위에 대해 설명**하는 것도 좋다. 만약 회사에서 차비, 식비 등을 제공하게 될 경우 관련 사항을 메일에 명시하고, 그렇지 않으면 굳이 언급하지 않도록 한다.

연설을 위탁하는 메일을 작성할 때는 내용을 간단히 하고 목적을 확실히 한다. 동시에 간곡한 말투를 사용해 상대방이 참가해 주길 바라는 간절한 마음을 전한다.

☁ 만능 활용 영어 작문 패턴

1. **We want you to be a guest speaker at our company's opening ceremony.**
   우리 회사의 개막식에서 초청 연설자가 되어 주시기 바랍니다.

2. **It's my honor to invite you to be the guest speaker at our commendation meeting.**
   우리의 표창식에서 당신을 초청 연설자로 초대하게 되어 매우 영광입니다.
   ❥ It's my honor to… | …를 하게 되어 영광이다.

3. **Would you serve as our guest and deliver a speech?**
   우리의 내빈으로 참석하셔서 연설해 주실 수 있습니까?

4. **Is it possible for you to deliver a speech at our meeting?**
   우리 회의에서 연설을 해 주실 수 있으실까요?
   ❥ Is it possible for you to… | 당신께서 …를 해 주실 수 있습니까?

5. **I hope you can make a speech on this matter.**
   이 사항에 대해 연설을 해 주시기 바랍니다.

6. **I am writing to invite you to speak at the opening ceremony of our company.**
   우리의 개막식에서 연설해 주시길 요청하고자 씁니다.

7. **The subject of our meeting concerns how to reduce the cost of production.**
   이번 회의의 주제는 어떻게 생산 비용을 절감할 것인가입니다.

   🏷 The subject of…is… | …의 주제는 …다

8. **I would like you to give a speech about how to raise the employees' morale.**
   당신이 '어떻게 사원들의 사기를 고무시킬 것인가'에 대해 연설해 주시기 바랍니다.

9. **I think you are the best person to make a speech about this matter.**
   당신은 이 문제에 대해 연설할 수 있는 적임자라고 생각합니다.

10. **There is no person better than you to deliver a speech at our meeting.**
    당신보다 우리 회의에서 연설을 더 잘해 주실 수 있으신 분은 없으십니다.

    🏷 There is no person better than you to… | 당신보다 …를 더 잘할 수 있는 사람이 없다.

11. **I can think of nobody except you.** 당신을 제외하고는 아무도 떠오르지 않습니다.

12. **You are the best person I can think of right now.**
    당신은 제가 지금 떠오르는 가장 적합하신 분이십니다.

13. **You enjoy a high reputation in the business world.**
    당신은 사업 세계에서 높은 명성을 누리고 계십니다.

14. **You are an expert on this aspect.** 당신은 이 분야의 전문가이십니다.

15. **We are well acquainted with your excellent work.**
    우리는 당신의 훌륭하신 업적에 대해 익히 알고 있습니다.

    🏷 We are well acquainted with… | 우리는 …에 대해 익히 알고 있다.

16. **I believe your speech will be the most exciting part of the meeting.**
    당신의 연설이 이번 회의에서 가장 흥미로운 부분이 될 것이라 믿습니다.

17. **I am sure you can undertake this important assignment.**
    당신이 이 엄중한 업무를 수행해 내실 것을 확신합니다.

18. **I do hope you can give me your consent.**
    당신이 동의해 주시길 진심으로 바랍니다.

19. **Please inform us of your decision soon.**
    우리에게 최대한 빨리 당신의 결정을 말씀해 주시기 바랍니다.

20. **We look forward to receiving a positive response from you.**
    당신으로부터 긍정적인 답변 들을 수 있길 기대합니다.

sample 1

Dear Mr. Homer,

I am writing as a representative of ABC Corporation, a firm of national renown. The company will hold its annual commendation meeting at 9 o'clock on August 15 in our square. We want to invite you to be our guest and deliver a speech.

We all know you are a successful man and are well acquainted with your excellent work and eloquence on the subject of innovation within companies. We hope you can make a speech regarding how best to cultivate the innovational capacity of the company. We believe your speech would be a highlight of the meeting.

We would be honored by your presence.

Sincerely yours,

ABC Corporation

Homer 씨,

전국적으로 명성 있는 회사 ABC 사의 대표로서 씁니다. 우리 회사는 우리 광장에서 8월 15일 오전 9시에 연간 표창식을 개최하고자 합니다. 이에 당신을 내빈으로 초대하며 연설을 해 주시길 요청합니다.

우리는 모두 당신이 성공하신 분이라는 것과 당신의 훌륭하신 업적과 회사 내 혁신에 대한 달변에 대해 익히 알고 있습니다. 어떻게 기업의 혁신 역량을 최상으로 양성하는가에 대해 연설해 주시길 부탁드리는 바입니다. 당신의 연설은 이번 회의의 하이라이트가 될 것이라 믿습니다.

당신의 참석은 우리에게 크나큰 영광이 될 것입니다.

ABC 사

sample 2

Dear Mr. Zoidberg,

Our financial report conference will start on December 5, 2019. I am pleased to inform you that you are cordially invited to attend.

We all know you are an expert in the finance industry and are interested in hearing your unique and profound insights. We hope you can make an analysis of our financial situation and give us advice on how to try and improve our performance.

We will pay all expenses, including the round-trip air ticket, accommodation and living expenses.

We sincerely hope you can attend our meeting. We will send further details as soon as we receive your invitation acceptance.

Sincerely yours,

ABC Corporation

Zoidberg 씨,

우리의 재무 보고 회의는 2019년 12월 5일에 개최될 것입니다. 저는 당신께 당신이 진심으로 초대받았다는 것을 알리게 되어 기쁩니다.

당신이 재정 방면의 전문가이시며 독창적이시고 정통한 통찰력을 가지고 계시다는 것을 잘 알고 있습니다. 우리는 당신이 현재 우리의 재무 상황에 대해 분석을 해 주시고 우리 업무 성과를 향상할 수 있는 방법에 대해 조언을 해 주시길 바랍니다.

우리는 항공권, 숙박 및 기타 식비를 포함한 모든 비용을 지급해 드릴 것입니다.

우리의 회의에 참석해 주실 수 있으시길 진심으로 바랍니다. 당신으로부터 회신받는 즉시 추가적인 세부 사항들 보내 드리겠습니다.

ABC 사

sample 3

File 75

Dear Mr. Partridge,

Your company's manager told me that you have been named the year's outstanding employee for five continuous years. Congratulations!

I want to invite you to attend our annual commendation meeting, which will be held at 10 o'clock on December 15. I would like you to deliver a speech on how to improve work efficiency and guarantee a high standard of quality control. I am confident you would be able to set a good example for our employees. I believe your ideas and techniques would give a big boost to their own performance.

We sincerely hope to receive your favorable reply.

Sincerely yours,

ABC Corporation

Partridge 씨,

당신의 매니저가 당신이 5년 연속 우수 사원으로 선정됐다고 말했습니다. 축하드립니다.

당신을 12월 15일 오전 10시에 진행될 우리의 연례 표창식에 초대하고자 합니다. 당신이 업무 효율성을 증진하는 방법 및 품질 관리의 높은 수준을 보장하는 방법에 대해 연설을 해 주셨으면 합니다. 당신은 우리 직원들에게 좋은 모범이 되어 주실 수 있을 것이라 확신합니다. 당신의 아이디어와 기술은 그들의 업무 실적을 크게 향상할 수 있을 것이라 믿습니다.

당신의 긍정적인 답변을 받을 수 있길 바랍니다.

ABC 사

sample 4

Dear Mr. Morris,

ABC Corporation will have its inauguration ceremony next Monday, so I am writing to invite you to speak at this important event for our company. I think you are the best person to fill this role because you have a very high reputation in the world of business. I believe you will bring good fortune to our company.

The opening ceremony will start at 4 p.m. on Friday, August 26. It will last about two hours. Attendees will include the company's management, business leaders and journalists.

We sincerely hope you can accept this assignment. Please let us know your decision as soon as possible.

Sincerely yours,

ABC Corporation

Morris 씨,

ABC 사는 다음 주 월요일에 개막식을 개최할 것입니다. 우리의 이 중대한 행사에서 당신이 연설을 해 주시길 요청하고자 합니다. 당신은 사업계에서 큰 명성을 떨치고 계셔 이 자리에 가장 적합한 인물이라고 판단했습니다. 당신이 우리에 좋은 행운을 가져다주실 것이라 믿습니다.

개막식은 8월 26일 금요일 오후 4시부터 약 2시간가량 진행될 것입니다. 사내 관리자, 각 사업계의 지도자 및 기자들이 참석할 것입니다.

이 요청을 승낙해 주실 수 있길 진심으로 바라는 바입니다. 최대한 빨리 결정 내려 말씀해 주시기 바랍니다.

ABC 사

4 연설 요청 승낙

주요 목적:

요청한 사람에게 자신이 연설 요청에 동의함을 알려 준다.

작문 요점:

먼저 **연설 요청에 대한 감사 인사**를 전한다. 그다음 **자신이 흔쾌히 연설할 것을 표현**한다. 마지막으로 자신이 **이에 대한 준비를 완벽**하게 해 갈 것이라는 메시지와 **축복의 메시지를 전달**하며 글을 마무리한다. 글을 쓸 때는 반드시 자신의 기쁜 마음을 표현해야 하며 내용은 간단명료하게 작성하되 모호한 표현 사용을 삼가도록 한다.

만능 활용 영어 작문 패턴

1. **I am very happy to accept your invitation to speak at the meeting.**
   회의에서의 연설 초대를 받게 되어 진심으로 기쁩니다.

2. **I'm very pleased to receive your invitation to make an address at the opening ceremony party.**
   개막식 파티에 연설 초대를 받게 되어 진심으로 기쁩니다.

3. **This is also a memorable event for me.**
   이는 저에게도 매우 인상적인 이벤트가 될 것입니다.

4. **It's my honor to receive your invitation.**
   당신의 초대를 받게 되어 매우 영광입니다.

5. **I'm sure that this will be an influential meeting.**
   이는 매우 영향력 있는 회의가 될 것을 확신합니다.

6. **I will prepare well for it.**
   그것에 대한 준비를 잘해 가도록 하겠습니다.
   🏷 …prepare well for… | …에 대한 준비를 잘해 가다.

7. **This is a good chance for us to communicate with each other.**
   이는 우리가 서로 교류할 수 있는 좋은 기회입니다.

8. **I have some suggestions for you about the meeting.**
   회의에 대한 몇 가지 건의가 있습니다.

9. **It is a great opportunity to publicize your brand and products.**
   이는 당신의 브랜드와 제품에 대해 홍보를 할 수 있는 좋은 기회입니다.
   ● It is a great opportunity to… | 이는 …를 할 수 있는 좋은 기회이다.

10. **Many thanks for your invitation to address the meeting.**
    회의에 연설 초대를 해 주셔서 감사합니다.

11. **Thank you for your invitation to take part in the opening ceremony of the Fair.**
    박람회 개막식에 초대해 주셔서 대단히 감사합니다.

12. **The digital products fair is also a good platform to popularize our products.**
    전자 제품 박람회는 우리 제품을 홍보하기에도 매우 좋은 플랫폼입니다.

13. **We want our products to be shown at the exhibition, so please book a booth for us.**
    우리 제품이 전시회에서 전시되길 바라니 우리를 위해 부스 한 자리를 내어 주시기 바랍니다.

14. **I'm very interested in this meeting.**
    저는 이번 회의에 대해 매우 관심을 가지고 있습니다.

15. **I'm glad to receive your invitation to be present at the opening ceremony of the trade fair.**
    무역 박람회 개막식에 참석해 달라는 당신의 초대를 받게 되어 진심으로 기쁩니다.

16. **May I ask you to share your experience at the meeting?**
    회의에서 당신의 경험에 대해 공유하길 요청드려도 괜찮겠습니까?

17. **I will be present at the meeting.**
    저는 회의에 참석할 것입니다.

18. **I'll be in your city before the meeting.**
    저는 회의 전에 당신의 도시에 있을 것입니다.

19. **I will accept your invitation since we are old partners.**
    오랜 시간 당신과 함께 협력해 왔기에 당신의 초대에 수락할 것입니다.

20. **The opening ceremony will be a good start for your business.**
    개막식은 당신 사업에 있어 좋은 시작이 될 것입니다.

sample 1

Dear Mr. Lister,

I am very pleased to receive your letter. It would be an honor to deliver a speech at your commendation meeting.

I am very glad to accept your invitation and share my experiences and ideas with you all at this meeting. I have worked here for more than five years and accumulated much experience. I know I am a qualified employee, but I feel that this alone is not enough to make me successful. To succeed you have to do more. I would like to share my experience and feelings with you and hope we can make progress together.

I will make full preparation for this speech and attend the meeting on time.

Sincerely yours,

Colin Westwell

Lister 씨,

당신의 메일을 받아 매우 기쁩니다. 당신의 표창식에서 연설을 할 수 있다는 것은 제게 큰 영광입니다.

당신으로부터 초대를 받아 제 경험과 생각을 이번 회의에서 당신과 함께 공유할 수 있게 되어 진심으로 기쁩니다. 저는 이곳에서 5년이 넘게 근무해 왔으며 많은 경험을 쌓아 왔습니다. 저는 제가 자질 있는 직원이라는 것을 알지만 이것만으로는 저를 성공하게 만들기에는 충분하지 않다고 느낍니다. 성공하기 위해서는 보다 많은 것을 해야 하는 법입니다. 제 경험과 생각을 당신과 기꺼이 나누고자 하며 우리가 함께 성장하길 바랍니다.

이 연설에 대한 충분한 준비를 하고 제시간에 회의에 참석하겠습니다.

Colin Westwell

sample 2

▫ File 76

Dear Mr. Burns,

It's really my honor to be invited by you to make an address at the opening ceremony of your company. I have seen both your struggles and your enthusiasm for your cause these past years. I'm so happy to know that your enthusiasm and ability to overcome all obstacles has resulted in you having your own company now. I'm very pleased to accept your invitation.

I look forward to seeing you again, and I'm looking forward to finding out more about your experience of starting your own business.

Best regards,

Gary Tallon

Burns 씨,

당신 회사의 개막식에서 연설을 해 달라는 초대를 받게 되어 대단히 영광입니다. 저는 지난 몇 년간 당신이 해오신 노력과 열정을 보았습니다. 모든 장애물을 극복한 당신의 열정과 능력이 현재 당신의 회사 소유라는 결과로 나타난 것을 알게 되어 진심으로 기쁩니다. 흔쾌히 초대에 응하는 바입니다.

다시 당신을 뵙길 고대하며 당신만의 사업을 시작하는 것과 관련된 더 많은 경험을 얻을 수 있길 기대합니다.

Gary Tallon

sample 3

Dear Mr. Affleck,

I'm very pleased to receive your invitation to make a speech at the opening ceremony of the exhibition. As one of the biggest exhibitions this year, I believe that it will play a very important role in promoting communication between different companies.

I assure you that I will be present at the ceremony.

Yours sincerely,

Kate Burrows

Affleck 씨,

박람회 개막식에서 연설을 초대해 주셔서 대단히 감사합니다. 올해의 가장 큰 박람회 중 하나로 이 행사가 다른 회사들과의 교류를 촉진하는 데 매우 중요한 역할을 하게 될 것이라 믿습니다.

개막식에 반드시 참석할 것을 약속드립니다.

Kate Burrows

5 연설 거절

주요 목적:
연설 요청을 받아들일 수 없음을 알린다.

작문 요점:
먼저 연설을 요청해 준 것에 대한 감사의 뜻을 표하고, 그다음 **요청을 받아들일 수 없는 설득력을 갖춘 이유를 설명**한다. 고의로 요청을 거절하는 것이라고 오해하지 않게 주의한다. 마지막으로 이에 대한 **미안한 마음**을 전하며 **축복의 메시지**로 글을 마무리한다.
메일에는 꼭 자신의 안타까운 마음을 전하고 상대방이 상처받지 않게 완곡한 표현을 사용하자.

☁️ 만능 활용 영어 작문 패턴

1. **Thank you for inviting me to be a speaker at your financial report conference.**
   재무 보고 회의에 저를 연설자로 초대해 주셔서 감사합니다.

2. **Thank you for inviting me to make a speech at your opening ceremony, but I regret to inform you that I can't accept your invitation.**
   당신 개막식에서의 연설을 요청해 주셔서 감사합니다. 하지만 당신의 참석 요청에 응할 수 없음을 알려 드리게 되어 진심으로 유감입니다.

3. **I wish I could give a speech at your commendation meeting, but I can't attend due to personal reasons.**
   당신의 표창식에서 연설을 해 드리고 싶으나 개인적인 이유로 참석이 힘들 것 같습니다.
   🏷️ I wish I could… | 내가 …를 할 수 있다면 좋겠다.

4. I wish I could serve as a speaker at your meeting, but after careful consideration, I feel I would not be the most appropriate person to talk about this subject.
연설자로 당신의 회의에 참석할 수 있으면 좋겠습니다만, 심사숙고 끝에 제가 이 주제에 대한 가장 적합한 인물이 아니라 판단되었습니다.

5. I don't think I am the best person to deliver a speech at your meeting.
당신의 회의에서 제가 연설을 하기에는 제가 가장 적합한 인물이 아니라 생각합니다.

6. I regret to inform you that I will be attending professional training courses during this period.
이 기간에 저는 전문 연수 과정에 참석하게 될 것임을 알려 드리게 되어 유감입니다.

7. Although I would be delighted to deliver a speech at your opening ceremony, I really don't want to miss these important training courses.
비록 당신의 개막식에서 연설을 하면 기쁘겠지만, 이렇게 중요한 연수 과정을 놓치고 싶지 않았습니다.

8. I am sorry that I can't accept your invitation to speak at the meeting.
회의에서의 연설 요청에 응할 수 없어 죄송합니다.

9. I really don't want to decline your invitation, but I have no choice.
진심으로 당신의 초대를 거절하고 싶지 않습니다만 선택의 여지가 없습니다.

10. I am just a regular employee with insufficient experience.
저는 그다지 경험이 없는 보통 직원일 뿐입니다.

11. Your invitation pleased me a lot.
당신께 초대를 받아 매우 기뻤습니다.

12. It's with deep regret that I have to inform you that I can't serve as a speaker at the meeting.
회의에서 연설을 해 드릴 수 없음을 알려 드리게 되어 진심으로 유감입니다.

13. I am sorry to say that I will be away on business that day.
죄송합니다만 그날 저는 출장을 떠날 것입니다.

14. I don't deserve to be perceived as a role model for your employees.
저는 당신 직원들의 모범이 될 자격이 없습니다.
🏷 I don't deserve to be… | 나는 …가 될 자격이 없다.

15. I don't have much work experience to exchange with you.
저는 당신과 주고받을 정도로 충분한 업무 경험이 없습니다.

16. I am really sorry to miss such a grand opening ceremony.
이렇게 큰 개막식을 놓치게 되어 진심으로 유감입니다.

17. It's a pity that I will miss the opening ceremony of your company.
당신 회사의 개막식에 참석할 수 없게 되어 진심으로 아쉽습니다.
🏷 It's a pity that I will miss… | …를 놓치게 되어 매우 아쉽다.

18. Unfortunately, I have some important prior engagements, so I am afraid I can't deliver a speech at your meeting.
불행히도 제가 중요한 선약이 있어 당신의 회의에서 연설을 해 드릴 수가 없습니다.

19. If I have an opportunity next time, I will attend.
다음번에 기회가 된다면 반드시 참석하겠습니다.

20. I hope you have a successful meeting.
성공적인 회의를 가지시길 바랍니다.

sample 1

📄 File 77

Dear Mr. Floyd,

I was delighted to receive your invitation to deliver a speech at your opening ceremony. However, I regret to inform you that I will be unable to attend it because I will be in another city to undertake some training courses, which will last about one week.

This training is an important way to improve my professional ability, so I can't miss it.

I am really sorry, but I hope you can understand. Good luck with your opening ceremony.

Best regards,

Ross Barbor

Floyd 씨,

당신 개막식에 연설 초대를 받게 되어 진심으로 기뻤습니다. 하지만 제가 약 일주일간 연수 과정 이수를 위해 다른 도시에 있어야 하므로 참석을 할 수 없게 되었음을 알려 드리게 되어 진심으로 유감입니다.

이 연수 과정은 제 전문 능력을 증진시킬 수 있는 매우 중요한 방법이기에 놓칠 수가 없습니다.

진심으로 죄송합니다만, 당신이 이해해 주시길 바랍니다. 성공적인 개막식이 되길 바랍니다.

Ross Barbor

sample 2

Dear Mr. Cortez,

Thank you for inviting me to your company's commendation meeting on December 21.

I wish I could attend, but after careful consideration I must decline. I feel that I am not the right person to deliver such a speech. I am just a regular employee without any special work experience. I am sure that the company can find an alternative speaker who has accomplished unique achievements in this field to serve as a role model for your employees.

Thanks again for your invitation. I hope you have a successful meeting.

Best regards,

Noel Edmonds

Cortez 씨,

12월 21일에 진행되는 당신 회사의 표창식에 초대해 주셔서 대단히 감사합니다.

저도 참석하고 싶었습니다만 깊은 고민 끝에 거절하기로 했습니다. 저는 제가 이런 연설을 하기에 적합한 사람이라고 생각하지 않습니다. 저는 그다지 특별한 업무 경험이 없는 평범한 사원에 불과합니다. 회사에서 이 분야에서 독특한 성과를 이뤄 내시고 당신의 직원들에게 모범이 될 수 있는 다른 연설자를 찾을 수 있으실 것이라 확신합니다.

초대해 주셔서 다시 한번 감사의 말씀 전하며 성공적인 행사가 되시길 바랍니다.

Noel Edmonds

sample 3

Dear Mr. Jackson,

Thank you for your invitation to make a speech at the anniversary ceremony of your company.

I'm very sorry to tell you that I have a pre-arranged business trip on that day. I have to go to Shanghai to meet an important client and hold a meeting with him. I'm afraid that I won't have the chance to join the ceremony.

I hope your anniversary ceremony is a success.

Best regards,

Mo Sissoko

Jackson 씨,

당신 회사의 기념식에서 연설을 하도록 초대해 주셔서 대단히 감사합니다.

하지만 제가 그날 마침 출장이 잡혀 있음을 알려 드리게 되어 대단히 유감스럽습니다. 저는 중요한 고객을 만나고 그와 미팅을 하기 위해 상해에 가야 합니다. 안타깝게도 행사에 참석하지 못할 것 같습니다.

기념식 행사가 성공적으로 치뤄지길 바랍니다.

Mo Sissoko

sample 4

Dear Mr. Letheren,

I'm honored to receive your invitation to make an address at your annual meeting.

Unfortunately, I have a prior engagement on that day. I have been busy establishing a branch in New York. I have to go and inspect its progress on that day. I'm sorry that I can't take part in your annual meeting. If there's a chance to attend in the future, I'll do my utmost to do so.

I hope you have a successful annual meeting.

Best regards,

Borja Perez

Letheren 씨,

당신의 연간 회의에서의 연설 요청 초대를 받게 되어 대단히 영광입니다.

하지만 불행히도 그날 제가 선약이 있습니다. 최근 저는 뉴욕에 지사를 설립하느라 매우 바쁩니다. 그날 저는 그곳으로 가 진행 상황을 감독해야 합니다. 당신의 연간 회의에 참석할 수 없어 대단히 죄송합니다. 다음번에 기회가 된다면 반드시 요청에 응하겠습니다.

성공적인 연간 회의 진행하시길 바랍니다.

Borja Perez

sample 5

Dear Mr. Law,

I'm very glad to hear that this Friday marks the 10th anniversary of the founding of your company. It was an honor to be invited to give a speech at the ceremony.

I'm afraid to say that I can't join your ceremony on Friday because I have already invited my client from Australia to talk about our cooperation on that day. I hope you can understand.

I wish great success to your ceremony as well as to your business.

With my best regards,

Joe Jordan

Law 씨,

이번 주 금요일이 당신의 창립 10주년 기념일이라는 소식을 듣게 되어 진심으로 기쁩니다. 행사에서 연설해 달라는 초대를 받게 된 것은 제게 큰 영광이었습니다.

유감스럽게도 금요일의 행사에 참석할 수 없을 것 같습니다. 이미 그날 호주의 고객과 향후 협력에 관한 이야기를 나누기 위해 초대했기 때문입니다. 이해해 주시기 바랍니다.

당신의 사업과 행사가 성공적이길 바랍니다.

축복을 담아

Joe Jordan

6 연설에 대한 감사

주요 목적:
연설자에게 감사를 전달한다.

작문 요점:
연설이 끝난 후에는 반드시 연설자에게 감사의 마음을 전하는 메일을 작성할 것을 기억해야 한다. 편지의 시작 부분에서는 먼저 **참석해 주시고 화려한 연설을 해 주신 것에 대한 감사의 인사**를 전한다. 그다음 **이 연설로 발생한 긍정적인 효과**에 대해 서술한다. 연설자의 연설 내용을 언급하며 **이에 대한 자신의 공감**을 표현할 수도 있다. 마지막으로 다시 한번 감사의 마음을 표현하며 필요에 따라 선물이나 보수를 제공할 수도 있다.

만능 활용 영어 작문 패턴

1. **It's really a great honor for us that you came all the way to our city to deliver a speech at our opening ceremony.**
   우리 도시까지 와 주시고 우리의 개막식에서 연설을 해 주셔서 대단히 영광입니다.

2. **Many thanks to you for making the speech at our opening ceremony.**
   우리의 개막식에서 연설을 해 주셔서 대단히 감사합니다.

3. **Thanks for delivering such a wonderful speech to our guests.**
   우리 내빈들에게 훌륭한 연설을 해 주셔서 대단히 감사합니다.

4. **On behalf of the company, I would like to thank you for your wonderful speech.**
   회사를 대표해 당신의 훌륭한 연설에 감사의 말씀 전합니다.

5. **I am writing to show our appreciation for your excellent speech.**
   당신의 완벽한 연설에 대해 감사의 마음을 전하고자 합니다.

6. **I didn't expect that your speech would turn out to be quite so interesting and informative.**
   당신의 연설이 이토록 흥미롭고 유익할 것이라고는 상상도 하지 못했습니다.
   ▶ I didn't expect that… | 나는 …를 상상도 하지 못했다.

7. **Your speech was even better than I expected.**
   당신의 연설은 제가 예상했던 것보다 훨씬 훌륭했습니다.

8. **Your speech was a highlight of the meeting.**
   당신의 연설은 이번 회의의 하이라이트였습니다.

9. **Just as you mentioned in the speech, innovation is the most important quality when inventing products.**
   당신이 연설에서 언급했던 바와 같이 혁신은 제품 개발에서 가장 중요한 자질입니다.
   🏷 Just as you mentioned in… | 당신이 …에서 언급했던 것과 마찬가지로

10. **You have a great understanding of the economy.**
    당신은 경제에 대한 깊은 이해를 가지고 계십니다.
    🏷 You have a great understanding of… | 당신은 …에 대해 깊은 이해를 가지고 있다.

11. **I think you are worthy of the title 'business expert' having listened to your speech.**
    당신의 연설을 듣고 저는 당신이 '사업 전문가'로서의 명성을 누릴 자격이 되신다고 생각했습니다.
    🏷 I think you are worthy of… | 나는 당신이 …의 자격이 있다고 생각한다.

12. **Your wonderful speech left a deep impression on me.**
    당신의 훌륭한 연설은 제게 깊은 인상을 남겼습니다.
    🏷 …leave a deep impression on me. | …는 내게 깊은 인상을 남겼다.

13. **Your speech provided us with valuable information.**
    당신의 연설은 우리에게 많은 소중한 정보를 제공했습니다.

14. **Your speech set the perfect tone for the meeting.**
    당신의 연설은 이번 회의를 위한 완벽한 분위기를 조성했습니다.

15. **We benefited a lot from your speech.**
    우리는 당신의 연설로 얻은 것이 매우 많습니다.
    🏷 We benefited a lot from… | 우리는 …로부터 얻은 것이 매우 많다.

16. **Your speech inspired all of us to strive to improve ourselves.**
    당신의 연설은 우리 모두가 스스로를 향상시키기 위해 노력하도록 격려했습니다.

17. **Please accept this gift as a token of our appreciation.**
    감사의 마음으로 전하는 이 선물을 받아 주시기 바랍니다.

18. **This present is for you as a token of our thanks.**
    이 선물은 우리의 감사의 뜻으로 드리는 것입니다.
    🏷 …as a token of our thanks. | …로 우리의 감사의 뜻을 전한다.

19. We sent you a remuneration of $1,000 to show our appreciation.
감사의 뜻으로 1,000달러의 보수를 드리는 바입니다.

20. Again, please accept my thanks for your great work.
다시 한번 훌륭하신 연설에 감사의 말씀 전하는 바입니다.

sample 1

Dear Mr. Cameron,

On behalf of the ABC Corporation, I am writing this letter to express our sincere gratitude for your excellent speech at our commendation meeting.

Just as you mentioned in your speech, innovation is the soul of progress for an enterprise. From now on, we will place greater emphasis on cultivating the creative spirit of our employees, whilst at the same time we won't neglect our employees' practical ability.

In order to show our appreciation, we have sent you a remuneration of $1,000. I hope to meet you again in the near future.

Sincerely yours,

Howard Kendall

Cameron 씨,

ABC 사를 대표해 우리 표창식에서 하신 당신의 훌륭한 연설에 대한 우리의 감사의 마음을 전하고자 합니다.

당신이 연설에서 언급하신 것과 같이, 혁신은 기업에게 발전을 위한 정신입니다. 오늘부터 우리는 사원들의 창의성 양성을 보다 중시하면서 동시에 사원들의 잠재력 개발 역시 간과하지 않을 것입니다.

우리의 감사의 뜻을 전하고자 1,000달러의 보수금을 보내 드리는 바입니다. 가까운 미래에 또 뵐 수 있길 바랍니다.

Howard Kendall

sample 2

Dear Mr. Tank,

We are greatly honored that you came all the way to New York to attend our opening ceremony, delivering a wonderful speech to our guests. It's not mere hyperbole when I say that your speech was the highlight of the day's program.

We were all impressed by your speech and convinced by your eloquence. I believe our company will progress having received your insights.

Thank you again for sharing your profound perspectives with us. Please accept this gift as a token of our appreciation.

Sincerely yours,

David Merdy

Tank 씨,

멀리 뉴욕까지 오셔서 우리의 개막식에 참석해 주시고 우리의 손님들에게 연설을 해 주셔서 대단히 영광입니다. 당신의 연설이 당일 모든 프로그램 중 최고의 하이라이트였다고 말해도 과언이 아닙니다.

우리는 모두 당신의 연설에 감명받았고 당신의 웅변에 확신을 가졌습니다. 우리 회사는 당신의 깊은 통찰력을 받아서 향후 보다 발전할 수 있을 것이라 믿습니다.

다시 한번 당신의 박식한 관점을 우리와 나눠 주셔서 감사합니다. 감사하는 뜻을 전하는 우리의 작은 이 선물을 받아 주시기 바랍니다.

David Merdy

sample 3

File 78

Dear Mr. Morris,

I am writing this letter to show our appreciation for your excellent speech at our financial report conference.

Your speech and the reference material you brought provided us with timely and valuable information. The suggestions you provided regarding our financial situation are of keen insight, and we are very satisfied with them. Your inspiring speech was a great incentive to us. We will strive to improve ourselves and try to do better.

We look forward to seeing you again in the near future. We thank you profusely once again for your speech.

Sincerely yours,

Jeffrey Dahmer

Morris 씨,

우리 재무 보고 회의에서 훌륭한 연설을 해 주신 것에 대해 감사의 말씀 전하고자 합니다.

당신의 연설 및 준비해 오신 참고 자료는 우리에게 매우 시기적절하고 귀중한 자료였습니다. 우리의 재정 상황과 관련해 제공해 주신 당신의 제안들은 매우 통찰력 있었으며 우리는 그것들에 대해 매우 만족하고 있습니다. 당신의 감명 깊은 연설은 우리를 크게 고무시켰습니다. 우리는 성장을 위해 끊임없이 노력할 것입니다.

가까운 미래에 다시 뵐 수 있길 고대하겠습니다. 다시 한번 연설에 감사의 말씀 전합니다.

Jeffrey Dahmer

7 보도 자료

주요 목적:
주동적으로 기업의 화제 소식을 대중에게 전달한다.

작문 요점:
보도 자료의 내용은 **사건의 중점, 주제, 시간, 장소** 및 **내용** 등의 사항들을 포함한다. 이외에 **회사의 간단한 소개** 및 **회사의 연락처**를 남기도록 하고, 필요에 따라 사건의 주요 임무 평가, 사건의 영향 등의 설명이 필요할 수도 있다.

보도 자료를 작성할 때는 전반적인 사건의 경과 및 회사와 관련된 모든 것을 객관적으로 서술해야 하며 복잡한 비즈니스 용어의 사용을 최대한 삼가도록 한다.

만능 활용 영어 작문 패턴

1. **AS Company and SSB Company are pleased to announce a merger of their two companies.**
   AS 사와 SSB 사가 합병을 하게 되었음을 알려 드리게 되어 기쁩니다.

2. **We have some exciting news to share.**
   여러분과 함께 공유할 흥미로운 소식이 있습니다.

3. **The GDD Grand Hotel welcomes our friends from all over the world.**
   GDD 그랜드 호텔은 전 세계 여러분 모두를 환영합니다.
   - ···welcomes / welcome friends from all over the world. | ···는 전 세계 모두를 환영한다.

4. **This is the aim of our management.**
   이는 우리의 경영 목표이기도 합니다.

5. **Our company has introduced a range facilities and talented staff.**
   우리 회사는 최첨단 장비와 유능한 인재를 영입했습니다.

6. **'Quality first, client oriented' is our ethic.**
   '품질 제일, 고객 우선'은 우리의 경영 이념입니다.
   - ···is our ethic. | ···는 우리의 경영 이념이다.

7. **We are trying to serve our customer as best as we can.**
   우리는 고객님에게 최선의 서비스를 제공하기 위해 노력합니다.
   - We are trying to serve···as best as we can.
     우리는 ···에게 최선의 서비스를 제공하기 위해 노력한다.

8. **This new product is the result of our most advanced technology.**
   이 신제품은 우리 최첨단 기술의 결과입니다.
   - ···is the result of··· | ···는 ···의 결과이다.

9. **This new product is portable and has an excellent performance, as well as an extremely competitive price.**
   이 신제품은 편리한 휴대성 및 훌륭한 기능 그리고 합리적인 가격을 가지고 있습니다.

10. **The Mars Company was selected as the "Best Technology Innovator".**
    Mars 사는 올해의 '최고의 기술 개발자'로 선정되었습니다.
    - ···was elected as··· | ···는 ···로 선정되었다.

11. **The company pays special attention to the quality and technological level of its products.**
    회사는 제품의 품질과 기술 수준에 특히 신경을 쓰고 있습니다.
    - ···pay / pays special attention to··· | ···에 특히 신경을 쓰다.

12. **The product shows how technology changes our lifestyle.**
    이 제품은 과학 기술이 어떻게 우리 삶의 방식을 바꾸는지를 보여 줄 것입니다.

13. **The EA Corporation is the leading video game manufacturer in the world.**
    EA 사는 전 세계적으로 유명한 비디오 게임 제조 업체입니다.

14. **To show gratitude for their continued support, Coca Cola is giving away free beverages to their customers during the gourmet festival.**
    고객들의 지속적인 지지에 보답하기 위해 코카콜라 사는 미식가 축제 기간 동안 고객들에게 무료로 음료를 제공하고 있습니다.

15. **This press release is about the auction of our company.**
    이 보도 자료는 우리 회사의 경매 상황에 대한 내용을 담고 있습니다.

16. **The sales of our products soared after entering into the international market.** 우리의 제품은 국제 시장에 진출한 후 판매량이 급증했습니다.

17. **The new type of phone will be revealed on June 21, 2019.**
    새로운 유형의 휴대폰은 2019년 6월 21일에 출시될 것입니다.

18. **Our company was founded in 2000 and aims to provide high quality goods for its customers.**
    우리 회사는 2000년에 설립되었으며 소비자에게 고품질의 제품을 제공하는 것을 목표로 합니다.

19. According to the IRC, the ERL Auto Company has been donating for years.
국제 적십자 협회의 소식에 따르면 ERL 자동차 회사가 다년간 기부를 해 왔습니다.

20. This product will be the most important invention for smart phones in 2019.
이 제품은 2019년 스마트폰에서 가장 중요한 발명품이 될 것입니다.

sample 1   File 79

In order to popularize the application of touch-screen mobile phones, Wilson Electronics is giving 500 free phones to its customers by lucky dip.

The CEO of Wilson Electronics said: "We hope that people can see the charm and convenience that touch-screen mobile phones can bring to our life through this activity." Customers can join in the activities at all flagship stores.

Wilson Electronics was founded in 1983, and its main aim is to provide high-end products to the market. The sales of its products have kept it in the leading role around the country.

If you want more information, please contact Glen Ponder at 54889565 or e-mail at Glen-P@wilsonelectronics.com.

터치스크린 휴대폰의 응용을 대중화하기 위해 Wilson 전자는 추첨을 통해 당사의 고객들에게 무료로 500대의 휴대폰을 제공하고 있습니다.

Wilson 전자의 CEO는 "이 이벤트를 통해 사람들이 터치스크린 휴대폰의 매력과 우리의 삶에 가져다줄 수 있는 편리함을 알게 되길 바랍니다."라고 말했습니다. 이 이벤트는 플래그십 스토어에서 참여가 가능합니다.

Wilson 전자는 1983년에 설립되었으며 시장에 최첨단 제품을 제공하는 것을 주요 목표로 하고 있습니다. 제품 판매량은 전국에서 상위권을 유지하고 있습니다.

보다 많은 정보를 얻고자 하신다면 54889565번 또는 Glen-P@wilsonelecrtonics.com으로 Glen Ponder에게 연락 주시기 바랍니다.

sample 2

The Beauty Brand will reveal its new product at its news conference on April 21, 2019. The new product is the result of the latest biotechnology. Customers can test the product free of charge, and there will be beauty-specialists on-hand to assist customers.

Founded in 1991, The Beauty Brand has been devoted to enhancing the beauty of millions of women over these years. They have specialized staff to develop products with natural plants ingredients for their customers. More than half of women select Beauty products as their first choice of skin care products.

Beauty Brand는 2019년 4월 21일 기자 회견에서 그들의 신제품을 출시할 예정입니다. 이 신제품은 최첨단 생명 공학의 결과물입니다. 당일에 고객들은 무료로 제품을 시험해 볼 수 있으며 고객들을 도와줄 뷰티 전문가가 계실 것입니다.

1991년에 설립된 Beauty Brand는 근 몇 년간 수백만 명의 여성의 뷰티를 향상시키는 데에 전념해 왔습니다. 그들은 소비자들에게 천연 성분으로 구성된 제품을 개발하기 위한 전문 인력을 보유하고 있습니다. Beauty의 제품은 이미 스킨케어 제품에서 절반 이상의 여성분들에게 첫 번째 선택으로 자리 잡고 있습니다.

sample 3

The Toy World, as the leading toy manufacturer, was selected as one of the annual Top 10 Outstanding Enterprises around the country this year. This is the second time that the company has won this award.

"This award was the best recognition of our achievements," said Des Lynam, the CEO of The Toy World, "and we will continue to produce safe and innovative toy products for children."

The main reason for the popularity of its products is their originality and high quality. The Toy World's products always set the trends in the toy market.

About Toy World

The Toy World was founded in 1995, and it is the leading toy manufacturer in the country. The company has many branches around the country, and there are many elite staff. There are more than 4,500 employees in the company.

Contact Information:
Jackie Chiles
Tel: 569-589-1230
E-mail: Jach@toyworld.com

완구 제조 업체의 선두주자인 Toy World가 올해 국내의 '10대 우수 기업'으로 선정되었습니다. 이는 두 번째 수상입니다.

Toy World의 CEO, Des Lynam은 "이 상은 우리 성과에 대한 최고의 인정이며, 우리는 계속해서 어린이들을 위한 안전하고 창의적인 제품을 제조할 것이다"라고 말했습니다.

그들 제품이 인기가 높은 주요 이유는 그들의 독창성과 높은 품질 때문입니다. Toy world의 제품들은 항상 장난감 시장에서 트렌드를 설정합니다.

Toy World 소개

Toy World는 1995년에 설립되었으며 국내 완구 제조 업체의 선두입니다. Toy World는 국내에 많은 지사를 가지고 있으며 많은 우수한 직원을 가지고 있습니다. 회사의 전체 직원 수는 4,500명이 넘는 것으로 집계됩니다.

연락처:
Jackie Chiles
전화번호: 569-589-1230
E-mail: Jach@toyworld.com

8 대면 요청

주요 목적:
대면을 요청한다.

작문 요점:
대면 요청 관련 메일을 작성할 때는 먼저 **면담을 요청**한다. 그다음 **면담을 요청하는 원인** 및 **면담 시간**과 **장소에 대해 설명**한다. 혹은 **상대방의 결정에 따를 것을 언급**한다. 마지막으로 **빠른 회신을 주시길 바란다는 희망**을 전하며 글을 마무리한다.

만능 활용 영어 작문 패턴

1. **I am going to visit New York on Monday.**
   저는 월요일에 뉴욕에 방문할 예정입니다.

2. **I will be in Los Angeles for business during the week beginning August 14.**
   8월 14일이 시작인 그 주 동안에 저는 로스앤젤레스로 출장을 가게 됩니다.

3. I would like to visit your company to discuss our contract.
당신 회사에 방문해 우리의 계약과 관련해 의논하고자 합니다.

4. If it's convenient, I would like to make an arrangement to meet you.
편리하시다면 당신과의 면담을 요청하고자 합니다.
- If it's convenient, I would like to… | 편리하시다면, …하고자 한다.

5. Is it possible for you to arrange an appointment to discuss our contract?
우리의 계약에 대해 의논하기 위해 면담 시간을 조정해 주실 수 있습니까?

6. Could we make an appointment to discuss our plan?
우리의 계획에 대해 의논할 약속을 잡을 수 있을까요?
- Could we make an appointment to… | 우리가 …할 약속을 잡을 수 있겠습니까?

7. I want to discuss our cooperation at the earliest opportunity.
가능한 한 빨리 우리의 협력 문제에 대해 의논하고자 합니다.

8. If possible, I would like to pay you a visit during my business trip.
가능하시다면 제가 출장 가 있는 동안 당신께 방문하고자 합니다.

9. May I make an appointment with you on that day?
그날 당신과의 면담을 요청드려도 괜찮을까요?

10. Is it possible for you to meet me on Monday?
월요일에 면담이 가능하실까요?

11. Could we arrange a time to meet?
우리가 만날 시간을 정할 수 있을까요?

12. Will you be able to meet me on that day?
그날 면담이 가능하실까요?

13. May I have the opportunity to pay you a visit between August 15 and 20?
8월 15일에서 20일 사이에 당신께 방문할 기회가 있을까요?

14. When is the most convenient time for my visit?
제가 언제 방문하는 것이 가장 편리하십니까?

15. May I pay you a visit?
제가 당신께 방문이 가능할까요?

16. **Please let me know if this arrangement is fine for you.**
    당신이 이 일정이 가능하신지 말씀해 주시기 바랍니다.

17. **I want to know if this arrangement will work for you.**
    이 일정이 당신께 편리하신지 알려 주시기 바랍니다.

18. **If the time is not suitable for you, please let me know what the most convenient time is.**
    만약 이 시간이 적합하지 않다면 언제가 가장 편하신지 말씀해 주시기 바랍니다.

19. **I would appreciate it if you could let me know your schedule.**
    당신의 일정을 말씀해 주실 수 있다면 대단히 감사하겠습니다.

20. **Please tell me which time would be convenient for you.**
    언제가 가장 편하신지 말씀해 주시기 바랍니다.

sample 1

Dear Mr. Green,

Is it possible for you to arrange an appointment with me to discuss the terms of the contract that we didn't reach an agreement on at the last meeting?

Would August 25 be convenient for you? If not, please inform me of potential dates that would be convenient for you.

Sincerely yours,

Erich Honecker

Green 씨,

지난 미팅에서 합의가 이루어지지 못한 계약 조건에 대해 의논하기 위해 약속을 잡을 수 있을까요?

8월 25일에 가능하십니까? 만약 힘드시다면 당신이 가능하실 날짜를 말씀해 주시기 바랍니다.

Erich Honecker

sample 2

Dear Mr. Lee,

I am delighted to tell you that we've invented a new part which is compatible with sewing machines, increasing efficiency and improving the machine's handling. I believe this improvement to the sewing machine will make more profit for you.

Could we make an appointment to discuss it? I can fly to your city at any time. Please let me know a time that would be convenient for you.

I look forward to hearing from you.

Sincerely yours,

Joseph Ryan

Lee 씨,

재봉틀과 호환이 가능해 업무 효율을 높이고 보다 편리하게 기계의 조종을 도울 새 부품을 개발했음을 알려 드리게 되어 대단히 기쁩니다. 이와 같은 재봉틀의 향상이 당신께 큰 이윤을 남길 수 있을 것이라 믿습니다.

이에 대해 의논하기 위한 약속을 잡을 수 있을까요? 언제든 당신이 계신 도시로 날아갈 수 있습니다. 언제가 가장 편리한지 말씀해 주시기 바랍니다.

회신 기다리겠습니다.

Joseph Ryan

sample 3

File 80

Dear Mr. Brown,

I am going to visit New York from August 15 to 20 and want to make an appointment to show my appreciation for your help.

I would appreciate it if you could meet me on August 16. If this day is not convenient, please inform me of a convenient time to you. I am really looking forward to seeing you.

Sincerely yours,

Kenny Banyan

Brown 씨,

제가 8월 15일부터 20일까지 뉴욕으로 출장을 가게 되었습니다. 지난번 도움에 대해 감사의 말씀을 전하고자 방문하려고 합니다.

8월 16일에 만날 수 있으시다면 대단히 감사하겠습니다. 만약 이 날이 불편하시다면 언제가 편한지 말씀해 주시기 바랍니다. 당신을 뵙길 고대하고 있습니다.

Kenny Banyan

sample 4

Dear Mr. Thomas,

I'm going to be on a business trip to your city next Wednesday. I want to pay a visit to you to talk about further cooperation between us. I'm wondering whether you have time next week to meet with me.

Would you be kind enough to let me know when would be convenient for you?

I look forward to hearing from you.

Yours sincerely,

David Bloom

Thomas 씨,

다음 주 수요일에 당신의 도시로 출장을 가게 되었습니다. 우리 양측의 향후 협력에 대해 의논하기 위해 당신께 방문하고자 합니다. 다음 주에 저를 만날 시간이 있으신지 궁금합니다.

언제가 편하신지 말씀해 주실 수 있을까요?

회신 기다리겠습니다.

David Bloom

sample 5

Dear Mr. Keating,

I'm going to visit Beijing on April 5, 2019. I would like to visit your office during my staying there to discuss the contract between us.

I'm wondering whether you have time on April 6. If not, can you tell me when it would be convenient for you to meet.

I'm looking forward to your early reply.

Yours sincerely,

Kenny Bell

Keating 씨,

제가 2019년 4월 5일에 베이징에 가게 되었습니다. 그곳에 머무는 동안 우리 양측의 계약에 대한 논의를 하기 위해 당신의 사무실에 방문하고자 합니다.

4월 6일에 시간이 괜찮으신지 여쭙고 싶습니다. 만약 힘드시다면 만나기에 언제가 편리하신지 말씀해 주시기 바랍니다.

빠른 회신 기다리겠습니다.

Kenny Bell

9 면담 요청 회신

주요 목적:
면담 가능 여부를 알려 준다.

작문 요점:
면담 요청에 대한 회신을 작성할 때는 먼저 **자신이 상대방의 편지를 받았음**을 알리고 **감사의 뜻을 전한다**. 그다음 **자신의 입장**, 즉 면담 가능 여부를 말한다. 면담이 가능하다면 면담과 관련된 사항들을 설명하도록 하고 상대방과의 면담을 기대하는 마음을 전하며 글을 마무리한다. 만약 상대방의 요청을 거절하게 된다면 거절하는 원인을 설명한 후 유감의 뜻을 전하며 글을 마무리한다.

요청을 거절하는 회신일 때는 예의를 갖추어 경건한 말투와 적절한 어휘를 사용해야 한다.

만능 활용 영어 작문 패턴

1. **I am very pleased to hear that you will visit New York on Monday.**
   월요일에 뉴욕에 오신다는 소식을 듣게 되어 진심으로 기쁩니다.

2. **I am very happy to hear of your visit.**
   당신이 방문하신다는 소식을 듣게 되어 대단히 기쁩니다.

3. **Thanks for inviting me to meet you at the ABC Hotel on August 16.**
   8월 16일에 ABC 호텔에서 면담하기를 요청해 주셔서 대단히 감사합니다.

4. **I would be very pleased to meet you on that day.**
   그날 뵙게 되어 대단히 기쁩니다.

5. **It's my honor to have this opportunity to meet you.**
   당신을 뵐 기회가 있어 매우 영광입니다.

6. **I have been looking forward to meeting you.**
   당신을 뵙길 고대해 왔습니다.

7. **The time you suggested is convenient for me.**
   당신이 말씀하신 시간이 제게도 편합니다.

8. **I can meet you at any time during your business trip.**
   당신이 출장 와 계신 동안 언제든 면담이 가능합니다.

9. **I am very happy to arrange an appointment to discuss our contract.**
   우리의 계약에 대해 의논하기 위한 약속을 잡게 되어 대단히 기쁩니다.

10. **We are interested in your products, so I hope to meet you soon.**
    우리는 당신의 제품에 매우 관심이 있습니다. 이에 빨리 뵐 수 있길 바랍니다.

11. **It's convenient for me to meet you on Thursday.**
    저는 목요일에 뵙는 것이 편합니다.
    ● It's convenient for me to… | 나는 …를 하는 것이 편하다.

12. **I am available all day, so I can meet you whenever is convenient.**
    그날 하루 종일 시간이 되므로 언제든 편하실 때 만날 수 있습니다.

13. **I look forward to your visit.**
    당신의 방문을 고대합니다.

14. I am sorry to inform you that I can't meet you during your business trip.
당신이 출장 와 계신 동안 뵐 수 없음을 알려 드리게 되어 유감입니다.

15. I am sorry, but I am busy that day.
죄송합니다만, 제가 그날 바쁩니다.

16. I am sorry, but I have a prior engagement on that day. Can we postpone the meeting?
죄송합니다만, 제가 그날 선약이 있습니다. 미팅을 미룰 수 있을까요?

17. We don't need this kind of product, so I don't think it's necessary for us to meet.
우리는 현재 이런 제품이 필요하지 않기 때문에 면담이 필요하지 않을 듯합니다.

18. I have to pass up the opportunity to meet you due to personal reasons.
개인적인 이유로 당신과의 면담 기회를 부득이하게 놓칠 수밖에 없게 되었습니다.
🔖 I have to pass up the opportunity to… | 부득이하게 …의 기회를 놓칠 수밖에 없게 되었다.

19. I am really sorry to miss such an important opportunity.
이런 중요한 기회를 놓치게 되어 진심으로 유감입니다.

20. I believe we will have a chance to meet in the future.
향후 다시 만나 뵐 기회가 있을 것이라 믿습니다.

sample 1

Dear David,

Thank you for your letter of August 25 regarding your new sewing machine.

I am sorry to inform you that we signed a contract with another company just last month. The contract duration is one year, during which we are not allowed to buy other company's products.

If you contact us near the end of our existing contract's life, we may consider your product.

Sincerely yours,

Eric Heckle

David 씨,

8월 25일에 당신의 새 재봉틀과 관련된 메일 보내 주셔서 감사합니다.

하지만 안타깝게도 우리는 지난달에 막 다른 회사와 계약을 체결했음을 알려 드리는 바입니다. 계약 지속 기간은 1년이며, 이 기간에 우리는 다른 회사의 제품을 구매할 수 없습니다.

우리의 계약이 끝날 무렵 연락을 주신다면 당신의 제품에 대해 고려해 보겠습니다.

Eric Heckle

sample 2

Dear Morty,

I was very happy to receive your letter of August 25. We are very interested in your new sewing machine and want to learn more about it. Can we make an appointment for 15:00 on Tuesday, August 29 at our meeting room? Please inform me as soon as possible to confirm whether the time is convenient for you or not.

Sincerely yours,

David Puddy

Morty 씨,

8월 25일에 보내 주신 메일을 받게 되어 대단히 기쁩니다. 우리는 당신의 새 재봉틀에 매우 관심이 있으며 그것에 대해 보다 많은 정보를 얻고자 합니다. 8월 29일 화요일 오후 3시에 우리 회의실에서 미팅이 가능할까요? 그날 가능하신지 여부를 가능한 한 빨리 우리에게 말씀해 주시기 바랍니다.

David Puddy

sample 3　　　　　　　　　　　　　　　　　　　　　　　　　　　　File 81

Dear Kristin,

I am delighted to hear that you will visit New York next Monday. Unfortunately, I have a prior engagement in another city with an important client on that day. It's really a pity that we will be unable to meet each other.

I believe we will have a chance to meet in the future, and I hope everything goes well for you in New York.

Sincerely yours,

Bert Volts

Kristin 씨,

다음 주 월요일에 뉴욕에 방문하실 것이라는 소식을 듣게 되어 대단히 기쁩니다. 하지만 안타깝게도 제가 그날 중요한 고객과의 선약이 있어 다른 도시에 있을 예정입니다. 뵐 수 없게 되어 대단히 아쉽습니다.

향후 다시 뵐 기회가 있을 것이라 믿습니다. 뉴욕에서의 모든 일이 순조롭길 바랍니다.

Bert Volts

10 회담 시간, 장소 변경

주요 목적:
회담 시간 및 장소 변경을 알린다.

작문 요점:
회담의 시간이나 장소를 변경할 필요가 있다면 메일로 알려야 한다. 먼저 **자신이 약속을 지키지 못하게 된 것에 대해 사과**하고 변경된 시간이나 장소를 알린다. 이어서 **시간이나 장소를 변경하게 된 이유에 대해 설명**하고 마지막으로 다시 한번 자신이 초래한 상대방의 불편에 대해 **죄송한 마음을 전한다**.

만능 활용 영어 작문 패턴

1. **Can we reschedule our appointment?**
   우리의 약속 시간을 재조정할 수 있을까요?
   🏷 Can we reschedule… | …의 일정을 재조정할 수 있을까요?

2. **It's my honor to meet you, but the time you suggested is not convenient for me.**
   당신을 뵐 수 있는 것은 제게 큰 영광입니다만, 당신이 제안하신 시간이 제게는 불편합니다.

3. **I am sorry, but the time doesn't work for me. Can we arrange another time?**
   죄송합니다만, 시간이 적합하지 않습니다. 다른 시간으로 조정해도 괜찮겠습니까?

4. **I am afraid our appointment can't go ahead as scheduled.**
   유감스럽게도 예정대로 약속이 진행되지 못할 것 같습니다.

5. **I am afraid our appointment has to be postponed.**
   유감스럽게도 약속을 미뤄야 할 것 같습니다.

6. **I am really sorry, but I have no choice but to postpone our appointment.**
   진심으로 죄송합니다만 부득이하게 약속을 미룰 수밖에 없게 되었습니다.
   🏷 I am really sorry, but… | 매우 미안하지만, …

7. **Can I postpone our arrangement for a month from t oday?**
   우리의 면담을 한 달 후로 연기해도 괜찮을까요?
   🏷 Can I postpone… | 제가 …를 연기할 수 있나요?

8. **There is an unexpected problem at our company, so I must deal with it.**
   우리 회사에 예기치 못한 문제가 발생하게 되어 처리를 해야 합니다.

9. **I am sorry, but I have to change the date of our appointment.**
   죄송합니다만, 우리의 약속 날짜를 변경해야 할 것 같습니다.

10. **I have to delay the appointment due to an unexpected matter.**
    예기치 못한 문제 때문에 약속을 미뤄야 할 것 같습니다.
    🏷 I have to delay…due to… | …로 …를 미뤄야 한다.

11. **The company unexpectedly sent me to New York on business.**
    회사가 돌연 저를 뉴욕으로 출장을 보냈습니다.

12. **I think next Monday will be more convenient for both of us.**
    다음 주 월요일이 우리 양측에게 보다 편리할 듯합니다.

13. **Can I rearrange our meeting for next Monday? I will go on a business trip this week.**
    미팅을 다음 주 월요일로 재조정해도 괜찮을까요? 이번 주에 제가 출장을 가게 되었습니다.

14. **I have to ask you to change our appointment due to some personal reasons.**
    몇 가지 개인적인 이유로 우리의 약속 날짜 변경을 요청하고자 합니다.

15. **I want to know if I can postpone our arrangement until next Tuesday.**
    우리의 약속을 다음 주 화요일로 미뤄도 괜찮을지 여쭤보려고 합니다.

16. **I want to change the date to July 12 at 16:00.**
    저는 7월 12일 오후 4시로 변경하면 좋겠습니다.

17. **Please let me know soon if the rearranged time is convenient for you.**
    재조정된 시간이 괜찮으신지 최대한 빨리 알려 주시기 바랍니다.

18. **If you are not available at this time, please let me know by phone or e-mail.**
    이 시간이 힘드실 것 같으시다면 전화나 메일로 알려 주시기 바랍니다.

19. **Please forgive me for the inconvenience this may cause.**
    이로 인해 초래된 불편에 대해 양해 부탁드립니다.

20. **I hope this time rearrangement will not cause any inconvenience.**
    이번 재조정이 당신께 큰 불편을 초래하지 않았길 바랍니다.

sample 1

Dear Mr. Smithers,

I am sorry to tell you that I have an urgent family matter to deal with, so I am afraid our meeting can't go ahead as scheduled. Can I postpone it for a month from today, same place?

I hope you'll understand, and I look forward to hearing from you soon.

Sincerely yours,

Johnny Rep

Smithers 씨,

제가 급하게 처리해야 할 가족 문제가 발생하여 예정대로 우리의 미팅을 진행할 수 없게 되었음을 알려 드리게 되어 진심으로 죄송합니다. 미팅을 한 달 뒤 같은 장소로 연기해도 괜찮을까요?

이해해 주시길 바라며 회신 기다리도록 하겠습니다.

Johnny Rep

sample 2

File 82

Dear Mr. Van Basten,

I have an urgent meeting on August 25, so I would like to know if I can postpone our arrangement until 5:00 pm, August 26, same place. If this time is not convenient for you, please suggest an alternative time and place that would be convenient to you.

Sincerely yours,

Archie Gemmell

Van Basten 씨,

8월 25일에 제가 급한 미팅이 생기게 되어 우리의 약속을 8월 26일 오후 5시에 같은 장소로 미룰 수 있을지 여쭙고자 합니다. 만약 이 시간이 힘드시다면 당신이 편한 시간과 장소를 말씀해 주시기 바랍니다.

Archie Gemmell

sample 3

Dear Mr. Bookman,

I am afraid the appointment we have set for July 5 will have to be changed due to personal health reasons.

I have been put under medical observation by doctors at the hospital, so I need to change the time and date. How about 16:00 on July 12? If you are not available at that time, please let me know by phone or e-mail soon.

Sincerely yours,

Jean Taylor

Bookman 씨,

본래 7월 5일에 뵙기로 했던 미팅을 개인 건강 문제로 변경해야 할 것 같아 유감입니다.

제가 당분간 병원에서 건강 검사를 실시해야 하기 때문에 시간과 날짜를 변경할 필요가 있습니다. 7월 12일 오후 4시에 괜찮으실까요? 만약 그때 힘드실 것 같으시다면 전화나 메일로 말씀해 주시기 바랍니다.

Jean Taylor

11 호텔, 교통 배정 요청

주요 목적:
회담의 시간 및 장소가 변경되었음을 알린다.

작문 요점:
먼저 **자신이 출장을 가게 되었음을 설명**하고 새로운 환경에 익숙하지 못하니 **호텔 및 교통편 안내를 당부**하며 마지막으로 **그에 대한 감사의 표현을 전달**하고 빨리 만나 뵙길 기대한다는 마음을 전하며 마무리한다. 이런 메일은 일종의 부탁이기에 글을 작성할 때는 반드시 간곡하고 정중한 말투를 사용하며 감사의 뜻을 전하도록 하자.

만능 활용 영어 작문 패턴

1. **I will arrive in your city on Sunday morning.**
   저는 일요일 아침에 당신의 도시에 도착할 것입니다.

2. **I will go to your city on business.**
   저는 당신의 도시로 출장을 가게 되었습니다.

3. **I was assigned to visit your factory next Monday.**
   다음 주 월요일에 당신의 회사로 파견되었습니다.
   🏷 I was assigned to… | 나는 …로 파견되었다.

4. **I will go to New York to sign the contract with you.**
   저는 뉴욕으로 가서 당신과 계약을 체결하게 될 것입니다.

5. **I've never been to New York.** 저는 뉴욕에 가 본 적이 없습니다.
   🏷 I've never been to… | 나는 …에 가 본 적이 없다.

6. **New York is an unfamiliar city to me.**
   뉴욕은 제게 친숙하지 않은 도시입니다.

7. **I know nothing about it.** 저는 그에 대해 아는 것이 하나도 없습니다.
   🏷 I know nothing about… | 나는 …에 대해 아무것도 모른다.

8. **I am not familiar with your city.**
   저는 당신의 도시가 낯섭니다.

9. **Can you help book a room for me?**
   제게 방을 예약해 주실 수 있으실까요?
   🏷 Can you help book… | …예약을 도와주실 수 있겠습니까?

10. **Would you be able to reserve a hotel for me?**
    제게 호텔을 예약해 주실 수 있으실까요?

11. **I would appreciate it very much if you could reserve a hotel for me.**
    제게 호텔을 예약해 주실 수 있다면 대단히 감사하겠습니다.

12. **I need you to book a room for me.**
    제게 방을 하나 예약해 주셨으면 합니다.

13. **I hope you can book one room for me in advance in your city.**
    당신의 도시에서 방을 하나 예약해 주실 수 있길 바랍니다.

14. **Please tell me how to get there from the railway station.**
    기차역에서 그곳으로 어떻게 가는지 말씀해 주시길 바랍니다.

15. **Could you send someone to pick me up at the airport?**
    공항에서 저를 데리러 오실 분을 보내 주실 수 있을까요?

16. **It is my first visit, so I would like you or someone who represents you to meet me at the airport.**
    제 첫 방문이니 당신이 공항으로 마중 나와 주시거나 다른 사람을 보내 주실 수 있길 바랍니다.

17. **Please write a letter to tell me which kind of transportation I can take to get to the hotel.**
    제가 무엇을 타고 호텔로 가야 하는지 메일로 보내 주시길 바랍니다.

18. **Can you pick me up at the airport at that time?**
    그때 공항으로 저를 데리러 와 주실 수 있을까요?
    ● Can you pick me up… | …에서 저를 데리러 와 줄 수 있나요?

19. **Thank you for this huge favor!** 부탁을 들어주셔서 감사합니다.

20. **I would appreciate it very much if you could do me a favor.**
    제 부탁을 들어주신다면 정말 감사하겠습니다.

sample 1　　　　　　　　　　　　　　　　　　　　　　　　　　　　File 83

Dear Mr. White,

I am very pleased to tell you that my company has assigned me to visit your factory next Monday. I've never been to your city and therefore know nothing about it. I want to know if you could give me a little help. Could you book a room for me in advance and pick me up when I arrive at the airport?

I would appreciate it if you could do me this favor.

Sincerely yours,

Ross Jack

White 씨,

다음 주 월요일에 당신의 공장으로 파견가게 되었음을 알려 드리게 되어 진심으로 기쁩니다. 저는 당신의 도시에 한 번도 가본 적이 없으며 그에 대해 아무것도 알지 못합니다. 이에 제게 도움을 조금 주실 수 있으신가 여쭙고자 합니다. 제가 묵을 방을 예약해 주시고 제가 공항에 도착했을 때 데리러 와 주실 수 있을까요?

부탁을 들어주신다면 대단히 감사하겠습니다.

Ross Jack

sample 2

Dear Mr. Johnson,

The new trade agreement between our two companies will be signed next Monday. I will arrive in your city tomorrow around 7:00 pm. Due to the short notice, it will be difficult for me to find a hotel, and I am not familiar with your city, so I want you to do me a favor. I would appreciate it if you could book a hotel for me and tell me how to get there from the railway station.

Thank you for this huge favor.

Sincerely yours,

Craig Whyte

Johnson 씨,

우리와 당신 양측 간의 새 무역 계약이 다음 주 월요일에 체결될 것입니다. 저는 당신의 도시에 내일 오후 약 7시쯤 도착할 것입니다. 시간이 긴박해 당신의 도시에서 호텔을 찾기가 쉽지 않고 제게는 그 도시가 매우 낯섭니다. 이에 제 부탁을 조금 들어주셨으면 합니다. 저를 위해 호텔을 예약해 주시고 기차역에서 그곳으로 어떻게 가는지 말씀해 주신다면 대단히 감사하겠습니다.

부탁을 들어주셔서 대단히 감사합니다.

Craig Whyte

sample 3

Dear Mr. Sam,

We have decided to pay a visit to your office to discuss our cooperation on June 21, 2019. We are not familiar with your city since we have never been there before, therefore we have a request. Could you be so kind as to arrange a hotel which is not far from your office for us? Also, could you send a car to pick us up at the airport?

It would be greatly appreciated if you could do us this favor.

Sincerely yours,

Mike Lin

Sam 씨,

2019년 6월 21일에 우리는 당신과 우리의 협력 방안에 대해 논의하고자 당신의 사무실에 방문하기로 했습니다. 그러나 우리는 당신의 도시에 한 번도 가 본 적이 없기에 그곳에 대해 친숙하지 못합니다. 이에 부탁을 조금 드리고자 합니다. 당신의 사무실로부터 멀지 않은 곳에 우리가 묵을 호텔을 예약해 주실 수 있을까요? 그리고 공항에서 우리를 데려가 줄 차량을 준비해 주실 수 있을까요?

부탁을 들어주신다면 대단히 감사하겠습니다.

Mike Lin

sample 4

Dear Mr. Collins,

I'm very pleased that we have finally reached an agreement on the contract, and I'm planning to visit your office to officially sign the contract. As this is the first time I have traveled abroad, and your city is totally new to me I'm wondering whether you can book a hotel for me. It would also be appreciated if you could pick us up from the airport.

I'd be extremely grateful if you could do me this favor.

I look forward to hearing from you soon.

Yours sincerely,

Luke Yang

Collins 씨,

마침내 양측이 모두 계약서에 합의하기로 하여 대단히 기쁘고, 저는 본 계약을 정식으로 계약을 체결하기 위해 귀하의 사무실을 방문할 예정입니다. 제가 해외를 방문하는 것이 이번이 처음이기에 귀하의 도시는 저에게 완전히 생소합니다. 그래서 저는 귀하께서 저를 위해 호텔을 예약해 주실 수 있으신지 궁금합니다. 또한 공항으로 저희를 마중 나와 주실 수 있으시다면 진심으로 감사드리겠습니다.

제 부탁을 들어주실 수 있으시다면 정말 고맙겠습니다.

회신 기다리겠습니다.

Luke Yang

12 호텔, 교통 배정 요청 회신

주요 목적 :

상대방에게 호텔, 교통에 관해 처리한 내용을 알린다.

작문 요점 :

요청에 대한 회신을 작성할 때는 **반드시 상대방에게 요청을 받아서 기쁘다는 마음**을 표시하도록 하며 그다음은 **요청에 대해서 처리한 구체적인 내용을 상대방에게 설명**한다. 마지막으로 상대방을 만나고 싶어 하는 기대감을 표시하며 글을 마무리한다.

글을 작성할 때는 반드시 자연스러운 어휘와 진지한 말투를 사용해 자신의 열정을 상대방이 느낄 수 있도록 해야 한다.

만능 활용 영어 작문 패턴

1. **I am glad to hear that you will visit our city. I will have everything worked out.**
   당신이 우리 도시에 방문한다는 소식을 들으니 기쁩니다. 제가 모든 사항을 준비할 것입니다.

2. **Rest assured that I will arrange everything for you.**
   당신을 위해 모든 것을 준비할 테니 안심하세요.
   🏷 Rest assured that… | …할 테니 안심해.

3. **I just received your letter, I have arranged everything for you.**
   방금 당신의 메일을 받고 모든 것을 준비했습니다.

4. **Rest assured, we have taken care of everything.**
우리가 모든 것을 준비해 드릴 테니 염려 마시길 바랍니다.

5. **Everything has been arranged according to your requirements.**
당신이 요청하신 대로 모든 것을 준비해 두었습니다.

6. **We have booked you a room in your favorite hotel.**
당신이 가장 좋아하시는 호텔에 방을 예약해 두었습니다.

7. **What kind of room do you require, a single room or a double room?**
싱글룸과 더블룸 중 어떤 방으로 예약을 하길 원하십니까?

8. **It's our honor to book a hotel for you.**
당신께 호텔을 예약해 드릴 수 있어서 영광입니다.

9. **We have booked one room for you.**
당신의 방을 예약해 두었습니다.

10. **We are planning to give you a welcome dinner at the finest hotel.**
가장 좋은 호텔에서 당신의 환영 만찬을 준비하고자 합니다.

11. **We will book one room at the finest hotel as you requested.**
요청하신 대로 가장 좋은 호텔에 방을 예약해 두겠습니다.

12. **We have reserved a double room. We hope you will be satisfied with this.**
더블룸을 예약해 두었으니 만족하시길 바랍니다.

13. **You can take a taxi to the ABC Hotel.**
택시를 타고 ABC 호텔로 오시면 됩니다.

14. **We will send a car to meet you at the airport.**
공항으로 당신을 마중 나갈 차를 보내도록 하겠습니다.

15. **Our chairman said he will pick you up personally.**
우리 회장님께서 직접 마중 나가시겠다고 하셨습니다.

16. **I will send my assistant to meet you at the station.**
당신을 맞이하도록 제 조수를 역으로 보내겠습니다.

17. **You can take bus 215 there.**
그곳에서 215번 버스를 타시면 됩니다.

18. You can take the shuttle bus to the ABC Hotel.
셔틀버스를 타시고 ABC 호텔로 오시면 됩니다.

19. When you arrive, please contact me and I will go there to pick you up.
도착하셔서 우리에게 연락 주시면 제가 마중 나가도록 하겠습니다.

20. I believe you will be satisfied with our arrangements.
우리의 준비에 만족하실 것이라 믿습니다.

sample 1

File 84

Dear Ms. Ginny,

I am very pleased that you will visit our company next Monday. Please be assured that I have booked a room for you, and I will pick you up at the airport on that day.

I look forward to seeing you soon.

Sincerely yours,

Barry Glendenning

Ginny 씨,

다음 주 월요일에 우리 회사에 방문해 주신다니 진심으로 기쁩니다. 당신을 위해 방을 예약해 두었으며 그날 제가 공항으로 당신을 데리러 갈 테니 안심하세요.

빨리 뵙게 되길 기대합니다.

Barry Glendenning

sample 2

Dear Mr. Lawrence,

I was delighted to receive your letter dated August 25. You need not worry about anything.

We have booked one room for you at the finest hotel and we will organize a welcome dinner for you there. Furthermore, our chairman said he will pick you up at the station, from which you can see how much he values you.

I hope our contract can be signed successfully.

Yours sincerely,

Scott Walker

Lawrence 씨,

8월 25일에 보내 주신 메일을 받게 되어 대단히 기쁩니다. 선생님께서는 아무것도 걱정하지 않으셔도 됩니다.

우리는 가장 좋은 호텔에 선생님의 방을 예약해 두었으며 그곳에서의 저녁 식사도 준비해 두었습니다. 그뿐만 아니라 우리 회장님께서 기차역으로 선생님을 마중 나가실 것이라 말씀하셨는데, 회장님께서 선생님을 얼마나 귀한 사람으로 여기고 계시는지 알 수 있습니다.

양측의 계약이 순조롭게 체결되길 바랍니다.

Scott Walker

sample 3

Dear Mr. Bobbin,

We are prepared for your arrival on July 8. Please be assured that we will organize everything necessary for you in advance. We will send a representative from our company to the airport to pick you up and take you to the hotel nearby, which we have already booked for you.

We look forward to meeting you soon.

Yours sincerely,

Scott Walker

Bobbin 씨,

우리는 7월 8일에 선생님께서 방문하시는 것에 대해 이미 준비해 두었습니다. 사전에 필요한 모든 것을 준비해 둘 것이니 염려 마시길 바랍니다. 공항으로 당신을 마중 나갈 사람을 보낼 것이며 예약해 드린 근처 호텔로 모시도록 하겠습니다.

곧 만나 뵙게 되길 기대합니다.

Scott Walker

13 출장 후 감사 표현

주요 목적:
출장을 마치고 상대방의 환송에 감사의 표현을 전달한다.

작문 요점:
먼저 상대방에게 감사의 뜻을 전하고 구체적인 상황과 내용을 언급한다. 절대로 무엇에 대해 감사하는지도 모르는 무미건조한 감사 인사가 되지 않게 주의한다. 이어서 상대방이 제공한 도움이 자신에게 어떻게 도움이 되었는지 간단하게 설명한다. 마지막으로 다시 한번 감사의 뜻을 전하고 향후에 보답하고자 하는 자신의 의향을 나타내며 축복의 메시지로 글을 마무리한다.

글을 쓸 때는 반드시 성의 있고 진실하게 작성한다. 과한 포장이나 인사치레는 삼가도록 한다. 감사 표현은 반드시 시기적절하게 보내어 상대방이 자신의 마음을 느낄 수 있도록 한다.

만능 활용 영어 작문 패턴

1. **I have returned to my home city, and this letter is to show my thanks to you.**
   저는 방금 도시로 돌아왔으며 이 메일은 당신께 감사 인사를 전하기 위함입니다.

2. **Thank you for the kindness you showed during my business trip.**
   출장 기간 동안 제게 베푸신 호의에 대해 감사의 말씀 전합니다.

3. **Many thanks for booking the room for me.**
   제 방을 예약해 주셔서 감사합니다.

4. **I appreciate all the time you spent taking me around your factory.**

제게 당신의 공장을 참관시켜 주시려고 시간을 할애해 주셔서 매우 감사합니다.

5. **I am really grateful to you for showing me around your city.**
   당신의 도시를 구경시켜 주셔서 매우 감사합니다.
   🔖 I am really grateful to you for… | …해 주셔서 매우 감사합니다.

6. **I am writing to thank you for your warm hospitality during my trip.**
   출장 중 환대에 감사드리려고 편지를 씁니다.

7. **I don't know how to thank you enough for all you have done for me during my trip to your city Chicago.**
   제가 시카고로 출장을 간 동안 제게 해 주신 모든 것에 대해 어떻게 감사의 말씀을 전해야 할지 모르겠습니다.

8. **No words can express my appreciation for you.**
   어떤 말로도 제 감사의 마음을 전할 수가 없습니다.
   🔖 No words can express… | 어떤 말로도 …를 표현할 수 없다.

9. **Mere words can't express my thanks to you for the trouble you went to taking care of me during this visit.**
   방문한 기간 동안 저를 보살펴 주신 것에 대해 어떤 말로도 제 감사의 마음을 표현할 수가 없습니다.
   🔖 Mere words can't express… | 어떠한 말로도 …를 표현할 수가 없다.

10. **You were the warmest and most meticulous person I met during my trip.**
    당신은 제 출장 기간 중 뵌 분들 중 가장 열정적이시고 섬세한 분이셨습니다.

11. **You were the most helpful person I met during my business trip.**
    당신은 제 출장 기간 중 가장 도움이 되신 분이십니다.

12. **Thanks for taking good care of me.**
    저를 잘 보살펴 주셔서 감사합니다.

13. **It's your hospitality that made my trip very enjoyable.**
    당신의 환대로 제 출장이 매우 즐거웠습니다.

14. **Without your help, my trip wouldn't have been so successful.**
    당신의 도움이 없었다면 제 출장이 이렇게 순조롭지는 못했을 것입니다.

15. **Through this letter I want to thank you for helping me to arrange the schedule.**
    이 메일을 통해 제 일정 조정을 도와주신 것에 대한 감사의 말씀을 전하고자 합니다.

16. With your help, I accomplished much from this business trip.

    당신의 도움으로 제가 출장에서 얻은 것이 많습니다.

    🏷 With your help, I… | 당신의 도움 덕에 나는…

17. I think this trip was most interesting because of your company.

    당신이 동행해 주셔서 이 출장이 매우 즐거웠던 것 같습니다.

18. I look forward to having the opportunity to thank you in person in the future.

    미래에 당신께 감사의 마음을 전할 기회가 있길 기대합니다.

19. I shall have the opportunity to repay your hospitality you showed me during this time.

    향후에 이번 기간 동안 당신이 제게 보여 준 환대에 보답할 기회가 있길 바랍니다.

20. The room you booked for me was very comfortable. Thank you!

    당신이 예약해 주신 방은 매우 편안했습니다. 감사합니다.

sample1

Dear Mr. Honigstein,

I have returned to my city, and I am writing to thank you for the warm hospitality you showed me during my trip.

During this period, you showed me around your factory and clearly explained to me your production process, which led to me gaining a better understanding of your products. In the final two days, you also provided me with the opportunity to see your city Chicago, which left a deep impression on me. Your hospitality made my trip very successful and enjoyable. I sincerely hope that we may have the opportunity to cooperate with each other in the future.

Thank you again for your wonderful hospitality, and I honestly wish you the very best in the future.

Yours sincerely,

Paulo Bandini

Honigstein 씨,

저는 방금 제 도시로 돌아왔으며 제 출장 기간 동안 당신이 제게 해 주신 환대에 감사의 말씀을 전하고자 합니다.

이 기간에 당신은 제게 당신의 공장을 참관시켜 주시고 생산 과정도 상세히 설명해 주셨습니다. 이는 제게 당신의 제품을 보다 더 잘 이해할 기회가 되었습니다. 마지막 이틀 동안은 당신이 당신의 도시인 시카고를 구경시켜 주셨으며 이는 제게 큰 인상을 남겼습니다. 당신의 환대 덕분에 매우 성공적이고 즐거운 출장이 되었습니다. 향후에 당신과 우리 양측이 협력할 기회가 있길 진심으로 바랍니다.

다시 한번 당신의 환대에 감사의 말씀 전하며 밝은 미래가 있으시길 바랍니다.

Paulo Bandini

sample 2

Dear Mr. Auclair,

I really don't know how to thank you enough for your hospitality during my trip to your city, Chicago.

I sincerely appreciate you for having booked a hotel for me and arranged my scheduled in advance. You are one of the warmest and most meticulous people I've ever met. I hope that you may have a chance to visit to our city before long, so that I shall have the opportunity to repay your hospitality.

Once again, I'd like to express my gratitude to you and look forward to seeing you again in the future.

Yours sincerely,

Greg Bakowski

Auclair 씨,

당신의 도시 시카고로 출장을 간 동안에 보여 주신 당신의 환대에 어떻게 감사의 말씀을 전해야 할지 모르겠습니다.

사전에 저를 위해 호텔을 예약해 주시고 일정을 준비해 주신 것에 대해 진심으로 감사합니다. 당신은 제가 만나 뵌 분 중 가장 따뜻하고 세심한 분이십니다. 가까운 미래에 제가 당신의 환대에 보답할 수 있도록 당신이 우리 도시에 방문하실 기회가 있으시길 바랍니다.

다시 한번 제 감사의 마음을 전하는 바이며 또 뵙길 기대합니다.

Greg Bakowski

sample 3

File 85

Dear Mr. Schaerlaeckens,

It was a great pleasure to have met you and reached an agreement regarding our business.

I really appreciate your wonderful hospitality during my visit. The advanced equipment and high-quality products produced in your factory have left a deep impression on me. I benefited a lot from your detailed explanation. If there's a chance, I hope that you will visit us in Korea in the future.

Best regards,

Jacob Steinberg

Schaerlaeckens 씨,

당신을 뵙고 사업과 관련해 의견 합의를 볼 수 있게 되어 대단히 영광이었습니다.

방문한 기간 당신의 열정적인 환대에 진심으로 감사합니다. 당신의 공장에서 제조하는 최첨단 장비와 고품질의 제품들은 제게 깊은 인상을 남겼습니다. 또한 당신의 자세한 설명은 제게 큰 도움이 되었습니다. 기회가 되신다면 향후 우리 한국에도 방문해 주실 수 있길 바랍니다.

Jacob Steinberg

sample 4

Dear Mr. Duarte,

Thank you for the kindness and hospitality you extended to me during my visit to your company. It was a wonderful trip for me.

Also, your new type of products really interest me. I'm sure that these products have strong market prospects. We will contact you again after we carefully consider their potential in our local market. I also hope that you will have a chance to visit us in the future.

Yours sincerely,

Paul Doyle

Duarte 씨,

당신을 방문하는 동안 제게 베풀어 주신 환대와 친절함에 진심으로 감사의 말씀 전합니다. 매우 즐거운 여행이었습니다.

또한 당신의 새로운 제품은 저의 큰 관심을 끌었습니다. 이 제품들은 향후 시장 전망이 매우 좋을 것이라 확신합니다. 우리 지역 시장에서의 잠재력에 대한 상의를 거친 후 다시 연락드리겠습니다. 또한 미래에 당신도 우리 쪽으로 방문해 주실 기회가 있으시길 바랍니다.

Paul Doyle

14 축하 편지

주요 목적:

수신인에게 어떤 사건에 대한 축하의 뜻을 전한다.

작문 요점:

축하 편지는 자주 쓰이는 편지 형식 중 하나이다. 먼저 축하 편지는 **간단명료하게** 쓴다. **축하 대상, 축하 이유를 명시한다.** 축하 편지를 작성할 때는 반드시 정도에 주의해야 한다. **상대방의 공헌 및 칭찬에 대한 서술은 적당**해야 한다. 너무 과장된 어휘를 선택하면 오히려 상대방을 풍자하는 것으로 들릴 수 있고, 너무 겸손한 어휘는 오히려 상대방의 성과를 깎아내리는 것으로 들릴 수 있다. 편지의 마지막에서는 **자신이 소식을 듣게 되어 기쁜 마음**을 전한다. 자신의 열렬한 축하 메시지를 전하되 진실하고 성의 있는 말투를 쓰도록 하자. 축하 편지는 반드시 적절한 시기에 발송한다. 너무 늦으면 예의에 어긋나 보일 수 있으니 가능한 한 축하할 사건이 발생한 2~3일 이내에 보낼 수 있도록 하자.

만능 활용 영어 작문 패턴

1. **I've heard your new branch has opened. Congratulations!**
   당신의 새 지사가 설립되었다고 들었습니다. 축하드립니다.

2. **Congratulations on your company's 20th anniversary!**
   당신 회사의 설립 20주년을 축하드립니다.

3. **I hope everything goes smoothly in your new company.**
   당신의 새로운 회사의 모든 일이 순조롭길 바랍니다.
   🏷 I hope everything goes smoothly in… | …의 모든 것이 순조롭길 바란다.

4. **I hope that your new company has a bright future.**
   당신의 새 회사에 밝은 미래가 있길 바랍니다.

5. **I wish for a bright future for your company.**
   당신 회사의 미래가 밝길 바랍니다.

6. **I hope your company will flourish.**
   당신의 회사가 번창하시길 바랍니다.

7. **Congratulations on the achievements you've made!**
   당신이 이뤄 내신 성과를 축하드립니다.

8. **I want to express my warmest congratulations through this letter.**
   이 편지로 저의 신실한 축하의 마음을 전하고자 합니다.

9. **I wish you a long and happy marriage!**
   길고 아름다운 결혼 생활이 되시길 바랍니다.

10. **Please accept my most sincere wishes.**
    저의 신실한 축복을 받아 주시길 바랍니다.

11. **May you grow old with each other!**
    백년해로하시길 바랍니다.

12. **Congratulations on your upcoming wedding!**
    즐거운 신혼 생활이 되시길 바랍니다.

13. **Congratulations on your promotion!**
    승진 축하드립니다.
    ❥ Congratulations on… | …를 축하한다.

14. **I hope you can have great success!**
    큰 성공을 거두시길 바랍니다.

15. **Congratulations on your promotion to your dream position!**
    당신이 바라시던 직위로 승진하신 것을 축하드립니다.

16. **We are planning to celebrate the realization of your dream.**
    당신의 꿈을 이루신 것에 대해 축하할 계획입니다.
    ❥ We are planning to… | 우리는 …할 계획이다.

17. **Please accept my warmest congratulations on your promotion.**
    당신의 승진에 대한 저의 진실한 축하의 마음을 받아 주시길 바랍니다.

18. **Congratulations on your promotion to the position of director in the Planning Department!**
    기획부서 주임으로 승진하신 것을 축하드립니다.

19. **Your efforts finally paid off.**
    당신의 노력이 드디어 열매를 맺었습니다.

20. **All your hard work has not gone unnoticed.**
    당신의 노고가 헛되지 않았습니다.

sample 1

File 86

Dear Mr. Pinto,

From today's newspaper I learned that your new branch has opened in Los Angeles. Congratulations!

I believe your new branch will have great success in the near future. I also hope our trade co-operation will progress smoothly.

Sincerely yours,

Rob Smyth
Chairman
ABC Corporation

Pinto 씨,

오늘 신문에서 당신의 새 지사가 Los Angeles에 설립되었음을 알게 되었습니다. 축하드립니다.

가까운 미래에 당신의 새 지사가 큰 성과를 이뤄 낼 것이라 믿습니다. 또한 우리 양측의 무역 협력이 순조롭길 바랍니다.

ABC 사 회장
Rob Smyth

sample 2

Dear Mr. Zeman,

I take immense pleasure in learning that today is the 20th anniversary of your company's founding. Congratulations on the achievements you've made in the past 20 years, and I hope that you can continue to achieve even more success!

Best regards,

Jonathan Wilson

Zeman 씨,

오늘이 귀사의 설립 20주년임을 알게 되어 대단히 기쁩니다. 지난 20년간 이뤄낸 모든 성과에 대해 축하의 말씀 전합니다. 또한 앞으로도 계속해서 더욱 큰 성공을 이뤄내시길 바랍니다.

Jonathan Wilson

sample 3

Dear Mr. Baresi,

On behalf of ABC Corporation, I'd like to congratulate you on your forthcoming marriage. As a business partner, I am sorry to say that I will be unable to attend your wedding. I have a prior engagement which has already been arranged for that date, so I will not be able to join you on the day.

I hope you have an unforgettable day and have a long and happy marriage ahead.

Sincerely yours,

Michael Cox

Baresi 씨,

ABC 사를 대표해서, 곧 있을 당신의 결혼을 축하드리고 싶습니다. 비즈니스 파트너인 제가 당신의 결혼식에 참석할 수 없을 것을 말씀드려 유감입니다. 이미 그 날짜에 맞춰 마련된 선약이 있어, 그날은 당신과 함께할 수 없을 것입니다.

잊지 못할 하루 보내시고 앞으로 오래오래 행복한 결혼 생활을 하시길 바랍니다.

Michael Cox

sample 4

Dear Mr. Dart,

I'm so glad to hear the news that your company's new product has won the annual innovation award. Congratulations!

It is your talent and excellent leadership that led to the birth of such an outstanding product. I'm sure that this product will dominate the market and continue to be popular among the customers.

I hope that you will achieve even greater accomplishments in the future.

Best regards,

James Richardson

Dart 씨,

당신 회사의 신제품이 올해의 혁신상을 받았다는 뉴스를 듣게 되어 진심으로 기쁩니다. 축하드립니다.

이렇게 훌륭한 제품이 탄생한 것은 모두 당신의 재능과 뛰어난 지도력 덕입니다. 이 제품이 시장을 점유할 것이며 소비자들 사이에서 지속적인 인기를 얻을 것이라 확신합니다.

미래에 훨씬 훌륭한 성과를 이뤄내시길 바랍니다.

James Richardson

sample 5

Dear Mr. Topher,

Congratulations on the opening of your company. It is really wonderful news for me to hear that you have your own company now.

I know that throughout recent years you have expended a lot of effort to establish your own company. It must be greatly gratifying that your dream has finally been realized. I am sure that the company will quickly become very prosperous under your management.

I wish you every success, and please keep in touch.

Best regards,

Paul Steven

Topher 씨,

회사 개업을 진심으로 축하드립니다. 당신이 당신만의 회사를 갖게 됐다는 소식을 듣게 되어 정말 기쁩니다.

최근 몇 년간 당신이 당신 회사를 설립하기 위해 많은 노력을 기울인 것으로 압니다. 마침내 당신의 꿈이 실현 되었다니 분명 기쁘시겠습니다. 당신의 경영으로 회사는 빠르게 번창할 것이라고 확신합니다.

모든 성공을 기원하며, 계속 연락해 주시길 바랍니다.

Paul Steven

15 조문 편지

주요 목적:
유가족에게 조의를 표한다.

작문 요점:
조문 편지는 고인의 유가족에게 쓰는 편지로 자신의 비통한 심정을 전하는 글이다. 먼저 **고인을 잃은 것에 대한 슬픔**을 전하고 고인께서 **생전에 이룬 공헌을 언급**하며 고인에 대한 칭송과 감사의 뜻을 표한다. 말미에 고인께서는 영원히 마음속에 살아 계실 것이라는 등의 유가족을 위한 위로의 말을 전한다.
조문 편지는 간단하고 진실하고 성의 있는 따뜻한 어조로 작성한다. 가능한 한 돌아가신 지 2~3일 이내에 발송하는 것이 조의를 표하는 데 적정하다.

만능 활용 영어 작문 패턴

1. **I was shocked and saddened to learn that your father passed away the day before yesterday.** 부친께서 그저께 돌아가셨다는 소식을 듣게 되어 많이 놀랐습니다.
   - I was shocked to learn that… | …의 소식을 듣게 되어 놀랐다.

2. **I am very sorry to hear of your mother's passing.**
   모친께서 돌아가셨다는 소식을 듣게 되어 매우 유감입니다.

3. **I am deeply distressed to hear the bad news.**
   안 좋은 소식을 접하게 되어 매우 비통합니다.

🏷 I am deeply distressed to hear… | …의 소식을 듣게 되어 많이 비통하다.

4. **The news of your father's death was really saddening.**
   부친께서 돌아가셨다는 소식을 듣고 매우 슬펐습니다.

5. **I am deeply grieved to hear of the passing away of your father.**
   부친께서 돌아가셨다는 소식을 듣게 되어 매우 슬픕니다.
   🏷 I am deeply grieved to hear… | …를 듣게 되어 매우 슬프다.

6. **I was deeply distressed when I heard the news of your father's passing.**
   부친께서 돌아가셨다는 소식을 듣고 매우 비통했습니다.

7. **I have just learned with profound sorrow that your father passed away.**
   부친께서 돌아가셨다는 슬픈 소식을 들었습니다.

8. **I feel deep sorrow regarding his death.** 그의 죽음에 애도를 표하는 바입니다.
   🏷 I feel deep sorrow regarding… | …에 애도를 표하는 바입니다.

9. **No words can express our sympathies to you on losing your father.**
   당신의 부친을 잃은 슬픔은 어떤 말로도 표현이 안될 것입니다.

10. **His death is definitely a great loss to all who knew him.**
    그분을 잃은 것은 우리 모두에게 큰 손실입니다.

11. **I'm writing to express my condolences.**
    애도의 뜻을 표하고자 합니다.

12. **He will never be forgotten.** 그는 영원히 기억될 것입니다.

13. **We will never forget him.** 우리는 모두 그분을 잊지 않을 것입니다.

14. **Your father will live forever in our hearts.**
    부친께서는 영원히 우리의 마음속에 살아 계실 것입니다.
    🏷 …live forever in our hearts. | …는 영원히 우리의 마음속에 살아 있을 것이다.

15. **His spirit will live in our hearts forever.**
    그의 정신은 영원히 우리의 마음속에 살아 있을 것입니다.

16. **Your kind father will remain with us in our hearts.**
    부친께서는 우리의 마음에 영원히 살아 계실 것입니다.

17. Please take care of yourself. 마음을 잘 추스르시길 바랍니다.
> Please take care of… | …를 잘 보살피길 바란다.

18. We hope you will recover from the grief over time.
부디 슬픔에서 빨리 벗어나실 수 있길 바랍니다.

19. If there is anything that I can do to help at this difficult time, please just ask. 이 힘든 기간에 제가 도와드릴 수 있는 것이 있다면 말씀해 주시길 바랍니다.

20. I wish I could do something to comfort you.
무엇으로라도 제가 당신을 위로할 수 있길 바랍니다.

sample 1

File 87

Dear Mary,

I was shocked to hear about the sudden death of your father on August 11, 2019. I'm writing to offer my condolences.

He was not only a dear friend, but also my good business partner. During these years, he made great contributions to our company, and his decisions helped our company meet and overcome many challenges. He was a huge influence on the development of our company. I will remember him forever.

Yours sincerely,

Hakan Mild

Mary 씨,

부친께서 2019년 8월 11일에 돌아가셨다는 소식을 듣게 되어 많이 놀랐습니다. 조의를 표하고자 메일 보냅니다.

부친께서는 저의 좋은 친구였을 뿐만 아니라 좋은 사업 파트너셨습니다. 근 몇 년 동안 고인께서는 우리 회사에 많은 공헌을 해 주셨으며 고인의 결정으로 우리가 많은 어려움을 극복할 수 있었습니다. 고인께서는 우리의 발전에 큰 영향을 미쳤습니다. 저는 고인을 영원히 기억할 것입니다.

Hakan Mild

sample 2

Dear Mr. Reynolds,

It is with great sorrow that I have just learned about the death of your wife. No words can express how sorrowful I feel for your loss. She will be missed for her generosity and kindness. I was greatly touched by her constant care during my own period of illness. I will keep her memory alive deep inside my heart.

With deepest sympathies.

Best regards,

Ted Bundy

Reynolds 씨,

아내를 잃으셨다는 소식을 듣게 되어 매우 비통합니다. 당신께 닥친 이 슬픔은 어떤 말로도 표현할 수가 없을 것입니다. 그녀의 관대함과 친절함은 영원히 그리워질 것입니다. 저의 투병 기간 동안 그녀가 해 주신 보살핌에 크게 감동했습니다. 그녀를 가슴 속에 영원히 기억하겠습니다.

조의를 표합니다.

Ted Bundy

sample 3

Dear Mr. Smith,

We were distressed to hear the news that your father died yesterday. Please accept our heartfelt condolences.

In order for you to have enough time to make funeral arrangements and begin to go through the grieving process, we've decided to give you a month paid leave.

Please convey my heartfelt sympathies to all of your family.

Best regards,

William Unek

> Smith 씨,
>
> 어제 당신의 부친께서 돌아가셨다는 소식을 듣고 괴로웠습니다. 우리의 진심 어린 조의를 받아 주시길 바랍니다.
>
> 부친의 장례식 준비 및 심정을 다스릴 충분한 시간을 드리기 위해 당신께 한 달간의 유급 휴가를 드리기로 했습니다.
>
> 당신의 가족들에게 깊은 조의를 표하는 바입니다.
>
> William Unek

16 감사 편지

주요 목적:
상대방이 베푼 은혜에 감사의 마음을 전한다.

작문 요점:
감사 편지는 감사의 마음을 전하는 것이 목적임을 직접적으로 드러내야 한다. 그다음 **감사하는 이유를 간단하게 설명**한 뒤 **상대방의 도움이 자신에게 어떻게 작용했지 설명**한다. 마지막으로 다시 한번 감사의 뜻을 표하며 필요에 따라 선물을 준비하는 등 실질적인 보답을 해도 좋다.
감사 편지를 작성할 때는 반드시 진지한 말투를 사용하고 상대방에게 반감을 살 수 있는 과한 포장이나 화려한 수식은 최소화한다. 감사 편지는 시기를 놓치지 않고 전달하는 것이 중요하다.

만능 활용 영어 작문 패턴

1. **On behalf of our company, I extend our appreciation to you for your letter.**
   회사를 대표해서, 당신이 보내 주신 메일에 대해 감사를 표합니다.

2. **Many thanks for your help.**
   도와주셔서 대단히 감사합니다.

3. **Please accept my heartfelt thanks to you for your guidance with regards to my work.** 제 업무를 지도해 주셔서 대단히 감사합니다.

4. **Thank you very much for your inquiry.**
문의해 주셔서 감사합니다.

5. **I am writing to express my sincere thanks for your advice.**
당신의 조언에 진심으로 감사의 말씀을 전합니다.

6. **Thank you for your kindness during my illness.**
제 투병 기간 동안 보살펴 주셔서 대단히 감사합니다.

7. **I'm particularly grateful to you for your warm hospitality.**
특히 당신의 따뜻한 환대에 감사합니다.

8. **Many thanks for your hospitality.**
당신의 환대에 진심으로 감사합니다.

9. **Many thanks to you for being our guest.**
우리 손님이 되어 주셔서 대단히 감사합니다.

10. **I do appreciate you for your trust in us through the years.**
지난 세월 우리를 신임해 주셔서 정말 감사합니다.
🏷 I do appreciate… | …에 정말 감사하다.

11. **Thank you for your interest in our firm.**
우리 회사에 관심을 가져 주셔서 감사합니다.

12. **Please convey my thanks to your colleagues.**
동료분들께 감사의 말씀 전해 주시길 바랍니다.
🏷 Please convey my thanks to… | …에게 감사 인사 전해 줘.

13. **This fine present is for you as a token of my appreciation.**
이는 제 감사의 마음을 담은 작은 선물입니다.

14. **I thank you for your beautiful present.**
귀한 선물 보내 주셔서 감사합니다.

15. **This is the first gift I have received this year.**
이는 제가 올해 받은 첫 선물입니다.

16. **This is one of the most precious presents I received on Christmas Day.**
이것은 제가 크리스마스에 받은 가장 소중한 선물 중 하나입니다.

17. Without your help, I would never have been as successful.
당신의 도움 없이 저는 성공하지 못했을 것입니다.

🔖 Without your help, I would… | 당신의 도움 없이 나는 …했을 것이다.

18. This present is to thank you for your help.
이것은 당신의 도움에 감사드리는 선물입니다.

19. This present is for you, please accept it.   이것은 작은 선물이니 받아 주시길 바랍니다.

20. Please accept my best regards.   제 신실한 축복을 받아 주시길 바랍니다.

sample 1

Dear Professor Farnsworth,

I am writing to express my sincere gratitude for the advice and support you have given me to help me get this job. If it had not been for your recommendation letter, it would have been more difficult for me to be selected for such a dream job.

I will never forget your meticulous care and help to me during the past four years. You really are a great professor. I did not know how to thank you, so I have sent a small present as a token of my appreciation.

All the best!

Sincerely yours,

Allen Jones

Farnsworth 교수님,

제가 구직하는 데에 해 주신 조언과 지원에 진정한 감사를 표하고자 씁니다. 교수님의 추천서가 없었더라면, 제가 이런 꿈의 직장에 채용되기가 더 힘들었을 것입니다.

저를 보살펴 주시고 제게 관심을 가져 주신 지난 4년을 저는 절대로 잊지 못할 것입니다. 교수님께서는 정말로 훌륭하신 교수님이십니다. 어떻게 감사를 드려야 할지 몰라 감사의 표시로 작은 선물을 보냈습니다.

모든 것이 잘되시길 바랍니다!

Allen Jones

sample 2

Dear Johnson,

On behalf of the ABC Company, I would like to extend our most heartfelt appreciation to you for training our staff. During the training session, your advice was very instructive and memorable to us.

You shared your successful experiences with us and gave us useful advice on how to improve work efficiency, which is of immeasurable value to us. Thank you again for your training.

Sincerely yours,

Keith Lasley

Johnson 씨,

ABC 사를 대표해 우리 직원들을 훈련해 주신 것에 대해 진심으로 감사의 말씀 전하는 바입니다. 훈련 기간 동안 당신의 조언은 우리에게 매우 건설적이었으며 많은 도움이 되었습니다.

당신이 우리와 공유해 주신 성공 경험과 어떻게 업무 효율성을 높이는지에 대한 조언들은 우리에게 매우 소중한 조언이 되었습니다. 다시 한번 우리 직원들의 트레이닝을 맡아 주셔서 감사합니다.

Keith Lasley

sample 3

Dear Susan,

Thank you very much for your thoughtful present. This is the first present I have received for New Year. I love it very much, and I will definitely treasure it.

Thank you again, and I wish you a happy holiday!

Sincerely yours,

Sam Brown

Susan 씨,

사려 깊은 선물 정말 감사합니다. 이 선물은 제가 올해에 받은 첫 번째 선물입니다. 저는 이 선물이 무척 마음에 들고 귀중히 여길 것입니다.

다시 한번 감사드리고 즐거운 휴일 보내시길 바랍니다.

Sam Brown

≡ Unit 5　고객 불만 처리

1 배송 지연

주요 목적:
상대방의 배송 지연에 대해 불만을 표출한다.

작문 요점:
배송 지연과 관련한 항의 메일을 보낼 때는 **먼저 배송 지연에 대한 불만을 표출**하도록 하고, 이에 대한 실망감을 드러낸다. 이어 배송 지연에 대해 합당한 해명을 요청하는 등 **요구사항을 명시**한다. 필요에 따라 **상대방에게 배송 지연으로 생긴 손실 등을 설명**할 수도 있다. 마지막으로 상대방에게 최대한 빨리 출고를 해 주길 독촉하며 제품 도착 일정 안내를 요청한다.
글은 냉정하면서도 감정을 절제하여 작성해야 하고, 상대방에게 해명의 기회를 주는 것이 좋다. 본문의 내용은 간단하면서 정확하게, 그리고 직접적으로 자신의 요구를 명시한다.

☁ 만능 활용 영어 작문 패턴

1. **There is one aspect of the service that was not satisfactory.**
   만족스럽지 못한 서비스의 한 측면이 있습니다.

2. **I am writing to complain that I didn't receive the goods until today.**
   오늘까지 제품을 받지 못해 항의하고자 씁니다.
   ▶ I am writing to complain… | …에 대해 항의하고자 쓴다.

3. **Your delivery date was postponed.**
   당신의 배송일이 이미 지났습니다.

4. **Your delivery date has broken the contract stipulations.**
당신의 배송일은 계약 조건을 위반했습니다.

5. **The date of delivery was later than the date stipulated in the contract.**
당신의 배송일은 계약에 명시된 날짜보다 지연되었습니다.

6. **The date of shipment stipulated in the contract was yesterday, but I did not receive the goods until today.**
계약 조항에 따르면 배송일은 어제였습니다만, 오늘까지도 우리는 제품을 받지 못했습니다.

7. **What is the reason that led to the delivery delay?**
배송이 지연되는 이유가 무엇입니까?

8. **We are in dire need of the goods.**
우리는 제품들이 급히 필요합니다.

🏷 …in dire need of… | …는 …를 급히 필요하다.

9. **Why didn't you get the goods dispatched within the stipulated time?**
당신은 왜 정해진 시간 내에 배송을 완료하지 못한 것인가요?

10. **We lost an important client due to your late delivery.**
당신의 배송 지연으로 우리는 중요한 고객 한 분을 잃었습니다.

11. **You are being asked to make compensation for our losses.**
당신은 우리의 손실에 대해 배상해 주셔야 합니다.

12. **You must compensate for all losses caused by the delay in the delivery of the goods.**
당신은 제품 배송 지연으로 초래된 모든 손실에 대해 배상해 주셔야 합니다.

🏷 …compensate for all losses caused by… | …로 인해 초래된 손실을 배상하다.

13. **You must pay the penalties for late delivery.**
당신은 배송 지연으로 인한 벌금을 내셔야 합니다.

14. **If we don't receive the goods within three days, we will not accept them.**
3일 이내에 제품을 받지 못하게 될 경우, 우리는 받지 않도록 하겠습니다.

15. **We will reject the goods and lodge a claim against you because of your late delivery.**
당신의 배송 지연으로 인해 우리는 제품을 거절하며 그에 대한 손해배상을 요구하는 바입니다.

🏷 …lodge a claim against… | …에 손해배상을 요구하다.

16. I hope the delay won't exceed three days.
배송 지연이 3일을 넘지 않길 바랍니다.

17. I hope the delivery won't be postponed for more than one week.
배송이 일주일 이상 지연되지 않길 바랍니다.

18. I hope you can find out the reason and give me an explanation.
당신이 원인을 규명하시고 우리에게 설명해 주시길 바랍니다.

19. If we can't receive the goods before December 15, we will cancel the contract. 제품을 12월 15일 이내에 받지 못하게 될 경우, 우리는 계약을 취소할 것입니다.

20. You must deliver at once and tell us when it will arrive at our company.
우리에게 바로 배송해 주시고 제품이 우리 회사에 언제 도착할지 말씀해 주시길 바랍니다.

sample 1

File 89

Dear Mr. Brydon,

I'm writing to tell you that we haven't received the goods that we have ordered. They should have arrived yesterday.

We want to know the reason for the late delivery, for we are in dire need of the goods. Please give us a detailed time of arrival.

Yours sincerely,

Richard Hofmann

Brydon 씨,

우리가 주문한 제품을 아직 받지 못했음을 말씀드리고자 씁니다. 제품들은 어제 도착했었어야 합니다.

우리가 현재 제품들이 급히 필요하기에, 배송의 지연 원인을 알아야겠습니다. 그리고 제품이 도착하는 정확한 시각을 말씀해 주시길 바랍니다.

Richard Hofmann

sample 2

Dear Mr. Crozier,

We have to tell you that the goods we have ordered were scheduled to arrive yesterday. However, we still haven't received them as of today.

Please note that it is of utmost importance that these goods are delivered within three days. We do hope that you can find the reason for this delay and tell us the exact time of delivery.

Yours sincerely,

Mike Rotch

Crozier 씨,

우리가 주문했던 제품들이 어제 도착해야 했는데 오늘도 우리는 제품을 받지 못했음을 말씀드리고자 합니다.

부디 우리의 배송 기한이 3일을 넘기면 안 된다는 것을 주의해 주시길 바랍니다. 이 배송 지연에 대한 원인을 규명해 주시길 바라며 우리에게 정확한 배송 날짜를 말씀해 주시길 바랍니다.

Mike Rotch

sample 3

Dear Mr. Thomas,

I'm writing to inquire about the delayed arrival of the goods. The goods we have ordered should have arrived this Saturday. But today is Sunday, and we haven't yet received them.

We hope that you can find out the reason for it. We must remind you that if delivery is postponed for more than three days, it will break the terms of the contract.

Yours sincerely,

David Dickinson

Thomas 씨,

제품 배송 지연에 대해 문의하고자 씁니다. 우리가 주문했던 제품은 이번 주 토요일에 도착했어야 합니다. 하지만 일요일이 된 오늘에도 우리는 제품을 받지 못했습니다.

부디 당신이 지연에 대한 원인을 규명해 주시길 바랍니다. 배송 지연이 3일이 넘으면 계약 조항을 위반하는 것임을 다시 한번 상기 시켜 드리는 바입니다.

David Dickinson

sample 4

Dear Mr. Thomas,

I am writing to inform you that we are very disappointed with regards to the delay of our Order No. 456.

According to the agreement, the goods should have arrived at the end of June, but we haven't received them yet. You previously informed us that you shipped the goods on June 12. Do you have any idea why we haven't received them? I hope you can give us an explanation. If the goods don't arrive at our port before July 10, we will not accept them and cancel our contract.

Yours sincerely,

Tim Mallett

Thomas 씨,

우리의 주문번호 456번 주문 배송 지연에 대해 매우 실망했음을 알려 드리고자 씁니다.

계약에 따르면 제품은 6월 말에 도착했어야 합니다. 하지만 우리는 아직도 그것들을 받지 못했습니다. 당신은 사전에 6월 12일에 제품이 출하되었다고 말씀해 주셨습니다. 그런데 왜 우리가 아직도 제품을 받지 못한 것인지 이유를 알고 계실까요? 이에 대해 우리에게 설명해 주시기 바랍니다. 만약 제품들이 7월 10일 전에 우리 항구에 도착하지 못한다면 우리는 그것들을 받을 수 없으며 계약을 취소할 것입니다.

Tim Mallett

sample 5

Dear Mr. Kramer,

This is to inform you that the delay of our Order No. 156 has disappointed us, especially the fact that we have not been given an explanation for the delay.

According to our previous agreement, your goods should have arrived at our port before June 12, but we haven't received them yet. Because of the delay, we have lost agreed business with many important wholesalers. We shall hold you responsible for our losses caused by this.

Please deliver the goods to us as soon as possible. We will not accept them if your delivery arrives later than June 25.

Yours sincerely,

Martin van Nostrand

Kramer 씨,

우리의 156번 주문 배송이 지연된 것과 함께, 특히 배송 지연에 대한 어떠한 설명을 듣지 못한 것에 대해 매우 실망했음을 알려 드리고자 합니다.

이전에 계약서에 따르면 당신의 제품들은 6월 12일 전에 우리 항구에 도착했어야 했으나, 우리는 아직 그것들을 받지 못했습니다. 배송 지연으로 인해 우리는 많은 중요한 도매상들과의 계약을 잃게 되었습니다. 배송 지연이 초래한 손실에 대해 당신께 책임을 묻고자 합니다.

우리의 제품을 최대한 빨리 배송해 주시길 바랍니다. 배송 지연이 6월 25일을 넘으면 우리는 제품을 받지 않을 것입니다.

Martin van Nostrand

2 배송 지연에 대한 사과

주요 목적:

배송이 지연된 것에 대해 상대방에게 사과한다.

작문 요점:

먼저 배송 지연에 대해 상대방에게 사과하고 용서를 구한다. 이어 간략하게 배송 지연 원인을 설명한다. 진지한 태도로 솔직하게 원인을 설명해야 한다. 상대방이 자신이 변명하는 것이라고 느끼지 않도록 주의한다. 만약 상대방이 배상을 요청한 경우 빠르고 적절하게 해결하며, 책임을 전가하지 않아야 한다. 마지막으로 **다시 한번 사죄의 뜻**을 표하며 **다시는 이런 일이 발생하지 않을 것을 약속**하며 글을 마무리한다. 글에는 자신의 협조 의지를 보여야 하며, 부드러운 말투와 성실한 태도로 상대방을 대한다.

만능 활용 영어 작문 패턴

1. **We have received your letter of complaint regarding our delay in shipping.**
   배송 지연에 관한 당신의 항의 메일을 받았습니다.

2. **We are very sorry for the delay.** 배송이 지연되어 매우 죄송합니다.

3. **Through this letter we apologize for the delay.**
   이 메일을 통해 배송지연에 대해 사과드립니다.
   ❥ We apologize for… | …에 대해 사과한다.

4. **Please accept our apologies to you for the late delivery.**
   배송 지연에 대한 사과를 받아 주시길 바랍니다.
   ❥ Please accept our apologies to you for… | …에 대한 사과를 받아 주시길 바랍니다.

5. **We are very sorry for the inconvenience caused by delaying the shipment**
   배송 지연으로 초래된 불편에 대해 매우 죄송합니다.

6. **I am terribly sorry that you lost an important client as a result of our late delivery.**
   배송 지연으로 당신의 중요한 고객을 잃게 된 것에 대해 너무 죄송합니다.

7. **I am terribly sorry for this, but we can't control the weather which is the sole reason for the delay.**
   너무 죄송합니다만, 배송이 지연된 원인인 날씨를 우리도 통제할 수는 없었습니다.

8. **We were forced to change from land transportation to sea transportation, which took more time.**
   우리는 어쩔 수 없이 육상 운송에서 해상 운송으로 변경해야 했기에 시간이 더 많이 걸렸습니다.
   🏷 We were forced to… | 우리는 어쩔 수 없이…

9. **Transferring the shipment delayed the arrival of the goods.**
   중계 운송으로 배송이 지연되었습니다.

10. **The date of delivery was delayed by the bad weather.**
    배송 날짜는 기후 문제로 미뤄졌습니다.
    🏷 The date of…was delayed by… | …의 날짜는 …로 미뤄졌다.

11. **The shipment was postponed due to a sudden storm.**
    배송은 급작스러운 폭풍우로 연기되었습니다.

12. **There was an accident during transportation.**
    운송 중에 사고가 있었습니다.
    🏷 There was an accident during… | …중에 사고가 있었다.

13. **We are responsible for the delay.**
    우리에게 배송 지연에 대한 책임이 있습니다.

14. **Our party is at fault.**
    우리의 잘못입니다.
    🏷 …is / are at fault. | …의 잘못이다.

15. **I sincerely hope you can put yourself in our position and understand the reason for the delay.**
    우리 입장에서 고려해 주시고 배송 지연에 대해 이해해 주실 수 있길 진심으로 바랍니다.

16. **We will compensate you for all losses caused by our late delivery.**
    배송 지연으로 초래된 당신의 모든 손실에 대해 배상하겠습니다.
    🏷 We will compensate you for all losses caused by…
       …로 인해 초래된 당신의 모든 손실을 배상할 것이다.

17. **We will not hesitate to compensate you for any losses directly suffered because of our actions, according to the terms of the contract.**
    계약의 조건에 따라 주저 없이 이로 인한 당신의 모든 손실을 배상하겠습니다.
    🏷 We will not hesitate to… | 우리는 주저 없이 …할 것이다.

18. We will definitely compensate you for losses caused by this.
이것으로 인한 손실은 반드시 배상하겠습니다.

19. We will accept responsibility for losses caused by the delay.
배송 지연으로 인한 손실에 책임질 것입니다.
🔖 We will accept responsibility for… | 우리는 …에 책임질 것이다.

20. We promise to deliver goods on time in future.
앞으로는 제시간에 배송할 것을 약속합니다.
🔖 We promise to… | 우리는 …를 약속한다.

sample 1

Dear Mr. Varnsen,

First, please accept our sincere apologies for the delay in receiving the goods.

The delay was mainly due to severe weather conditions during the delivery. The ship reached port later than scheduled.

We hope that you will forgive us for this delay.

Yours sincerely,

ABC Co., Ltd.

Varnsen 씨,

먼저 배송이 지연된 것에 대한 우리의 진정한 사과를 받아 주시길 바랍니다.

배송이 지연된 주요 원인은 배송 중 기상 상태가 심각했기 때문입니다. 배가 예정보다 늦게 항구에 도착했습니다.

이번 지연에 대해 양해해 주시길 바랍니다.

ABC 사

sample 2

🄌 File 90

Dear Mr. Pennypacker,

We are very sorry for delaying the goods you ordered last week.

The delay mainly arose because some goods were damaged in the process of shipment. We had to exchange them for new ones, and it took some time to produce these new goods.

We hope that you can forgive us for this unintentional mistake.

Yours sincerely,

ACE Co.

Pennypacker 씨.

지난주에 주문해 주신 제품의 배송 지연에 대해 대단히 죄송합니다.

배송 과정 중에 몇몇의 제품이 훼손되어 지연된 것이었습니다. 훼손된 제품에 대해 우리는 새 제품으로 바꿔 드려야 했으며 새 제품들을 생산하기 위해서는 시간이 조금 필요했습니다.

의도치 않은 실수에 대해 양해해 주시길 바랍니다.

ACE 사

sample 3

Dear Mr. Davola,

We apologize for the late delivery of your products.

The delay mainly occurred because of an unexpected power failure during the manufacturing process. This led to a longer than usual production time, which led to the delay.

We hope that you will forgive us for this mistake. We will try our utmost to offer you the best service in future.

Yours truly,

PM Co.

Davola 씨,

당신의 제품 배송 지연에 대해 진심으로 사과드립니다.

제조 과정 중에 예상치 못한 정전 사고로 배송이 지연되게 되었습니다. 이 때문에 생산 기간이 평소보다 더 걸리게 되었으며 이로 인해 배송이 지연된 것입니다.

우리는 당신이 이와 같은 실수를 용서해 주시길 바랍니다. 앞으로는 당신께 최선의 서비스를 제공하기 위해 노력할 것을 약속합니다.

PM 사

sample 4

Dear Mr. Peterman,

We are extremely sorry for the delay in delivering your goods.

The reason was mainly because of the bad weather along the shipping line. We had to change the original course, which led to the delay. Please accept our heartfelt apologies for any inconvenience caused.

I hope you can understand our situation this time.

Yours sincerely,

Tim Whatley

BA Shipping Company

Peterman 씨,

당신의 제품 배송 지연에 대해 진심으로 죄송합니다.

배송이 지연된 주요 원인은 해상 운송 선상의 열악한 기후 문제 때문이었습니다. 때문에 원래의 항로에서 다른 항로로 변경을 해야 했으며 이로 인해 배송이 지연된 것이었습니다. 불편을 끼쳐 드린 점에 대해 우리의 진심 어린 사과를 받아 주시길 바랍니다.

우리가 이번에 처한 상황을 이해해 주실 수 있길 바랍니다.

BA 운송회사
Tim Whatley

3 주문 취소

주요 목적:
판매자에게 주문 취소를 요청한다.

작문 요점:
먼저 직접적으로 **글을 쓰는 목적이 주문 취소임을 알린다**. 그리고 자신도 어쩔 수 없다는 **유감의 뜻**을 표한다. 그다음 배송 지연 등의 **취소 원인을 설명**한다. 만약 대금을 이미 지불한 경우 환불을 요청한다.

만능 활용 영어 작문 패턴

1. **We are sorry to make a cancellation on the order.**
   주문을 취소하게 되어 대단히 죄송합니다.

2. **We regret to inform you that we have to cancel the order now.**
   주문을 취소하게 되었음을 알려 드리게 되어 유감입니다.

3. **You didn't deliver the shipment as scheduled, so we have to cancel the order.**
   당신이 일정에 맞추어 배송을 해 주시지 못해 주문을 취소할 수밖에 없게 되었습니다.

4. **We have been left with no option but to cancel the order as you didn't deliver the goods even after receiving our letter of complaint.**
   우리의 불평 메일을 받은 후에도 당신이 제품을 배송해 주시지 않아 주문을 취소할 수밖에 없게 되었습니다.

5. **The further delay in delivering the shipment forced us to cancel our order.**
   당신의 재차 배송 지연으로 부득이하게 주문을 취소하게 되었습니다.

6. **We have to make a cancellation on our order.**
   우리도 부득이하게 주문을 취소할 수밖에 없게 되었습니다.
   ● We have to make a cancellation on… | 우리도 …를 취소할 수밖에 없게 되었다.

7. **We are sorry to inform you we have decided to cancel our order of 455 sets of air conditioners.**
   귀사의 455대 에어컨 주문을 취소하기로 했음을 알려 드리게 되어 유감입니다.

8. **We regret that we have to cancel the order because of the withdrawal of our customer from the contract.**
   우리의 고객이 계약을 철수했기에 유감스럽게도 우리의 주문을 취소하게 되었습니다.

9. We have to cancel the order because our current stock is sufficient.
현재 우리의 재고가 충분해 주문을 취소하고자 합니다.

10. I am wondering if I can cancel the order this time.
본 주문을 취소할 수 있는지 여쭙고자 합니다.

11. We have to cancel this order due to lack of funds.
우리는 자금 문제로 본 주문을 취소하게 되었습니다.
🔖 We have to cancel this order due to… | …의 문제로 이번 주문을 취소하게 되었다.

12. We regret to inform you that we have to cancel the order placed last month.
지난달의 주문을 취소하게 되었음을 알려 드리게 되어 진심으로 유감입니다.

13. Our stock is sufficient, and we therefore regret that we have to make a cancellation on our order with you.
우리의 재고가 충분하기에 유감스럽게도 우리는 본 주문을 취소하게 되었습니다.

14. Because this new product hasn't sold as well as expected, we need to cancel the order.
이 제품이 기대만큼 판매가 되지 않아 주문을 취소하고자 합니다.

15. The unstable market conditions at present forces us to cancel the order.
현재 시장 상황이 불안정하기 때문에 부득이하게 주문을 취소하게 되었습니다.

16. According to the regulations in the contract, we have the right to unilaterally cancel the order.
계약 규정에 따라, 우리는 일방적으로 주문을 취소할 권리가 있습니다.
🔖 According to…, we have the right to… | …를 따라, 우리는 …를 할 권리가 있다.

17. We'd like to cancel the order due to unforeseen circumstances.
예기치 못한 상황으로 주문을 취소하고자 합니다.

18. I hope you can return the deposit to us soon.
우리에게 보증금을 최대한 빨리 돌려주시길 바랍니다.

19. Please return our deposit in full.
우리의 보증금 전액을 돌려주시길 바랍니다.

20. If you have any questions about the deposit, please contact us soon.
보증금과 관련해 궁금하신 점이 있다면 우리에게 바로 연락해 주시길 바랍니다.

sample 1

File 91

Dear Mr. Newman,

We are sorry to inform you that we are canceling our order now. The goods we ordered have been delayed for over one week.

We have contacted you about this matter previously. The lack of response leaves us with no option but to cancel our order.

Yours sincerely,

Betty Simon

Newman 씨,

우리가 현재 주문을 취소해야 한다는 것을 알려 드리게 되어 유감입니다. 우리가 주문한 제품들은 이미 일주일이 넘게 배송이 지연됐습니다.

이미 이전에 본 문제에 대해 당신께 연락을 드렸었습니다만 당신이 회신이 없으셔서 우리도 부득이하게 주문을 취소할 수밖에 없게 되었습니다.

Betty Simon

sample 2

Dear Mr. Benes,

I'm writing to tell you that we are cancelling our order now.

We have been told that the delay of the goods is not because of UPS, which is different from the explanation you have given to us. We can't accept discrepancies like this.

We are left with no choice but to come to this decision.

Yours sincerely,

Kenny Bania

Benes 씨,

우리가 현재 주문을 취소한다는 것을 알려 드리고자 합니다.

당신이 우리에게 설명해 준 것과 달리 제품 배송 지연의 원인이 UPS 때문이 아니라는 것을 알게 되었습니다. 이에 우리는 이 상황을 받아들일 수가 없습니다.

따라서 우리는 이러한 결정을 내릴 수밖에 없습니다.

Kenny Bania

sample 3

Dear Mr. Vandelay,

We have to inform you that we are cancelling our order. We can't accept such a long delay.

According to the terms of our contact, we are within our rights to ask for compensation due to a delay of over one week. The delay of the goods has caused great damage to our business.

If you have any questions, please contact us at any time.

Yours sincerely,

Robin Miller

Vandelay 씨,

우리의 주문을 취소해야 한다는 것을 알려 드려야겠습니다. 우리는 이렇게 배송이 오래 지연되는 것을 받아들일 수가 없습니다.

우리의 계약 조건에 따르면 우리는 배송이 일주일 넘게 지연이 되면 이에 대해 보상을 요구할 권리가 있습니다. 당신의 배송 지연으로 우리 사업은 큰 피해를 입었습니다.

다른 문의 사항이 있으시다면 언제든지 우리에게 연락해 주시길 바랍니다.

Robin Miller

4 배송 착오

주요 목적:
제품 오배송에 대해 문제를 제기한다.

작문 요점:
먼저 직접적으로 **제품이 잘못 배송되었음을 알리고, 주문한 제품과 받은 제품의 정보를 정확하게 기재**한다. 그다음 **상대방이 최대한 빨리 교환해 주길 희망**하는 자신의 기대를 나타낸다. 상대방의 배송 실수가 자신에게 피해를 입혔을 경우에는 배상을 요구할 수 있다. 마지막으로 가능한 한 빠른 회신을 당부하며 마무리한다. 어조는 냉정하고 감정을 절제하는 것이 좋으며, 상대방을 질책하거나 지적하지 않고 예의를 지켜야 메일을 보내는 목적을 달성할 수 있다.

만능 활용 영어 작문 패턴

1. **The goods we received yesterday are not the type we ordered.**
   어제 우리가 받은 이 제품은 우리가 주문한 유형이 아닙니다.

2. **The type of goods is not correct.**
   제품의 유형이 다릅니다.

3. **The type of goods we ordered is B, but all goods we received yesterday were C.**
   우리가 주문한 제품 유형은 B이나, 어제 받은 모든 제품은 C였습니다.

4. **I am afraid that you sent the wrong articles.**
   당신이 물품을 잘못 보내신 것 같아 걱정입니다.
   ● I am afraid that… | …인 것 같아 걱정이다.

5. **I think you shipped the goods mistakenly.**
   물건을 잘못 발송하신 것 같습니다.

6. **The color of the goods is not what we stipulated.**
   제품 색상이 우리가 약정한 것과 다릅니다.

7. **The color of the goods is not the same color as we requested in the order.**
   제품 색상이 우리가 주문에서 요청한 색상과 같지 않습니다.

8. **They are not the same color as requested in the order.**
   주문에서 요청한 색상과 같지 않습니다.

9. **The goods we received are totally different from our sample.**
   우리가 받은 제품은 샘플과 전혀 다릅니다.
   🏷 ···totally different from··· | ···와 전혀 다르다.

10. **We ordered computers, whereas the goods we received are cameras.**
    우리가 주문한 것은 컴퓨터이나, 우리가 받은 제품은 카메라였습니다.

11. **Upon unpacking the case we found it didn't contain the goods we ordered.**
    상자를 열어 보니 내용물이 우리가 주문한 것이 아니라는 것을 발견했습니다.

12. **When we opened the cases, we found the goods are not what we ordered last week.**
    상자를 열었을 때 제품이 지난주에 우리가 한 주문이 아니라는 것을 발견했습니다.

13. **I am writing to inform you that the contents of case No. 8 are not what we wanted.**   8번 상자의 내용물이 우리가 주문한 것이 아니었음을 알려 드리고자 합니다.

14. **All of the goods are correct, except those contained in carton No. 4.**
    4번 상자 안의 내용물을 제외하고 모든 제품이 정확합니다.

15. **We are asking you to exchange the incorrectly sent merchandise immediately.**
    잘못 배송된 상품은 즉시 교환 부탁드립니다.

16. **Please substitute the mistakenly sent goods with correct replacements at once.**   부디 잘못 배송된 제품들을 맞는 제품들로 즉시 교환해 주시길 바랍니다.

17. **I will return the goods to you and hope you can deliver the right goods soon.**
    이 제품들을 당신께 돌려보낼 것이니 올바른 제품으로 바로 배송해 주시길 바랍니다.

18. **We would appreciate it if you would replace the incorrectly sent goods.**
    잘못 보내신 제품들을 교환해 주실 수 있다면 감사하겠습니다.

19. **We are asking you to pay compensation for losses caused by shipping goods we did not order.**
    우리는 당신의 배송 착오로 초래한 손실에 대해 배상해 주실 것을 요구합니다.

20. **You should be held responsible for the delivery error.**
    배송 착오에 대해 책임지셔야 합니다.

sample 1

Dear Mr. Blake,

I received order No. 468592 yesterday, but they are not the type that I wanted. I ordered type C, but all the goods received are type B.

I will return the goods to you for an exchange, and the freight cost will be paid by you.

Yours sincerely,

Johnny Hickman

Blake 씨,

어제 주문한 468592번을 받았습니다. 하지만 제품들은 제가 주문한 유형이 아닙니다. 저는 C형을 주문했으나 받은 제품은 모두 B형입니다.

교환을 위해 제품을 돌려보낼 것이며, 배송비는 당신이 내야 합니다.

Johnny Hickman

sample 2

Dear Mr. Jensen,

I have received the sports wear that I ordered last week.

Unfortunately, the color of the garments is not what I ordered. I selected red, but I received green.

I will send them back for exchange if this is all right with you. I look forward to hearing from you soon.

Yours sincerely,

Tom Mauborgne

Jensen 씨,

지난주에 주문한 스포츠웨어를 받았습니다.

하지만 불행히도 제품의 색상은 제가 주문한 것과 달랐습니다. 저는 붉은색을 주문했으나 받은 것은 초록색이었습니다.

괜찮으시다면 교환을 위해 제품을 다시 돌려보내도록 하겠습니다. 회신 기다리겠습니다.

Tom Mauborgne

sample 3

Dear Mr. Peters,

I would like to return the goods which arrived today.

The parts we have received are not the size that we ordered. They are too small for us to use. We'd like to send back the goods to you for an exchange. Please find attached our order No. 456896 for your reference. The freight cost should be paid by you.

I look forward to hearing from you soon.

Sincerely yours,

Perry Groves

Peters 씨,

오늘 도착한 제품들을 교환하고자 합니다.

오늘 받은 부품들은 우리가 주문한 사이즈가 아니었습니다. 우리가 쓰기에는 너무 작은 제품이 도착했습니다. 교환을 위해 제품들을 돌려보내도록 하겠습니다. 우리의 주문서 456896번을 첨부했으니 참고해 주시길 바랍니다. 배송비는 착불로 했습니다.

회신 기다리겠습니다.

Perry Groves

sample 4

Dear Mr. Campbell,

The goods we received on June 12 were found not to match our order. The size of the products we ordered was large, however you sent us those of a medium size.

We will return the shipment at your expense. We would appreciate it if you could send us the correctly-sized products as soon as possible.

I hope this issue can receive your immediate attention.

Yours sincerely,

Karl Healy

Campbell 씨,

우리가 6월 12일에 받은 이 제품은 우리의 주문과 맞지 않습니다. 우리가 주문한 제품의 사이즈는 L사이즈였으나 당신은 M사이즈의 제품을 보내 주셨습니다.

착불로 당신께 돌려보내 드렸습니다. 가능한 한 빨리 올바른 사이즈의 제품을 보내 주시면 감사하겠습니다.

부디 빠른 처리 해 주시길 부탁드리겠습니다.

Karl Healy

sample 5

Dear Mr. Thomas,

We have duly received the goods of your shipment, but unfortunately we found you have sent us the wrong goods. We ordered computers, but instead we received cameras. We presume the mistake was made in your dispatch department.

We will ship the goods back to you by freight at your expense. We also hope you can deliver the correct goods as soon as possible.

Yours sincerely,

Peter Kay

Thomas 씨,

우리는 때에 맞춰 당신의 제품을 받았습니다. 하지만 불행히도 당신은 우리에게 제품을 잘못 보내 주셨습니다. 우리가 주문한 것은 컴퓨터였으나 받아 본 것은 카메라였습니다. 당신의 출고 부서에서 실수가 있었던 것으로 추측됩니다.

당신께 착불로 제품들을 돌려보내 드리겠습니다. 또한 가능한 한 빨리 올바른 제품들을 보내 주실 수 있길 바랍니다.

Peter Kay

5 배송 착오에 대한 사과

주요 목적:

배송 착오에 대해 사과한다.

작문 요점:

먼저 **배송 착오로 인한 불편에 대해 사과**하고 용서를 구한다. 이어 성실한 태도로 간단하게 **배송 착오 원인을 설명**하되 변명이 아닌 진실된 원인이어야 한다. 만약 **상대방이 배상을 요청한 경우** 책임을 전가하지 말고 **합리적으로 처리**한다. 마지막으로 다시 한번 사과의 뜻을 전하고 비슷한 일이 다시는 발생하지 않을 것임을 약속하며 글을 마무리한다.
글에는 협조 의지가 나타나야 하며, 부드러운 말투와 진실된 태도를 유지해야 한다.

만능 활용 영어 작문 패턴

1. **We sincerely apologize for sending you the wrong order.**
   주문을 잘못 보내 드린 점 진심으로 사과드립니다.

2. **Please accept our apologies for the wrong delivery.**
   배송 착오에 대한 우리의 사과를 받아 주시길 바랍니다.

3. **We are sorry that we sent you the wrong items.**
   당신께 제품을 잘못 보내 드려 죄송합니다.

4. **We are terribly sorry that the goods have been improperly delivered.**
   제품이 잘못 배송되어 대단히 죄송합니다.

5. **The reason for the delivery error is under investigation.**
   배송 착오의 원인에 대해 조사 중입니다.

   ◆ The reason for…is under investigation. | …의 원인을 조사 중이다.

6. **We sent you the wrong goods due to the carelessness of one worker.**
   직원의 부주의로 다른 상품을 배송하고 말았습니다.

7. **The negligence of our worker led to the wrong delivery.**
   우리 직원의 부주의로 배송 착오가 생겼습니다.

8. **Some mistakes must have been made in the shipment process.**
   운송 과정에 약간의 실수가 있었습니다.

9. **We delivered you the wrong goods because they were mislabeled.**
   라벨이 잘못 붙여져 배송 착오가 발생하게 되었습니다.

10. **We will accept the claim you lodged against us for shipping incorrect goods.**
    배송 착오에 대한 당신의 배상 요구를 받아들이겠습니다.

11. **We are considering your claim and will give you an answer within three days.**
    우리는 당신의 배상 요청에 대해 고려 중이니 3일 이내에 연락을 드리겠습니다.

    ◆ We are considering… | 우리는 …에 대해 고려 중이다.

12. **Please return the wrongly delivered goods to our company at our expense.**
    잘못 배송된 제품들을 우리에게 착불로 보내 주시길 바랍니다.

13. **We will pay for the cost of returning the shipment.**
    우리가 돌려보내 주신 제품의 운송비를 부담하겠습니다.

    ◆ We will pay for the cost of… | 우리가 …의 비용을 부담하겠습니다.

14. **The freight cost for returning the goods will be borne by us.**
    제품 환불에 대한 운송비는 우리가 부담하겠습니다.

    ◆ …will be borne by… | …는 …가 부담할 것이다.

15. **Please have the goods received in error by you sent to our company**

immediately and charge the expense to our account.

잘못 배송된 제품을 즉시 우리에게 보내 주시고 비용은 우리가 부담하겠습니다.

❥ …to our account. | …는 우리가 부담할 것이다.

16. **If you are willing to accept the incorrectly delivered goods, we will give you a discount of ten percent.**

    만약 기꺼이 잘못 배송된 제품을 받아 주신다면 10%의 할인을 적용해 드리겠습니다.

    ❥ We will give you a discount of… | 우리는 당신에게 …의 할인을 해 줄 것이다.

17. **We will deliver the correct goods to you as soon as possible.**

    가능한 한 빨리 정확한 제품을 보내 드리겠습니다.

18. **We will take measures to avoid such errors arising again.**

    이러한 착오가 다시는 발생하지 않도록 조처하겠습니다.

    ❥ We will take measures to… | 우리는 …할 조처할 것이다.

19. **We will do our best to avoid such an error in the future.**

    향후 최선을 다해 이러한 착오가 발생하지 않도록 노력하겠습니다.

    ❥ We will do our best to… | 우리는 …하도록 노력할 것이다.

20. **We promise this error will never happen again.**

    이러한 착오가 다시는 발생하지 않을 것임을 약속합니다.

    ❥ We promise…never happen again. | 우리는 …가 다시는 생기지 않을 것이라 약속한다.

sample 1

 File 93

Dear Mr. Kent,

We are writing to express our deep apologies to you for the delivery errors.

The mistake was mainly caused by incorrect data being entered when your order was made. We accept full responsibility and are very sorry for the trouble it has brought to you.

We will send the necessary goods to the right place immediately. We assure you that we will take measures to ensure such mistakes will not occur again.

Sincerely yours,

Samson Delilah

Kent 씨,

배송 착오에 대한 깊은 사과의 말씀 전하고자 씁니다.

당신의 주문이 이루어질 때 정보가 잘못 입력해 오류가 발생한 것입니다. 우리는 모든 책임을 인정하며, 그것이 당신에게 가져다 준 문제에 대해 매우 죄송하게 생각합니다.

즉시 정확한 장소로 필요한 제품을 보내겠습니다. 다시는 이런 실수가 발생하지 않도록 조처할 것을 약속합니다.

Samson Delilah

sample 2

Dear Mr. Garfunkel,

Please accept our sincere apologies for sending your goods to the wrong place. We feel terribly sorry for the troubles that we have brought to you.

We have re-sent the goods to you at the right address. Please kindly inform us when you receive them.

I hope you can forgive us for this mistake. We will take steps to ensure that we will avoid such mistakes in the future.

Yours sincerely,

Paul Simon

Garfunkel 씨,

잘못된 장소로 제품을 보내 드린 것에 대해 우리의 진심 어린 사과를 받아 주십시오. 이로 인해 생긴 문제에 대해 매우 죄송하게 생각합니다.

정확한 주소로 제품들을 다시 보내 드렸습니다. 제품들을 받으시면 말씀해 주시길 바랍니다.

이번 실수에 대해 용서해 주실 수 있길 바랍니다. 향후 이러한 실수가 다시는 반복되지 않게 조처하겠습니다.

Paul Simon

sample 3

Dear Mr. Bajin,

We wish to apologize sincerely for the error in delivery. Instead of the No. 27, we entered the No. 72 by mistake. We are deeply sorry for our error.

We have re-sent the goods to the correct address. Please accept our sincere apologies for the trouble that our error has brought you.

Yours sincerely,

Lobey Dosser

Bajin 씨,

배송 착오에 대해 진심으로 사과드리고자 합니다. 실수로 27번이 아닌 72번을 입력했습니다. 우리의 실수에 깊이 사과드립니다.

정확한 주소로 제품을 다시 보냈습니다. 우리의 실수로 초래된 문제들에 대한 우리의 진실한 사과를 받아 주시길 바랍니다.

Lobey Dosser

sample 4

Dear Mr. Miller,

We are sorry to hear that the goods you received are not the ones that you ordered. After we received your letter, we investigated the matter immediately. We agree that we should be responsible for this matter.

The right goods have now been sent to you, and the estimated day of arrival is June 22. Please inform us when you receive the goods. As for the compensation you mentioned, we accept your claim. We are enclosing a check for $20,000.

If there are any questions, please feel free to contact us.

Yours sincerely,

William Smith

Miller 씨,

당신이 받은 제품이 주문한 제품이 아니라는 소식을 듣게 되어 유감입니다. 당신의 메일을 받은 후 즉시 문제에 대해 조사를 했습니다. 또한 본 문제에 대해 전적으로 우리가 책임져야 한다는 것에 대해 동의합니다.

올바른 제품을 당신께 발송했으며, 도착 예정일은 6월 22일입니다. 제품을 받으시면 우리에게 알려 주시길 바랍니다. 당신이 요청하신 배상에 관해서 우리는 받아들이는 바이며 20,000달러의 수표를 동봉하는 바입니다.

다른 문제가 있으시면 언제든 편하게 연락해 주시길 바랍니다.

William Smith

6 청구서 오류

주요 목적:
청구서 오류에 대해 문제를 제기한다.

작문 요점:
먼저 직접적으로 화물 청구서 오류를 설명하고 부득이하게 유감을 드러낼 수밖에 없었다고 쓴다. 그다음 청구서에 있어야 하는 금액과 잘못 입력된 금액을 명시한다. 마지막으로 최대한 빠른 처리와 연락을 당부하며 글을 마무리한다.

글의 어조는 냉정하면서도 감정을 절제해야 하며, 상대방을 질책하거나 지적하지 않고 예의를 지키며 주의해서 메일을 보내야 글을 보내는 목적에 가까워질 수 있다.

만능 활용 영어 작문 패턴

1. **I am afraid you miscalculated our statement.**
   우리 청구서를 잘못 계산하신 것 같습니다.

2. **There is something wrong with the statement.**
   청구서에 무언가 문제가 있습니다.
   ▶ There is something wrong with… | …에 무언가 문제가 있다.

3. **I think there is a mistake on the statement.**
   청구서에 착오가 있는 것 같습니다.

🏷 I think there is a mistake on… | …에 착오가 있는 것 같다.

4. **I think you've overcharged me.**
과다 청구하신 것 같습니다.

5. **You sent to us three cartons, but we have been charged for four cartons.**
당신이 우리에게 세 상자를 보냈지만, 네 상자의 금액이 청구되었습니다.

6. **You once promised that the cost of returning the damaged goods was on your account. But it's still on our statement.**
파손된 제품의 반납 비용은 당신 몫이라고 약속했습니다만, 그것은 여전히 우리 청구서에 있습니다.

7. **You have calculated the freight cost twice.**
당신은 운송비를 중복해서 계산했습니다.

🏷 You have calculated…twice. | 당신은 …를 중복해서 계산했다.

8. **You charged us for the freight cost on the statement. But, according to the terms of the contract, you should pay for it.**
당신은 운송비를 청구서에 포함했습니다. 하지만 계약에 따르면 운송비는 당신이 부담하기로 되어 있습니다.

9. **The discount you agreed to give us was 15% instead of 10%.**
당신은 우리에게 10%가 아닌 15%를 할인해 주신다고 동의하셨습니다.

10. **I think you should pay for the freight instead of us.**
운송비는 우리가 아닌 당신이 지불하셔야 한다고 생각합니다.

11. **I was really surprised when I received our statement.**
나는 우리의 청구서를 받았을 때 매우 놀랐습니다.

12. **The volume of goods we ordered was 50 cartons instead of 60.**
우리가 주문한 제품은 60상자가 아닌 50상자였습니다.

13. **The statement overcharged us by $5,000.**
청구서에는 5,000달러가 과다 청구되었습니다.

14. **I think you undercharged our statement.**
당신이 우리에게 과소 청구하신 듯합니다.

15. **Maybe you forgot to include the processing fee.**
어쩌면 당신은 처리 수수료를 포함하는 것을 잊었을지도 모릅니다.

🏷 Maybe you forgot to… | 어쩌면 당신은 …를 잊었을지도 모른다.

16. You accounted for every fee in the statement except for packing expenses.
포장비를 제외한 모든 비용이 청구서에 계산되어 있습니다.

17. You undercharged us for these goods.
이 제품들 가격을 과소 청구했습니다.
🏷 You undercharged us for… | …의 비용을 과소 청구했다.

18. Please send us an amended statement.
수정된 청구서를 보내 주시길 바랍니다.

19. Please recalculate the statement.
청구서를 다시 계산해 주시길 바랍니다.

20. Please re-compute the statement and send me a new one.
청구서를 다시 계산해서 우리에게 새로 보내 주시길 바랍니다.

sample 1

Dear Mr. Grace,

I think you may have made a mistake calculating the bill for our order. According to the contract, the discount on each order should be 8% instead of the 5% you have accounted for. The 5% discount was just the initial discount you offered, not the agreed rate.

Please re-calculate and send us an amended bill ASAP.

I look forward to your prompt reply.

Yours sincerely,

Douglas Imrie

Grace 씨,

저희 주문 청구서를 계산하실 때 착오가 있던 것 같습니다. 계약에 따르면 각 주문의 할인율은 5%가 아닌 8%여야 합니다. 하지만 당신은 우리가 합의한 할인율이 아닌 초기에 제안하신 5%의 할인율을 적용했습니다.

가능한 한 빨리 다시 계산하셔서 우리에게 수정된 청구서를 보내 주시길 바랍니다.

빠른 회신 기다리겠습니다.

Douglas Imrie

sample 2   File 94

Dear Mr. Crown,

I'm afraid there are some mistakes on the bill you have sent to me.

You have included the freight costs on the bill, but according to the terms of the contract, the freight cost should be paid by you. I think you must have forgotten this.

Please re-calculate and send the new bill to me.

I'm looking forward to your reply.

Sincerely yours,

Mark Yardley

Crown 씨,

제게 보내 주신 청구서에 약간의 착오가 있었던 것 같습니다.

청구서에 운송 비용을 포함했는데, 계약 조항에 따르면 운송비는 당신이 부담하기로 했습니다. 이를 잊으셨던 것 같습니다.

다시 계산하시고 우리에게 수정된 새로운 계산서를 보내 주시기 바랍니다.

빠른 회신 기다리겠습니다.

Mark Yardley

sample 3

Dear Ms. Rice,

I was really surprised when I received the bill that you sent to me. The total volume of goods ordered should be 100 pieces instead of 1,000. This order is too big for us, and I think you might have made a mistake. Please review the contract again and re-calculate the bill.

I would appreciate your prompt reply.

Yours sincerely,

Steve Gormill

Rice 씨,

저는 당신이 보내 주신 청구서를 받고 매우 놀랐습니다. 전체 주문 수량은 1,000건이 아닌 100건이어야 했습니다. 이는 우리에게는 너무 큰 주문입니다. 당신이 착오가 있었던 것 같습니다. 부디 계약을 다시 한번 살펴봐 주시고 청구서를 다시 계산해 주시길 바랍니다.

빨리 회신해 주시면 감사하겠습니다.

Steve Gormill

7 청구서 오류에 대한 사과

주요 목적:
청구서의 오류에 대해 사과한다.

작문 요점:
먼저 청구서의 계산 착오에 대해 사과하고 용서를 구한다. 이어 정확한 수량 또는 금액을 알려 주고 필요에 따라서는 정확한 거래 청구서를 다시 보낼 수 있도록 한다. 마지막으로 다시 한번 사과의 뜻을 표하고, 다시는 이런 비슷한 일이 발생하지 않을 것을 약속하며 글을 마무리한다.

청구서 오류에 대한 사과 편지는 반드시 간략한 내용과 성실한 태도로 작성해 적절한 시기에 보낸다.

만능 활용 영어 작문 패턴

1. **We are deeply apologetic for the mistake on the statement.**
   청구서 오류에 대해 깊이 사과드립니다.

2. **We are terribly sorry for miscalculating your statement.**
   당신의 청구서를 잘못 계산해 대단히 죄송합니다.

3. **We have re-calculated the statement. It should be $50,000 instead of $55,000.**
   청구서를 다시 계산했습니다. 55,000달러가 아니라 50,000달러가 되어야 합니다.

4. **I hope you can accept our apologies for miscalculating your statement.**
   당신의 청구서를 잘못 계산한 것에 대한 우리의 사과를 받아 주시길 바랍니다.

5. **It was caused by the negligence of one worker.**
   직원의 실수로 이런 상황이 일어나게 되었습니다.

6. **We will send you the corrected statement, as soon as possible.**
   가능한 한 빨리 정확한 청구서를 보내 드리겠습니다.

7. **We have rechecked the statement, and the result showed that you were right.**   청구서를 다시 확인한 결과 당신의 말씀이 맞습니다.
   ❥ We have rechecked⋯ | 우리는 ⋯를 다시 확인했다.

8. **We counted one more carton.**
   우리가 한 상자를 더 초과해서 계산했습니다.

9. **We are very sorry that we charged the freight cost twice.**
   우리가 운송비를 이중으로 청구해서 너무 죄송합니다.

10. **We should pay the freight fee instead of you. Thanks for your reminder.**
    우리가 운송비를 대신 부담했어야 합니다. 상기시켜 주셔서 감사합니다.

11. **I am very sorry, but it wasn't my intention.**
    너무 죄송합니다. 이는 제 의도가 아닙니다.

12. **We have corrected the numbers in the statement.**
    청구서의 숫자들을 수정했습니다.

13. **We will send the correct statement to you immediately.**
    즉시 정확한 청구서를 보내 드리겠습니다.

14. **We will revise the sum on the statement and send it to you once it has been amended.**
    청구서에 기재된 금액을 수정하고 그것을 다시 한번 당신께 보내 드리겠습니다.

15. **The error on the statement was caused by a careless mistake by our accountant.**
    우리 회계사의 부주의한 실수로 청구서에 오류가 생겼습니다.

16. **We are terribly sorry for making such a mistake.**
    이러한 실수를 만들어서 대단히 죄송합니다.

17. **We will recheck the sum carefully.**
    금액을 꼼꼼히 다시 확인해 보겠습니다.

18. **We hope that the mistake hasn't overly inconvenienced you.**
    그 실수가 당신께 너무 큰 불편을 끼치지 않았길 바랍니다.

19. **We will strive to ensure that there are no such oversights again in the future.**
    이러한 실수가 앞으로 다시는 발생하지 않도록 노력하겠습니다.

20. **Rest assured, we will check the statement carefully to correct this.**
    우리가 청구서 수정을 위해 주의 깊게 살펴볼 테니 안심하십시오.

sample 1

Dear Hen Broon,

We apologize profusely for the mistake on the original bill sent to you. We have checked that the total sum of the bill should be USD 50,000 instead of USD 5,000.

We have issued a new bill, and it has already been sent to you. Please accept our sincere apologies for the inconvenience that our error may have caused you. We will do our utmost to ensure that we offer excellent service in the future.

Sincerely yours,

Jock Tamson

Hen Broon 씨,

보내 드린 청구서에 실수가 있어 진심으로 사과드립니다. 청구서 총액은 5,000달러가 아니라 50,000달러가 되어야 한다는 것을 확인했습니다.

새로운 청구서를 발행해 당신께 보내 드렸습니다. 우리의 실수로 인해 당신께 불편을 끼친 데에 대한 진실한 사과를 받아 주시길 바랍니다. 앞으로도 훌륭한 서비스를 제공할 수 있도록 최선을 다하겠습니다.

Jock Tamson

sample 2

File 95

Dear Mr. Bloom,

Please excuse me for the mistake we have made on the bill. The price of each item purchased should be USD 100. We mistakenly billed you at the original price of USD 125. We are very sorry for this oversight.

We have sent the correct bill to you today. Your understanding will be much appreciated.

Yours sincerely,

Nigel Blackwell
PAP Co.

Bloom 씨,

청구서에 우리가 저지른 실수에 대한 양해 부탁드립니다. 구매하신 각 제품의 가격은 100달러여야 합니다. 실수로 원래 가격인 125달러로 청구했습니다. 이 실수에 대해서 너무나 죄송합니다.

오늘 정확한 청구서를 보내 드렸습니다. 이해해 주시면 정말 감사하겠습니다.

PAP 사
Nigel Blackwell

sample 3

Dear Mr. Kershaw,

We are very sorry for the mistakes on the bill. We have remedied that by sending the correct bill to you by express delivery today.

We guarantee that this will be the last time such mistakes are made. Please accept our apologies for the inconvenience caused to you through our error.

Yours sincerely,

Neil Crossley

NMS Co.

Kershaw 씨,

우리의 청구서 착오에 대해 진심으로 죄송합니다. 정확한 청구서를 오늘 퀵으로 이미 보내 드렸습니다.

그러한 실수가 발생하는 것은 이번이 마지막이 될 것이라고 약속합니다. 우리의 실수로 초래된 불편에 대한 우리의 사과를 받아 주시길 바랍니다.

NMS 사
Neil Crossley

8 제품 파손

주요 목적:
제품에 파손에 대한 문제 제기를 한다.

작문 요점:
먼저 상대방이 보낸 제품을 잘 받은 것에 대해 기쁜 마음을 표현하고, 이어 직접적으로 **받은 제품 중 일부 또는 전체가 파손**됐으며 이에 대한 큰 실망감을 드러낸다. 필요에 따라 **제품이 파손된 원인을 설명**해도 좋다. 마지막으로 **자신이 바라는 해결 방법을 제시**하고 **상대방이 파손된 제품을 즉시 교환해 주길 당부**하며 글을 마무리한다.

냉정하고 감정을 절제한 어조를 사용하고, 상대방을 질책하거나 지적하지 않고 예의를 지켜 메일을 보내는 목적을 달성할 수 있도록 하자.

만능 활용 영어 작문 패턴

1. **We are unhappy with the damaged goods.**
   우리는 파손된 제품에 대해 불만입니다.

2. **I write this letter to lodge a complaint against the damaged goods.**
   파손된 제품에 대해 문제를 제기하기 위해 이 편지를 씁니다.

3. **We found that most of the received goods have been broken.**
   우리가 받은 제품 대부분이 파손된 것을 발견했습니다.

4. **After examination, we found that nearly 30% of the products were damaged.**
   검토 뒤에 30% 가까운 제품이 파손된 것을 발견했습니다.
   ● After examination, we found that… | 검토 뒤에, …한 것을 발견했다.

5. **All the goods are in good condition except one carton.**
   한 상자를 제외하고 모든 제품의 상태가 좋았습니다.
   ● …in good condition except… | …를 제외하고 모두 좋은 상태이다.

6. **We will return the damaged goods to you.**
   파손된 제품들을 반송해 드리겠습니다.

7. **The damaged goods can't be used anymore.**
   파손된 제품들은 더는 사용할 수가 없습니다.

8. **The damaged goods caused great losses to us.**
   파손된 제품들은 우리에게 큰 손실을 초래했습니다.
   ● …caused great losses to… | …가 …에게 큰 손실을 초래하다.

9. **I want to inform you that when we received the goods, we found most of the products were seriously damaged.**
   우리가 제품을 받았을 때 대다수가 심각하게 파손되었음을 발견했다는 것을 알려 드리고자 합니다.

10. **One carton of seriously damaged goods can't be used.**
    파손이 심한 한 상자는 더는 사용할 수가 없습니다.

11. **We feel we must make a claim against you for the damaged goods.**
    파손된 제품들에 대해 배상을 요청해야 할 것 같습니다.

12. **We regret to inform you that three cases of your goods are in a badly damaged condition.**
    당신이 보내 주신 제품 중 세 상자가 심각하게 파손되었음을 알려 드리게 되어 유감입니다.

13. How will you deal with the damaged goods?
파손된 제품들은 어떻게 처리할 계획이신가요?
- How will you deal with…? | 당신은 …를 어떻게 처리할 계획인가?

14. What will you do with the damaged goods?
파손된 제품들에 대해 어떻게 해 주실 수 있나요?
- What will you do with…? | 당신은 …에 대해 어떻게 해 줄 수 있나?

15. The damage may be due to carelessness in the transportation process.
파손은 운송 과정 중 부주의 때문인 듯합니다.
- …be due to… | …는 …때문이다.

16. When we opened the cases, we found some goods had been damaged.
상자를 열어봤을 때 일부 제품들이 파손되었음을 알게 되었습니다.
- When…, we found… | …를 했을 때, …임을 알게 되었다.

17. We need a reasonable explanation as to why these goods were received in poor condition.
우리가 이런 파손된 제품을 받게 된 것에 대한 합당한 설명을 듣고자 합니다.

18. We enclose proof of the damage.
파손 증명서를 첨부했습니다.

19. Please exchange the damaged products immediately.
부디 즉시 파손된 제품들을 교환해 주시길 바랍니다.

20. You should be held responsible for the damaged products.
파손된 제품들에 대한 책임을 물어 주시길 바랍니다.

sample 1   File 96

Dear Mr. Walker,

Yesterday, I received the goods that you sent to us, but we found that some of the goods were broken on receipt of them. We think it might have been caused by careless delivery. I will send the damaged parts back to you and await replacements.

If there are any questions, please feel free to contact us.

Yours sincerely,

Don Turnbee

Walker 씨,

어제 당신이 보내 주신 제품들을 잘 받았습니다. 하지만 우리가 그것들을 받았을 때 일부 제품들이 파손되었음을 발견했습니다. 아마 배송 중 부주의로 인해 손상된 것 같습니다. 파손된 부분들을 반송해 드릴 테니 교환해 주시길 바랍니다.

다른 문의 사항이 있다면 언제든 편하게 연락해 주시길 바랍니다.

Don Turnbee

sample 2

Dear Mr. Teasdale,

I'm writing to tell you that we have received the goods you sent to us. Unfortunately, we found that some of the goods received were already damaged, which may have been caused by carelessness during transportation. I will send the damaged goods back to you for replacements.

Please let me know the process with regards to receiving replacements and confirm when you receive the goods I will return to you.

Yours sincerely,

Herbert Kornfeld

Teasdale 씨,

당신이 보내 주신 제품들을 받았음을 알려 드리고자 합니다. 하지만 불행히도 우리가 제품들을 받았을 때 일부 제품들이 이미 파손되었음을 알게 되었습니다. 운송 중 부주의로 인해 파손된 듯합니다. 교환을 위해 파손된 제품들을 반송해 드리겠습니다.

부디 교환 절차를 우리에게 설명해 주시길 바라며, 반송한 제품을 받으시면 우리에게 확인해 주시길 바랍니다.

Herbert Kornfeld

sample 3

Dear Mr. Evans,

I regret to tell you that some of the goods that your company arranged to have delivered to us were received in an unusable condition. I hope that you have bought insurance for them. I will send the damaged goods back to you for an exchange.

If there are any questions, please contact me directly.

Yours sincerely,

Mo Ali

Evans 씨,

당신이 보내 주신 제품 중 일부는 우리가 받았을 때 이미 사용할 수 없을 정도로 파손되었음을 말씀드리게 되어 매우 유감입니다. 부디 이 제품들에 보험을 들어 놓으셨길 바랍니다. 파손된 제품을 반송하오니 교환해 주시길 바랍니다.

다른 문의 사항이 있는 경우, 제게 바로 연락해 주시길 바랍니다.

Mo Ali

sample 4

Dear Mr. Evans,

I am writing to inform you that we have duly received your products. Unfortunately, on receipt some of them were seriously damaged. After thorough examination, we found that the damage was caused by improper packing, so we believe that your company should be responsible for the costs.

The damaged products have been returned to your company by freight at your expense.

Please send us substitutes of the same size to replace the damaged products at the earliest opportunity.

Yours sincerely,

Oliver Klozoff

Evans 씨,

일정에 맞게 당신의 제품들을 받았음을 알려 드리고자 합니다. 하지만 불행히도 우리가 받았을 때 일부 제품은 이미 심각하게 파손된 상태였습니다. 자세한 검사 결과 부적합한 포장 문제로 제품이 파손된 것이었음을 알게 되었습니다. 이에 우리는 당신이 비용에 대한 책임을 물어 주실 것을 믿습니다.

파손된 제품들은 착불로 당신께 반송했습니다.

가능한 한 빨리 파손된 제품들을 대체할 같은 사이즈의 제품들을 보내 주시길 바랍니다.

Oliver Klozoff

sample 5

Dear Mr. Kidd,

Your delivery arrived at our port on June 25, 2019, but we found that nearly 30% of the products had been damaged. The damage may be due to carelessness during the transportation process. According to the agreement, your company should bear responsibility for such damages, so we request that you send us substitutes of the same model to replace the damaged products.

We enclosed a certificate of damage to show how many products were damaged. Please tell us how you want to deal with the damaged products.

Sincerely yours,

Luke Smith

Kidd 씨,

당신이 보내 주신 제품들은 2019년 6월 25일에 우리 항구에 도착했지만, 거의 30%의 제품이 파손된 것을 발견했습니다. 제품 파손은 운송 과정 중 부주의 때문인 듯합니다. 계약에 따라 당신이 제품 파손에 대해 책임져 주셔야 합니다. 이에 우리에게 파손된 제품들을 대체할 동일한 모델의 제품들을 보내 주시길 요청합니다.

얼마나 많은 제품이 파손되었는지에 대한 파손 증명서를 첨부해 드렸습니다. 파손된 제품을 어떻게 처리해 주실지에 대해서도 말씀해 주시길 바랍니다.

Luke Smith

9 제품 파손에 대한 사과

주요 목적:

제품 파손에 대해 사과한다.

작문 요점:

먼저 **제품 파손으로 인한 손실에 대해 사과**하고 용서를 구한다. 이어 **제품이 파손된 원인을 설명**한다. 만약 이것이 본인 측의 잘못이라면 **계약 규정에 상응하는 책임 이행을 약속**하고, 자신의 잘못이 아니라면 상대방에게 어떠한 조처를 할 것인지 고지한다. 마지막으로 교환 여부, 다른 기관과 협상 진행 여부 등 해결 방안을 제안한다.

이러한 사과 편지는 간략한 내용과 성실한 태도로 작성해 적절한 시기에 보내야 한다.

만능 활용 영어 작문 패턴

1. **We are sorry to hear that some goods were damaged.**
   일부 제품이 파손되었다는 소식을 듣게 되어 유감입니다.

2. **We are terribly sorry for the breakage of some goods that were sent to you.**
   보내 드린 일부 제품이 파손된 것에 대해 진심으로 사과드립니다.

3. **We regret to hear that some cartons of goods were damaged during transportation.**
   운송 중 일부 제품 상자가 파손되었다는 소식을 듣게 되어 유감입니다.

4. **We will exchange the seriously damaged goods immediately.**
   즉시 심하게 파손된 제품을 교환해 드리겠습니다.

5. **Our cargo handling people said the goods had been damaged before shipment.**
   우리 화물 처리 담당자께서 제품은 승선 전에 이미 파손되었다고 말씀했습니다.

6. **We will compensate for the damaged cargo.**
   파손된 화물에 대해 보상하겠습니다.

7. **We will pay only half the loss caused by the damaged goods.**
   파손된 제품으로 인한 손실에 대해 우리는 절반만 보상해 드릴 수 있습니다.

8. **We will calculate how much the damage is and then compensate you for all reasonable losses.**
   우리는 파손된 정도를 점검하도록 하고 이에 따른 당신의 손실에 대해 배상해 드리겠습니다.

9. We will accept the return of the damaged goods.
   파손된 제품의 반품을 받아들이겠습니다.

10. We are terribly sorry for the breakages that occurred in transit.
    운송 중 발생한 파손에 대해 대단히 죄송합니다.

11. We unhesitatingly take responsibility for the damaged cargo.
    우리는 파손된 화물에 대해 확실히 책임질 것입니다.
    🔖 We unhesitatingly take responsibility for… | 우리는 …에 반드시 책임질 것이다.

12. The investigation shows that the transportation company should be held responsible for the damaged goods.
    조사 결과 파손된 제품에 대해서는 운송 회사가 책임져야 한다는 결과가 나왔습니다.
    🔖 The investigation shows that… | 조사 결과에서 보여 주는 건…

13. You should ask the transportation company to compensate you for your losses.
    당신은 운송 회사에 손실에 대한 배상을 요청하셔야 합니다.

14. Would you please have the damaged goods returned to us?
    파손된 제품을 우리에게 반송해 주실 수 있을까요?

15. I hope you can send the damaged goods back to us quickly, then we can exchange them.
    파손된 제품을 우리에게 빨리 보내 주시면 교환해 드릴 수 있습니다.

16. We regret to hear that eight of the cases arrived in a badly damaged condition.
    여덟 상자가 심하게 파손된 상태로 도착했다는 소식을 듣게 되어 매우 유감입니다.

17. We are negotiating the compensation with the insurance company.
    우리는 보험 회사와 배상 문제에 대해 협상 중입니다.
    🔖 We are negotiating…with… | 우리는 …에 대해 …와 협상 중이다.

18. If you accept the damaged goods, we will sell them to you at half price.
    파손된 제품을 받아 줄 수 있으시다면 우리는 그것들을 반값에 판매하겠습니다.

19. We are not going to have the damaged cargo returned back to our company.
    우리는 이 파손된 화물은 회사로 돌려받지 않기로 했습니다.

20. You are free to dispose of these damaged goods.
임의로 이 파손된 제품을 처리하시면 됩니다.

🏷 You are free to… | 당신은 임의로 …하면 된다.

sample 1

File 97

Dear Mr. Jerry,

We are very sorry after hearing that some of cans you ordered were broken when you received them.

The problem must have happened during transportation. We will negotiate with the transportation company immediately, and we will also send new goods to you shortly.

Yours sincerely,

Ben Dover

Jerry 씨,

당신이 주문하신 캔 제품 중 일부가 받으셨을 때 이미 파손된 상태였다는 소식을 듣게 되어 진심으로 사과드립니다.

문제는 운송 중에 발생한 것 같습니다. 운송 회사와 즉시 협의하겠습니다. 또한 당신께 새 제품을 바로 보내 드리겠습니다.

Ben Dover

sample 2

Dear Mr. Tee,

We are terribly sorry for the damaged goods that you received from us recently.

We are negotiating with the transportation company, who said the damage was caused by the bad weather during transportation.

Please give us a little time, so we can reach an agreement with the transportation company with regards to compensation.

Sincerely yours,

Ray Gunn

Tee 씨,

귀사가 우리에게서 최근 파손된 제품을 받으신 것에 대해 몹시 죄송하게 생각합니다.

우리는 지금 운송 중 열악한 기후 때문에 제품이 파손되었다고 하는 운송 회사와 협의 중입니다.

당신의 배상 문제에 대해 운송 회사와 합의를 볼 때까지 우리에게 시간을 조금만 더 주시길 바랍니다.

Ray Gunn

sample 3

Dear Mr. Miller,

We are really sorry to hear about the beverages you ordered having been received in a damaged condition.

It is obvious that something must have gone wrong during transportation. There's no question that we will certainly exchange your goods. Please bear with us while we negotiate with the transportation company regarding this problem.

Yours sincerely,

Justin Case

Miller 씨,

당신이 주문하신 음료를 파손된 상태로 받으셨다는 소식을 듣게 되어 매우 유감입니다.

분명 운송 과정에 문제가 생긴 것 같습니다. 이에 당신의 물건을 반드시 교환할 것이라는 것은 의심의 여지가 없습니다. 운송 회사와 본 문제에 대한 협의가 될 때까지 조금만 기다려 주시길 바랍니다.

Justin Case

sample 4

Dear Mr. Taylor,

Thank you for your letter dated June 13, 2019.

We were extremely sorry to hear that some products in our shipment were seriously damaged. After careful inspection, we found that the damage was caused by improper packing. Please accept our sincere apologies for this.

Be assured that we have sent you some products in perfect condition to replace the damaged ones. They will arrive at your port next Monday. Please let us know when you receive the goods. We promise that such an error will not happen again.

Sincerely yours,

Jocky Wilson

Taylor 씨,

2019년 6월 13일에 보내 주신 메일 감사합니다.

우리가 배송해 드린 제품 일부가 심하게 파손되었다는 소식을 듣고 매우 유감스럽게 생각합니다. 자세한 조사 결과 부적합한 포장 때문에 피해가 발생한 것으로 확인되었습니다. 이에 대한 우리의 진실한 사과를 받아 주시길 바랍니다.

파손된 제품을 대체할 몇 가지 완벽한 상태의 제품을 보내 드렸으니 안심하십시오. 제품은 다음 주 월요일에 당신의 항구에 도착할 것입니다. 제품을 받으면 우리에게 알려 주시길 바랍니다. 이러한 실수가 다시는 일어나지 않을 것을 약속합니다.

Jocky Wilson

10 제품 불량

주요 목적:
제품 불량에 대해 문제를 제기한다.

작문 요점:
먼저 제품을 받았음을 알리고 **받은 제품 중에 불량 제품**이 있으며 이에 대해 실망했음을 드러낸다. **제품 어느 곳에 하자가 있었는지를 정확하게 설명**하고, 마지막으로 **자신이 바라는 해결 방법을 제시**하며 상대방에게 즉시 불량 제품을 교환해 주길 바란다는 희망을 전하며 글을 마무리한다.
냉정하고 감정을 절제한 어조를 사용하고, 상대방을 질책하거나 지적하지 않고 예의를 지켜 메일을 보내는 목적을 달성하자.

만능 활용 영어 작문 패턴

1. **I think that some of your products may have a problem.**
   당신의 일부 제품에 문제가 있는 것 같습니다.

2. **These parts don't fit properly with each other.**
   이 부품들은 조립이 잘 안 됩니다.

3. **We will send all the defective products to you for an exchange.**
   불량 제품을 보내 드릴 것이니 교환해 주시길 바랍니다.

4. **I regret to tell you that there are some impurities in your glass products.**
   당신의 유리 제품에 잡티가 있음을 알려 드리게 되어 매우 유감입니다.

5. **Please find attached photos of these defective goods.**
   불량 제품의 사진을 첨부하였습니다.

6. **We need replacements for these goods at once.**
   즉시 이 제품을 교환해 주시길 바랍니다.

7. **We request you find a solution for these defective goods.**
   이 불량 제품에 대한 해결 방안을 요청합니다.

   ▶ We request… | 우리는 …를 요청한다.

8. **We are wondering about the quality of your products.**
   당신의 제품 품질에 문제가 있는 것은 아닌지 의아스럽습니다.

9. This is a description of the problems the products have.
   이는 제품 문제에 대한 설명입니다.

10. Please offer us a solution to this problem.
    이 문제에 대한 해결 방법을 제시해 주시길 바랍니다.

11. We'd like to ask you to exchange the defective merchandise.
    불량 제품을 교환해 주시기 바랍니다.

12. The parts you have sent us can't be assembled.
    당신이 보내 주신 부품으로는 조립이 불가능합니다.

13. Please give us advice on how to clean up the spots on the surface of the products.
    제품 표면의 얼룩을 지울 방법에 대해 조언해 주시길 바랍니다.
    ❥ Please give us advice to··· | 우리에게 ···에 대해 조언해 주시길 바랍니다.

14. This defective merchandise will affect the aesthetic quality of the products.
    이 불량 제품은 제품의 미관에 영향을 미칠 것입니다.

15. These models do not match each other.
    이 모델들은 서로 일치하지 않습니다.

16. We hope you can recall the defective products.
    불량 제품을 리콜해 주시길 바랍니다.

17. We'd like to exchange these for new ones instead of repairing them.
    우리는 이 제품들을 수리하는 것이 아닌 교환해 주시길 바랍니다.

18. We can solve this problem by ourselves if you can give us some instructions.
    우리에게 약간의 설명만 해 주신다면 본 문제를 알아서 해결할 수 있습니다.

19. Please identify the defective products and give us a reasonable explanation.
    불량 제품을 확인해 주시고 우리에게 합당한 설명을 해 주시길 바랍니다.

20. We'll have to ask for compensation for the loss that has been caused by the defective goods.
    불량 제품들로 인해 초래된 손실에 대해 우리는 배상을 요청해야겠습니다.

sample 1

> File 98

Dear Mr. Walker,

Your delivery of the machines arrived yesterday. All the goods seem to be in good condition, but there is some problem in getting some of the machines to start. We don't know what is causing this issue.

Attached you'll find a description of the problem.

I look forward to your early reply.

Yours sincerely,

Les Dennis

Walker 씨,

당신이 보내 주신 기계들은 어제 도착했습니다. 모든 제품은 좋은 상태로 도착한 듯했으나 일부 기계들이 작동에 문제가 조금 있는 것 같습니다. 우리도 이 원인이 무엇인지 모르겠습니다.

문제에 대한 묘사를 첨부했으니 확인 부탁드립니다.

빠른 회신 기다리겠습니다.

Les Dennis

sample 2

Dear Mr. Hayers,

We have received the furniture that you sent to us yesterday, and we are glad to see that they are the same as the sample.

However, we also found that there are some small defects in some models. There are some spots on the surface of some items of furniture. Since these are high-class products, any defects make it impossible for us to accept them. We will have to ask for an exchange.

Your early reply would be appreciated.

Yours sincerely,

Dave Clifton

Hayers 씨,

어제 보내 주신 가구들을 받았습니다. 그리고 보내 주신 가구들이 샘플과 일치한 것에 대해 대단히 만족합니다.

하지만 일부 모델들에 작은 흠집들이 있음을 발견했습니다. 일부 가구의 표면에 잡티들이 있었습니다. 이 제품들은 고급 제품들이기 때문에 조금의 흠집도 용납되지 않습니다. 교환 부탁드리겠습니다.

빨리 회신해 주시면 감사하겠습니다.

Dave Clifton

sample 3

Dear Mr. Bruno,

We are writing to tell you that we have received order No. 569825. The design and style of the products are just what we expected.

Unfortunately, we also found defects on some of the products. The color of some products is lighter than it should be. Attached are some pictures of them for you. We hope that you can find a solution to solve this problem.

Your early reply would be highly appreciated.

Yours sincerely,

Alex Brody

Bruno 씨,

주문번호 569825번 제품들을 받았음을 말씀드리고자 메일 보냅니다. 제품의 디자인과 스타일은 우리가 기대했던 것과 일치했습니다.

하지만 유감스럽게도 일부 제품에서 결함을 발견했습니다. 일부 제품들의 색상이 원래의 색상보다 살짝 밝습니다. 사진 몇 장 첨부했습니다. 당신이 이 문제를 해결할 방안을 찾길 바랍니다.

빨리 회신해 주시면 감사하겠습니다.

Alex Brody

11 제품 불량에 대한 사과

주요 목적:

제품 불량에 대해 사과한다.

작문 요점:

먼저, 보낸 제품에 불량 제품이 있었다는 것에 대해 사과하고 용서를 구한다. 그다음 **제품 불량 원인이 무엇인지 설명**하고 기꺼이 **불량 제품을 교환해 줄 것을 명시**한다. 만약 배상을 요구했다면 자신이 그에 대해 받아들일 수 있는지 상대방에게 알려 준다. 받아들일 수 없다면 완곡한 어조로 상대방에게 합당한 이유를 설명한다. 마지막으로 상대방에게 다시 한번 사과의 뜻을 표하고 다시는 이런 일이 발생하지 않을 것이라고 약속하며 글을 마무리한다.

진실된 태도와 부드러운 어조를 사용해야 하며, 자신의 협조 의지를 보이는 것이 좋다.

만능 활용 영어 작문 패턴

1. **We are very sorry you found some defects in our products.**
   일부 제품에 결함이 있었던 것에 대해 사과드립니다.

2. **We will give you a refund for this.**
   이에 대한 환불을 진행해 드리겠습니다.

3. **Please return the defective goods to us.**
   우리에게 불량 제품을 반송해 주시길 바랍니다.

4. **We do apologize for these substandard goods.**
   본 하자 제품들에 대해 사과드립니다.

5. **We will exchange these substandard goods for new ones.**
   이 불량 제품들을 새 제품들로 교환해 드리겠습니다.

6. **Please accept our apology for all the trouble.**
   이로 인해 초래된 모든 문제에 대한 우리의 사과를 받아 주시길 바랍니다.

7. **We will return the money to you for the defective goods.**
   불량 제품에 대해서는 환불해 드리겠습니다.

8. **It must have occurred during the process of production.**
   제품 생산 과정에서 발생한 것이 틀림없습니다.

9. **We have taken steps that will help avoid the reoccurrence of such cases in the future.**
   앞으로 이러한 문제가 다시는 발생하지 않도록 조처했습니다.

10. **We will offer two new packs of goods free of charge.**
    무료로 제품 두 상자를 보내 드리겠습니다.

11. **We have found a method to deal with the defective goods.**
    본 불량 제품을 처리할 방법을 고안해 냈습니다.

12. **We are sorry for the careless examination on the goods.**
    제품을 주의 깊게 검사하지 못한 점에 대해 죄송합니다.

13. **We will replace the defective goods for you immediately.**
    즉시 불량 제품을 교환해 드리겠습니다.

14. **We will deal with this problem as you requested.**
    당신이 요청하신 대로 본 문제를 해결하겠습니다.
    ● We will deal with…as you requested.
       우리는 당신이 요청하신 대로 …를 해결할 것이다.

15. **We will send the new goods to you as quickly as possible.**
    가능한 한 빨리 당신께 새 제품들을 보내 드리겠습니다.

16. **Please send the defective goods back for us to examine.**
    검사를 위해 불량품들을 우리에게 반환해 주시길 바랍니다.

17. **We can offer you a discount for these defective goods.**
    이런 불량품들에 대해 우리는 할인을 적용해 드릴 수 있습니다.

18. **The analysis showed that the problem can be solved easily.**
    분석 결과 문제는 쉽게 해결될 수 있을 듯합니다.

19. **Thank you for your understanding, and we will strive to offer the best service to you in the future.**
    이해해 주셔서 감사하며, 앞으로도 당신에게 최고의 서비스를 제공하도록 노력하겠습니다.

20. **We are happy to exchange the goods with you.**
    기꺼이 당신께 제품을 교환해 드리겠습니다.

sample 1

[File 99]

Dear Mr. Lawell,

We are really sorry to hear about the defective goods in the order. This was caused by an issue in our production process. We will exchange these defective items for you immediately. Please accept our deepest apologies for any inconvenience that this has brought to you. We assure you that we will strengthen quality control to avoid such a thing from happening again.

We hope you can continue to support us, and we will strive to offer our best service to you in the future.

Yours sincerely,

Duncan Ferguson

Lawell 씨,

당신이 주문한 것에 불량 제품이 있다는 소식을 들었습니다. 진심으로 죄송합니다. 이는 우리의 생산 과정 중에 발생된 문제였습니다. 즉시 당신께 이 제품들에 대한 교환을 진행해 드리겠습니다. 이에 당신께 초래된 모든 불편에 대한 우리의 깊은 사과를 받아 주시기 바랍니다. 향후 이러한 실수가 다시는 발생하지 않도록 우리의 품질 향상에 노력할 것을 약속드리겠습니다.

앞으로도 당신이 계속해서 우리를 지지해 주시기 바라며, 앞으로도 당신께 최상의 서비스를 제공할 수 있도록 노력하겠습니다.

Duncan Ferguson

sample 2

Dear Mr. Justin,

We are so sorry for the defective goods that have been delivered to you. We will exchange them with new ones for you at once. Naturally, the delivery costs will be paid by us. Please accept our sincere apologies for any trouble it has brought to you.

Your understanding would be highly appreciated. We will make certain that this won't happen again.

Yours sincerely,

John Brown

Justin 씨,

당신께 배송해 드린 제품 중 일부 불량 제품들에 대해 진심으로 사과드립니다. 즉시 당신께 새 제품으로 교환해 드리겠습니다. 물론 운송비는 우리가 부담할 것입니다. 이로 인해 초래된 모든 문제에 대한 우리의 진심 어린 사과를 받아 주시기 바랍니다.

이해해 주신다면 대단히 감사하겠습니다. 앞으로 다시는 이런 문제가 발생하지 않도록 주의하겠습니다.

John Brown

sample 3

Dear Mr. Wright,

We are extremely sorry for the defective goods found in the shipment, and of course we will replace these immediately. The replacements will be promptly shipped to you prepaid. We will make sure that this won't happen a second time.

Thanks for your understanding.

Yours sincerely,

Tom Grass

Wright 씨,

운송 중에 발견된 불량품에 대해 대단히 죄송합니다. 당연히 즉시 그것들을 교환해 드려야 마땅합니다. 대체품들의 운송비는 우리가 부담해 즉시 당신께 보내 드리겠습니다. 다시는 이러한 일이 발생하지 않을 것을 약속합니다.

이해해 주셔서 감사합니다.

Tom Grass

sample 4

Dear Mr. Smith,

In your letter, you said that there are a lot of flaws in the sofa cushions we sent to you. We are really sorry about this. It's evident that this is our fault.

After we received your letter, we immediately sent you replacement sofa cushions. You will receive them on June 5. To express our regret, we have decided to give you a discount of 25%. We hope you are satisfied with our service.

Please accept our heartfelt apologies for any inconvenience this may have caused.

Sincerely yours,

Teresa Green

Smith 씨,

당신이 보내 주신 메일에 따르면 우리가 보내 드린 소파 쿠션 중 불량 제품이 매우 많다고 했습니다. 이에 대해 진심으로 사과드립니다. 이는 명백한 우리 측의 잘못입니다.

당신이 보내 주신 메일을 받고 우리는 즉시 교환 제품들을 보내 드렸습니다. 당신은 6월 5일에 그것들을 받게 되실 것입니다. 우리의 사죄의 뜻을 표하고자 당신께 25%의 할인율을 적용해 드리기로 했습니다. 당신이 우리의 서비스에 만족하시길 바랍니다.

이로 인해 초래된 모든 불편에 대한 우리의 진심 어린 사과를 받아 주시기 바랍니다.

Teresa Green

12 서비스 불만족

주요 목적:
불만족스러운 서비스에 대한 문제를 제기한다.

작문 요점:
서비스에 대한 문제 제기에는 **어느 부분에 대해 불만족했는지, 불만의 이유가 무엇인지, 이에 대한 합당한 해명 요구 및 상대방이 어떤 조치를 취하길 바라는지** 등의 사항을 언급해야 한다. 필요에 따라 상대방의 서비스 태도가 자신에게 어떤 피해를 입혔는지를 설명하고 손해 배상을 요구할 수 있다.

글을 작성할 때 어조는 반드시 냉정하고 감정을 절제하도록 하며, 상대방을 질책하거나 지적하지 않고 예의를 지키도록 주의해 메일을 보내는 목적을 달성하자.

만능 활용 영어 작문 패턴

1. **Your attitude disappointed us a lot.**
   당신의 태도에 우리는 매우 실망했습니다.

2. **We are really surprised at the attitude of your receptionist.**
   우리는 당신의 안내원의 태도에 매우 놀랐습니다.
   ▶ We are surprised at… | 우리는 …에 매우 놀랐다.

3. **The service provided by your service men was unsatisfactory.**
   당신의 고객 접대 사원들이 제공한 서비스는 매우 불만족스러웠습니다.

4. **I have to say that your after-sales service was unsatisfactory on this occasion.**
   이번 기회에 당신의 애프터서비스가 매우 불만족스러웠다고 말해야겠습니다.

5. **I regret to inform you that we are very disappointed with your service.**
   우리가 당신의 서비스에 매우 실망했음을 알려 드리게 되어 유감입니다.

6. **I would like my purchase to be refunded if this can't be satisfactorily explained.**
   합당한 설명이 없을 경우 환불을 요청하고자 합니다.

7. **We are requesting a prompt response on this matter.**
   본 문제에 대한 즉각적인 조치를 요청합니다.

8. **We are looking forward to hearing your solution regarding this issue.**
   본 문제에 대해 당신이 해결 방안을 제시해 주시길 기대하고 있습니다.

9. **We hope you can provide a reasonable response on this matter.**
   본 문제에 대한 합당한 조치를 취해 주시기 바랍니다.

10. **I'd like to return my purchase.**
    제 구매품을 환불하고 싶습니다.

11. **As I can't exchange the goods, I have to ask for a refund.**
    교환이 어렵다니 환불해 주시기 바랍니다.

12. **This problem was due to the mistakes made by your personnel.**
    본 문제는 당신 직원의 실수로 발생하게 된 것입니다.

13. **We have to request you investigate this incident thoroughly.**
    당신이 본 문제에 대해 확실히 조사해 주시길 요청할 수밖에 없습니다.

14. **We will ask you for a full refund.**
    우리는 당신께 전액 환불을 요청할 것입니다.

15. **Your attitude will cause great losses to your company.**
    당신의 태도는 당신 회사에 큰 손실을 야기할 것입니다.

16. **The main reason was due to careless packing.**
    주원인은 부주의한 포장 때문이었습니다.
    🏷 The main reason was due to… | 주원인은 …때문이다.

17. **The behavior of your personnel really dissatisfied us.**
    당신 직원의 행동은 우리를 매우 실망시켰습니다.

18. **We can't pay for the maintenance.**
    우리는 수리 비용을 지급할 수가 없습니다.

19. **Next time we will consider working with another partner if we can't get a reasonable explanation for this.**
    본 문제에 대해 합당한 설명을 우리에게 해 주실 수 없다면 추후 우리는 다른 파트너를 고려할 것입니다.

20. **Your attitude will affect the reputation of your company.**
    당신의 행동은 당신 회사의 평판에 영향을 미치게 될 것입니다.

sample 1

> File 100

Dear Mr. Kent,

I'm writing about the products that we sent to you to be repaired.

These products came with a two year limited warranty, and we bought them less than one year ago. According to this, we need not pay anything for the repairs, but your after-sales service staff has a different opinion on this, leaving us feeling very disappointed.

We urgently request a reasonable explanation from you regarding this.

Yours sincerely,

Jackie Harvey

Kent 씨,

우리가 당신께 수리를 위해 보내 드린 제품과 관련해 씁니다.

이 제품은 2년간의 보증 기간을 갖고 있으며 우리는 이 제품을 구매한 지 1년도 되지 않았습니다. 이에 따르면 우리는 어떤 수리 비용도 지급할 필요가 없습니다. 하지만 당신의 애프터서비스 직원은 다른 의견을 가지고 있었으며 이는 우리에게 큰 실망감을 안겨 주었습니다.

이에 대한 합당한 설명을 시급히 요청합니다.

Jackie Harvey

sample 2

Dear Mr. Nichol,

We delivered the defective products to you over one month ago, but we still have not received them as of now. The answer of your RMA Dept. is always that "they are still being repaired", with no timescale given for this process being completed. We don't feel it should require such a long time to repair them. Please clearly explain to us the process.

We are looking forward to your early reply.

Yours sincerely,

Robert Moon

Nichol 씨,

우리가 불량 제품을 당신께 보내 드린 지 한 달이나 넘었지만 우리는 아직도 그것들을 받지 못했습니다. 당신 RMA 부서의 대답은 항상 "수리 진행 중"이었으며 언제 이 절차가 완료되는지에 대한 설명은 없었습니다. 그것들을 수리하는 데 이렇게 오랜 시간이 걸릴 것이라고 생각하지 않습니다. 부디 진행 사항에 대한 자세한 설명을 해 주시기 바랍니다.

빠른 회신 기다리겠습니다.

Robert Moon

sample 3

Dear Mr. Thomas,

I'm writing to tell you that we have already asked you to redecorate some rooms in the department, namely to repaint the walls. As of now, no workman has yet come here to deal with this. I really want you to tell me the reason for this delay.

Your early reply would be appreciated.

Yours sincerely,

Sam Yang

Thomas 씨,

일부 방의 벽 페인트가 벗겨진 것에 대해 다시 칠하기를 이미 요청했습니다. 지금까지는 당신으로부터 본 문제를 해결하기 위한 어떤 인력도 배정받지 못했습니다. 본 지연에 대한 이유를 말씀해 주시기 바랍니다.

빨리 회신해 주시면 대단히 감사하겠습니다.

Sam Yang

13 서비스 불만족에 대한 사과

주요 목적:

서비스 불만족에 대해 사과한다.

작문 요점:

먼저 **불만족스러운 서비스에 대해 사과**를 드리고 용서를 구한다. 이어서 **원인에 대해 설명**한다. 필요에 따라 **이 사건의 처리 결과를 설명**해도 좋다. 마지막으로 다시 한번 사과의 마음을 전한다.

글을 쓸 때는 부드러운 태도와 예의있는 말투 및 어휘를 사용한다. 상대방의 배상 요구에 대해서는 자신의 잘못인 경우 책임을 지도록 하며, 자신의 잘못이 아닌 경우 완곡하게 거절하도록 하자.

만능 활용 영어 작문 패턴

1. **We are so sorry for the impolite attitude of our employee last time.**
   지난번 우리 직원의 무례한 태도에 대해 진심으로 사과드립니다.

2. **I'm writing to express our deep apologies for your dissatisfaction with our representative's attitude during your last meeting.**
   지난번 회의에서 우리 측 대표단의 태도에 불만족하신 것에 대해 깊이 사과를 드리고자 합니다.

3. **On this issue we accept that it is our fault.**
   본 문제는 우리 측의 잘못이 맞습니다.

4. **We hope that you can find it in your heart to forgive us this time.**
   부디 당신이 이번에 우리를 용서해 주실 수 있길 바랍니다.

5. **We will make sure that such a situation won't happen again.**
   우리는 이러한 상황이 다시는 발생하지 않을 것임을 약속합니다.

6. **We will investigate the responsibility of the involved persons.**
   우리는 연루된 직원을 조사하고 책임을 묻도록 하겠습니다.

7. **I'm sorry for the disagreement yesterday.**
   어제의 논쟁에 대해 매우 죄송합니다.

8. **We are sorry for our staff being rude to you.**
   우리 직원이 무례하게 군 것에 대해 진심으로 죄송합니다.

9. This was a mistake caused by us.
   이는 우리 측의 실수였습니다.

10. Please accept our earnest apology for the wrongdoing of our receptionist.
    우리 측 안내원의 행동 실수에 대한 진실한 사과를 받아 주시기 바랍니다.

11. We hope that we can settle this problem promptly.
    우리는 이 문제를 빨리 해결할 수 있기를 바랍니다.

12. We agree with the demands that you have made.
    당신이 제시하신 요구에 대해 동의합니다.
    ● We agree with… | 우리는 …를 동의하다.

13. We are sorry that we didn't get this right first time.
    전에도 비슷한 실수를 했던 것에 대해 사과드립니다.

14. We will strive to offer the best service to you in the future.
    앞으로 당신께 최고의 서비스를 제공할 수 있도록 노력하겠습니다.

15. You remain our respected customer.
    당신은 여전히 우리가 존경하는 고객님이십니다.

16. We are sure that this is the last time that such mistake will happen.
    이러한 실수가 일어나는 것도 이번이 마지막일 것이라 약속합니다.

17. We should have discovered this problem earlier.
    우리는 본 문제를 더 일찍 발견했어야 했습니다.
    ● We should have… | 우리는 …했어야 했다.

18. I hope that this slip-up hasn't caused you much trouble.
    본 실수가 당신께 큰 문제를 초래하지 않았길 바랍니다.

19. We will try our best to improve our service quality from now on.
    앞으로 우리의 서비스 품질 향상을 위해 최선을 다하겠습니다.
    ● We will try our best to… | 우리는 …하기 위해 최선을 다할 것이다.

20. We are extremely sorry for this oversight.
    본 부주의에 대해 진심으로 죄송합니다.

sample 1

Dear Mr. Johnson,

We are very sorry for the problems on the glamorous portrait shots.

As you know, we are trying to beautify these shots now. We need some time to polish the details of these photos in order to make them perfect. Please accept our deepest apologies for the inconvenience this has caused you.

We hope you can accept this, and we will try our best to resolve everything as early as possible.

Yours sincerely,

Harold Bishop

MMM Studio

Johnson 씨,

매력적인 초상화 사진에 문제가 발생한 것에 대해 대단히 죄송합니다.

아시다시피 우리는 이런 사진들을 최대한 미화하고자 했습니다. 우리는 이 사진들을 보다 완벽하게 만들기 위해 수정할 시간이 필요합니다. 이로 인해 초래된 불편에 대한 우리의 깊은 사과를 받아 주시기 바랍니다.

본 상황에 대한 양해 부탁드리며 가능한 한 모든 것을 해결하기 위해 노력하겠습니다.

MMM 스튜디오
Harold Bishop

sample 2

File 101

Dear Mr. Urban,

We are really sorry to have kept you waiting for the repair of your mobile phone.

Our maintenance personnel are trying our best to repair your mobile phone now. We need to make sure that every part of your mobile phone will perform well after the repair work has been carried out, so we are very carefully checking it. The repairs will be accomplished this week.

Your understanding would be much appreciated.

Yours sincerely,

Jackie Pan

Urban 씨,

당신의 핸드폰 수리를 오래 기다리게 해 드려 대단히 죄송합니다.

우리 수리 기사는 지금 최선을 다해 당신의 핸드폰을 수리하고 있습니다. 우리는 수리가 완료된 후 당신 핸드폰의 모든 부분이 완벽하게 작동할 수 있도록 매우 섬세하게 확인을 하고 있습니다. 수리는 이번 주에 완료될 것입니다.

이해해 주셔서 대단히 감사합니다.

Jackie Pan

sample 3

Dear Ms. Linda,

First, we are very sorry you were unhappy with the attitude of the receptionists during your last visit here. I'm writing to express my deepest apologies to you.

As to the design of the shop front, we have followed your instructions in regards to decorating it. If you are dissatisfied with it, we can change it to another style if you like at a lower fee.

We hope you can accept this. We are looking forward to your early reply.

Yours sincerely,

Gavin Hastings

> Linda 씨,
>
> 먼저 지난번에 선생님께서 이곳에 방문하신 동안, 우리 안내원의 태도에 불쾌해 하신 것에 대해 진심으로 사과 드립니다. 제 깊은 사과의 마음을 전하고자 합니다.
>
> 상가 전면 디자인에 관해 우리는 선생님의 지시에 따라 작업을 진행했습니다. 이에 만족하지 못하시는 경우 보다 낮은 가격으로 선생님께서 좋아하시는 스타일로 수정해 드리겠습니다.
>
> 이를 받아 주시길 바랍니다. 빠른 회신 기다리겠습니다.
>
> Gavin Hastings

14 송금 지연에 대한 사과

주요 목적:

송금 지연에 대해 사과한다.

작문 요점:

먼저 송금 지연에 대해 사과를 하고 용서를 구하도록 한다. 이어서 송금이 지연되는 이유를 설명하도록 하며, 그 이유는 반드시 진실되어야 한다. 만약 자신이 이미 송금을 했다면 대금이 입금되는 시간을 알리도록 하고, 아직 송금을 못한 경우 언제 대금을 지급할 것인지를 알리도록 한다.

글은 최대한 간략하게 작성하도록 하며, 진실한 태도와 따뜻한 말투로 상대방이 자신을 이해해 줄 수 있길 바라는 마음을 전한다.

☁ 만능 활용 영어 작문 패턴

1. **I'm terribly sorry for remitting the money so late.**
   이렇게 늦게 송금해 드려 대단히 죄송합니다.

2. **Your understanding will be much appreciated.**
   이해해 주실 수 있다면 대단히 감사하겠습니다.

3. **We will make certain that this is the last time such a delay occurs.**
   우리는 다시는 이러한 지연이 발생하지 않을 것임을 보장해 드립니다.
   🏷 We will make certain that… | 우리는 …임을 보장한다.

4. **The main reason is because of a shortage of money.**
 주원인은 자금 부족 때문입니다.
 - The main reason is because of… | 주원인은 …때문이다.

5. **Please accept our earnest apology regarding the late remittance.**
 송금 지연에 대한 우리의 진심 어린 사과를 받아 주시기 바랍니다.
 - Please accept our earnest apology regarding…
   …에 대한 우리의 진심 어린 사과를 받아 주시기 바랍니다.

6. **We will send the remittance to you immediately.**
 우리는 즉시 대금을 지급하겠습니다.

7. **Please excuse us for this act of negligence.**
 우리의 부주의에 대해 용서해 주시기 바랍니다.
 - Please excuse us for… | 우리의 …에 대해 용서해 주시기 바랍니다.

8. **We are very sorry, but this was not intentional.**
 진심으로 죄송합니다만, 이는 고의가 아니었습니다.

9. **We can ensure that there won't be any more such delays.**
 향후 다시는 이러한 지연이 없을 것임을 보장할 수 있습니다.
 - We can ensure that… | 우리는 …를 보장할 수 있다.

10. **We are very sorry for the trouble it may cause you.**
 이로 인해 초래된 불편에 대해 진심으로 죄송합니다.

11. **The reason was mainly because of the decline in sales.**
 주원인은 판매량 하락 때문이었습니다.

12. **You will receive the remittance tomorrow morning.**
 내일 오전에 대금을 받을 수 있으실 것입니다.

13. **The money will be transferred to you immediately.**
 돈은 즉시 송금될 것입니다.

14. **It is because our products haven't yet sold out.**
 우리의 제품이 아직 팔리지 못했기 때문입니다.
 - It's because… | …때문이다.

15. **We are fully responsible for the delay of transference.**
 송금 지연은 전적으로 우리 책임입니다.

16. We promise that we will transfer the money on time in the future.
앞으로 제시간에 송금해 드릴 것임을 약속합니다.

17. We will transfer the money into your account at once.
즉시 당신의 계좌로 송금해 드리겠습니다.

18. Please accept our sincere apology for the inconvenience.
불편함에 대한 우리의 진심 어린 사과를 받아 주시기 바랍니다.

19. We have credited a total of two million dollars to your bank account.
총 200만 달러를 당신의 계좌로 송금해 드렸습니다.

20. We will try our best to avoid such problems in the future.
앞으로 이러한 문제가 다시는 발생하지 않도록 최선을 다하겠습니다.

sample 1　　　　　　　　　　　　　　　　　　　　　　　　　　　　📄 File 102

Dear Mr. Keller,

We are very sorry for the late remittance.

Because of the present market conditions, we have faced some difficulties regarding the turnover of funds. Please accept our sincere apology.

We will transfer the money to you immediately. We have taken steps to ensure that this is the last time that such a thing could happen.

Yours sincerely,

Jamie Jones

- -

Keller 씨,

송금을 늦게 해 드려 대단히 죄송합니다.

당면한 시장 상황 때문에 우리의 자금 회전에 약간의 어려움이 있었습니다. 우리의 진심 어린 사과를 받아 주시기 바랍니다.

즉시 당신께 송금해 드리겠습니다. 이러한 상황이 발생하는 경우가 이번이 마지막이 되도록 하겠습니다.

Jamie Jones

sample 2

Dear Mr. Neilsen,

We are very sorry for the delay in transferring the money to you.

The reason was mainly because we have been expanding our business recently, which led to some cash flow problems. We will remit the money to you at once. Please accept our apologies for this.

Your understanding will be highly appreciated.

Yours sincerely,

Andy Campbell

Neilsen 씨,

송금 지연에 대해 진심으로 사과드립니다.

이렇게 된 주원인은 우리가 최근 사업을 확장하고 있는데 이것이 약간의 자금 문제를 초래했기 때문입니다. 즉시 당신께 대금을 보내 드리겠습니다. 이번 일에 대한 우리의 사과를 받아 주시기 바랍니다.

이해해 주시면 대단히 감사하겠습니다.

Andy Campbell

sample 3

Dear Mr. Miller,

We are very sorry for remitting the money so late. I'm writing to show our deep regret for this.

The reason this occurred was mainly because challenging market conditions led to lower sales than we had projected. We will send the money to you at once, and you can be sure that such a delay won't happen a second time.

Thank you for your understanding.

Yours sincerely,

Chris Owens

Miller 씨,

이렇게 늦게 송금해 드리게 되어 대단히 죄송합니다. 이에 대한 우리의 깊은 유감을 표하고자 합니다.

이런 상황이 일어나게 된 주원인은 열악한 시장 상황으로, 이는 우리가 기대했던 판매량에 미치지 못한 결과를 초래했습니다. 즉시 당신께 대금을 보내고 또한 다시는 이러한 송금 지연이 발생하지 않을 것임을 약속합니다.

이해해 주셔서 대단히 감사합니다.

Chris Owens

15 회신 지연에 대한 사과

주요 목적:
즉시 회신을 하지 못한 것에 대해 사과한다.

작문 요점:
먼저 바로 회신을 드리지 못한 것에 대해 사과하고 용서를 구한다. 이어서 업무량이 너무 많아서, 출장을 가 있어서, 가족을 돌보느라 등 직접적인 원인을 설명한다. 마지막으로 상대방의 지난 메일 내용에 대한 회신을 한다.
글을 쓸 때는 상대방이 가식적이라 느끼지 않도록 진지하고 성실한 말투를 사용하도록 하자.

만능 활용 영어 작문 패턴

1. I'm sorry for responding to you after such a delay.
이렇게 지연된 후에 회신을 드리게 되어 죄송합니다.

2. I've been busy with business all day, so I have had little time to respond.
하루 종일 사업으로 바빠서 회신할 시간이 거의 없었습니다.
🏷 I've been busy with… | 나는 …로 바빴다.

3. **I do apologize for responding to your letter so late.**
늦게 회신하는 것에 대해 사과드립니다.

4. **Please excuse me for the late reply.**
제 늦은 회신을 용서해 주시기 바랍니다.

5. **I look forward to talking about it with you face to face.**
당신과 대면하고 이야기를 나눌 수 있길 바랍니다.

6. **I'm sorry for responding so late on account of my business trip.**
출장으로 인해 늦게 회신을 드리게 된 것에 대해 사과드립니다.

7. **Please pardon me for the late reply.**
회신이 늦은 것에 대해 용서해 주시기 바랍니다.

🔖 Please pardon me for… | 저의 …를 용서해 주시기 바랍니다.

8. **I'm terribly sorry for getting back to you so late.**
이렇게 늦게 회신을 드리게 된 것에 대해 진심으로 죄송합니다.

9. **It has really been a busy month.**
매우 바쁜 한 달이었습니다.

10. **I have been tied up at work.**
저는 일에 묶여 있었습니다.

🔖 …have / has been tied up with… | …에 묶여 있었다.

11. **I have a different opinion on the suggestion you mentioned in the letter.**
당신이 편지에서 언급하신 제안에 대해 저는 다른 의견을 가지고 있습니다.

🔖 I have a different opinion on… | 나는 …에 대해 다른 의견을 가지고 있다.

12. **Shall we arrange a meeting to discuss this?**
이에 대해 논의하기 위한 미팅을 조정할 수 있을까요?

13. **I'm looking forward to meeting with you.**
당신을 뵙길 고대하겠습니다.

14. **I can largely accept your proposal, with the exception of a few items.**
몇 가지 사항을 제외하고는 대체적으로 당신의 제안에 동의합니다.

15. **I'm sorry for the different opinions between us.**
우리 양측의 의견 차이에 대해 매우 유감입니다.

16. I'm sorry that we can't accept the proposal you made in your letter
당신이 편지에서 한 제안을 받아들일 수 없어 유감입니다.

17. I hope we can have a face-to-face talk regarding this issue.
본 문제에 대해서는 대면해서 이야기를 나눌 수 있길 바랍니다.

18. We can discuss the fine detail when we meet each other.
서로 만나서 관련된 세부 사항들에 대해 의논하겠습니다.

19. I'll respond to the letter as quick as I can next time.
다음번에는 반드시 가능한 한 빨리 회신을 드리겠습니다.

20. I will respond to you immediately next time.
다음번에는 즉시 회신하겠습니다.

sample 1

Dear Mr. White,

Sorry to write back to you so late.

I have been busy with business all day, so I failed to respond to your letter promptly. Please pardon me for that.

I think we need to meet each other and talk about this issue face to face, so that we can discuss it in more detail. Please tell me when would be convenient for you.

I look forward to your reply.

Best regards,

William Park

White 씨,

너무 늦게 회신을 드려 죄송합니다.

하루 종일 사업으로 바빠서 즉시 회신을 드릴 수 없었습니다. 용서해 주실 수 있길 바랍니다.

본 문제에 대해 서로 대면해서 이야기를 나눠야 더 세부적인 내용에 대해 논의할 수 있다고 생각합니다. 언제가 편하신지 말씀해 주시기 바랍니다.

회신 기다리겠습니다.

William Park

sample 2

Dear Mr. Crown,

Please excuse me for the late response.

Work is so busy at the end of the month, so much so that I have had little time to respond to received communications. I have a difference of opinion reagrding your proposal, but feel it would be better for us to have a meeting and discuss these issues more deeply. How about I pay a visit to you some time in the next few days?

Please let me know what time would be convenient.

Best regards,

Matthew Holness

Crown 씨,

회신을 늦게 해드린 것에 대해 용서해 주시기 바랍니다.

월말에 일이 너무 바빠 받은 연락에 대해 회신할 시간이 없었습니다. 저는 당신의 제안에 대해서 다른 의견을 가지고 있습니다. 하지만 본 문제에 대해 보다 깊이 논의하기 위한 미팅을 조정하는 것이 우리 양측 모두에게 좋을 듯합니다. 조만간 제가 당신을 방문하는 것은 어떨까요?

언제가 편하실지 말씀해 주시기 바랍니다.

Matthew Holness

sample 3

📄 File 103

Dear Mr. Jackson,

First, I apologize for the late reply.

I have been on a business trip these past three days, so I have had very little time to reply to your e-mails. Please excuse me for that.

Regarding the proposal you have mentioned, I think further negotiation is needed to reach an agreement between us. Shall we have a meeting this Tuesday morning?

Best regards,

Dean Lerner

Jackson 씨,

먼저 늦은 회신에 대해 사과드립니다.

지난 3일간 출장으로 바빠 회신할 시간이 없었습니다. 이에 대해 용서해 주시기 바랍니다.

당신이 언급하신 제안에 대해서는, 우리 양측 간의 합의를 위한 추가적인 협의가 필요할 듯합니다. 이번 주 화요일 아침에 미팅을 가질 수 있을까요?

Dean Lener

sample 4

Dear Mr. Rough,

Please accept my sincere apology for not replying to your E-mail promptly.

I have been preparing for the upcoming board meeting, so I have had no time to check my mailbox - sorry about that.

I am very happy to hear that you will come to our city, and I look forward to meeting you in our office to talk about our contract.

Best regards,

Eric Bana

Rough 씨,

당신의 메일에 바로 회신해 드리지 못한 것에 대한 제 진심 어린 사과를 받아 주시기 바랍니다.

이사회 회의를 준비하느라 바빠서 메일함을 열어 볼 시간이 없었습니다. 이에 대해 진심으로 죄송합니다.

당신이 우리 도시에 오신다는 소식을 듣게 되어 매우 기쁩니다. 또한 우리 사무실에서 만나 우리 계약과 관련한 이야기를 나눌 수 있길 고대하겠습니다.

Eric Bana

sample 5

Dear Mr. Foster,

Please excuse me for getting back to you so late. I was off work for one week due to illness, hence I have failed to respond to your letter until now.

As for the compensation you mentioned, I can't give you an answer today. After consultation with the board, I will be able to give you a definite answer.

Yours truly,

Steven Tyler

Foster 씨,

너무 늦게 회신하는 것에 대해 용서해 주시기 바랍니다. 일주일간 병으로 출근을 하지 못해서 지금까지 회신하지 못했습니다.

당신이 언급하신 보상에 대해 저는 오늘 바로 답을 드릴 수 없음을 알려 드립니다. 이사회 회의를 거친 후에 확실한 답을 드리겠습니다.

Steven Tyler

Part 3
비즈니스 편지·문서 필수 지식

Chapter 1. 비즈니스 영어 줄임말
Unit 1 비즈니스 영어 상용 줄임말 | Unit 2 각 기구의 축약형
Unit 3 직무 상용 줄임말 | Unit 4 무역 상용 줄임말

Chapter 2. 업무 관련 용어
Unit 1 제품 관련 용어 | Unit 2 협상 관련 용어
Unit 3 자본 관련 용어 | Unit 4 회사 관련 용어
Unit 5 화물 운송 관련 용어

Chapter 3. 비용 지급 방법, 화물 운송 방법
Unit 1 비용 지급 방법 | Unit 2 화물 운송 방법

Chapter 4. 수출입 필요 문서
Unit 1 수입 필요 문서 | Unit 2 수출 필요 문서

Chapter 5. 영어 편지 축약형
Unit 1 편지 본문 상용 축약형 | Unit 2 기타 상용 축약형

Chapter 1
비즈니스 영어 줄임말

☰ Unit 1 비즈니스 영어 상용 줄임말

줄임말	영어	한국어
Acct.	account accountant accounting	계좌 회계사 회계
ACT	advance corporation tax	선납 법인세
Agt.	agent	대리인
ATM	Automatic Teller Machine	현금 자동 입출금기
A/W	air waybill	항공 화물 운송장
Depr.	depreciation	가치하락
diff.	difference	차액
Dis.	discount	할인
DJIA	Dow Jones Industrial Average (Stock Index)	다우존스 산업 지수
DJUA	Dow Jones Utility Average	다우존스 유틸리티 지수
doc. att.	documents attached	첨부 문서
EDI	electronic data interchange	전자데이터 교환
EDOC	effective date of change	유효 일자 변경
EMIP	equivalent mean investment period	등가 평균 투자 기간
EPS	earnings per share	주당이익, 주당배당
FAT	fixed asset transfer	고정 자산 이전
FCG	foreign currency guarantee	외화 지급 보증
FCL	full container load	만재화물
FCL/LCL	full container load / less (than)full container load	컨테이너 적재 총량 / 컨테이너 총량 분배
FS	final settlement	총 결산

줄임말	영어	한국어
FV	face value	액면가
FXRN	fixed rate note	고정 금리 노트
IDB	industrial development bond	산업진흥채
IDR	international depositary receipt	국제예탁증서
IRR	internal rate of return	내부수익률
IS	International Standards	국제 표준
ISIC	International Standard Industrial Classification	국제 표준 산업 분류
L.A.	(L/A) letter of authority	(L/A)신용장
	liquid assets	유동 자산
N.E.	net earnings	순수익
P&A	professional and administrative	직업 관리
P&L	profit and loss	손익
P.P.I.	policy proof of interest	이익 보험 증권
POE	port of entry	통관항
Q.	quantity	수량
QC	quality control	품질 관리
RAD	research and development	연구 및 개발
SFS	Summary Financial Statements	재무제표 개요
SIC	Standard Industrial Classification	표준산업분류
VAT	value added tax	부가 가치세
W.P.P.	waterproof paper packing	방수포장

Unit 2 각 기구의 축약형

줄임말	영어	한국어
ADB	Asian Development Bank	아시아개발은행
APEC	Asia-Pacific Economic Cooperation	아시아태평양경제협력체
ASEAN	Association of South East Asian Nations	동남아시아국가연합
CWTO	China Society for World Trade Organization Studies	중국세계무역기구연구회
EEC	European Economic Communities	유럽경제공동체
EFTA	European Free Trade Association	유럽자유무역연합
EU	Europe Union	유럽연합
GATT	General Agreement on Tariffs and Trade	관세 및 무역에 관한 일반 협정
G-8	Group of Eight	중남미 8개국 그룹
ICAO	International Civil Aviation Organization	국제민간항공기구
ISO	International Organization for Standardization	국제표준화기구
NAFTA	North American Free Trade Agreement	북미자유무역협정
OECD	Organization of Economic Cooperation and Development	경제협력개발기구
OEEC	Organization for European Economic Cooperation	유럽경제협력기구
OPEC	Organization of Petroleum Exporting Countries	석유수출국기구
WTCA	World Trade Centers Association	세계무역센터협회
WTO	World Trade Organization	세계무역기구
UNCTAD	United Nations Conference on Trade and Development	국제연합무역개발회의

Unit 3 직무 상용 줄임말

줄임말	영어	한국어
AAD	Associated Account Director Associated Art Director	부 회계 감독 부 미술 감독
ACD	Associated Creative Director	중간 관리자
AD	Account Director Art Director	회계 감독 미술 감독
AE	Account Executive	회계 임원
AM	Account Manager	회계 매니저
AP	Account Planner	회계 기획자
ASM	Area Sale Manager	지역 판매 매니저
CD	Creative Director	크리에이티브 디렉터
CAO	Chief Artistic Officer	최고 예술 관리자
CBO	Chief Business Officer	최고 비즈니스 관리자
CCO	Chief Cultural Officer	최고 문화 감독
CDO	Chief Development Officer	최고 개발 관리자
CEO	Chief Executive Officer	최고 경영자
CFO	Chief Finance Officer	최고 재무 관리자
CHRO	Chief Human Resource Officer	인사 담당 최고 책임자
CGH	Creative Group Head	크리에이티브 그룹 팀장
CIO	Chief Information Officer	최고 정보 관리 책임자
CKO	Chief Knowledge Officer	최고 지식 임원
CMO	Chief Marketing Officer	최고 마케팅 관리자
CNO	Chief Negotiation Officer	최고 협상 관리자
COO	Chief Operating Officer	최고 운영 책임자
CPO	Chief Public Relations Officer	최고 홍보 책임자
CRRO	Chief Risk Officer	경영 위험 전문 관리임원
CQO	Chief Quality Officer	품질 관리 최고 책임자
CSO	Chief Sales Officer	영업 담당 최고 책임자
CTO	Chief Technology Officer	최고 기술 경영자

줄임말	영어	한국어
CUO	Chief User Officer	고객 관리 최고 책임자
CVO	Chief Valuation Officer	평가 최고 책임자
CWO	Chief Women Officer	최고 여자 경영자
AVP	Assistant Vice President	부사장 조수
BM	Branch Manager	지사 매니저
DM	District Manager	지역 매니저
DCS	Director of Client Service	고객 서비스 감독
ECD	Executive Creative Director	크리에이티브 디렉터 임원
VP	Vice President	부사장
FVP	First Vice President	제1 부사장
HRD	Human Resource Director	인사 관리 감독
GAD	Group Account Director	회계팀 감독
GCD	Group Creative Director	크리에이티브팀 감독
GM	General Manager	총지배인
GMD	General Managing Director	총지배 감독
MD	Marketing Director Media Director	마케팅 감독 / 미디어 감독
MP	Media Planner	미디어 기획자
OD	Operations Director	운영 감독
OM	Operations Manager	운영 매니저
PL	Project Leader	프로젝트 리더
PM	Production Manager Product Manager Project Manager	생산 매니저 제품 매니저 프로젝트 매니저
PPM	Print Production Manager	인쇄 제작 매니저
RM	Regional Manager	지역 매니저
PS	Planning Supervisor	기획 총감
SE	System Engineer	시스템 엔지니어
TL	Team Leader	팀 리더
TM	Team Manager	팀 매니저

Unit 4 무역 상용 줄임말

줄임말	영어	한국어
B/L	bill of lading	선하 증권
C/D	customs declaration	관세 신고
CFR	cost and freight	운임 포함 가격
CIF	cost, insurance & freight	운임 보험료 포함 가격
CTN	carton	종이 상자
C.O	certificate of origin	원산지 증명서
D/A	document against acceptance	외상수출어음
DL	dollar	달러
D/P	document against payment	대금 지급 인환증
DOC	document	문서, 서류
DOZ	dozen	(한)다스
EA	each	매, 각각의
EMS	express mail service	국제 특급 우편
EXP	export	수출
FAC	facsimile	팩시밀리
FOB	free on board	본선 인도 가격
G.S.P.	Generalized System of Preferences	일반 특혜 관세 제도
G.W.	gross weight	총 중량
IMP	import	수입
INT	international	국제의
INV	invoice	송장
L/C	letter of credit	신용장
MAX	maximum	최대의, 최고한도의
MIN	minimum	최소의, 최저한도의
M	medium	중간의, 중등의
MT	metric ton	미터톤(1000kg)
N.W.	net weight	순중량
OII	overseas investment insurance	해외 투자 보험

줄임말	영어	한국어
O.P.	open policy	포괄 예정 보험 계약
opp	opposite	상대방
opt.	optional	opt. 선택의
ord.	ordinary	보통의
OS	out of stock	품절
O.T.	overtime	초과 근무
OTC	over-the-counter market	점두 시장
oz	ounce(s)	온스
PAC	put and call	해약 특권부 거래
PAYE	pay as you earn	세금 원천징수
PAYE	pay as you enter	승차 시 지급
PBT	profit before taxation	세전금 공제전 이익
P	paid this year	당해(적자) 지급
PCT	percent	백분율
P/C	price catalog price current	가격목록 시가표
P/E	price / earning	주가 수익
PEC/PCS	piece / pieces	개, 조각, 건 등의 단위
P/H	pier-to-house	항구에서 창고까지
PKG	package	패키지, (한)팩, (한)묶음 등
P/L	packing list	포장 명세서
P&I	clause protection and indemnity clause	보장 및 배상 조약
PMO	postal money order	우편환
P.O.C.	port of call	기항지
P.O.R.	payable on receipt	화물 상환불
POR	pay on return	수익
PR	payment received	대금 납부 완료
PUR	purchase	구입, 구매
QI	quarterly index	분기별 지수

줄임말	영어	한국어
QTIP	Qualified Terminal Interest Property Trust	권익을 중지할 수 있는 재산신탁을 덧붙임
R	option not traded	교역을 진행하지 않은 선물 옵션
R/A	refer to acceptor	(어음)인수인에게 회부를 바람
R&A	rail and air	철도 및 항공 운수
R/D	refer to drawer	발행인 회부
RB	regular budget	정규예산
RCA	relative comparative advantage	상대적 우세
RCMM	registered competitive market maker	등록된 경쟁 시장 자영업자
rcvd.	received	이미 받은
RDTC	registered deposit taking company	신탁예탁회사에 등록된
R&D	research and development	연구 및 개발
REF	reference	참고, 참조
RECEIVED B/L	received for shipment bill of lading	선화증권 첨부
REO	real estate owned	REO 소유 부동산
RM	remittance	송금
RMT	Rail and Maritime Transport Union	철도해운연맹
ROA	return on asset	자산 투자 수익률
ROC	return on capital	자본 수익률
ROE	return on equity	주식 수익
ROI	return on investment	투자 수익
ROS	return on sales	판매 수익율
RPB	Recognized Professional Body	인증된 직업(투자)기관
RPI	retail price index	소매 물가 지수
RPM	resale price maintenance	재판매가격 유지행위
R&T	rail and truck	철도 및 트럭 운수
R&W	rail and water	철도 및 수로 운수

줄임말	영어	한국어
RRP	Reverse Repurchase Agreement	역 환매 협의
RSL	rate sensitive liability	금리에 민감한 부채
RSVP	please reply promptly	즉시 회신 요망
RT	Royalty Trust	특권 신탁
RTM	registered trade mark	등록된 상표
RTO	round trip operation	왕복 이동 작업
RYL	referring to your letter	당신의 편지 참고
RYT	referring to your telex	당신 텔렉스 참고
S	split or stock divided	주식 분할 또는 분배
SA	semi-annual payment	반기 지급
S/C	sales contract	판매 계약서
SD	standard deduction	표준 공제액
SDBL	sight draft bill of lading attached	상환용 어음 선하 증권 첨부
shpd.	shipped	출하 완료
shpg.	shipping	출하 중
shpt.	shipment	출하
SLC	standby LC	보증 신용장
spec.	specification	명세서, 사양, 치수
S.S.	steamship	기선, 증기선
St. Dft.	sight draft	상환용 어음
STIP	short-term insurance policy	단기 보험
STL	style	스타일, 유형, 모델
S/M	shipping marks	출하 표기
TA	trade acceptance	무역 인수
TAL	traffic and accident loss	(보험)교통 및 사고 손해
T/C	time charter	기간 용선 계약, 정기 기간 용선 계약

Chapter 2
업무 관련 용어

Unit 1　제품 관련 용어

basic commodity	기본 제품	buying limit	구매 제한
bought low and sold high	싸게 사고 비싸게 판다	current price	현행 가격 (시가)
domestic manufacture	국산품	forward price / futures price	선물 가격
goods for sale at attractive prices	합리적인 가격의 제품	gross weight	총 중량
inspection certificate of quality	품질검사증서	life annuity	종신 연금
margin of dumping	덤핑 이윤	merit factor	장점 요소
net weight	순 중량	off-season	비수기의
product life	제품 수명	spot price	현물 가격
qualitative factors	품질 요소	reference price	참고 가격
scarce commodity	희소 제품	sell at a low price	저가 판매
time of validity	유효 기한	the features of the product	제품의 특성
wholesale price	도매가	world (International) Market price	국제 시장 가격

Unit 2　협상 관련 용어

a price list	가격표	an international agreement	국제 협정
anticipated discount	예상 할인	additional discount	추가 할인
a formal receipt	정식 영수증	business discussion	업무 토론

business negotiation	교역 협상	book confirmation	주문 확인
bill discount	어음 할인	bidding firm	구입 확정
counter offer	수정 제안	exchange dumping	외환 덤핑
confirm a contract	계약 확인	exchange discount	외환 할인
exchange margin	외환 차액	exchange contract confirmation	외환 계약 확인서
freight list	운송비 리스트	favorable balance of trade	무역 수지 흑자 (수출 효과)
floating rate	변동 이율	fixed rate	고정 이율
gross margin	매출 총이익	international trade	국제 무역
industrial dispute	노동 쟁의	invitation of tender	입찰
list of balances	잔액 리스트	look with favor on	~에 찬성하다
machine burden	기계 제조 비용	purchase contract	구매 계약
purchase confirmation	구매 확인서	sales confirmation	판매 확인서
sales contract	판매 계약	trade dispute	무역 논쟁
terms and conditions	조건, 조항	unfavorable balance of trade	무역 수지 적자 (수입 효과)

≡ Unit 3 자본 관련 용어

actual interest income	실제 이자 소득	aggregate limit	제한 집계
balance sheet audit	대차 대조표 감사	budget manual	예산 매뉴얼
capital-common stock	보통주 자본금	cash audit	현금 감사
components of fixed capital	고정 자본 요소	debt limit	부채 제한
divide the profit	이윤 분배	face value	액면가
foreign currency	외국 통화	foreign exchange	외환
foreign capital	외국 자금	import exchange	수입 외환
internal revenue	내국세 수입	less favorable currency	불리한 통화
level off	안정화시키다	liquid assets	유동 자산

loan account	대출 계좌	loan certificate	대출 증서
lend money at interest	이자를 받고 돈을 빌려주다	level annuity	균등 연금
main accounts	주요 계좌	main currency	주요 통화
major book	주요 장부	net available	어음 총액

≡ Unit 4 회사 관련 용어

administrative improvement	경영 관리 개선	advertising company	광고 회사
after-tax income	세후 소득	agency factor	대리점
agent fee	대리점 수수료	a letter of introduction	소개서
assurance company	보험 회사	audit of treasury	재무 감사
business operation	영업	capital-common stock	보통주 자본금
cash audit	현금 감사	commission agent	대리상
commission	수수료	components of cost	생산 비용
economic manufacture	경제 생산	extra allowance	가봉
employee facilities	직원 복리후생	feasibility analysis	실현 가능성 분석
feasibility report	실현 가능성 보고	financial audit	재무 감사
formula investing	투자 방식	field of business	사업 범위
foreign capital introduction	외자 도입	internal debts	내부 부처
general agent	총 대리인	introduction of business relations	업무 관계 소개
introduce new techniques	신기술 도입	loan and trust company	신탁 회사
lend money at interest	이자를 받고 돈을 빌려주다	manufacture order	가치 지표
machine accounting	과금기	machine burden	기계 제작 비용
merged company	합병 회사	merit index	가외 지표
major book	주요 장부	occasional income	임시 수입

occasional overdraft	어음 임시 초과 발행	on commission	위탁 무역
operational expenditures	업무 지출	operation and management	경영 관리
operation cost	운영 비용	operations chart	경영 차트
payment forward	대금 선불	patentable invention	특허를 받을 수 있는 발명
patented invention	특허 발명	professional auditor	전문 회계사
sole agency	독점 대리권		

☰ Unit 5　화물 운송 관련 용어

airway bill	항공 운송장	cargo receipt	화물 수령증
CFR - cost and freight	운임 포함 가격	CIF - cost insurance & freight	운임 보험료 포함 가격
FOB - free on board	본선 인도 가격	immediate shipments	즉시 선적
landing charges	화물 양륙비	optional port	선택 양륙항
optional charges	선택 양륙비	optional charges to be borne by the buyers	선택 양륙항비 구매자 부담
port of destination	목적항	port of discharge	양륙항
port of shipment	선적항	prompt shipments	즉시 선적
regular shipping liner	정기 선적 기선	time charter	정기 기간 용선 계약
time of delivery	배송 시간	time of shipment	선적 시간
voyage charter	항해 용선		

Chapter 3
비용 지급 방법, 화물 운송 방법

≡ Unit 1 | 비용 지급 방법

일반적으로 무역에서 자주 쓰이는 지급 방법에는 신용장, 송금 및 추심이 있다. 그중 가장 빈번히 쓰이는 방식은 신용장이고, 그다음이 송금이며 추심은 비교적 적게 사용되는 편이다.

1 신용장

신용장(Letter of Credit, 약칭 L/C)은 신용장 개설 은행이 신청인(수입 측)의 요구와 신청에 따라 수익자(수출 측)에게 개설하는 일정한 금액을 가진, 일정한 기한 내 어음과 수출 증빙 서류를 가지고 지정된 지점에서 금액을 납부하는 서면 보증서이다. 신용장은 신용장 개설 은행이 수익자에게 하는 대금 지급 약속으로, 수익자가 수금을 할 수 있도록 보장하는 것이기에 수익자에게 유리한 지급 방법이다. 하지만 수익자는 오직 신용장의 규정에 따라 신용장이 요구하는 증빙 서류가 있어야만 대금을 지급받을 수 있다. 신용장은 은행의 조건부 지급 약속이라 할 수 있다.

신용장은 상황에 따라 취소 가능 및 취소 불능 신용장, 확약 및 무확인 신용장, 일람 지급 신용장, 연지급 신용장, 억셉턴스 신용장, 선지급 신용장 등등 여러 유형으로 나뉠 수 있다.

2 송금

송금은 지급인이 은행을 통해 여러 결산 도구로 대금을 수금인에게 송금하는 결산 방식을 말한다. 이는 상업 신용에 속하며 국제 송금법을 채택한다. 절차가 간단하며 비용이 저렴하다는 장점이 있다. 송금은 당발 은행에서 지급 은행으로 전환되는 방식에 따라 3가지 방법으로 나뉠 수 있다.

1. 전자 송금

전자 송금(Telegraphic Transfer, 약칭 T/T)은 당발 은행이 송금인의 신청에 따라 다른 국가의 지점 또는 대리점(즉 지급 은행)으로 전보를 발송하거나 정보를 전송해 일정 금액을 수금인에게 지급하는 송금 방식이다. 수금인이 신속하게 대금을 받을 수 있다는 속도상의 장점이 있다. 현대 통신 기술 발달에 따라 은행과 은행 사이에서는 전자 전송의 방식을 사용하게 되어 매우 신속하고 정확하게 송금이 가능해졌다. 전자 송금은 현재 비교적 많이 쓰이는 방식이긴 하나 비용이 비교적 많이 든다는 단점이 있다.

2. 우편환

우편환(Mail Transfer, 약칭 M/T)은 당발 은행이 송금인의 신청에 따라 우편환 위탁서를 수금인에게 발송하는 것으로, 일정 금액을 수금인에게 지급하는 송금 방식이다. 비용이 저렴하다는 장점이 있으나 수금인이 대금을 지급받기까지 시간이 조금 걸린다는 단점이 있다.

3. 송금환

송금환(Demand Draft, 약칭 D/D)은 당발 은행이 송금인의 신청에 따라 송금인에게 당기환어음을 발행하는 것이다. 이에 수금인의 성명 및 송금액을 명시해 송금인에게 발행하면 송금인이 직접 또는 대리로 수금인에게 전하도록 해 수금인이 지급 은행에서 인출하는 송금 방식이다.

송금환, 전자 송금, 우편환의 차이점은 송금환은 지급 은행이 수금인에게 예금 인출을 통지할 필요가 없이 수금인이 어음을 소지한 채 직접 방문해 예금을 인출하면 된다는 것이다. 이러한 환어음은 유통 제한 규정이 있을 뿐만 아니라 수금인의 보증으로 유통 양도가 가능하다. 그러나 전자 송금과 우편환의 수금인은 대금 청구권을 양도할 수가 없다.

3 추심

추심은 수출자가 화물을 선적한 후, 수입자를 지급인으로 어음을 발행해(화물 증빙 서류를 첨부하거나 하지 않을 수 있다) 수출지 은행에 수입지의 분점 또는 대리점에서 수출인을 대신해 대금을 수령하도록 위탁하는 결산 방식이다. 추심은 수출인 입장에서 비교적 위험하고 수입인 입장에서 유리한 방식이다. 수입인은 증명서를 발급하는 수수료와 보증금을 면할 수 있으며 화물을 보다 빨리 받을 수 있다는 편리함이 있다. 추심할 때 은행에 화물 운송 증빙 서류를 제출하는지 여부에 따라 아래 두 종류로 나뉠 수 있다.

1. 담보부 추심

담보부 추심(Documentary Collection)은 은행이 수출상의 위탁을 받아 어음, 송장, 선하 증권, 보험 증서 등 상업 증빙 서류들을 근거로 수입상에게 대금을 지급받는 결산 방식이다. 판매자는 구매자를 대금 지급인으로 어음을 발행하고 은행에게 위탁해 구매자로부터 대금을 수령한다. 송장 조건에 따라 아래 두 종류로 나뉠 수 있다.

- **서류 상환 지급:** 서류 상환 지급(Documents against Payment, 약칭 D/P)은 수출인의 송장이 수입인의 지급을 조건으로 했음을 말한다. 즉 수출인이 화물을 배송한 후 선적 서류를 취득해 은행에 추심을 위탁하는 것이다. 또한 추심 위탁서에 수입자가 은행에게 대금을 납부한 후여야만 선적 서류를 수입자에게 지급하도록 지시하는 것이다.

- **담당 인도:** 담당 인도(Documents against Acceptance, 약칭 D/A)는 기간부 어음으로 수금을 할 때 대리 수금 은행 또는 제시 은행이 수입자에게 어음 및 증빙서류를 제시하는 것이다. 만약 증빙 서

류가 합격하고 수입자가 어음을 인수할 경우 은행은 수입인의 어음 인수에 따라 수입자에게 증빙 서류를 인도한다. 이러한 추심 방식은 기간부 어음으로 수금하는 경우에만 적용된다. 이는 서류 상환 지급과 비교했을 때 인도인 송장이 수입자의 자금 유통에 편리를 제공하기는 하지만 수출자의 위험 부담이 증가할 수 있다.

2. 단순 위탁 추심
단순 위탁 추심(Clean Collection)은 채권자가 위탁 은행에 환어음, 차용증, 수표 등 금융 증빙 서류를 제출하고 수금을 위탁하는 것이다. 채권자가 위탁 은행에 송장, 선하 증권 등 상업 서류를 제출하되 금융 증빙 서류는 제출해도 되고 하지 않아도 되며 은행에게 수금을 위탁하는 결산 방식이다.

≡ Unit 2 　화물 운송 방법

무역 상황에는 다양한 화물 운송 방법들이 있다. 그 중에는 해양 운송, 철로 운송, 항공 운송, 객실 운송, 우편 운송, 도로 운송, 파이프 운송, 대륙가교 운성, 여러 운송 방식이 결합된 국제 복합 운송 등이 있다. 아래는 몇 가지 중요한 운송 방법에 대한 소개이다.

▶ 해양 운송
국제 화물 운송 방법 중 가장 광범위하게 쓰이는 운송 방법은 해양 운송(Ocean Transport)이다. 해양 운송의 운송량은 국제 화물 운송 전체의 2/3가 넘는 비율을 차지한다. 다른 운송 방법과 비교해서 해양 운송 방법이 광범위하게 사용되는 이유는 통과 능력이 좋고 적재량이 많으며 운송비가 적게 든다는 특성 때문이다. 해양 운송 방법은 아래 몇 가지 방법으로 또 나뉠 수 있다.

1. 정기 선적 운송(Liner Service/Transport)
정기 선적 운송 방식은 고정된 항로 위에서 이미 정해진 항구의 순서에 따라 사전에 공포한 운행표에 맞춰 운송하는 수상 운송 방식이다. 때문에 선적 운송은 '4고정'의 특징을 갖는다. 고정된 항로, 고정된 항구, 고정된 일정 및 고정된 비용이 그것이다. 정기 선적 운송은 안정적인 물류, 많은 물량 또는 적은 주문 수량의 잡화 운송에 적합하다.

2. 용선 운송(Charter Transport)
용선 수송은 해양 운송의 한 종류로 화물 운송을 위해 선박을 임대해 수송하는 방식이다. 이는 대량 화물 운송에 적합하다. 용선 운송의 방식은 아래 두 종류로 나눠진다.

• **항해 용선**
트립 차터라고도 불리는 이 방식은 가장 기본적인 선박 임대 방식이다. 선박 측은 반드시 임대 계약 규정에 따라 화물을 운수해야 하며 선박의 운영 관리 및 항해 중 발생하는 각 항목의 비용에 대해 책임져야 한다. 항해 용선은 임차 방식에 따라 편도 용선, 왕복 용선, 연속 항해 용선, 운송 청부 등으로 나뉠 수 있다.

• **정기 용선**

타임차터라고도 불리는 정기 용선은 일정한 기간 동안 선박을 빌려 운송하는 방식을 말한다. 선박 측은 계약 기간 내에 선박을 제공하고 항해와 관련된 비용을 부담한다.

2 철로 운송(Rail transport)

철로 운송은 해양 운송 다음으로 자주 사용되는 운송 방식이다. 운송 능력이 좋다는 점, 적재량이 많다는 점, 속도가 비교적 빠르다는 점, 일반적으로 기후의 영향을 받지 않는다는 장점이 있다.

3 항공 운송(Air Transport)

항공 운송는 비교적 현대화된 운송 방식이다. 고정된 시간과 고정된 항로 및 고정된 시발점과 목적지를 가지고 있다. 이는 비교적 급한 화물 또는 현물 제품 및 시즌 제품 운송에 적합하다. 위 두 운송 방법에 비해 운송 속도가 빠르며 화물 운송 품질이 높고, 지형 조건의 제한을 받지 않는다는 장점을 가지고 있지만 운송비가 높다는 단점을 갖고 있다. 항공 운송은 아래 4가지로 나눌 수 있다.

❶ 전세기 운송: 비행기 전체를 임대해 화물을 운송하는 것을 뜻한다.
❷ 집중 탁송: 항공 운송 회사가 단독 운송인 화물들을 한 세트로 꾸려 하나의 전체 꾸러미를 예정된 목적지로 운송하는 것을 말한다.
❸ 연합 운송: 항공 운송을 포함한 두 가지 이상의 운송 방식이 연합된 운송 방식이다.
❹ 항공 고속 운송: 현재 항공 운송 중 가장 빠른 운송 방식이다.

항공 운송에는 정기 항공 운송, 전세기 운송, 집중 탁송 및 항공 고속 운송 등의 방식이 있다.

1. 정기 항공 운송(Scheduled Airline)

정기 항공 운송은 고정된 출항 시간, 항선 및 환승지가 있는 비행기를 말한다. 일반적으로 승객과 화물 혼합형 비행기로 적재 용량이 적고 운송비가 높다. 그러나 일정한 일정을 가지고 있다는 장점이 있어 신선 제품 또는 급히 필요한 제품 운송에 유리하다.

2. 전세기 운송(Chartered Carrier)

전세기 운송은 항공 운송 회사가 약속된 조건과 비용에 맞추어 비행기 전체를 한 명 또는 여러 명의 임대인에게 빌려주는 것이다(임대인이란 출하인 또는 항공 운항 대리회사를 말한다). 하나 또는 여러 항공지에서 화물을 적재해 지정된 목적지로 운송을 한다. 전세기 운송은 대량 화물 운송에 적합하다. 이는 정기 항공 운송비보다 가격이 낮다는 장점을 갖고 있으나 운송 시간이 조금 더 걸린다는 단점이 있다.

3. 집중 탁송(Consolidation)

집중 탁송은 정기 항공 운송의 방법 또는 전세기 운송의 방법을 택할 수 있다. 이는 항공 운송 대리 회사가 여러 단독 화물을 하나의 화물로 집중시켜 항공 회사에 탁송하는 것이다. 하나의 꾸러미로 취급해 목적지로 운송한 후 그 지역의 대리인에게 각 화물을 수취인에게 배송하도록 위탁하는 것이다. 운송비를 절감할 수 있으며 항공 운송 대리점의 주요 업무 중 하나이다.

4. 항공 고속 운송(Air Express Service)

항공 고속 운송은 고속 운송 회사와 항공 회사의 합작으로, 화물의 고속 배송 서비스를 제공한다. 이는 고속 운송 회사가 사람을 파견해 출고자로부터 화물을 받아 가장 빠른 항공편으로 화물을 운송하고, 화물이 목적지에 도착하면 관련 수속을 거친 후 화물을 받아 수취인에게 화물을 직접 배송하는 일련의 작업 모두를 포함한다. 즉, Desk to Desk Service를 제공하는 것이다. 가장 빠른 운송 방식으로 급히 필요로 하는 물품 또는 문서 배송에 적합하다.

4▶ 도로 운송(Road Transportation)

도로 운송은 기동화 방식의 운송 방법이다. 주로 단거리 화물 운송에 사용된다. 장점으로는 기동성과 응용력이 강하고 'Door-to-door'식의 직접 운송이 가능하다는 점이 있고, 단점으로는 물량이 적고 비용이 높으며, 안정성이 떨어져 화물이 파손되기 쉽다는 점 등이 있다.

5▶ 내륙 수운(Inland Water Transportation)

내륙 수운은 수상 운송에 있어 매우 중요한 요소 중 하나다. 이는 내륙 오지와 해안 지역을 연결하는 연결 고리로 운수와 화물의 수출입 집하에서 매우 중요한 역할을 한다.

5▶ 우편 운송(Parcel Post Transport)

우편 운송은 비교적 간편한 운송 방법이다. 각국의 우편 행정 부문은 협정에 따른 계약이 있는데, 이런 협정과 계약에 따라 각국의 우편 소포는 서로 운송이 가능하다. 이에 국제 우편 운송 네트워크가 형성되는 것이다. 국제 우편 운송은 국제 복합 운송 및 'Door-to-door' 운송의 성격을 갖고, 수속이 간편하며, 비용도 높지 않다는 장점을 가지고 있어 국제 무역에서 보편적으로 사용되는 운송 방법 중 하나로 자리 잡고 있다.

Chapter 4
수출입 필요 문서

수출입 무역은 서로 다른 두 개의 나라에서 무역 왕래를 진행하는 것이기에 국내 무역에 비해 복잡한 편이다. 보다 편리한 수출입 무역 관리를 위해서 구체적인 무역 과정 중에 사업 문서, 재정 문서, 운송 문서 및 각종 계약 문서 등 여러 문서를 작성하게 된다. 수출입 무역을 진행하기 위해서는 이러한 문서들의 기능 및 용도에 대한 이해가 필요하다.

≡ Unit 1　수입 필요 문서

1. 수출입 신고서
화물이 항구에서 수출입을 할 때는 세관에 통관 수속 성명서를 제출해 화물의 성질 및 목적 국가 등 자료에 대한 신고를 해야 한다.

2. 수출입 면허
수출입 면허는 정부의 관련 부서가 발행하는 증서이다. 관련 부서는 수출 화물의 관련 자료에 대해 심사를 진행한 후 본 증서를 발행해 화물의 수출을 승인한다.

3. 화물 도착 증명서
본 증명서는 수입 국가의 정부가 발행하며 화물이 목적 국가에 도착했음을 증명하는 데 사용된다.

4. 세관 송장
세관 송장은 수입국 세관이 발행하며 화물 내 제품의 유형, 운송비, 지급 방식 및 보험 등 관련 자료를 설명하고 세관 관세에 사용된다.

5. 신탁 영수증
은행은 본 영수증을 근거로 구매자에게 화물을 발송한다. 구매자는 은행이 화물을 언제든 회수할 수 있도록 잘 보관해야 한다.

☰ Unit 2 수출 필요 문서 ▼

1. 견적 송장

구매자에게 운송된 제품에 대한 자세한 정보를 전달하기 위해 수출상이 제공한다. 이는 수입 증명서 신청 및 외환 안배 등 기타 목적으로도 사용될 수 있다.

2. 상업 송장

상업 송장은 수출상이 발행하는 것으로 화물의 규격 및 지급 방법에 대한 자세한 정보를 설명해 구매자에게 계약에 따라 대금을 지급하길 요청하기 위한 것이다.

3. 포장 명세서

포장한 화물에 대해 자세한 설명이 적힌 명세서이다.

4. 검사 증명서

판매자가 구매자에게 판매한 제품의 가격, 수량 등 자료에 대해 보고를 하는 증명서이다.

5. 보험 증서

보험 회사가 화물에 대한 보험을 증명하기 위해 발행하는 것으로 화물이 운송 중 파손될 경우 배상 문제에 대해 보장한다.

6. 제품 테스트 증명서

제품의 품질 및 규격 등이 국가 또는 국제 관련 표준에 부합하는 제품임을 증명한다.

7. 위생 검사 증명서

수출입하는 화물이 농축산품이거나 식품일 경우 이 제품은 안전 기준에 부합한 것을 증명하기 위한 정부의 위생 검사 증명서가 필요하다. 식물일 경우는 식물 면역 증명서만 있으면 된다.

8. 영사 송장

어떤 국가는 수출입 시 화물에 대한 자세한 설명이 있는 영사 송장을 구비해야 한다. 본 송장은 영사관 인사가 발행하며 세관 통과 시 화물에 대한 검사를 진행하기 위해 사용된다.

9. 화물 통지서

화물의 상세한 정보 및 구매자의 요구에 대한 설명이 있는 문서이다.

10. 선하 증권

수출상과 화물 회사 간의 계약으로 구매자는 이 증권으로 화물을 받게 된다. 선하 증권은 양도 가능 선하 증권과 양도 불능 선하 증권 두 종류로 나뉜다.

11. 포장 명세서

화물 운송에 필요한 송장, 구매자, 포장 정보 및 항구 등 모든 자료들을 포함한 문서이다.

12. 담보부 신용장

은행이 개설하는 것이며 판매자는 담보부 신용장의 요구에만 부합하면 되고, 은행은 신용장에 근거해 판매자에게 일정한 금액을 지급할 것을 요구한다.

13. 환어음

판매자는 환어음에 근거해 구매자에게 일정 금액을 어음 소지인에게 지급할 것을 요구할 수 있다.

Chapter 5
영어 편지 축약형

≡ Unit 1 본문 상용 축약형

축약형	영어	한국어
ASAP	As Soon As Possible	가능한 한 빨리
ATST	At The Same Time	동시에
BTW	By The Way	그런데
e.g.	exempli gratia	예를 들어
etc.	et cetera	등등
EOM	End Of Message	메시지 끝
FE	Fatal Error	중대 과실
KIT	Keep In Touch	연락 유지 바람
PLS	Please	부디
P.T.O.	Please Turn Over	뒷면 확인
THX	Thanks	감사합니다.
TIA	Thanks In Advance	미리 감사합니다.
WRT	With Regard To	~에 관해, ~에 대해 말하자면
Ex.	Example	예를 들어
ETA	Estimated Time of Arrival	도착 추정 시간
ETD	Estimated Time of Departure	출발 추정 시간
STA	Standard Time of Arrival	표준 도착 시간
FCG	foreign currency guarantee	외화지급보증
FCL	full container load	만재화물

Unit 2　기타 상용 축약형

축약형	영어	한국어
Attn	attention	수신인
Ave.	Avenue	거리
CC	Carbon Copy	사본
Corp./Inc.	corporation	회사
Dist.	District	구역, 지역
Encl.	Enclosure	첨부 파일
Jan.	January	1월
Feb.	February	2월
Mar.	March	3월
Apr.	April	4월
Jun.	June	6월
Jul.	July	7월
Aug.	August	8월
Sept.	September	9월
Oct.	October	10월
Nov.	November	11월
Dec.	December	12월
Mon.	Monday	월요일
Tue.	Tuesday	화요일
Wed.	Wednesday	수요일
Thur.	Thursday	목요일
Fri.	Friday	금요일
Sat.	Saturday	토요일
Sun.	Sunday	일요일
P.O.B	Post Office Box	우편함
Re.	Regarding about	~에 관해
Rd.	Road	도로

축약형	영어	한국어
Rm.	Room	방 번호
St.	Street	거리
Mr.	Mister	선생님
Ms.	Miss	아가씨
Mrs.	Missis	여사님
Dr.	Doctor	의사, 박사
M.D.	Medical doctor	의사
Atty.	Attorney	변호사
Prof.	Professor	교수
Pres.	President	대통령, 회장
VP	Vice President	부통령, 부회장
P.S.	post script	추신
CV	curriculum vitae	이력서
i.e.	id est	다시 말해

NOTES

NOTES

바로 베끼고 바로 적용하여 내 것으로 만드는
영문 E-MAIL의 모든 것!

어떤 상황에도 바로 베껴 쓰는
영문 비즈니스 이메일
The Best Business Email

저자 Willy | 감수 Michael Coughlin

실무에서 자주 나타나는 195개의 상황별 예문으로
필요한 상황에 맞춰 빠르고 쉽게!

영문 E-mail의 기본적인 구성과 문장 패턴을 이해하고,
이를 바탕으로 상황별 예문을 나만의 문장으로 업그레이드!

- 외국 비즈니스 영어 전문강사 저자
- 250개 만능 활용문장 제공
- 전문성·현장성 비즈니스 어휘

예문 Word파일 100% 제공

Willy 저자 | Michael Coughlin 감수 | 값 20,000원

혜지원